历史的沸点

两晋十六国的二十张面孔

第一卷

赵海峰 著

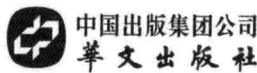

中国出版集团公司
华文出版社

图书在版编目（CIP）数据

历史的沸点 II / 赵海峰著. —— 北京：华文出版社，2018.8（2023.6 重印）

ISBN 978-7-5075-4944-7

Ⅰ.①历… Ⅱ.①赵… Ⅲ.①中国历史－古代史－研究 Ⅳ.①K220.7

中国版本图书馆CIP数据核字(2018)第157298号

历史的沸点 II
LISHI DE FEIDIAN

作　　者：	赵海峰
策划编辑：	刘新颢
责任编辑：	胡慧华
出版发行：	华文出版社
地　　址：	北京市西城区广外大街 305 号 8 区 2 号楼
邮政编码：	100055
网　　址：	http://www.hwcbs.cn
电　　话：	发行部 010-58336262　编辑部 010-58336197
经　　销：	新华书店
印　　刷：	三河市航远印刷有限公司
开　　本：	710×1000　1/16
印　　张：	25.25
字　　数：	368 千字
版　　次：	2018 年 8 月第 1 版
印　　次：	2023 年 6 月第 8 次印刷
标准书号：	ISBN 978-7-5075-4944-7
定　　价：	48.00 元

版权所有，侵权必究

自 序

赵海峰

开始写这些历史人物,大概是在2017年2月,在此之前,我在荔枝电台开辟的专栏"海峰的历史课"35讲录制完成并发布。原本想就此打住,因为作为一名"纯业余历史爱好者",将秦汉三国五百年的历史讲下来,确实算的上是一个"庞大"的工程,当时并没有出版书的计划,能够完成这个"工程"完全是出于对历史纯粹的热爱,但为此耗费的心血和精力却也相当可观。所幸在朋友们的鼓励下,一直坚持了下来。

由此在这中间产生了一段"空档期",这段时间尽管工作生活安排得很充实,但总觉得似乎少了些什么,从内心来讲,还是无法割舍对历史的热爱,依然涌动着创作的激情,最终还是决定"听从内心的声音",重新提笔继续用自己的方式来述说历史。

按照写作计划,秦汉五百年后应该是两晋十六国,这是中国历史上的一个大分裂时代,出现过大小二十多个割据政权,你方唱罢我登场,显得异常纷繁复杂。基于此,如果沿用传统意义上断代历史书的方式记述这段历史,不仅很难帮助读者理清这段历史的脉络,更有可能成为一本枯燥难懂的"流水账"。

为此,我准备另辟蹊径,从人物入手来叙述历史,在两晋十六国中,撷取了二十位对历史进程发展产生重要影响或极具戏剧性趣味性的人物,意图通过这样一个个生动鲜活的人物,将这段看上去迷乱异常的历史有机地串联起来。

我想,这样的写法应该最契合那个时代。那是个风起云涌的乱世,同样也是一个思想极为解放,个性最为张扬的时代,因此不仅英雄豪杰层出不穷,同时文人雅士大量涌现,他们身上所折射的"魏晋风度"成为那个时代最为鲜明的特色之一。如果依旧停留在以王朝兴衰更迭为主线,笔下只能还是帝王将相,一些有趣的人物和灵魂便很难被记述,这无疑是一个巨大的遗憾。

以"历史人物"为主线,便能解决上述问题,但也存在不小的风险,最大的风险可能会因过于注重人物地刻画描写,而忽视了历史的"大格局",从而无法全景式地展现这段历史。这也是我在写作过程中特别注意的问题,基本而言,采用两种方式让具体历史人物和大的历史格局相得益彰。

一则以点带面,书中虽选取的只有二十位历史人物,但他们仅仅是代表,以他们为原点,实则牵出了那个时代几乎所有的重要历史人物。粗略统计,书中有名有姓有一定故事情节的人物有数百人之多，形成了一个庞大的多元立体的两晋十六国人物群像。二则相互融合，就是将历史人物和历史事件紧密结合，以史说人，以人说史，使得那个时代历史链条所有的重大事件几乎没有遗漏，同时对少数民族的主要政权如前赵、后赵、前秦、后秦等，包括蜀地的成汉政权，它们的建立和败亡都有较为详细的叙述。

所以，这本书是将众多的历史人物放置到波澜壮阔的历史大背景之下，读者既能读到历史人物的枯荣浮沉，也能看到每个王朝的治乱兴衰，它不像一些历史小说为了细化情节内容而"注水"，也不像一些学术性很强的著作，使一般读者很难读得进去，而是将真实性、知识性、趣味性、可读性有机地融为了一体。

在具体写法上，我尝试采用一种新颖独特的写作方式，每个人物的出场都采用类似电影特写镜头的形式，用一段充满画面感的文字进行生动描述，这样很容易让读者有一种亲临历史现场的感觉，由此也很容易走进历史深处，感受历史人物的悲欢离合，探究历史事件发生的前因后果，从而获得思考和启迪。

在这本书写作过程中，我的第一本书《历史的沸点：秦汉三国五百年》于今年3月份由华文出版社出版发行，该书是在整理35讲"海峰历史课"讲稿的基础上结集出版。原本只是想给自己和亲友的一个礼物，也算是对自己辛苦付出的一个交代。但没想到，书上市发行后，受到了广大读者朋友的喜欢和肯定。不少媒体进行了宣传报道，几次签售活动现场也异常火爆，创造了半个月连续加印两次的纪录。

更为可贵的是不少朋友在微信朋友圈、购书网站等留下了大量的评语，充分表达了对这部作品的认可，并希望自己再接再厉，尽早写出更好的作品，这一切都给我莫大的激励和鞭策，让我更加全身心地投入创作中，充分利用一切工作之余时间，经常挑灯到深夜时分，所有的努力，都是为了回报大家的厚爱，更为了不辜负读者朋友们的期望。

在这部作品出版之际，我要感谢我的爱人，她的大力支持使我免除了后顾之忧，同时她提出的一些好意见和建议，堪称真知灼见。感谢华文出版社的领导和编辑，他们的精心策划编辑保证了这部作品顺利出版和质量水准；感谢我的亲人同事同学和读者朋友们，你们长期以来的支持和鼓励，使我坚定了写下去的决心，没有你们，不会有《历史的沸点》，更不会有这部作品。

明年，我的儿子晨光将远赴大洋彼岸求学，希望这本书能成为随身礼物，让在异国他乡的他感知中华民族的"根"与"魂"，也感知父母亲友对他的挂念和希冀。

最后，我依然想诚恳地说，我是带着很深感情去书写这些人物和那个时代，但作为历史业余爱好者，难免会挂一漏万，其中肯定还会有一些谬误，还请读者朋友们多批评指正。

是为序。

目 录

阮籍：我的名字叫"纠结" / 001

司马炎：我死后，哪管洪水滔天 / 019

羊祜：人生就这么回事，不如意十之七八 / 036

贾充："妻管严"怎么了？我敢杀皇帝 / 050

司马衷：生活没有诗和远方，只有眼前的苟且 / 064

潘岳：帅，原来也是一种罪 / 097

左思：我很丑，但我却很有才 / 111

王衍：清谈误国？这锅我不背 / 122

刘聪：出来混迟早是要还的，和生死无关 / 135

石勒：梦想还是要有的，万一实现了呢 / 155

石虎：我人渣，我变态，我灭族 / 178

王导：我就是我，颜色不一样的花火 / 200

桓温：人生没有选择，不流芳百世便遗臭万年 / 223

王羲之：真心感谢，永和九年的那一场醉酒 / 250

谢安："淡定淡定淡定"，重要的事情说三遍 / 264

苻坚：害人之心不可有，防人之心不可无 / 284

陶渊明：要隐就真隐，别玩虚的 / 310

司马元显：没复习好，就不要参加"高考" / 327

刘裕：我是猛男我怕谁 / 346

谢灵运：一个被自己毒死的时尚先生 / 382

阮籍：我的名字叫"纠结"

一

公元 258 年的深秋，洛阳城里一支提亲队伍招摇过市，引人注目。这已经是他们第三次上门了。前两次都以失败告终，并非女方的家长不同意，而是压根儿就没和家长说上一句话，因为这位父亲每次都是酩酊大醉，不能言语。

这位看上去"不靠谱"的父亲便是阮籍，今天已经是他连续醉酒的第六十天，再一次 PB 成功，刷新了个人新的纪录。不过，他混混沌沌地过了两个月，并非因嗜酒所致，而是因为另外两个字——拒绝。

他要拒绝的是当时天下最有权势的人物——司马昭。

这位曹魏政权的实际掌控者为了拉拢名士，想与阮籍结为亲家。这对常人而言，简直是打着灯笼也找不到的好事，如果攀上了司马家族这棵大树，不单单是好乘凉，名利富贵也会滚滚而来。

阮籍不是常人，他心里一万个不愿意，但又担心直接拒绝会惹上杀身之祸，只好每天拼命饮酒，把自己搞得不省人事，奉命来提亲的几次上门都无法向他开口，就这样一直持续了两个月，阮籍用自己的坚持成为了最后的胜利者。

喝酒居然成了一种拒绝手段，在这点上，阮籍颇有心得。司马昭身边的红人钟会，对阮籍多有忌惮，想找机会与阮籍讨论时政问题，意图从中抓住把柄进行陷害，阮籍知道他的险恶用心，每当遇到钟会，他都先把自己喝倒而绝不上钩，搞得钟会只能悻悻而归。

经常泡在酒里，是阮籍中年以后的生活，他的一生并非从开始就混沌一片。

阮籍出生于公元210年，他的老爸叫作阮瑀，这个名字听上去比较陌生，但如果说他是"建安七子"之一，想必应该知道这位也是牛人一个。阮瑀的师傅是蔡邕，也就是蔡文姬的老爹，是东汉末期大文学家、书法家、音乐家，名师出高徒，阮瑀不仅文章写得好，更弹得一手好琴。

阮瑀也是个"狂人"。他当年得到曹操的赏识，但是他却看不上这位叱咤风云的一代枭雄，曹操几次派人请他都无功而返，最后把这位大人物惹急了，他派兵将阮瑀隐居的山林团团包围，放火烧山才把阮瑀逼出来。

阮瑀出山后，获任司空军谋祭酒，大概就是个军事参谋官，不过参谋的不是如何打仗，而是帮着起草檄文。从此以后，曹操军中檄文多出于他和陈琳之手。不过，他和陈琳的风格完全不同，陈琳写的檄文通常酣畅淋漓，有时候会把对方祖宗十八代都拎出来骂一顿，让人读后感到很过瘾，而阮瑀则是"先礼后兵"，动之以情，晓之以理，读上去不像是叫阵，而像是叙旧，他所追求的是要占据道义的最高点。

遗憾的是阮瑀死得太早，四十七岁便撒手人寰，当时阮籍只有三岁。曹丕和阮瑀关系很好，经常一起吟诗作赋，阮瑀死后，曹丕非常悲伤，哀叹阮籍母子的不幸，写了《寡妇词》和《寡妇赋》，并命王粲等人作赋以纪念阮瑀。

阮籍没有让早逝的父亲失望，他自幼天赋异禀，而且非常努力，八岁即可以写文章。"少年学击剑，妙技过曲城"，他不仅习文而且还习武，逐渐成长为一个文武双全的俊才。

二

年轻时代的阮籍颇有济世之志，他曾登临广武山，这里是当年刘邦项羽楚汉相争的古战场，追古抚今，阮籍百感交集道："时无英雄，使竖子成名"。没想到这话一下子走红，以后但凡心怀英雄梦想却无法实现的人，似乎不发出这样的感叹便不足以表达自己的心迹。

不过这也引来了怪事一桩，这话流行了几千年，但到现在都没有真正搞清楚，这个"竖子"到底说的是谁。

对此，有两种不同解读。一则指刘邦。刘邦在楚汉相争中笑到最后，主要原因是他的对手项羽并非真英雄。在一个没有真英雄的时代，只能让刘季这小子成名。第二种说法似乎更接近本意，便是刘邦、项羽都是英雄，但他们早已远去，剩下眼前朝中这些小人徒享虚名。面对着刘、项遗迹，阮籍悲叹的是现世的寥落。苏东坡理解如此，有人问他"竖子"是否指的刘邦，东坡先生回答说："非也。伤时无刘、项也。竖子指魏晋间人耳。"

无论何种解读，总之是阮籍没有赶上好时候。

当时魏明帝曹叡驾崩，曹芳即位，两个顾命大臣司马懿和曹爽争权，一时间曹爽占据了上风。阮籍三十七岁时，曹爽请阮籍出来做官，不少人看到曹爽得势，排着队去投靠，但阮籍却保持了清醒头脑，他预感到曹爽不是司马懿的对手，所以找了个借口谢绝，果不其然，很快在"高平陵之变"中，曹爽变成了刀下之鬼。

现在该司马懿出面了，在取得决定性胜利后，他立刻征召阮籍出来做官，在杀掉一些不合作不听话的士人后，他迫切需要像阮籍这样出身好、名声好且有才华的大名士出来撑撑门面。

人生最难的就是这样的抉择，但再难也必须做出一个。在此状况下，通常有两条出路，一是积极投靠，忠诚卖命；另一条则是非暴力不合作。前者依阮籍的脾性，实在做不来，后者又怕惹祸上身，被司马懿列入诛杀的黑名单。想来想去，阮籍选择了第三条道路——投靠但不卖命。

具体的操作方式，还是老套路，一个字——喝。阮籍天天喝得五迷三道，少说话或者根本不说话，司马懿本来也只想让他出来撑门面，并没有真心想重用他，所以双方倒也相安无事。阮籍确实有两把刷子，别人只能"小隐隐于野"，至多"中隐隐于市"，他居然做到了"大隐隐于朝"。

司马懿死后，司马集团的领头人变为司马师。阮籍从司马懿的幕僚，也就相应地变为了司马师的幕僚。换汤不换药，他每个月按时领工资，但从不说任何人的坏话也不说任何人的好话，不缺银子，又有空闲，因此阮籍把大部分时间用在喝酒和写诗上。

不过，装一天容易，装一个月也不难，但一装好几年，对阮籍来讲，只能用痛苦来形容，虽然沉醉于酒乡可以在一定程度上缓解这份苦痛。但是依靠醉酒逃避并非是一个从根本上解决问题的办法，酒醒后痛苦仍然存在。所幸在这个时候他发现朋友圈中有一个可以寄托身心的"群"。

这个"群"的名字叫——竹林七贤。

实际上，这个名号是在后来东晋人戴逵所著的《竹林七贤论》中才被固定下来，所以如果在电视剧中看到这七位说："我们竹林七贤……"，便可以"呵呵"以对，就像在某些抗日神剧中，有人振臂高呼"同志们，再坚持一年，十四年抗战就要胜利结束了"一样。

三

最初组建这个群的人叫作山涛，他当时在山阳做小官，山阳也是这个群主要的活动地点。山涛先加了青年才俊嵇康，然后又加了阮籍，并把阮籍介绍给嵇康，三人同意组群，接下来，山涛拉进了老乡向秀，阮籍则把自己的侄子阮咸和王戎拉了进来，刘伶可能听说这个群都是好酒之人，也申请加入，自此中国历史上非常著名的一个群体就诞生了。

"竹林七贤"，顾名思义，他们聚会的地点应是在竹林之中，按照现在比较公认的说法，聚会场所是嵇康提供的，当然，他们也不总是七个人都能齐刷刷地聚齐，三人一聚，四五人聚聚的可能性更大，七人在一起的机会应该并不多见。

嵇康是这个群体的精神领袖，他是一个不折不扣的美男子，《世说新语》如此形容："身长七尺八寸，风姿特秀"，按照现在的度量标准，他的身高接近一米九，而且气度不凡，他的好友山涛形容他："站立时如孤松独立，醉倒时似玉山将崩"。

关键他不是"小鲜肉"，身上的肌肉就像天天在健身房锻炼过似的，因为他有个特殊的爱好——打铁。

作为一个完美主义者，嵇康对打铁环境有严格要求，他的铁铺在一棵枝繁叶茂的柳树下，嵇康引来山泉，绕着柳树筑了一个池子，打铁累了，就跳进池子泡一会儿。从池子里出来的刹那，"龙章凤姿、天质自然"，想必能迷倒一大片女粉丝。

当然，他能成为这个桀骜不驯群体的领袖，并不是因为身材和长相，更不是因为提供了场地，而是因为才华和胆识，嵇康精通音律、擅长书法和丹青，写得一手好诗和散文，思想上更是倡导玄学新风，提出"越名教而任自然"的主张，引领一时风尚，成为远近闻名的大名士。

最早组群但没当上群主的山涛，没有丝毫失望，他是这里面年龄最大，也是气度最大的一位。关于他的气度，有一个有趣的故事，山涛的夫人韩氏，有段时间看到自己老公天天和嵇康、阮籍泡在一起，经常早出晚归，甚至夜不归宿，觉得不大对劲儿，山涛解释说这两个是奇人，这反倒引起了韩氏更大好奇心，她很想见见老公口中的奇人到底如何。

于是山涛请两位到家做客，由于当时女子不能随便见男客，所以山涛好酒好菜款待后，请嵇康、阮籍留宿一夜，好让自己老婆好好观察一番。夜深人静，韩氏透过墙上的小洞窥视两位奇人，顿时被他们的风姿所迷住。

第二天天色刚亮，山涛便迫不及待地问夫人，看后感觉如何，韩氏先给自己老公泼了瓢凉水，说无论长相和才华，山涛比他们都差得很远。但随即又说看上去老公你的气度要比他们更大。知己莫如老婆，山涛对此大为赞同："夫人说得对，我也觉得自己的气度超过他们。"

这位韩氏是个奇女子，通过短时间的窥视竟能洞悉三位牛人的特长优劣。

这几位都是好酒量，但论对酒拥有最纯粹的热爱，无疑是刘伶，以至于今天还有一款酒叫作"刘伶醉"，据说销量还不错。

首先要说明的是，与嵇康恰恰相反，刘醉仙长得非常对不起观众，史载"身长六尺，貌甚丑悴，而悠悠忽忽，土木形骸"，不到一米五的身高，长得也有些歪瓜裂枣。不过，刘伶并不在意自己的长相，他心中唯一中意的只有"酒"，这个字比生命还重要，他常常坐着鹿车，带一壶酒，让仆人扛着锄头跟着，说："醉死在哪里，就把我在哪里埋了。"好一派"青山处处埋醉鬼"的潇洒做派。

视死如归，用在刘伶身上再恰当不过。

刘伶喝酒还有一个特色，可能由于服食寒食散，为了散热经常边喝边脱掉衣服，赤身裸体在屋中转来转去，有人看到这样场景觉得太过荒诞，便不由讥笑他，刘伶非常不客气地回道："我以天地为房屋，以房屋为衣裤，你们没事干嘛跑到我裤子里来？"

摊到这样一位喝酒不要命的老公，刘伶的老婆也是够不幸的。有次刘伶因酒精中毒，好不容易抢救过来，他夫人一怒之下把酒倒掉，把酒器毁坏，并哭着劝他不能再喝了。刘伶说："好吧。但我自律性不行，只能向鬼神发誓来戒掉酒瘾。你就准备祭祝用的酒肉吧。"妻子把酒肉备好，刘伶跪在神前说道："天生我刘伶，酒是我的命。一次喝一斛，五斗消酒病。妇人之言辞，千万不能听。"说完拿起眼前的酒肉吃喝起来，很快又醉死过去。

《世说新语》写到这里便没有接着往下写，很想知道这个故事是什么样的结局。

喝多了在家老婆管不了，到外面则很容易挨揍，有次刘伶喝多撒酒疯，和别人发生争执，那人抡起拳头要打他，这时候刘伶被吓清醒地说："这位仁兄，实在对不住啊，我瘦得像鸡肋不能让你的拳头打得舒服。"那人一看，确实也是，眼前这个骨瘦如柴的醉鬼，一拳下去很可能背上命案，于是把抡出去的拳头收了回来。

古往今来世上醉鬼千千万，刘伶能脱颖而出，不仅是因为他对酒爱得纯粹，爱得深情，关键是人家会总结，把喝酒的心得写成了一篇著名的《酒德颂》，这才是真正的喝酒高手。

王戎是七人中年龄最小的，但他从小便颇有胆识，六七岁时，在宣武场看表演，当时猛兽在笼子中咆哮，众人都被吓跑，只有王戎站立不动，神色自如。魏明帝曹叡看见后，称赞王戎是奇童。小时候他与同伴在路边玩耍，见道旁有结满李子的李子树，其他人争相去摘，只有王戎不动声色，别人问他为何如此，答曰："树在道旁而多果实，果实必定是苦的。"这帮小孩吃过以后，果然奇苦无比。

阮籍很欣赏王戎，也是他将比自己小二十四五岁的王戎拉进了"群"。阮籍和王戎的父亲王浑很熟，但是阮籍到了王家，基本不怎么和王浑说话，觉得谈不到一起，他让王浑把他儿子王戎叫出来，两人相谈甚欢。

王戎长大后却仿佛换了个人，以"超级吝啬"而闻名朝野，出身于琅琊王家这样的名门望族，后来位居三公这样的高官，他的所作所为让人大跌眼镜。抠门到什么程度？他家种了棵很好的李子树，结的李子很好吃，他不顾寒碜拿到市场高价去卖，这还不算，这位仁兄怕别人得到李子核后能种出一样的李子树，居然把每个李子核都挖出来再去出售。

亲情在吝啬面前显得冷冰冰，王戎的侄子要成婚，他只送了一件单衣，完婚后居然又要了回来。即使对自己的亲生女儿也如此，他女儿出嫁时，向他借了一些钱，但一直没还，这要换作其他人，就当送给女儿当嫁妆了,何况王戎家里非常有钱,但他却摆出一副"地主家也没有余粮"架势,每次女儿回家省亲,他的脸都拉得很长,女儿知道她老爸的心思,赶紧凑钱把债还了,王戎这才恢复笑容。

王戎的表现,因为太"匪夷所思",所以不少人认为他是用"自污"来避祸,因为身为高官不能太完美,否则很容易受到天子猜忌,他用吝啬为自己涂了一层保护色,似乎要告诉所有人,自己对权力没有太多渴望,眼中只有孔方兄。如果真是这样,只能佩服王戎入戏太深、装得太像。

王戎的吝啬,被所有人都看不上,但却有一个坚定的支持者,那便是他夫人。据说他们在家最爱干的事,就是每当夜深人静时,拿出钱财宝物和各种生意账目,在灯烛下反复看、反复算。

不是一家人不进一家门,所以王戎和他夫人的感情很好,恩爱到什么程度?后世形容男女亲昵无比的成语——"卿卿我我",便是他们的原创。

王戎之妻常以"卿"称呼王戎,而按照礼仪,"卿"是对小辈的昵称,一般只有父亲称呼儿子或皇帝称呼大臣才如此,妇人应以"君"称其夫。老婆天天"卿来卿去"搞得王戎有些不好意思,王戎就说:"你这样叫我,按照礼仪属于不敬,往后不要再叫了。"可他的妻子却说了一段绕口令:"亲卿爱卿,是以卿卿。我不卿卿,谁当卿卿?"翻译过来就是"我爱你疼你,才叫你卿卿的,我不叫你卿卿,谁又叫你卿卿呢!"

话虽很好翻译,但里面的那股娇嗔劲儿只可意会不可言传,王戎看到老婆这个样子,也只好听之任之。于是,这个成语便一直流传下来。

愿天下有情人都能天天"卿来卿去"。

阮咸是阮籍的侄子,与其说他是文学家,不如说是音乐家,他有一个属于自己的荣耀,那便是一种叫作"阮"的乐器,是以他的名字命名的。

阮咸和他叔叔一样,身上有股狂劲儿,他和阮籍当年住在路南,这个区域是穷人聚集区,路北边是阮家的富人区,每年的七月七日,当地有晒衣服的风俗，可能是夏天雨水多导致衣服容易发霉，但后来这个风俗异化，变成了炫耀奢华的比赛，到了这天，路北的一些有钱人把家里的绫罗绸缎拿出来晾晒，显摆自己有钱，对此阮咸很看不惯，他的做法是把自己的内裤挑得高高的，挂在竹竿上，面对其他人诧异的眼神，阮咸说："大家都在晾好东西，我也不能免俗，也晒晒我的好东西。"

阮咸也是好酒之徒，不过他喝酒的方式和他人不一样，他觉得用杯或碗喝酒太麻烦，于是他请族人喝酒时，会让人搬来大酒缸，大家围坐在酒缸旁，把头伸到酒缸里喝，更让人不可思议的是，他家里的猪闻到酒香，也来凑热闹，把头伸进酒缸里一起喝，阮咸竟然毫不在意，和猪一起畅饮。

猪和人共饮一缸酒，人和动物如此和谐共处的场景，前无古人，后无来者。

更让人感到惊世骇俗的是，阮咸的母亲去世了，他竟穿着重孝去追一个鲜卑族的婢女，这个胡女当年是他姑母带来的，阮咸看上了这位姑娘，两人干柴遇烈火，没想到这位女子后来怀孕了，母亲去世后，姑母带着这位女子离开，阮咸得知消息，愣是骑着毛驴把这个怀有身孕的女子给追了回来，嘴里还嘟囔着："人种不可失。"

父母之丧，应该大孝三年，阮咸这样的做法确实突破常理，但这就是他，"宁做轻狂人，不做伪君子"。

向秀相比于"群里"其他六位，他酒量最小，因此显得比较"正经"。他最美好的时光是与嵇康在一起打铁的日子，他的工作职责是拉风箱，嵇康负责抡锤打铁，二人配合默契、旁若无人、自得其乐。他有时候还去另一个朋友吕安家帮他侍弄菜园子。

后来嵇康、吕安都被杀，这对与二人交往甚密的向秀打击巨大，擦干眼泪后，他不得不低下自己的头颅，投诚司马昭。司马昭问向秀："听说你以前有隐居不仕的'箕山之志'，为什么今天却来见我了呢？"言外之意是说你不是很清高吗，如今来投靠我是几个意思。向秀表示那些自视清高的人，并不了解帝尧求贤若渴的用心，所以隐居的生活并不值得羡慕。就此司马昭接受了他，向秀后来官至黄门侍郎、散骑常侍。

但向秀心里非常痛苦，官场沉浮多年，他对政治越来越厌恶，想起过去意气风发的日子，以及今天的苟且过活，向秀时常感到五内俱焚，于是他逐渐远离官场，一心一意用来研究《庄子》，终成为学术大家，他为《庄子》所做的注解，以及郭象在他研究基础上形成的《庄子注》，成为后世研究庄子的重要材料。

四

阮籍和其他六位"群友"略有差别，他的狂，主要体现在对礼教的轻慢。

"男女授受不亲"，礼教把防范男女接触作为一项基础性工作，为此出台了一系列规矩。譬如叔嫂间不能对话、朋友的女眷不能见面、尚在闺中的女子不能见客等，阮籍却不吃这套，有次他的嫂子要回娘家省亲，临行前阮籍不避嫌疑，大大方方地为嫂子送行，并表现出离别的不舍和难过，叔嫂关系历来非常敏感，也是礼法重点防范的区域，不少人对此指指点点，阮籍却不以为然，他说出一句流传千古的话："礼岂为我辈设也！"

阮籍家旁边有个酒馆，老板娘长得很漂亮，阮籍经常带着王戎去那里喝酒，他从不避嫌，喝多了索性就睡在老板娘旁边，老板娘的丈夫开始有些意见，怀疑阮籍动机不纯，后来观察几次，发现阮籍就是喝多了酣睡，没有任何不雅举动，以后也就见怪不怪了。

阮籍一次次来酒馆，一次次醉倒老板娘身边，可能他还真有些喜欢这位美妇人，不过这种喜欢只是对美的向往，坦坦荡荡，甚至天真无邪，更多的是一种欣赏，而不是占有，与那些天天口头上说"男女不杂座"，但满肚子却是"男盗女娼"的伪君子相比，至少拉开了几个"全马"的距离。

更让人感到不可思议的是,有一位兵家女孩,才貌双全,但不幸尚未嫁人就去世了。阮籍根本不认识这家人,也不认识这个女孩,他听到消息后却赶去吊唁,在灵堂大哭一场,把满心的哀伤倾诉完毕后才离开。阮籍的做法,想必让这家人大眼瞪小眼,不知道这是怎么回事,也引起其他人议论纷纷。

这就是阮籍,他的泪水完全是为了美而流。在他心目中,美是没有界限的,不管认识与否,重要的是美丽消亡、青春不在,这便足以使人痛哭一场。

男女之事,只是阮籍对礼教宣战的开始,登峰造极的是他对"孝"的挑战。

"百善孝为先","孝"是礼教的基石,为父母尽孝,本是天经地义,但礼教却将孝道搞得纷繁复杂,三年服丧,三年素食,三年寡欢,有时还要加上三年守墓,十几年的时光都耗费在这个字上,最终使得"孝"成为了一种枷锁。

把"孝"摆到如此高的位置,背后有个所有人都懂但又不便讲出的原因,那就是"忠君",《论语》说得再明白不过:"其为人也孝弟(悌),而好犯上者,鲜矣;不好犯上,而好作乱者,未之有也。"就是说,一个人如果是孝子,就不会冒犯长辈;不冒犯长辈的人而作乱的,十分罕见。

"孝"由此变味了。

怎么推行这套理论呢,首当其冲是要树立先进模范典型,于是一些骇人听闻的孝子被隆重推出,"埋儿奉母"的郭巨就是其中一位。这位郭孝子对母极孝,妻子生一男孩,郭巨的母亲非常疼爱孙子,家里经济条件一般,所以郭母自己舍不得吃饭,却把仅有的食物留给孙子吃。郭巨因此深感不安,觉得养这个孩子必然影响母亲身体健康,于是和妻子商议:"儿子可以再有,母亲死了不能复活,不如埋掉儿子,节省些粮食供养母亲。"于是,便挖坑准备埋孩子,所幸挖坑过程中发现金子,才没让这个孩子成为阎王殿里的小鬼。

为了母亲,杀掉孩子,这是哪门子孝顺。

还有那位"卧冰求鲤"的王祥,说的是一年冬天,继母朱氏生病想吃鲤鱼,但因河水冰冻,无法捕捉,王祥便赤身卧于冰上,许久寒冰化开,从裂缝处跃出两条鲤鱼。王祥因此被广为传颂,仕途也是平步青云。

这种"孝"更多的是作秀,不具备任何科学性,被冻死的可能性比搞到鱼的可能性更大,何况不就是想捞几条鱼,把冰面砸开不是更容易,犯得着冒着生命危险趴在冰面上吗?

这不是阮籍心目中的"孝",也是他心里无法容忍的。

阮籍三岁丧父,一直与母亲相依为命,彼此感情很深。阮籍母亲去世时,他正在与朋友下棋,友人催他赶快回家,但他坚持要将棋下完。下完棋回到家,他一口气喝了两斗酒,放声痛哭,吐血不止。

几天后,母亲下葬,他吃肉喝酒后,在母亲的遗体旁放声大哭,吐血数升,几近死去。在母丧之时吃肉喝酒,看似不尊礼法孝道,但吐血祭母,又有几个孝子能做到呢?

内心至孝,但不愿意受枷锁的束缚,这就是阮籍。

阮籍在母丧时,行为上的怪诞,不少人看不上,但也有人能从内心理解,中书令裴楷曾前往阮籍家去吊丧,按照既定程序进入灵堂哭祭,作为孝子的阮籍应该陪哭,但阮籍并没有。后来有人问裴楷,"孝子先哭,吊客才哭,这是应有的丧礼,阮籍没哭,你为什么要哭呢?"裴楷答道:"阮籍超凡脱俗,讨厌世俗礼法,但是我并不厌恶那些,所以我还是要遵守那些礼仪的。"

也是在母亲的葬礼上,阮籍充分施展了自己独门暗技——青白眼。就是说他的眼珠能上下自由翻动,转动幅度超乎常人,对待讨厌的人,他用白眼,遇到喜欢的人,可以瞬间转化为青眼。他的母亲去世后,嵇康的哥哥嵇喜前来吊唁,因为嵇喜在朝为官,阮籍就给了一个大白眼。嵇康听说后,带着酒、夹着琴来到灵堂,对于这位同好中人,阮籍白眼仁一转,露出了黑眼珠子,两人便在灵堂抚琴开喝。

五

阮籍的狂,在当时许多人眼里,无疑是离经叛道,甚至把他当作"精神病"患者来看待。阮籍如此做,除了追求内心的自由外,更多的是一种明哲保身的手段。他没有勇气像嵇康那样公开宣布"拒绝投降",处处与司马昭唱对台戏,所以只能以装狂和醉酒来避免引起司马昭的猜忌。

阮籍的努力很是见效,司马昭待他不错。当时司马昭身边有位红人何曾,他看到阮籍在母丧期间吃肉喝酒,毫无顾忌,便对司马昭说:"陛下正在以孝治理天下,却听凭阮籍守丧期间在陛下座前饮酒吃肉。应该把他放逐到荒远的边疆,以正视听。"但是,他的提议遭到了司马昭的拒绝,司马昭说:"此人如此瘦弱多病,你不能看在我的面子上容忍他吗?"

有次阮籍对司马昭说:"我曾经路过山东的东平,很喜欢那里的风土人情。"说者无心,听者有意,司马昭就怕阮籍没有当官的意愿,如今自己提出来,便很快遂了他的心愿,派他到东平去做官。

阮籍到东平后,第一件事是下令把府衙里重重叠叠的墙壁拆掉,让过去在自己屋子里单独办公的官员们,变成在敞亮的"大开间"里一起办公,这样做方便相互沟通也利于彼此监督,办公效率大为提升。这样说来,现在现代化写字楼里高透明度办公环境的鼻祖原来是阮籍。他还大刀阔斧精简法令。做完这些,阮籍觉得已经完成自己的使命,骑着驴返回了洛阳,在东平总共待了十几天。

阮籍一辈子正正经经上班可能也就是这十几天。

李白对阮籍在东平的这段经历颇为赞赏,为此写了首诗:"阮籍为太守,乘驴上东平。剖竹十日间,一朝风化清。"

阮籍担任官职时间最长的是步兵校尉,后世通常称他为"阮步兵"。

他之所以喜欢这个职位，原因很简单，因为步兵校尉府有好酒数百斛，阮籍看上的不是官位，而是那些美酒，不把这些酒喝完，他是断然不会离职的。实际也是如此，他上任后，除了喝酒几乎一件事都没有管过。

正当阮籍在酒中努力找寻生命的意义时，传来了一个巨大的噩耗，他的好友嵇康被斩于东市。

嵇康的死，主要因他的刚烈不屈，在别人都装孙子时，他绝不妥协，站出来挑战司马氏集团，他的这份不忿，集中体现在那篇著名的《与山巨源绝交书》中，这里的山巨源就是山涛。

这是什么情况？想当年山涛非常赏识嵇康，这两个人，一个创建了竹林七贤群，一个成为了事实上的"群主"，为何最后搞到反目成仇？其实，要怪也只能怪山涛的"好心"，由于嵇康敢讲真话，山涛很担心这位好友的安危，所以在自己获得提升后，他推荐嵇康来接替他原来的位置。

嵇康对此反应相当激烈，不仅断然拒绝，还大张旗鼓地给山涛写了一封绝交书，这封信写得很长，大概意思是说自己是"懒癌"晚期患者，过不了察言观色的官场生活，性情又"刚肠疾恶，轻肆直言"，在官场混肯定没好下场。嵇康总结了无法进入官场的"七不堪，二不可"，所以说山涛你叫我做官就是害我。

嵇康越写越激动，"不可自见好章甫，强越人以文冕也；己嗜臭腐，养鸳雏以死鼠也。"意思是说，我原以为你是够朋友的哥们儿，谁知道你却像那强迫别人戴花帽子的蠢家伙，像那专吃臭尸烂肉的猫头鹰一样。本来还以为你了解我，原来不是这样，这样的朋友不要也罢了。

嵇康做得似乎有些过分，山涛本来是好意，出于保护好友的目的，才推荐嵇康出来做官，如果不愿意出仕，婉言谢绝就好，何必对推荐人冷嘲热讽呢。况且道不同不相为谋，不想继续成为好友，只需拉黑就可以，为何又要洋洋洒洒写如此长的一封断交信，搞得朝野皆知，让山涛颜面尽失。

正确的解释是，这封信表面上是写给山涛的，但"醉翁之意不在酒"，他实际是在向司马昭喊话，我嵇康至死也不会屈节合作，所以他所恨之人并非山涛，而是司马昭等人，不过由于不能指名道姓地说出司马昭的名字，只能把气撒到好友山涛身上。

正因为如此，两人并没有真正断交。后来嵇康自知在劫难逃，对后事做了安排，他没有将儿子嵇绍托付给自己的哥哥嵇喜，而是托付给了山涛，他对儿子说："只要山巨源在，你就不会是孤儿。"

嵇康没有看错，山涛把嵇绍当作自己的儿子一样，倍加呵护，悉心培养，在山涛的教诲和举荐下，嵇绍后来成为晋国的忠臣。十八年后，他用身体护卫天子而死于乱箭之下，这也成为成语"嵇绍不孤"的由来。

想起人世间居然有这样的情谊，不由感动得想喝一杯。

六

不与当权者合作，是导致嵇康之死的祸根，但还有一个重要因素发挥了作用，那便是嵇康得罪了一个小人——钟会。更让人意想不到的是，钟会原本是一个"康粉"。

钟会尚未成名前，他自己写了一篇《四本论》，想求嵇康一见，希望获得嵇康的肯定，说不定心里还想请嵇康作个序。他怀着惴惴不安的心情来到嵇康家门口，但又害怕嵇康看不上自己，于是远远地将文章掷入，自己则转身急匆匆跑了。

钟会再次来到嵇康家时，已经是司马昭身边的红人，满以为嵇康会给自己面子。但嵇康却一直专注打铁，站在旁边的钟会宛若空气般存在。一边拉风箱的向秀提醒嵇康，但他依然视而不见。想必当时气氛相当尴尬，钟会待了一会儿只好悻悻离开，此时嵇康终于开口说："何所闻而来，何所见而去？"就是说你听到什么而来，又看到什么而去。钟会头也没回，答道："闻所闻而来，见所见而去。"也就是听到所听到的而来，看到所看到的而去。

充满玄学色彩的对话背后，是钟会对嵇康满满的恨。

钟会很快就逮着了报复的机会，嵇康因掺和吕安、吕巽兄弟之间的官司，而被逮捕入狱。一代名士投入大牢，在社会上引起了强烈反响。几千名太学生联名请命，请求宽恕嵇康，并让他担任太学教授去讲学。

司马昭本来并没有想杀嵇康，看到如此多的人为他请命，心里更加动摇。就在此时，钟小人站出来，他借题发挥，上纲上线，说嵇康不敬重天子和王侯，不服管教，是个反面典型，这样的人对社会没有任何益处，反而会把广大人民群众带坏，所以"今不诛康，无以清洁王道"。

于是，嵇康最终的命运就这样决定了。

刑场上，嵇康显得神色坦然，他看了看太阳的影子，觉得离行刑还有一段时间。于是要来一把古琴，在众人的注目下，弹奏起了《广陵散》。曲终之即，轻轻微叹："袁孝尼曾想学这个曲子，我没有教给他，这首曲子就此要失传了。"

酷帅一生的嵇康，让死亡也变得如此凄美而绚烂。

嵇康的死，让阮籍受到很大冲击，他敬佩自己这位好友的勇气和胆识，但他也知道，自己注定成为不了嵇康。

他活得过于纠结，一辈子都在求生和气节中徘徊不定，进退维谷，最终他选择了隐忍，也选择了将由此酿造的毒素全部吞进自己内心中，无法得到排解，一如他所写的——"终身履薄冰，谁知我心焦"。

史书记载，阮籍经常一个人随意驾车外出，不择道路方向，直到无路可走，他会对着天地旷野，扯开喉咙，放声痛哭。哭得山摇地动，哭得淋漓酣畅，大哭一场后再原路返回。千年之后，每次想到这样的场景，阮籍在走投无路伏地大哭背后那股深深绝望，依然会扑面而来，屡屡不绝。

这同时为阮籍如此嗜酒找到了源头，他有酒必饮，每饮必醉。大概因为醉酒是最接近死亡的形式，可以让自己与这个险恶绝望的世界暂时告别。他不想真死，只能以"假死"来麻醉自己，对阮籍而言，清醒是痛苦的，他宁愿将生命大部分时间交给酒精，交给那个混沌不清的世界。

他的绝望更加充分地体现在所写的八十二首《咏怀诗》里。

八十二首诗的每个字都是阮籍用自己的泪和血写就，无论飞禽鸟兽、花鸟鱼虫还是四季更迭、人生世事，除了个别有些正能量外，绝大部分都笼罩着一种浓得化不开的苦闷孤独。

"夜中不能寐，起坐弹鸣琴。薄帷鉴明月，清风吹我襟。孤鸿号外野，翔鸟鸣北林。徘徊将何见？忧思独伤心"，这是八十二首的第一首，为整个《咏怀诗》确定了基调，孤鸿在野外哀号，翔鸟在林中悲鸣，阮籍与它们一样的寂寞和哀伤。

活着到底有什么意义？这似乎是阮籍一直追问的问题，在第五十五首中，他写道："人言愿延年，延年欲焉之"，人人都说要延年益寿，可是活那么长有什么意义呢。

阮籍在黑暗中找寻生命的意义，他无法像嵇康那样，为了理想气节，而将头颅放在司马昭的屠刀之下，也无法像其他人那样，只追求穷奢极欲和地位显赫，而没有了自己的心灵，他既珍惜项上的这颗人头，同时也很爱惜自己的羽毛，所以在这个世界里始终找不到该去的方向，由此他的生命中注定只能流淌着酒水和泪水。

一生都在躲避的阮籍，在生命的最后阶段却没有躲过去，留下了他一生中最大的污点。

公元263年，司马昭被封晋王，加九锡，已经无限接近皇帝宝座。按照常理，司马昭要假装谦让一番，然后由公卿大臣"劝进"，半推半就地上位。写"劝进表"的重任落到了阮籍身上。他依然祭出了自己的法宝——酒醉，但时过境迁，这样的套路已不再见效，万般无奈下，阮籍写下了劝进书。

阮籍找不到生命的意义，但是他却不愿意轻易去死。

写了劝进书，阮籍暂时保全了性命，但也仅仅多活了两个月，在公元263年那个寒冷的冬天，纠结一生的阮籍，终于可以彻底放轻松了，在度过五十四个春秋后，他闭上了自己疲惫的双眼。

金无足赤人无完人，虽然在生命的最后，阮籍留下了一生的遗憾，但千百年来，只要提起他的名字，人们脑海更多的还是会浮现出那个狂放自在、天马行空的阮籍。

相比于神一样的嵇康，阮籍像一个活生生的人，他内心的挣扎更容易引起与他命运相似的后人共鸣。特别是在乱世，杀身取义的毕竟是少数，像阮籍这样进退两难的读书人为数甚多，由此阮籍的挣扎就是他们的挣扎，阮籍的痛苦也是他们的痛苦，阮籍的泪水更是他们的泪水。

史书记载，阮籍喜欢"长啸"，黄昏时分，面对群山发出一声声悲鸣，所以在开封尉氏县城有一个"阮啸台"。八百多年后，苏东坡登上阮啸台后有感而发，写道："阮生古狂达，遁世默无言。犹余胸中气，长啸独轩轩。高情遗万物，不与世俗论。登临偶自写，激越荡乾坤。醒为啸所发，饮为醉所昏。谁能与之较，乱世足自存"。

"醒为啸所发，饮为醉所昏"，想必九泉之下的阮籍，会为苏东坡这样一个深刻理解自己的后人而面含微笑吧。

司马炎：我死后，哪管洪水滔天

一

公元268年四月，暮春时节的洛阳城依然能感到一丝凉意。阴云低垂在晋王朝的宫殿之上，这个王朝的皇太后王元姬即将走到生命的尽头。面对前来探视的长子，也是当朝皇帝司马炎，王太后心里更挂念的是自己的另一个儿子——齐王司马攸。

她对病床前的司马炎说："桃符性急，你这个哥哥又不慈爱，我的病如果好不了，我很担心你容不下他，因此特意嘱咐你，勿忘此言。"这算是她最后的政治交代。

桃符，是司马攸的小名。

这样的遗命，晋武帝司马炎并不陌生。就在三年前，自己父亲司马昭去世前，也曾说过类似的话。父母的担心并非多余，他从心里真的是极其厌恶这个同胞弟弟。

司马攸是司马昭的次子，由于司马昭的哥哥司马师一直没有儿子，司马昭就将司马攸过继给了自己的哥哥，作为他的子嗣。司马懿死后，司马师成了大当家的，这意味着如果司马师死了，作为他继承人的司马攸将成为曹魏政权新的掌控者。

但是历史并没有这样发展。司马师死时，司马攸只有八岁，由于他太过年幼，司马昭取代了哥哥的位置，成为了曹魏政权的实际控制人，为了打消众人的异议，司马昭公开表示："天下，本是景王（指司马师）的天下，我不过是代理宰相之位。我死之后，大业应该归于司马攸。"

司马攸为人不错，史书上说他"清和平允，亲贤好施"，司马昭对这个过继给哥哥的儿子很器重，经常指着自己的座位，说："这是桃符的座位"。这些话传到司马炎的耳中，作为司马昭的长子，理论上的第一顺位继承人，他除了感到些许绝望外，更多地把愤懑投射到司马攸身上。

不过司马昭虽然嘴上这样说，但内心却一直在犹豫，两个儿子各有特点，司马攸非常孝顺，对父母长辈都很有礼貌，而且他聪慧异常，十七岁就已经精通各种典籍，写得一手漂亮文章，可谓多才多艺。朝野上下一致认为，司马攸的名望在司马炎之上。

司马炎的长处除了是长子和年龄大一些，有两个因素不容忽视。一是司马炎有异相，奇异到什么程度呢？八个字——"立发委地，手垂过膝"，说的是司马炎的头发超级长，站起来，居然可以垂在地上，这想必会让不少妇女同志好生羡慕。如果说这个奇相，通过长时间蓄发有可能实现的话，那第二个估计很少有人企及，他站起来双手垂下，可以超过膝盖，这是先天造就的，很难靠后天的努力实现。

那么，历史上有记载的第一个"垂手过膝"的人是谁？答案是"刘备"，《三国志·蜀志·先主传》里说，这位后来的蜀汉皇帝"身长七尺五寸，垂手下膝"，据说不少他身边兄弟因此认定他是仁君圣主，死心塌地跟随他，尽管刘备"五易其主，四失妻子"，但兄弟们依然对他不离不弃，忠心耿耿。

如果放到今天，刘备、司马炎如此的臂长，想必会成为灌篮高手，至少应该是省队的选手，说不定还能入选国家队。

司马炎的异相让司马昭的近臣裴秀很是叹服，当司马昭向裴秀询问立谁为世子时，裴秀回答："中抚军聪明神武，有超世之才，人望既茂，天表如此，非人臣之相也。"就是说当时担任中抚军的司马炎聪慧过人，神明而威武，有超越世人的奇才，又有着帝王的仪容，注定了不是人臣的命运啊。裴秀的一番话，几乎把司马炎捧上了天，这对司马昭下决心立司马炎为接班人起到了重要作用。

另外一个主要因素，是司马昭身边一些亲信大臣帮着司马炎说话，不知是否因司马炎在背后做了工作，还是他们原本就认为废长立少有问题，总之这些大臣都说司马炎才德出众，作为接班人再合适不过。

为此司马昭专门考核司马炎的"才德"，算是任前考试。支持司马炎的羊琇跑来帮他进行准备。羊琇虽然不知道司马昭要出什么题目，但他很聪明，让人梳理司马昭最近关注的一些问题，然后将答案写好小抄，让司马炎强迫记忆。果然司马昭询问的问题没出这个范围，当司马攸尚在思考的时候，司马炎则开始侃侃而谈，于是，司马炎最终顺利通过了考核，成为了司马昭的继承人。在做出这个重要抉择后不久，司马昭因中风猝死，司马炎顺理成章承袭了父亲的相国职位和晋王爵位。

司马攸拿着空头支票等了半天，等来的却是一个无法兑现的承诺。

二

司马炎上台后，他环顾左右，一边是虽坐在龙椅上但基本不敢吱声的魏帝曹奂，另一边是他父亲留下的一大帮手握重权的宗亲功臣，如何才能站稳脚跟，把大权牢牢控制在自己手掌之中呢？他突然想到一个人——曹丕。

想当年这位魏国开国皇帝从他老爸曹操手中接过权杖的情形，与此时此刻何等相似，既然如此，司马炎决定采用"拿来主义"，向这位前辈虚心学习，学习的核心内容只有四个字——篡位称帝。

看上去这是件涉及改朝换代的天大事情，但实际上只是履行个正常程序，因为自从高平陵之变后，司马家族就牢牢控制了曹魏政权，历经司马懿、司马师、司马昭三代，曹魏皇帝至多只是一个摆设，所能做的只是每天到点上朝，然后看着几位司马大爷眼色行事。

名不正言不顺，虽然大局已定，但该走的程序还是要走。咸熙二年十二月丙寅，一场隆重的禅让仪式如期举行，这是需要废帝和新帝共同出演的古装大戏，经过一系列繁文缛节的规定动作，这场大戏终于进行到最高潮的阶段，男主角司马炎高声宣布继位称帝，国号大晋，改元泰始。

翻开历史可以发现，这类戏的第一位导演兼主演也是曹丕，当年演出结束后，他感慨道："舜、禹之事，吾知之矣。"但他万万想不到的是，仅仅过了四十五年，同样的剧情再次上演，只是主角和配角调换了位置。

终于坐上了高高的龙椅，司马炎面临的第一个问题就是该如何处置刚刚下台的曹魏宗室。历史上有三种方案可供选择，一是杀掉，二是软禁，三是养着。在这个问题上，司马炎展现了他一生中最大的优点，便是"宽仁"。他不仅选择了第三种，而且还在前面加了个定语——好好养着。

曹奂由此成为历史上最幸福的亡国之君，似乎没有之一。司马炎封他为陈留王，食邑万户，宫室安排在邺城，给予他使用天子旌旗，备五时副车，郊祀天地礼乐制度都仿效魏国初期的制度，享受上书不称臣，受诏不拜的待遇。一句话，除了不行使皇帝权力，其他的和皇帝基本没有两样，曹奂比司马炎还活得长，五十八岁时终老而死，死后的谥号是"元皇帝"，这大概也是被赶下台皇帝中最好的谥号。

曹魏宗室的事情处理得很得体，司马炎可以为自己加十分，接下来更头疼也更为重要的问题，是自己家的宗室怎么办。说它重要，是因为涉及权力结构问题，而科学稳定的权力结构是这个新生王朝能否长久的关键所在，作为开国皇帝，他责无旁贷，必须要在这个事关千秋万代的问题上做出重大抉择。

关键时刻，他又想到了曹丕，不过这次是把他当作"反面典型"，曹丕当年为了确保皇权安全，对皇室宗亲进行打压，搞得各位曹氏王爷有名号但无实权，不仅如此，各位王爷还被列为重点监控对象，他们活动区域不得超过三十里，无诏不得进京，而且相互之间不能往来，结果这些王爷到后来眼睁睁地看着司马氏专权却无能为力。

司马氏家族按说是曹丕"刻薄宗亲"的最大受益者，但自己得了便宜的司马炎不能再让其他人得便宜，他反其道行之，一口气封了二十七个司马氏王爷，更为关键的是不仅给他们名号，而且又给地又给兵，让这些王爷真正有了王爷的感觉。分封这些王爷只是第一阶段，后来司马炎似乎患了"封王上瘾症"，到死之前，一共封了五十七个同姓王，创造了中国古代史的一个新纪录，一直没有被打破。

两害相较取其轻，司马炎其实也想到了大肆分封可能产生的严重后果，但是除了这条路，似乎没有更好的道路，说到底自家人总比外人要可靠，他心里想，如果能适当控制亲王封地规模，在一定程度就能控制住风险。

但司马炎没想到的是，在他死后，把中央朝廷搞得一塌糊涂的不是士族权臣，而正是这帮王爷们，唯一让他宽慰的是，并不是这些亲王主动起来要篡夺皇权，而更多的是因朝廷内斗引狼入室所致，所以这个锅他完全可以不背。

只是无论初衷如何，结果是他看不上的曹丕，至少维持了三代才被司马氏夺权，而他开创的大晋王朝，风平浪静的只有他这一代，之后便是骨肉相残，整个王朝笼罩在一片腥风血雨之中。

"皆大欢喜"，这是曹魏宗亲和司马宗亲的共同感受，两边都各得其所，收获满满。但仅让宗亲们满意是不够的，使天下苍生均有获得感，王朝才会长久稳固。

于百姓而言，所谓"获得感"可以用一句歌词概括，"我要的不多，无非是轻徭薄赋。我要的真的不多，无非是不瞎折腾。"司马炎便循着这样的路子，把无为与宽松政策作为西晋之初的立国精神。他下令减免一部分赋税，并亲自到田里耕作，以显示对农业的重视，通过休养生息的政策，普通百姓感觉自己的腰包渐渐鼓了起来。

"国无法不治，民无法不立"，把宗亲和百姓都安顿好，司马炎开始忙乎另一件大事——立法。他让贾充、杜预等制定了一部律法，因在泰始年间实施，故称之为"泰始律"，先说说这部律法的历史地位，它是第一部"以儒入法"，就是以儒家学说为指导思想，并把儒家礼制直接写入其中的法律。

除此之外，这部法律比较牛的有两点。一是简明规范，这有利于审理案件的官员，过去的律法过于繁杂，定罪需要拉来几车的竹简翻阅，现在精简到只需要翻一本书就可以了。二是量刑较轻，这有利于百姓，不仅重申不恢复割鼻、砍足等肉刑，死刑的数目也大为减少。不过有一项死刑显得有些过于严厉，就是"不孝"可以判死罪，这是因为晋朝以"孝"立国，所以要求子女必须"常回家看看"，否则大刑伺候。

法律有了，但律法专业性很强，老百姓不了解怎么办？这就需要大力开展普法宣传，司马炎找来了张斐和杜预两人来做这项工作。当然普法并不是拿着小喇叭到处宣讲，也不是贴标语写海报，而是让他们为这部法律做注解，有点像现在的司法解释，自此中国古代法制史翻开新的一页。在律法的执行上，司马炎也是身先士卒，他多次去洛阳监狱审决罪犯，为不少人减轻了罪行。这不完全是一种作秀，而是表明推行律法的决心，让官员和百姓对"法从宽，断从公，令从平"的理念入脑入心。

三

"新皇帝上任三把火"，司马炎作为晋王朝的开国皇帝，开局这几脚踢得漂亮，不仅稳定住了朝局，而且还把整个王朝搞得蒸蒸日上。他的心里涌动着一种莫名的冲动，开始琢磨去做一件惊天的大事——灭吴。

为此，他让自己非常欣赏的羊祜坐镇荆州，为灭吴提前做好全面准备。

司马炎有这样的想法，是因为吴国早已今不如昔。如果用一个成语来形容此时的吴国，那便是"日薄西山"，孙权晚年开始刚愎自用，他死后，宫廷内斗不断，最后终于迎来了一个前所未有的暴君——孙皓。

这位暴君的父亲是孙权最早确定的太子孙和，但后来因内乱被废黜，在孙皓十二岁时，孙和被逼而死，在整个童年时代，孙皓目睹了太多的腥风血雨。

弗洛伊德说："一个人童年影响他的一生"，不堪回首的童年经历，使得孙皓形成了一种安全感严重缺失的人格。

历史很多时候是一个偶然加一个偶然，作为废太子的公子，吴国的帝位本来和他没有什么关系，但前任皇帝孙休去世后，留下的几个儿子都未成年，当时吴国内忧外患，朝中权臣濮阳兴、张布决定拥立已经二十二岁的孙皓继位。

刚开始，孙皓表现得像一位仁主，开仓济贫，减省宫女，像模像样，使得朝野为之一振。但好景不长，他人格缺陷所产生的巨大破坏作用，像海啸一样汹涌而至，暴虐好色，清除忠良，一夜间好像换了一个人。

喜好嗜血杀人，是这种缺陷人格的最大特征，拥立他的濮阳兴和张布发了几句牢骚，"杀"。对孙休的皇后朱太后和他的两个儿子，"杀"，对自己同父异母的兄弟孙谦、孙俊，"杀"，对自己的叔父孙奋及其五子，"杀"，侍中韦曜因不会喝酒被杀，常侍王蕃因太会喝酒也被杀，上至宗亲大臣，下到宫女近侍，只要稍不合心意，便一杀了之，搞得人人自危，不少人渡江逃到晋地。

唯一庆幸的是他没有杀手下大将陆抗，依靠这位杰出人才在长江边和羊祜亦敌亦友抗衡了几年。等陆抗一死，羊祜便上表司马炎，说此时吴国就像一根根朽木搭建的大厦，只需轻轻一推便倒，他建议司马炎立即出兵灭吴。

司马炎终于迎来这样的心动时刻，但此时朝中有三位站出来明确表示反对，他们是司马炎非常信任的近臣贾充、荀勖和沈玠，他们认为吴国有长江天险，一时难以平灭，北边的秃发鲜卑频频捣乱，两线作战，恐难支撑。

司马炎心里的退堂鼓顿时砰砰直响，这让孙皓和他的帝国又残喘了四年。

公元279年，接替羊祜的杜预上书司马炎，建议趁吴国忙于平叛，赶紧动手，这次司马炎却变得犹豫起来，杜预连续上表，司马炎都没有反应，此时主战派张华起到关键作用，司马炎收到杜预的第三封信时，正在和张华下棋，张华一把推开棋盘，跪在地上恳求司马炎千万不能再错过这样千载难逢的机会了。

司马炎由此终于下定最后的决心。

说干就干，几个月后，司马炎发动二十万大军，兵分六路大举伐吴。进展最顺利的是龙骧将军王濬率领的楼船兵团，这位王将军为了建造这些上面可以跑马的大船，已经忙乎了整整八年，现在终于可以派上用场，他率领这个庞大的舰队，顺流而下，势如破竹，直抵建业城下。

孙皓无奈之下，只得学习三国中另一位前辈刘禅的做法：备亡国之礼，素车白马，肉袒面缚（两手反绑），衔璧牵羊，大夫衰服，士舆榇（把棺材装在车上），率领太子孙瑾等二十一人来到王濬营门投降，自此孙吴灭亡。

司马炎"宽仁"的光泽同样笼罩在孙皓身上，他封孙皓为归命侯。很快司马炎在洛阳见到了灰头土脸的孙皓，司马炎指着旁边的一把椅子，开玩笑地对孙皓说："这把椅子为你留了很长时间了。"没想到这位亡国暴君此时来劲儿了，他不客气地说："实不相瞒，我在江南也给陛下准备了一把。"

孙皓简直吃了豹子胆，换作其他天子，他的人头估计早已落地，但司马炎的肚子里仿佛能装得下一艘航空母舰，他只是呵呵一笑，当时没说什么，也没有秋后算账，孙皓安安稳稳地活了几年，于四十二岁在洛阳去世。

四

天下已定，司马炎决定刀枪入库，马放南山，他做出一个重要决定——尽罢州郡兵马，为此司马炎下诏："自汉末以来，四海之内分崩离析，刺史对内亲自处理民事，对外统领兵马。如今天下统一，应当收藏起兵器。各刺史的职责，应该按照兴盛时候的那样，州政府及郡政府所统帅的士兵，全部取消。大郡设置武官一百人，小郡设置五十人。"

西晋实行三级行政制度，州郡县大体相当于现在的省市县，这个政策就是说省不设常备军，省下面重要市只配备武吏一百人，普通的市更少，只有五十人。

该如何解读这个政策？表面上看这是应有之意，因为天下基本太平，无需养太多的兵，这能极大地减轻西晋政府的经济负担，将战时机制转换为了和平时期机制，好像没啥问题。但里面蕴藏着一个司马炎的心病，那便是他不信任士族阶层，由这个阶层担任的各州刺史手握兵权，在他看来非常危险，战时没有办法，所以天下刚刚太平，他便迫不及待要将刺史手中的权力收回，地方上只留一点类似警察的武吏，能够抓抓小偷，维持一下社会治安就可以了。

那么万一有战争了怎么办呢？好办，司马炎不是分封了许多王爷吗，在他看来，这些同姓王比刺史要可靠得多。当时规定各亲王之封国的军队，大国兵五千人，次国兵三千人，小国也有一千五百人。所以这个政策实际上是将州郡的兵马，变成了诸王的兵马，如果州郡有事，或平叛，或讨伐，让王爷们出面处理即可，这是司马炎心里的如意算盘。

"陛下万万不可"，出来给司马炎泼凉水的是大臣山涛，他说："为国者不可以忘战，现在把州郡兵都罢除了，一旦发生战乱，就不好收拾。"遗憾的是，司马炎虽对他的话频频点头，但实际上一句也没有听进去。就此，这位开国皇帝为大晋王朝打开了一扇地狱之门。

司马炎一系列的措施，使得农业逐步恢复，人口连年增加，让这个战火年代走出来的王朝恢复了久违的生机，平定吴地统一天下后不到三年时间,全国人口增加了一百三十万户,历史上把这段时期称作"太康之治"。

但这样的繁荣宛如昙花一现,面对盛世景象,志得意满的司马炎想要松弛一下一直处于紧张状态的神经了。

只是没想到,放松最终变成了放纵,而且一发而不可收拾。

司马炎最大的爱好便是美色,灭吴后他全盘接受了孙皓的后宫佳丽,再加上自己原来宫中的女子,一度达上万人。面对如此庞大的后宫嫔妃,该临幸谁呢,司马炎开动脑筋后别出心裁,发明了"羊车望幸",就是他坐着羊车在宫苑中随意走动,羊车停在哪个妃嫔门前他就临幸哪个嫔妃,逼得这些后宫女子纷纷采取措施,好让司马炎的羊车能停在自己门口。

"榜样的力量是无穷的",皇帝一放松,大家都跟着松弛下来,西晋朝廷迅速掀起了一股奢靡之风。

太尉何曾深得司马炎信任,经常参加司马炎举办的酒宴,回到家里他说:"陛下创建了基业,然而我每次在宴会上,却从未听他说过治理国家和图谋久远的谋略,只是说些日常事,他的后代会很危险。"他先指了一下几个儿子说:"陛下的太平基业只一个人而已,你们还可以安然无事。"转而又指着自己的几个孙子说道:"你们这一辈人必殃及祸乱!"

非常具有讽刺意味的是,何大人虽然嘴上这样说,但他却是奢靡之风不折不扣的带头实践者,他不好女色,也极为孝顺,只有一个爱好——美食。所以这位"超级吃货"特别讲究烹饪的味道,不惜花费众多的金钱与精力,孜孜以求想吃的美味。

何曾每天用于饮食的花费超过万钱,即便如此,仍然感到味道不佳,觉得"无下箸处"。每次司马炎举行宴会,何太尉都自己带吃的,司马炎对此很好奇,何曾倒也实在,说宫里的东西不好吃,司马炎听后没有生气,反而特许他自带家厨烹制的菜肴。他的儿子何劭更是青出于蓝而胜于蓝,顿顿都要吃四方山珍海味,一天饭钱要两万钱,比他老爹还贵一倍。

千年以后的司马光在《资治通鉴》里痛斥何曾："何曾议武帝偷惰，取过目前，不为远虑；知天下将乱，子孙必与其忧；何其明也！然身为僭侈，使子孙承流，卒以骄奢亡族，其明安在哉！且身为宰相，知其君之过，不以告而私语于家，非忠臣也。"只是在当时，口是心非的又何止何曾一人。

在那个纸醉金迷的时代里，孔方兄成为最热门的追求，有位叫作鲁褒的读书人写了一篇《钱神论》，"钱之为体，有乾坤之象，内则其方，外则其圆"，外圆内方的铜钱被鲁褒戏称为"孔方兄"，它在天圆地方的乾坤之间，无所不在，无所不通，特别是在太康年间，就属这位"孔方兄"最吃得开，威力也最为强大，"危可使安，死可使活"。

有钱便任性，这些富人中最奢侈的莫过于石崇，这位仁兄本性不坏，史书说他好学不倦，但在这股社会风气的影响下，迅速走向腐化堕落。

作为当朝富翁排行榜头名，石崇富可敌国的财产从何而来呢？首先可以排除的是"啃老"，他的父亲是晋朝开国元勋石苞，在他死前，将财产分给了石崇的五个哥哥，对这个最小的儿子一个子儿都没给。石崇的母亲为他向石苞请求，多少给这个幼子分点财产，石苞说："此儿虽小，后自能得。"相当看好石崇的发家致富能力。

知子莫如父，如石苞所言，石崇不用啃老而成为了天下首富，不过石苞万万不会想到，自己儿子的第一桶金是在石崇任荆州刺史时，利用职权之便，抢劫行者商旅，获得了大量钱财。有了原始积累后，他开始了各种投资，回报率超高，最终富甲天下。

据《世说新语》记载，石崇家的厕所装修得豪华无比，准备了各种香水、香膏给客人洗手、抹脸。经常得有十多个女仆恭立侍候，一律穿着锦绣，打扮得艳丽夺目，列队侍候客人上厕所。客人上过了厕所，这些婢女要客人把身上原来穿的衣服脱下，侍候他们换上了新衣才让他们出去。

有次散骑常侍刘寔去他家做客，上厕所时，看到屋子里挂着锦绣帐幔，还有婢女捧着香囊站立两边，从没见过这样阵势的刘寔，以为自己误闯了石崇家的内室，赶忙向他道歉，石崇告诉他："没错！这就是我家厕所"，由于过于奢华，搞得刘寔顿时便意全无。

石崇在历史留下的最深印记，是他与王恺斗富的故事。

王恺不是一般人，他是当朝皇帝司马炎的舅舅，这两位富翁谁也不服谁，于是较上了劲。王恺饭后用一般人家根本用不起的麦糖水洗锅，石崇就用更为珍贵的白蜡当柴火烧。王恺出门用丝帛做成四十公里的挡风墙，自感威风至极，石崇定会甘拜下风，谁知石崇用了更高级的锦缎，而且长度比他还多十公里。

几个回合下来，王恺丝毫占不到便宜。司马炎对自己的舅舅处于下风，有些看不下去，想帮王恺斗赢石崇，于是赐给舅舅一株高二尺的珊瑚树，这在当时应算稀世珍宝，王恺满以为这次可以稳操胜券，谁知石崇当众把这棵珊瑚树打碎，然后拿出不少更大的珊瑚树，说是任凭王恺挑选，身为皇舅的王恺就此彻底败下阵来。

石崇最可怕的不是奢靡而是变态，他喜欢在家里开宴会，每次请客饮酒，总让自己府上的美人给客人劝酒，如果客人不喝就会杀掉劝酒的美人。有次，王导和王敦兄弟参加宴会，王导为人宽厚，他听说这样的事情，虽然不胜酒力，但还是勉强喝下去，直到自己喝高。要论残忍，王敦和石崇是一路货色，美女劝酒他就是不喝，这让石崇一连杀了三个美女，事后王导责备王敦，王敦则一脸不屑："他杀自己家的人，和我有什么关系？"

羊琇是司马师的小舅子，属于资深的皇亲贵族，他喜欢喝酒，可是冬天的时候，再美味的酒也是冰凉的，羊琇没有选择用火加热，而是弄出一个"抱瓮温酒"的法子，专门准备一批抱着酒缸温酒的人，而且过段时间就要换一个人，防止一个人长时间抱着而体温下降。另外，羊琇的酒器都是特制的，用的是珍贵的林木炭，把林木炭捣碎制成兽形的酒器非常精美漂亮，引得洛阳的贵族们争相效仿。

司马炎虽然喜好美女，但生活上并非奢靡无度，有次他到司马昭女婿王济家串门，去之前他听说王济生活奢华，心里虽有准备，但真正身临其境还是感到很吃惊，排列两侧身穿绫罗绸缎的婢女多达百人，饭桌上摆的是皇宫里也很少见到的玻璃杯。

更让司马炎咋舌的还在后面，当主食烤乳猪上来后，他吃了一口，顿觉味道鲜美异常，便问自己女婿是怎么做的，王济表示其实做法没有多大不同，只是这些小猪在被烤以前，都是用人的乳汁喂养的。司马炎没说什么，只是还没等宴会结束，便告辞了。

"奢侈之费，甚于天灾"，一个王朝的开局就如此，注定不会长久。

五

天天纸醉金迷的司马炎，身体一天不如一天，原本消失了一段时间的烦恼再次浮出水面，搞得他有些寝食难安。

这个心病还是因为他的弟弟司马攸。说来也怪，司马炎以宽仁著称，气度很大，但唯独对这位弟弟充满小心眼儿。

说司马炎的气度大。不仅仅体现在对曹奂、孙皓等亡国之君上，他对那些口出不逊之言的臣子大多也会原谅，有一次，司马炎问手下大臣刘毅，自己和汉朝哪个皇帝有一比，满以为刘毅能说出高祖、武帝或光武帝的名字，刘毅居然答道："桓、灵"，桓帝和灵帝是东汉有名的昏君。

司马炎一如往常没有生气，只是觉得自己工作兢兢业业，经常加班加点，而且还统一天下，怎么也应该比桓帝、灵帝强一些。刘毅丝毫没有给司马炎面子，他说："桓、灵卖官，钱入官库；陛下卖官，钱入私门。以此言之，殆不如桓灵也"，就是说司马炎还不如那两位昏君呢，换作其他天子，刘毅项上人头恐怕很难保住，但司马炎不怒反笑说："桓、灵之世，不闻此言。今有直臣，故不同也。"意思是说，东汉末年有人敢如此批评皇帝吗？仅凭这点，当下就与桓、灵时代不同，自嘲之中司马炎总算给自己找了个台阶下。

司马炎的气度有时也让他显得非常可爱，他听说大臣和峤家有好李子树，出产的李子异常美味，于是想品尝一下，但和峤这个人非常吝啬，皇上好不容易张一次口，但他只送给司马炎几十个，司马炎很快吃完，不过他没有怪罪和峤的小气，反而觉得能吃上和家的李子便感到心满意足了。倒是他的女婿王济实在看不惯，有次趁和峤上朝，他带着一群人，翻墙进入和峤的果园，不仅把李子摘了吃完，还把李子树拦腰砍断，然后扬长而去。

司马炎对所有人都大度，为何却对自己的弟弟气量小呢，其实道理很简单，因为司马炎选立的太子司马衷智力低下，时常搞些啼笑皆非的事情。而司马攸本性仁德，每逢水旱灾祸，他都减免自己封国里百姓的赋税，群众基础很好。同时他恭敬谦卑，在朝中也有不少拥趸，人气越来越高。司马炎心里知道，照此发展下去，自己百年以后，这个愚钝儿子不一定是司马攸的对手。

其实，这种隐忧根本用不着等到他死之后，有次司马炎生了一场大病，一些朝臣为了社稷着想，更为了自己的后路，酝酿策划让司马攸在司马炎遇到不测后继任皇位，后因司马炎的病好了，这个策划案才没能够实施。

太康三年，即公元282年，司马炎很诚恳地问自己非常信任的尚书令张华："谁可寄后世者"，张华想都没想，脱口而出："明德至亲，莫如齐王攸。"

这个回答让司马炎非常失望，他很清楚，这并不只是张华一人的想法，而是代表了朝廷中相当一部分人的意见。虽然后来司马炎将站错队的张华赶出了京城，但他知道，要从根本上解决这个隐患，必须要对司马攸上手段了。

只是父母的遗命，像一道紧箍咒，长期以来困扰着他。对司马攸或杀或贬似乎都有违父母之言。正在困惑之际，手下大臣荀勖献了个"一箭双雕"之计，他建议司马炎下令让各位王爷离开京城，回到自己封地，这样可以让齐王远离政治核心，逐步被边缘化，同时也可以看看朝臣们对此的反应。

此计甚好，很快司马炎便下诏，让各位王爷回到封国，齐王司马攸是皇帝的同胞弟弟，必须要起示范带头作用。

这一下可捅了马蜂窝，包括司马炎叔叔司马骏在内的皇亲大臣都跑到皇宫，请求皇帝收回成命。他们认为司马攸为人忠孝，人缘威望俱佳，以其能力、品行及皇族血统，是辅助朝政的不二人选。将如此国之重臣调离京城，于国于民都不利。

司马炎觉得自己判断没错，司马攸的实力的确不可小觑，支持他的不仅有皇亲，还有文臣武将，这些人倘若联起手来，自己的那个白痴儿子哪里会是对手，所以越多人劝阻、越多人赞扬司马攸，司马炎立场就越发坚定。

司马攸对此什么反应呢？一百个不愿意。听到这个消息后，很快就病倒了，史书上说是"愤怨发病"。

不过，司马攸真切地感到，自己的这个皇帝大哥这次是要动真格的了，但他也不甘心轻易就范，一方面确实因生病不便动身，同时上书请求留在京城守护生母王太后的陵墓。

司马炎当然不会答应，他派一些御医前去探视，看看这位弟弟是真病还是装病，御医们揣摩上意，回报说齐王没有什么大病。既然太医们说没大病，司马炎便一再催促司马攸动身，他一天也不想再见到司马攸。

司马攸没有办法，只好踏上归国的道路，他这个人很要面子，出发前让人给自己化了妆，看上去容光焕发。司马炎一看司马攸的样子，心里暗想这位弟弟果然是装病，但实际上司马攸已经病得很厉害，所以这条路没有走到齐国，而是通向了地狱。史书说："辞出信宿，欧血而薨"。

司马炎为此非常真诚地哭了一鼻子，不排除有自责的成分，更多的应该是喜极而泣。或许是因为装得过于伤心，连身边人都有些看不下去，侍中冯紞说："齐王死是社稷之福，陛下何必如此伤心呢？"司马炎一看内心已被人看穿，索性将这场"哭戏"就此打住。

最倒霉的是那些被派遣探望齐王的御医们，司马攸之子司马冏说因为御医诬称司马攸没病，导致自己的父亲在路途上吐血而亡，坚持要进行问责。没办法，司马炎只好下令将这些御医处死，无辜的御医们成为了替罪羊。

这也是在司马炎的一生中，罕见的杀人记载。

六

太康十年，即公元289年，荒淫无度的司马炎最终被掏空了身子，倒在了病榻上。

不久前，他封了人生中的最后一批王。以司马亮为侍中、大司马、假黄钺、大都督、督豫州诸军事，镇许昌；徙南阳王司马柬为秦王，都督关中诸军事；始平王司马玮为楚王，都督荆州诸军事；濮阳王司马允为淮南王，都督扬、江二州诸军事，并假节之国。立皇子司马乂为长沙王，司马颖为成都王，司马晏为吴王，司马炽为豫章王，司马演为代王，皇孙司马遹为广陵王。又封淮南王子司马迪为汉王，楚王子司马仪为毗陵王，徙扶风王司马畅为顺阳王，畅弟司马歆为新野公。琅邪王司马觐弟司马澹为东武公，司马繇为东安公。

他万万不会想到，紧接着众多王爷参与的空前大动乱中，大部分都在这次加封的名单之中。

司马炎此时可以安静地回顾一下自己的人生，早年与弟弟司马攸争夺世子之位，战战兢兢，如履薄冰，但后来馅饼还是砸到了自己头上，他由此开创了一个全新的王朝。为了安定政局，他分封了大量的宗亲。为了统一天下，他灭了吴国。为了避免前车之鉴，他罢免了州郡兵马。

他做了他该做的，也享受了该享受的，气若游丝的司马炎此时要做生平最后一件事情，下诏命汝南王司马亮与老丈人杨骏共同辅助王室。

公元290年5月16日，司马炎驾崩于含章殿，享年五十五岁，谥号武皇帝，庙号世祖，史称晋武帝。

是时候给这位大晋王朝的开国皇帝做个总结了，他的人生以灭吴为分水岭，前后的司马炎是两个不同的司马炎，前后的晋王朝也是两个不同的晋王朝。

西晋后期君臣的生活奢靡程度令人咋舌，但在灭吴之前，司马炎曾经上演过"火烧奢侈品"的好戏，有人给他进献了一件"雉头裘"，这是一件极为罕见的华贵服饰，用现在的话说是件"超级限量版"的奢侈品。司马炎将此件衣服带到朝堂，让群臣欣赏，就当大家连连发出赞叹之声时，司马炎却下令将这件价值千金的服饰烧掉，他告诉群臣要力戒奢侈，以勤俭节约为美德。

反差实在太大，就如同苏辙所评价的：吴亡之后，荒于女色，蔽于庸子，疏贤臣，近小人，去武备，崇藩国，所以兆亡国之祸者，不可胜数，此则灭吴之所从致也。

有一个人早已看出此中端倪，他便是竹林七贤之一的山涛，身为朝廷高官的他，当年是灭吴的反对派，但反对的理由和其他人不一样，凭他对司马炎和身边那些红人的了解，山涛知道留着吴国这个外患，这些人尚可收敛，灭吴之后便不好说了。所以在朝堂上听到司马炎宣布出兵灭吴，退朝后他回家和孩子说："只有圣人才能做到内外无患，如果不是圣人，外宁则必有内忧。"

山涛比其他人更懂得八个字的含义——生于忧患死于安乐，他知道胜利有时会成为一座丰碑，有时也会变作一个坟墓。

"我死之后，哪管洪水滔天"，司马炎用生命后期的纵情声色，生动地实践了这句话。统一天下后，他用十年的时间不仅掏空了自己的身子，也几乎掏空了自己建立的王朝。他死后不久，按照他写好的剧本，八王之乱接踵而来。

历史的悲情在于，是司马炎结束了华夏大地长达百年的分裂局面，从一定意义上，也是他开启了一个更长时间的分裂时代。

羊祜：人生就这么回事，不如意十之七八

一

公元 280 年的一天，洛阳城中晋王朝的宫殿里灯火通明，一场盛大的宴会正在举行。就在前些日子，从遥远的江南传来捷报，晋朝军队攻克建业，吴地平定，自此天下得以一统，今夜晋朝君臣要为这个大喜事而一醉方休。

坐在高高龙椅上的晋武帝司马炎，当仁不让是今晚的主角，作为结束百年分裂的一代君王，此时他心潮澎湃，接受完百官朝贺，按照既定程序他要发表获胜感言，然后大家便可以开怀畅饮。

令群臣没想到的是，司马炎端起酒杯后，竟然在这个大喜之日潸然泪下，这不是喜极而泣，而是此时此刻他脑海中总是萦绕着一个人，面对注视着自己的群臣，他哽咽地说道："此羊太傅之功也"。

羊太傅就是西晋名臣羊祜。

在一年前，羊祜去世后，晋武帝也曾为他痛哭，据史书记载，当时正值隆冬，司马炎的泪水流到鬓须上都结成了冰。

男儿有泪不轻弹，更何况是九五之尊的皇帝，那羊祜是一个什么样的人，为何让司马炎一而再再而三地为他如此动容？

羊祜出身于名门士族，从他开始算往前数九代，都有人担任二千

石以上的官职,也就是省部级干部,可以说是官宦之家。更让人称道的是,这个家族家风很正,如果当时有评比活动,完全可以获得"廉洁自律好家族"的荣誉称号。

这里面表现最突出的一个人,应该是羊祜的祖父羊续,他以"羊续悬鱼"成功入选"东汉王朝领导干部廉洁自律典型案例"。这个典故说的是他做南阳郡太守时,有人给他送来一条当地有名的特产——白河鲤鱼,羊续推让再三,但这人把鱼放下就走了。羊续就将鱼挂在屋外的柱子上,风吹日晒,成为鱼干。后来,这人又送来一条更大的鱼,羊续指着鱼干对他说:"你上次送的鱼已成鱼干,请你一起都拿回去吧。"这位甚感羞愧,悄悄地把鱼取走了。

羊续是因为鱼太便宜而不屑一顾?非也,古代吃鱼可不像现在这般容易,孟子的一句话很出名——"鱼,我所欲也;熊掌,亦我所欲也。二者不可得兼,舍鱼而取熊掌者也。"可见鱼的美味和稀有程度是可以与熊掌相提并论的,还有一个成语叫作"竭泽而渔",为了能吃到鱼,居然要搞了一个无比浩大的工程,将整个池塘水抽干,说明鱼并非那么容易捕捉。

在魏晋时期,有人甚至为了吃鱼,连官都不做了,此人是名士张翰,他原本是苏州人,在洛阳的官邸里,因为看见刮起了秋风,就思念起家乡吴中的特产,不禁感伤异常,他说:"人生在世,贵在适意,安能当官而跑到千里之外?"于是挥笔写下了著名的《思吴江歌》:"秋风起兮木叶飞,吴江水兮鲈正肥。三千里兮家未归,恨难禁兮仰天悲。"接着毅然辞官,驾着马车回家乡去吃他朝思暮想的菰菜、莼羹、鲈鱼脍了。

所以送鱼不是"小意思",而是"大意思"。

简单说说羊祜的身世,他的父亲羊衜是曹魏时代的上党太守,母亲则是汉代大儒蔡邕的女儿,换句话说,他的母亲和历史名人蔡文姬是亲姐妹,羊祜的姐姐羊徽瑜嫁给了司马师,他成为了司马师的小舅子。而羊祜娶了夏侯霸的女儿,夏侯霸又是夏侯渊的次子,他的母亲是曹操的妻子丁氏的妹妹。

听上去真够乱的，其实只需记住一句话，羊祜和曹魏时代两大势力集团，也就是后来水火不容的曹家和司马家都沾亲带故。

二

老天总是会偏爱一些人，羊祜不仅出身好，颜值也相当了得，史载"身长七尺三寸"，姿容甚美，活脱脱的一个大帅哥。本来完全可以靠出身和颜值，羊祜却偏要靠才华，从小博览群书，成年后他博学多才，文思敏捷，而且长于论辩。

羊祜作为一个好出身、好颜值、好才华的"三好"青年，想出来做官实在是件太容易的事情，即使自己没有这个意愿，通常也会被不少人举荐。

他被人举荐的第一个官职是"上计吏"，这是掌管国家财赋统计和审计的官员，虽然级别不高，但职责重要，所以很受朝廷重视，许多"正部级"官员都是从这里起步的。这个高官厚禄的摇篮，不少人梦寐以求。可是，面对打着灯笼都难找的好机会，羊祜没有兴趣，婉言谢绝了这份好意。后来，州官又接连四次请他出来担任从事以及秀才，羊祜都一一婉拒了。

这些官职不入羊祜的法眼尚可理解，而在公元239年，他竟然拒绝了大将军曹爽的征召，却让不少人看不明白，因为当时曹爽排挤司马懿而掌控朝政，许多人想投靠门下，但都苦于找不到门路。

曹爽当时征召两位年轻才俊到朝廷任职，另外一位王沈高兴得不得了，他听说羊祜居然不愿意，就跑来劝羊祜，说机会难得，希望能和他一起共赴京城，羊祜心意已决，他说："豁出性命去当官，谈何容易。"王沈根本就没听明白这句话的深意，自己乐呵呵地独自去赴任。

羊祜说出此言，说明他早已洞察司马懿和曹爽之间必有血光之灾，而曹爽凶多吉少。后来的历史证明，羊祜的判断完全正确。曹爽被司马懿诛灭后，王沈因此受到牵连被罢官。再次见到羊祜时，王沈有些惭愧地说："我常常记得你以前说的话"，羊祜则答道："我当时也没想那么多啦。"怎一个谦逊低调了得。

羊祜是个"聪明人"，他知道自己和曹家和司马家都有关系，所以很难选择站队，最好的方式就是不轻易做出抉择。但有时羊祜表现得好像又"很不聪明"，司马懿夺权后，他的岳父夏侯霸害怕被迫害而投奔蜀国，许多过去的亲朋好友都担心被牵连，所以和夏侯家断绝了来往。只有羊祜不为所动，不仅拒绝和妻子离婚，甚至对待妻家比从前更为关怀。

"孝"是羊祜最看重的一个字，他之所以冒着砍头危险，照顾岳母一家，大概是这个字在起作用。不久，他的母亲和长兄去世，他更将这个字发挥到淋漓尽致，他服丧守礼十多年，这段时间羊祜白衣素食，和隐居的道士没什么区别。

羊祜开始素服守孝时，还是司马懿当权，等他脱掉孝服，已经是司马昭在台上了。司马昭再次征召羊祜，他继续端着架子，不搭理这个大权在握的自己姐夫的弟弟。

司马昭没办法，只好用皇帝的名义，公车征召羊祜，没有什么过渡，直接就是"副国级"的中书侍郎。从一介平民直接走上"副国级"的领导岗位，这种火箭般的升官速度，完全可以称得上是"平步青云"。

羊祜能如此快上位，可能有几个重要因素在起作用，一是他是司马师的小舅子，和司马氏集团有姻亲关系；二则司马氏集团宣扬"以孝治天下"，而羊祜则以"孝"著称，正好赶到了一块；三是他为人正直，才华出众，因此得到了各方势力的认可。

三

人贵有自知之明，这几个字羊祜很受用，虽然不鸣则已一鸣惊人，但他知道自己初来乍到，所以把姿态放得很低，不搞拉帮结派，也没有搞团团伙伙，一心一意地扑在自己的本职工作上。

有才干但不张扬，领导就喜欢这样的干部，司马昭死后，羊祜逐渐成为继任者司马炎的心腹，他被任命为中领军，统领御林军，相当于中央警卫团团长，同时还兼管内外政事。司马炎令他与自己另一心腹荀勖共掌机密，对他的信任无以复加。

司马炎龙袍加身，建立大晋王朝后，对手下大臣论功行赏，羊祜因扶立有功，被封为中军将军，加散骑常侍，进爵为郡公，食邑三千户。羊祜看到朝中是贾充等权臣当道，这些人能力一般，但心眼儿都不大，所以决不能拉仇恨，于是羊祜上表坚决辞让郡公的封号，看到他态度非常坚决，司马炎满足了他的请求，降了一级，封他为侯爵。

虽然是羊祜心甘情愿，但司马炎心里总觉得过意不去，"不能让老实人吃亏"，他想找机会为羊祜解决待遇问题，很快下诏将泰山郡的五县合并为南城郡，封羊祜为南城侯，属下设相国等官职，地位与郡公同等，这相当于封羊祜为南城侯（郡公待遇）。

羊祜再次上表辞让，这次他拿汉初的张良出来说事："昔日张良辞让三万户的封地，只接受留这个地方的一万户，汉高祖满足了他的愿望。臣才疏学浅，德行浅薄，在先帝时已接受了钜平这块封地，岂能再接受更显赫的封爵？"

"拒绝"，从此成为了羊祜身上的标签。

"志存公家，以死勤事"，羊祜越是这样退让，司马炎就越信任他，觉得他是"一个高尚的人，一个纯粹的人，一个有道德的人，一个脱离了低级趣味的人"。重要的事情，司马炎都会找他商量。即便如此，羊祜还是一样的低调，他所献上的计谋和建议，事后都会将底稿烧掉。凡是他所举荐提拔的人，往往最后都不知道举荐人究竟是谁。

有人觉得羊祜太过低调，谨慎得有点过分了，但羊祜不这样看，他这样表露心迹："在其位谋其政，我现在身居要位，如果不荐拔贤才为国分忧，岂不有愧吗？况且，被荐举的人在朝廷任公职，却到举荐人的门下谢恩，这是我不愿意做的。"

除了谦虚低调,还有一个优点让羊祜显得与众不同,那便是"清廉"。这是羊家的传家宝,虽然羊祜已经成为羊家中官职最高的一位,但一直谨记祖训,在西晋崇尚奢靡的氛围中,没有受到丝毫影响,自己生活得很简朴,却把俸禄用来接济族人和其他人,最后搞得家中基本没有存款。

他的女婿对此看不下去,劝自己的岳父说:"购置些田产家业,也好卸官后有所归宿,后事有所依托,这样不是很好吗?"羊祜当时没有答话,事后告诉子女们说:"这种说法是知其一不知其二。作为人臣,经营私业就是违背公事,这是很糊涂的做法,你们要记住我这些话。"

羊祜超高的品行和才华得到朝野赞誉,有意思的是,有人还因仰慕他居然丢了乌纱帽,此人叫作郭奕,他是魏国大将郭淮的侄子,当时担任野王县的县令。

有次羊祜从荆州返回洛阳,路过野王县。郭奕听说羊祜过境,作为当地父母官前去进行礼节性的探望,聊了几句后回来感叹道:"羊祜不次于我啊",这基本就是一句废话,可能是这次谈得还不深入,这位郭县长此时还有些"郭郎自大"。

果然,郭奕觉得不过瘾,没过几日又去拜访,这次聊的时间更长一些,回来说:"羊祜比天下人强多了。"羊祜要走,郭奕执意要送,这一送不要紧,送出好几百里地,抬头已经能够看到洛阳城了,此事后来被人举报,郭奕因擅自离开属地野王县境而被免职,但郭奕觉得认识羊祜这样的人,罢官也值了,交出乌纱帽时,这位老兄还意犹未尽地嘟囔一句:"羊祜也不比古代的圣贤颜回差啊。"

四

司马炎坐稳皇位后,决定干一件恢宏伟业——平灭吴国,统一天下。他想到的合适人选首先是羊祜,于是调任羊祜为荆州诸军都督,假节,并保留他散骑常侍、卫将军原官职不变。

一向喜欢"拒绝"的羊祜，这次表现不同以往，不仅欣然接受，而且似乎还有些兴奋在其中，冥冥中他觉得自己终于等来可以奋斗一生的事业。

羊祜到达荆州后，发现和自己的预想大为不同，这个机要之地居然千疮百孔，百姓生活艰难，连军粮都成问题，更让人不可思议的是当地有一种风俗：一地的长官走后，继任的人如果不把旧官府拆掉重新营造，仕途就会受到前任诅咒。这令不少官员惊恐不已，所以纷纷大兴土木，搞得老百姓很穷，但房地产行业很红火。

羊祜上任后，首先便移风易俗，他下令在荆州地区全面禁止这种陋习，减轻了百姓的徭役负担，让所有人对这位新来的父母官刮目相看。

不过这并不治本，当务之急是要把GDP搞上去，原来想"备战"的羊祜，决定还是先"备荒为人民"，他当机立断，把打仗的事暂放一边，开始实施仁政、兴办教育、发展生产、安抚百姓，成效很快显现。他上任时，荆州无百日之粮，一年后粮食全无问题。

就在羊祜为灭吴积极积蓄力量，觉得越来越有信心的时候，没想到迎来了当头一棒——西陵兵败。

让羊祜遭受重大挫折的吴国将领是陆抗，他的父亲是当年在夷陵火烧连营，杀得刘备白帝托孤的陆逊，将门出虎子，此言果然不虚，陆逊死后，陆抗成为吴国后期最可依赖的将才。

西陵之战是由一个叫作步阐的吴国将军引起的。

吴国末代皇帝孙皓残暴无仁，经常诛杀大臣，搞得人人自危。他下令给西陵守将步阐升官，要求步阐进京领命。这本来是个好事，但步阐转念一想，自己的老爸、老哥都是西陵都督，一家人驻守这里几十年，这个时候孙皓为什么要突然升自己的官职呢，步阐越想越后怕，他认为孙皓想借机除掉他。一不做二不休，步阐索性将城池献给了晋军。

孙皓得知消息后大怒，他派陆抗去收拾步阐，羊祜虽然不知道陆抗有何能耐，但他对这次西陵之战足够重视，羊祜的战术是兵分两路，他自己率军去攻打江陵,以吸引陆抗回援,让其首尾不能相顾。同时派荆州刺史杨肇去西陵救援步阐。

"棋逢对手,将遇良才",按说羊祜的部署没有什么破绽,但是江对岸的陆抗更加厉害,面对这样局势,他有两个选择:一是直接攻打西陵,二是先击溃援兵再攻打西陵。

结果,陆抗一个都没有选。

他做了一件让所有人都诧异的事情,那便是在西陵城外修筑高耸的围墙,手下的将领都不解,与其如此累死累活,不如直接攻打西陵城。陆抗对此的解释是,西陵城当年是自己修的,用的都是真材实料,城防异常坚固,一时很难攻克,如果晋兵到来而没有防备,必会内外受敌,全军大败。

陆抗看着这些手下似乎还不服气,他也不加阻拦,诸将摩拳擦掌,玩命攻打后,西陵城依然岿然不动,这下都彻底无话可说了,只好踏踏实实去修围墙。

就在陆抗军队埋头苦干筑墙时,传来了羊祜率兵进至江陵的消息。手下将领感到恐慌,建议陆抗回师江陵救援,陆抗心里像明镜儿一样,不就是"围魏救赵"嘛,有什么新鲜的,他瞬间把羊祜的战术看得透透的,他才不会上这个当。

战局就此决定了。

杨肇率军到达西陵城下,陆抗依靠修好的长围与他对峙。关键时刻,吴军出现了叛徒,他们给晋军带来了绝密情报——陆抗的作战部署图。如果是一般将领,遇到如此紧急情况,骂爹骂娘后恐怕要考虑如何安全撤退了。

沧海横流方显英雄本色,作为一代名将,陆抗最大的本事就是将坏事变好事,他知道晋军得到情报后,一定会猛攻自己最薄弱的环节,于是,他连夜将原来由战力最差的夷兵防守的区域,换上了最为精锐的部队。

果不其然,天一亮,晋军就集中兵力向吴军最薄弱环节发动猛攻,一打顿时感觉不对劲，说的是最差的，怎么感觉战力超强啊，结果纷纷溃败。陆抗下令反击，箭与石块像下雨一样袭来，杨肇的部众死伤不断，不久，杨肇支撑不住，率部连夜逃走了。

西陵就此成为孤城，城外援兵远去，城内粮草殆尽，步阐的灭顶之灾就此来临了，陆抗已经没有其他顾虑，一心猛攻西陵，很快便攻陷城池，步阐被捉，夷灭三族。

西陵惨败的消息传到洛阳，西晋朝廷震动。有些大臣本来就看不惯羊祜，借机弹劾，说他率八万之众居然打不过陆抗的三万人，把晋王朝的脸丢尽了，应该解除官职，让其归家养老。司马炎对此进行冷处理，他并没有严惩羊祜，只是贬为平南将军，让他继续镇守荆州。

五

西陵兵败让羊祜彻底清醒，他认识到，吴国国力虽逐渐衰弱，但尚有一定实力，特别是有陆抗这样优秀的将才，所以平吴之事不能操之过急。

那下一步该怎么办呢？对于羊祜而言，打仗是他的弱项，但在政治上却是老手。羊祜决定化干戈为政治，具体的措施就是通过收买人心逐步蚕食吴地，等待着灭吴的最佳时机到来。

攻心为上，是兵法所倡导，但在实际中，只倡导仁义，不诉诸武力，似乎很难解决战场上的问题。话这样说，错也不错，关键是看能否遇到羊祜这样的高人，在收买人心方面，羊祜自有他的高招，他将多年库存的招数全部动用。

从此，打仗变得很奇怪。

羊祜派军与吴军作战，每次预先要和对方商定交战的时间、地点，说好了再打，从来不搞突然袭击，把打仗搞得像约会一样。羊祜手下的一些将领对此感到不满，主张趁吴军不备突然出击，羊祜不动声色，把这些将领请来喝酒，一个个给灌趴下，这些将领也就沉默不语了。

有次晋军在边界上抓了两个孩子，一查原来是吴国两个将军的孩子，手下赶忙将孩子送到羊祜处，满以为羊祜会有奖赏，谁知羊祜对他们予以斥责，并派人将孩子送回去，这两个孩子的父亲感动不已，后来竟率部前来归降。

对待吴国将领，羊祜表现得仁至义尽，吴将陈尚、潘景兵败被杀，羊祜让人厚礼收殓，并通知他们的子弟前来迎丧，羊祜对他们以礼相送。吴将邓香进犯被生擒，羊祜将其释放，邓香感激涕零，索性带着自己部属全部投降。

羊祜深知人心向背的作用，所以他要求自己的军队要善待当地百姓，必须严格贯彻"三大纪律八项注意"。他率军经过吴地，收割田里的稻谷以充军粮，每次都会根据收割的数量算好价格，用锦帛偿还，不收吴人一针一线。打猎的时候，他不许部下越过边界线，如果猎物是吴人先打到的，一定要还给吴人。

潜移默化中，羊祜的目的接近实现。在吴人看来，晋军简直就是一支"正义之师""文明之师"，而这支队伍的领头人羊祜的威望更是与日俱增，吴人甚至不再直呼其名，而是称其为"羊公"。

这一切陆抗都看在眼里，羊祜的所做所为，使得他对这位最强劲的对手非常敬仰，他很欣赏羊祜的德行，赞誉他"乐毅、诸葛孔明不能过也"，两位英雄惺惺相惜，虽然不可能有欢聚畅谈的机会，但此时心里已经把对方当作朋友，而非敌人。

两国的边境暂时安定下来，双方常有使者往来。有一次，羊祜从使者那里听说陆抗病了，就托使者带药回去。陆抗手下担心羊祜的药有毒，劝说陆抗不能服用。陆抗说："羊祜怎么会是下毒害人的人呢"，随后毫无顾忌地吞服下去，没过几日，果然药到病除。

来而不往非礼也，羊祜送陆抗良药，陆抗送羊祜的则是美酒，陆抗得知羊祜生平好饮，便马上拿出了自己珍藏多年的佳酿，让使者转赠羊祜，以表敬意。羊祜得到这坛酒后，想都没想，拔开酒盖，便一饮而尽。然后，大笑道："真是好酒啊，刘伶要嫉妒我啦。"

对于边境上这种暧昧的局势,两边的君主怎么看呢?有人向司马炎打小报告,说羊祜不积极备战,而是天天游山玩水,吃喝玩乐,而且还和陆抗不清不楚,对此,司马炎非但没有怪罪,而是大加褒奖,充分表达了对羊祜的信任。

江对岸的孙皓,则派人斥责陆抗,要求他主动出击,陆抗对此回答:"一乡一镇之间,不能不讲信义,何况一个大国呢?如我不讲信义,正是宣扬了羊祜的德威,对他丝毫无损。"这席话说得孙皓也没有了脾气。

司马炎最终能够灭掉孙皓,从这件事上也能看出些端倪。

惺惺相惜几年后,公元274年,陆抗病逝,走完了四十九岁的人生。

没有历史记载,陆抗死时,羊祜是什么反应。想必是"悲喜交集",悲的是他与陆抗两个意气相投,对峙四年、相交四年,内心早已把对方当作知己好友。芸芸众生,知音难觅。陆抗走了,还有谁能真正理解自己?陆抗的故去,给对岸的羊祜带来了浓浓的忧伤和寂寞。

喜的是,陆抗之死,也让羊祜心中的石头落了地。多年来,羊祜期盼的不正是这一天吗?只要陆抗尚在,灭吴就只能是纸上谈兵。陆抗逝世,眼看梦想将要变成现实,羊祜怎能不喜呢?

擦干眼泪的羊祜,没有忘记自己使命,立即上书晋武帝司马炎,请求向吴国发动总攻。

没想到,他的建议遭到了朝中权臣贾充、荀勖等人强烈反对,他们提出西北地区的鲜卑尚未平定,不能双线作战,所以伐吴时机并未成熟。羊祜心有不甘,再次上表,表示东吴平定,胡人自然安定,所以当务之急是消灭东吴。但他的建议再次遭到否决。

这些人反对羊祜的提议,有全局的考虑,但也夹杂了不少私心,这份私心概括起来就是"羡慕嫉妒恨",按照一般的潜规则,长期领兵在外的将领要努力维护好和朝中权臣的关系,免得让人说闲话,维护这种关系当然需要"意思意思"。

后来接替羊祜镇守荆州的杜预,逢年过节总要给洛阳的权贵们送礼物,有人问他为什么要这样做,杜预说:"我只怕被陷害,不是想靠贿赂换取升官发财的机会。"

但羊祜不是这样的人，况且他也没有多余的银子，所以和朝中的这些权臣关系并不融洽，不排除这些人时常会在皇帝面前打小报告，这也是羊祜"只谋其国，不谋其身"带来的必然结果。

为此，羊祜发出一声流传千古的感叹："天下不如意，恒十居七八。"

六

公元278年，羊祜染病，请求回朝，到了洛阳后得知自己姐姐病逝消息，羊祜悲痛欲绝，病情加重，他抱病入见，再次向司马炎陈述灭吴之计，此时，他很清楚，自己不可能亲率大军完成灭吴大业，他向司马炎推荐了两个人——杜预和王濬，这是他为吴国找好的两个掘墓人。

王濬是羊祜发现的一个俊才，他年轻时便颇有志向，有次家里搞"装修"，他居然修了一条数十步宽的大路，等同于两上两下四车道，家人都觉得太浪费，暗地里笑他，王濬说："陈胜说过，燕雀哪能知道鸿鹄的大志呢？"

志向再大，也得有人赏识，王濬是个直脾气，所以经常得罪人，仕途走得并不顺利，所幸遇到了羊祜。羊祜的侄子羊暨对羊祜说："王濬为人志向太高，奢侈不节，不可单独担当大事，对他应该有所抑制。"羊祜说："王濬有大才，我要帮他实现愿望，使用他是没有问题的。"

在羊祜的举荐下，王濬出任益州刺史，他的主要任务只有一件——造船。他打造的船非同一般，有五层楼高，可以搭载两千余人，有点像今天的大型驱逐舰，王濬以"抓铁有痕，踏石留印"的精神，足足搞了八年，以致羊祜都觉得他造得太多了，"舟楫之盛，自古未有"。

羊祜带着重病，返回荆州，或许因为舟车劳顿，病情加重，眼看大限将到，司马炎得知消息，急忙派大臣张华探视，实际上是想询问灭吴方略。

羊祜对张华说："吴人暴政已到极点，此时伐吴可不战而胜。如果放过这个机会，孙皓或不幸死去，吴人另立英明君主，虽有百万大军，长江也是难以越过的，这不是留下后患吗？"张华表示司马炎打算让羊祜卧病统领征吴诸将，羊祜知道自己去日不多，他说："取吴不必我亲自参加，但平吴之后还要圣上操心去治理啊！关于功名的事，臣不敢自居。若我的一生即将完结，应当将未成事业托付他人，希望能审慎选出这个人。"

羊祜在生命的最后时刻，说出了这个人的名字——杜预。

张华将羊祜的嘱托带回洛阳，当他在朝堂上说出"杜预"这个名字，立刻炸了锅，因为杜预当时只是一个文官，一点儿武艺都不懂，甚至连马都不会骑，他射箭时对面都不敢站人，因为他从来没有射中过靶心，所以都不知道他最后能把箭射到哪里。羊祜推荐这样一个人为灭吴大军统帅，难免引起群臣的议论，有些大臣觉得羊祜老眼昏花或者神志不清，才会选定此人。

关键时刻，司马炎表达了对羊祜的绝对信任，他力排众议，任命杜预为镇南大将军，让他接替羊祜，完成平吴伟业。后来的历史证明，羊祜的眼光确实独到，在灭吴的过程中起决定性作用的，就是这位连马都不会骑的将军。

三百多年后，唐太宗诏令历代先贤先儒二十二人配享孔子，其中就包括杜预。颜真卿向唐德宗建议，追封古代名将六十四人，并为他们设庙享奠，当中也包括杜预。杜预以他出众的文韬武略成为唯一一个同时进入文庙和武庙的历史人物，当然这是后话了。

咸宁四年（278年）十一月，羊祜永远闭上了自己的眼睛，走完了五十八岁的生命历程。生前他早已立下遗嘱，丧礼不得奢华，一切从简，不得以南城侯印入棺椁，也不得修陵寝，他只想和父母安葬在一起。

但晋武帝感念羊祜的功绩，加羊祜谥号为"成"，执意要将离城十里靠近皇陵的一项地赐给羊祜做墓地。"成"的谥号，彰显羊祜安民立政的显赫政绩。

羊祜死后,举国皆哀。特别是荆州的百姓,罢市痛哭,街巷之中哭声连绵不绝,就连吴国的边界守军也为他落泪,荆州百姓为了避讳羊祜的名字,把房屋的"户"都改叫"门"。

一个人死,皇帝落泪、百姓落泪、敌人落泪,羊祜这辈子活得算是值了。

羊祜生前经常到襄阳的岘山游玩,有次他站在高山之巅,环顾四周,颇有些感怀。他对身边的人说:"岘山亘古便存在,多少人登临此山,但是现在却没留下一点痕迹。我们也一样,许多年后,人们不会知道我们,只希望我死之后,如果魂魄有知,一定会归于此山。"

羊祜多虑了,在他死后,襄阳百姓在岘山为他设碑立庙,百姓在碑前无不落泪,接替他镇守襄阳的大将杜预,便将这块石碑命名为"堕泪碑"。

四百多年后,唐朝诗人孟浩然登临岘山,在这块碑前写下一首诗:"人事有代谢,往来成古今。江山留胜迹,我辈复登临。水落鱼梁浅,天寒梦泽深。羊公碑尚在,读罢泪沾襟"。

羊祜生前曾经给从弟羊琇写信说:"待东吴平定之后,我就会戴上隐士的角巾,向东回到故里,有一个能容棺材的坟墓就知足了。我一个贫寒之士如今身居重位,怎能不因势盛气满而受到旁人的指责呢?汉朝弃官归农的疏广就是我的好榜样。"

疏广是西汉人,他与其侄疏受被选为太子家令,后升为太子少傅,两人办事勤勉,屡次受到皇帝赏赐,后辞官归乡,将朝廷的赏赐全部捐给乡里,没有为子孙留存。疏广死后,乡人为之筑台立碑,名曰"散金台"。

无论"散金台"还是"羊公碑"至多只是一个形式,斗转星移,沧海桑田,一切有形之物很快便消失在历史风尘中,真正能留下只有一个人的气质和风范。

"云山苍苍,江水泱泱,先生之风,山高水长",羊祜正是用一生近乎完美的德行,在中国古代的史册上刻下了一个亘古不会消逝的"人"字。

贾充："妻管严"怎么了？我敢杀皇帝

一

公元 266 年 2 月的一天，洛阳城中魏王朝的宫殿里，正在上演着一出"逼宫篡位"的大戏。

这场戏码的两个主角是魏元帝曹奂和晋王司马炎，按说作为皇帝的曹奂应该是当仁不让的男一号，但今天似乎已经颠倒过来，他显得可有可无。在几个月前，刚刚从自己暴亡的老爹司马昭那里承袭爵位的司马炎，已经迫不及待地想坐上那把高高在上的龙椅。

一切都水到渠成，唯一的反抗来自黄门侍郎张节，这位皇帝身边的贴身秘书怒斥司马炎谋逆篡国，结果在一阵乱棍之中，他的声音永远地沉默了。

紧接着又传来另一个声音，向抖成一团的曹奂发出了最后的威胁——"你难道想做曹髦吗？"

说此话的人叫作贾充，六年前，当时的魏帝曹髦正是倒在了他的面前。

把时光暂时拉回到公元 260 年农历五月初六，这天不堪忍受司马昭专权的魏帝曹髦，召来侍中王沈、尚书王经、散骑常侍王业三人进宫，他决定要干一件惊天大事，他对三位最信赖的大臣说："司马昭之心，路人皆知也。我不能坐等着被司马昭废黜和羞辱,今天就要和你们一起去讨伐他。"

三人一听,简直都无法相信自己的耳朵,觉得这位少年天子是否得了重感冒,被烧糊涂了,如今京城的军队全部掌握在司马昭手里,曹髦怎么突然会有这样奇怪的想法。王经赶忙劝眼前这位怒发冲冠的天子,让他千万不要意气用事,王经表示开干总得有资本,和司马昭相比,曹髦"兵甲寡弱",拿什么去讨伐他呢?言外之意,如果这样做等于是白白送死。

曹髦一听非但没有打消念头,反而更来劲儿了。他从怀中掏出早已写好的诏书扔到地上,说:"我已经决定了,即便是死,又有什么可怕的?更何况还不一定死呢!今天一定要去讨伐司马昭!"

王沈、王业一言不发,他们心里早盘算好要去告密,出宫后扭脸就去了司马昭府上,还想拉着王经一同去,被王经断然拒绝。

接着中国历史非常罕见的皇帝起兵造反的一幕上演了,曹髦集合宫里的太监、奴仆和贴身警卫,满打满算只有几百人,扬起天子旌旗,擂鼓呐喊,冲出皇宫,直奔晋王司马昭的府邸。

看上去,有些飞蛾扑火的壮丽,更多的则是以卵击石的悲凉。

皇帝的名号,是曹髦唯一可以依靠的力量。他带着几百号人首先遇到了司马昭弟弟司马伷的部队,但皇帝余威犹在,在曹髦的怒斥声中,司马伷和手下的兵士让开了一条道路,曹髦驱车继续向前,他似乎看到了一丝成功的希望。

这时,得到消息的贾充带着上千士兵进入皇宫南门,迎头拦住了往外冲杀的曹髦。已经孤注一掷的曹髦大喊道:"我是天子,你们擅自进入皇宫,难道想弑君不成!"

曹髦的这句话还真唬住了不少人,毕竟弑君是灭族的大罪,所以贾充的手下一时不敢轻举妄动,太子舍人成济问贾充该如何是好,贾充说:"司马公养着你们,就是为了今天,这还用问吗?"心领神会的成济,壮着胆子上前杀掉了曹髦。

一个当朝天子，在众目睽睽之下，就这样被咔嚓，确实非常少见。看着倒在血泊中的曹髦，贾充不由倒吸了一口凉气，刚才的一切宛如梦幻一般，他自己也不知下一步该如何办。

更为犯难的是司马昭，曹髦靠着几百人就敢于起兵，大大出乎了他的意料，贾充没有请示就敢杀掉魏帝，也在他的设想之外，他费尽脑汁琢磨，这场在他计划外的大戏该如何才能妥妥地收场。

召开一场隆重的追悼大会是首先要做的，一鞠躬二鞠躬三鞠躬后，司马炎发现一个人没有到场，此人是尚书左仆射陈泰，他是曹魏重臣陈群的儿子，也是当时士族的代表人物。他不出来讲话，这件事情便很难了结。

司马昭派人将陈泰请来，问询下一步该怎么办，深感悲痛的陈泰说："只有杀掉贾充，才能稍稍谢罪天下。"对于陈泰的意见，司马昭心里有一万个不肯，将这位为自己肝脑涂地的大忠臣送上断头台，以后谁还愿意为自己卖命呢。于是问陈泰是否能找到更轻一些的处罚，陈泰说了八个字——"但见其上，不见其下"，只知道还有比这更重的，不知道还有更轻的。

虽然不能杀贾充，但是司马昭必须要给大家一个交代，于是那个受贾充鼓动上前动手的成济成为了"炮灰"。

本来等着领赏的成济，没想到自己会成为替罪羊。史书记载，当司马昭派兵去抓成济时，成济兄弟不愿束手待毙，光着上身逃到屋顶上，并且"丑言悖慢"，痛骂司马昭与贾充，想必言语中有不少儿不宜的内容，屋下的兵士一看这两位出言不逊，干脆一顿乱箭，将两人射成了筛子。

贾充虽然保住了人头，但弑君成为他一生中最大的污点，终身不能洗刷，一些对贾充不感冒的人，得空便会拿这个说事，提醒一下贾充别忘记自己办下的好事。

这里面居然包括吴国亡国之君孙皓，有次在司马炎组织的宴会上，贾充为了拍司马炎的马屁，故意质问孙皓说："听说你在南方凿人的眼睛，剥人的头皮，这算是什么刑罚？"贾充满以为触到了以残暴著称的孙皓的痛处，没想到孙皓答得更绝："臣下若是犯了弑君之罪，必受这种刑罚。"贾充知道孙皓这是在说自己，大庭广众下他的伤疤又被揭起，顿时面红耳赤，一时什么话也说不出来了。

六年之后的朝堂之上，贾充旧事重提，杀伤力可谓惊人。想着上一任皇帝的悲惨结局，曹奂决定不再坚持，毕竟在生命和皇位之间，前者更为重要。

公元266年农历十二月，在一片肃杀的冬景中，司马炎如愿从曹奂手中接过了传国玉玺，魏国从此消失在历史舞台上，新升起的旗帜写着一个大大的"晋"。

二

杀掉了一个魏帝，又成功逼着另一个魏帝让位，贾充又立功了，而且一不留神自己居然成为了西晋王朝的开国元勋。

又到论功行赏时，在已有的卫将军、仪同三司、给事中、临颍侯的基础上，司马炎又给了这位功臣一大堆官职和爵位，拜贾充为车骑将军、散骑常侍、尚书仆射，加封鲁郡公，这一长串的官职，使得贾充成为这个新王朝一人之下、万人之上的风云人物。

改朝换代让贾充仕途不断另创新高同时，家里的一桩愁事却让他大伤脑筋。这是因为晋武帝登基后，要大赦天下，贾充的结发妻子李婉即将从流放地回到洛阳城了。

此时已经是李婉流放的第十二个年头，她遭此厄运是因她的父亲李丰。李丰因当年参与了推翻司马师的政变而被杀头，李婉虽然保住性命，但被流放到今天朝鲜的乐浪郡。当时贾充虽在司马师账下，但仅仅是个幕僚，根本无力解救自己的妻子，只能选择和她离婚，眼睁睁地看她流迁万里之外，自此两人天各一方。

照理说，夫妻团聚应该是大喜事，贾充为何一筹莫展呢，这是因为在李婉走后，贾充娶了郭槐为妻。不幸的是，这位郭氏是历史少见的悍妇。

郭槐凶悍到什么程度呢？两次嫉杀乳母的故事充分说明了严重性。

郭槐婚后为贾充生下一子，名为贾黎民。这孩子三岁时，贾充回家看到乳母抱着儿子并冲自己笑，不由上去连儿子带乳母搂了一下，按说这算不上什么，但郭槐看到这个场景后，认定乳母和贾充有染，大闹一场，贾充无奈之下离家而去，郭槐就命人鞭打乳母，竟然将其活活打死。可怜这个三岁的贾黎民，被乳母一手哺养，感情极为深厚，因突然看不到乳母而朝思暮想，最终生病不治而不幸夭折。

更让人匪夷所思的是，这样的悲剧居然一模一样又重演了一次。

过了几年，郭槐又为贾充生下一子，贾充也不充分吸取教训，时常还会逗逗在乳母怀中的小儿，这将郭槐心里的醋坛子又一次打翻，怒火中烧的她再次将乳母活活打死，而这个小孩子重蹈了贾黎民的覆辙，生病早亡。

不得不说，在贾家做乳母真是个高危职业。

这样的嫉妒心实在吓人，四条人命，其中两个还是亲生骨肉，搞得贾充最后居然断子绝孙，郭槐的所做所为，只能用八个字来形容——"骇人听闻、令人发指"。

所以很容易理解贾充的难处，相比于郭槐，他对前妻感情更深，贾充迎接李夫人时，夫妻二人久别重逢，曾作联句诗一首，里面能读出这份深情和无奈，可以摘要欣赏一下：室中是阿谁，叹息声正悲。（贾）叹息亦何为，恐但大义亏。（李）大义同胶漆，匪石心不移。（贾）人谁不虑终，日月有合离。（李）我心子所达，子心我亦知。（贾）若能不食言，与君同所宜。（李）

但有这样的凶婆在，怎么可能让李婉进入家门。入府后是否又会搞出人命案，贾充心里一点底都没有。倒是晋武帝司马炎很同情自己这位得力干将，下旨准许他置左右夫人，这样可以让郭槐和李婉同为正室，司马炎想和稀泥，帮着他摆平家里的事情。

郭槐的嫉妒心上来，皇帝的旨意都不放在眼里。她始终觉得，贾充能有今天，军功章上一大半功劳应该属于自己，富贵日子没过几天，怎么能让李婉来分一杯羹呢，所以便故伎重演，哭闹不止，那股泼妇劲儿上来，贾充一点脾气没有，只得向晋武帝辞谢了上谕。转而把李婉安置在他处，从此一步也不敢接近自己结发妻子的家门。

贾充和李婉育有两个女儿，分别是贾荃和贾濬，其中贾荃嫁给了齐王司马攸，这两位女儿曾经一起闯入贾充的办公室，当着贾充众位同僚之面跪地恳请父亲去见母亲李氏一面，当场叩得头破血流，贾充那些同僚看到齐王妃都这样，顿时都吓傻了，一个个沿墙根儿偷偷溜走。

但是贾充始终没有这个勇气，终其一生，他都未再见李婉，李婉也没能重回贾家，连贾充之母柳氏病逝，李婉也没能获准去为贾母送葬。

倒是郭槐见过李婉一面，或许是好奇心作怪，郭槐一直想看看李婉到底是什么样子。贾充因知郭槐远不如李婉，便阻拦她前往。但最终还是没有拦住，等到成了太子的丈母娘，郭槐觉得腰板硬了，于是脸上涂着脂粉，披挂金银珠宝，"盛威仪而去"。进门一看，只见李婉气质超群，郭槐"不觉脚屈，因遂再拜"。就是说自觉地屈身向她行礼，完全被老公前妻的气场所笼罩。

不见也罢，见过李婉后，郭槐对贾充看得更紧，从此每当贾充外出，时间长不回来，郭槐便派人寻找，生怕贾充前去与李婉相会。

在外面风光无限的贾充，回到家的酸楚，恐怕只有他自己知道吧。

三

暂时把家里事情摆平的贾充，可以投入更多的精力处理朝政了。此时恰好遇到了大事，长期镇守荆州，处在抗吴第一线的大将羊祜请求发兵攻吴，因为吴帝孙皓残暴无道，人心尽失，这为灭掉吴国，统一天下提供了天赐良机。

司马炎拿不定主意，问计于贾充等三位重臣，这三位给出的答案是"反对"，理由有二：一是攻吴须要跨越长江天险，吴军更擅水战，因此胜负难定；二是北边的鲜卑人正在作乱，不能两线作战。

贾充等人所言不无道理，此时北边的鲜卑人闹得正凶，闹事的部落叫作秃发鲜卑，这样的名字想必是音译的结果，总不会部落里所有的人都是秃子吧。他们的头领有个非常拗口的名字——秃发树机能。

名字够怪，但打仗却不含糊。公元270年，秃发树机能在今天宁夏固原附近大败晋军，秦州刺史胡烈于此战中丢了脑袋，转过年来，他又在今天甘肃环县将晋朝凉州刺史牵弘斩于马下，秦州、凉州被攻陷，关中受威胁，秃发鲜卑震动了西晋朝野。

司马炎坐不住了，但看看自己手下这些文臣武将，一时不知谁能堪此大任。就在茶饭不思时，来了两位大臣要主动为皇上分忧，他们是侍中任恺和中书令庾纯，他们在司马炎面前说出了一个名字——贾充。

司马炎心里顿时犯了嘀咕，从没有听说过贾充会打仗，派他出征靠谱吗？这两位接着给皇上吃了定心丸，他们说贾充是当今第一高人，为人"足智多谋、威望素著"，有超强的凝聚力和向心力，如果让贾充统兵出征，定会产生"老将出马一个顶俩"的效果，消灭秃发鲜卑凯旋而归不在话下。

这两位真心觉得贾充有如此能耐吗？非也，恰恰相反，他们从心里痛恨贾充，觉得他谄媚行事，打击忠良，早憋着一股劲想除掉贾充，但无奈司马炎对贾充信任有加，一直找不到很好的下手机会，如今看到战局紧张，司马炎一筹莫展，他们觉得可以尝试一下。

他们用的方法叫作——"捧杀"。

司马炎本来对贾充非常信任，再加上这两位如此卖命地夸奖，彻底打消心中的顾虑，越琢磨越觉得贾充是一个合适人选，于是下诏让贾充带兵西征，对付气势很盛的鲜卑人。

贾充彻底傻了。

贾充觉得，自己搞个律法，处理些案件，有时为皇帝出些主意，没有太大问题。但带兵打仗从来没有干过，他也知道自己根本不是那块料，更何况面对的是来势汹汹的鲜卑人，想起胡烈、牵弘等人的下场，贾充的冷汗不由得从后背阵阵涌出。

贾充很了解自己的主子，他知道司马炎根本不会做出这样的决定，一定是有人在背后捣乱，经过侧面打听，果然是任恺和庾纯在搞鬼，贾充恨得牙直痒，但当前最重要的不是复仇，而是怎么能从困局中成功解脱。

贾充找来自己的同党荀勖和冯紞商量，荀勖琢磨半天出了一个主意，他建议贾充将自己女儿嫁给太子，如果能够成功，因要准备婚嫁，或许就可以不用带兵西征了。

贾充听完这个计策，心里顿时凉了一半。因为郭槐生的这两个未出嫁的女儿，长得实在有些对不住观众，贾充自己都觉得太丑，拿不出手，皇帝怎么能看上呢。

还有一个情况更让人失望，在此之前司马炎对此有过公开表态。他认为另一个大臣卫瓘的女儿做太子妃更合适，因为"卫家种贤而多子，美而长白；贾家种妒而少子，丑而短黑"。就是说卫家女子贤惠，多生男孩，而且长得漂亮，身材皮肤都不错。贾家女子很少生儿子，性情善妒，容貌丑陋，身材和皮肤都很差。

司马炎说这样的话，可能是因为郭槐这位悍妇给他留下了很深的阴影，这标志着贾家女子成为太子妃的大门基本被关上了。

不过荀勖认为，事在人为，只要太子妃一天没确定，就存在各种可能性，关键是要做通一个人的工作，这个人不是晋武帝司马炎，而是他的皇后杨艳。

司马炎虽然在历史上以好色出名，但那是杨艳去世以后的事情。实际上，这位晋朝的开国皇帝是个"妻管严"，杨皇后活着的时候，选什么样的妃子入宫必须要这位正宫娘娘点头，因此有段时间，晋王朝的后宫看不到几个像样的美女。所以选立什么样的女子作为自己的儿媳妇，杨艳比司马炎更有发言权。

"以拖待变"是贾充此时唯一可以做的,他想尽一切办法拖延出发时间,一会儿说自己身体不适,一会儿又说先要训练兵马,前方战局越来越紧张,贾充在后方磨磨蹭蹭,终于搞得司马炎有些不耐烦了,他下了死命令,让贾充抓紧出征。

没办法,贾充只好硬着头皮上路了,临行前,他一再嘱托荀勖、冯𬘬和自己那个凶悍老婆,要想尽一切办法抓紧推进女儿嫁给太子事宜,在自己成为"炮灰"前要务必办妥。

这几位为了完成重托,使出了浑身力气,每个人的分工不同,荀勖等主攻司马炎,他趁被武帝召入宫中侍宴的机会,对皇上说:"皇太子已年富春秋,理应早日成婚,以传继宗祧,承嗣皇统。贾充的女儿才色绝世,又有贤淑妇德,宜配太子。请陛下择定。"好一个"才色绝世",估计荀勖咬牙说出这几个字后,都想抽自己几个耳光。

郭槐的主攻目标是杨艳皇后,她展开夫人外交攻势,抓住一切机会在杨皇后面前说自己女儿的好话,说德才兼备,天下难找。没办法说容貌,也只能拿这个说事。同时她用重金贿赂了杨艳身边的人,帮着一起说好话,杨皇后渐渐被说动了。

于是,杨皇后开始向晋武帝司马炎吹枕边风,司马炎虽然对贾家女子颇有成见,但拗不过自己的这位皇后,再加上身边的近臣一再说合适,最终答应了这门亲事。

原本说好嫁太子的是贾家的二女儿贾午,但这位小女只有十二岁,或许是因为贾充和郭槐基因太差,贾午发育得很慢,将要出嫁,但却连礼服都撑不起来,史书说"短小未胜衣"。如此这般,要正式迎娶估计需要两年后。

贾充哪里等得了,到时自己或许早已成为了鲜卑人的刀下之鬼,从他内心来讲,恨不得第二天就能办事,一天都不愿意多等,于是临时决定,让贾午十五岁的姐姐代她成为了太子妃。

谁都不会想到,这个临时决定对西晋王朝会产生致命的影响,因为这位姐姐是贾南风。

临时替换的这位太子妃长得确实不尽如人意，《晋书》用了四个字形容她——"丑而短黑"，虽然不排除有丑化的成分，但贾南风的长相绝对属于中等偏下。

贾南风比太子司马衷大三岁，常说"女大三，抱金砖"，但后来贾南风用她的所作所为彻底颠覆了这个俗语，变成了"女大三，抱祸端"。有什么样的家风就会孕育什么样的人，贾南风继承了父母所有的缺点，母亲郭槐的嫉妒狠毒，父亲贾充的私欲熏心，在她身上进一步暴露无遗。

西征路上的贾充，天天都盼着京城传来好消息，所以他故意让队伍走得很慢，能拖一天是一天，千万不能太早遇到鲜卑人。功夫不负有心人，还没有到达前线，皇帝的旨意已经传来："因婚嫁在即，罢贾充西征之任，仍旧归职朝堂。"

长出了口气的贾充风一般地赶回京城，快得连司马炎都觉得纳闷，走了几个月的路程，贾充怎么转眼间便出现在自己眼前，对于贾充而言，这份归心比"箭"还快。

嫁女之计的成功，不仅使得贾充全身而退，而且使得他成为了太子的岳父，和当朝皇帝变成了儿女亲家，颇有些"锦上添花"的意思。

四

回到京城的贾充，第一件想做的事情便是收拾任恺和庾纯。

虽然贾充成为了司马炎的亲家，但任恺时任"侍中"，经常在皇帝身边，深得司马炎的信任。对于如何除之而后快，贾充一时也没有好办法。这时候，沈统给他出主意，说倘若想要报仇，首先要想办法让任恺离开皇帝身边。人和人总不见面，关系自然会疏远，到时再找良机下手。

妙计！贾充顿时感到茅塞顿开，该如何实施呢，他决定"以彼之道，还施彼身"，采用任恺当年对付自己的招数——"捧杀"。

于是贾充开始在司马炎面前不断夸奖任恺，说他才德高、学问大，应该委以重任，方能施展他的才华。司马炎很少听到贾充这样夸人，既然如此，他下令任命任恺为吏部尚书，这个官职掌控着选人用人的实权，一般都是由皇帝极为信任的人担任。不过一旦担任这样职务，任恺就不会经常待在皇帝身边。同时这份差事非常繁忙，从此任恺很难再见到司马炎。

机会终于成熟了。

贾充上奏说任恺吃饭所用的是皇家器皿，大逆不道。他不仅自己打小报告，还让尚书右仆射司马圭一同上书。司马炎听后很生气，免去任恺的官职，接着派人去调查。调查结果是任恺使用的确实是皇家器皿，不过不是当朝的，而是前朝的，因为任恺的夫人是魏明帝的女儿齐长公主，这些器皿应该是曹魏时代的皇家所恩赐。

原来是场误会，司马炎松了口气，准备让任恺官复原职。

贾充怎会善罢甘休，好不容易逮着这样的机会，岂能就这样轻易放过。他对司马炎表示，现在是晋王朝，任恺还用过去曹魏皇帝赐给的东西，究竟是几个意思，说明他还顾念旧朝，对晋取代魏有意见。

司马炎听完后心里很不爽，给了任恺一个闲职，从此不再重用他。

接下来该庾纯了。

没想到两人的直接冲突没有发生在朝堂，而是在酒场上。一次贾充请客，庾纯也在受邀之列。但这位老兄不仅姗姗来迟，而且是空手而来。这惹得贾充有些不高兴，没好气地说："你在站队的时候，总是站在人前头，怎么今天却在人们的后面了？"

不要小看贾充随口说出的这句话，里面有很深的含意，因为庾纯的祖上是当兵出身，而且是个小班长，所以总要站在队列的前面，也就是通常说的排头兵，贾充这样说，很显然是在嘲笑庾纯出身兵家。

庾纯不动声色，淡淡答道："市场上遇到点事，走不开，所以来晚了。"这样说也是针锋相对，因为贾充的先祖，是管理菜市场的小吏，大概相当于今天的城管，意思是说你家祖上还不如我家呢。

这次酒宴从两人的抬杠开始,充满着浓浓的火药味。

酒过数巡,庾纯给贾充敬酒,贾充推三阻四,反正就是不想喝,这一下可把更为年长的庾纯惹急了,他提高了嗓门:"长者为寿,老夫敬你酒,你竟然不喝。"

贾充脑子转得很快,马上接口道:"你都自称老者了,那你父亲更老了,父老而不归养,还有脸在这说啥!"晋朝以孝治国,按当时的惯例,如果父亲年过八旬,作为孩子就应该辞官尽孝,贾充正是抓了庾纯的这个把柄。

庾纯被彻底激怒了,喝道:"贾充!天下凶凶,由尔一人",就是说,天下最坏的人就是你,你根本没有资格说我。

贾充觉得自己挺委屈,辩解说:"我辅佐两代君主,平定了巴蜀,我贾充有什么罪过?"

庾纯来了一句语惊四座的话:"你把高贵乡公曹髦给弄哪里去了?"

揭人不揭短,打人不打脸。庾纯的这一句,又把贾充最大的伤疤当众撕裂,贾充憋在那里了,脸涨得通红,什么也说不出口。

这场宴会已经快无法继续下去。

言语上占据上风的庾纯觉得还不解气,一不做二不休,顺手把杯中的酒泼到了贾充的身上。

于是,一场群殴开始了,喝多的人想必都曾见过这样的场景,碗碟乱飞,桌翻椅倒,拥贾的和反贾的大打出手,把平时里隐藏的不满,借着酒劲,都尽情发泄出来。

但毕竟是贾充的主场,一时间庾纯等处于下风,中护军羊琇、侍中王济一看庾纯要吃亏,赶紧驱散上来的贾充门下,把庾纯护送出贾家。

这场酒醉后的冲突,让双方都很受伤。贾充觉得受到奇耻大辱,于是连夜向司马炎写奏表诉苦,要求辞职,坚决不干了。庾纯也上表说自己喝高了,做得有些过,也要求辞职。

司马炎一看两位因为喝多冲突而撂挑子,只能出来做和事佬。他表示,古人说喝醉说的话,就像小孩子的话一样。就是说酒后之言是不需要苛责的。所以，他对贾充和庾纯都没有处罚，只是提醒以后少喝点就是了。

不久以后，庾纯父亲去世，他回家守孝，离开了这个是非之地。

五

贾充终于觉得四周变得安静下来，朝中再没有什么人可以与自己唱对台戏了。不过这样安稳的日子并没有持续太长，因为晋武帝司马炎准备向吴国发起总攻，完成统一大业。他任命贾充为持使节、假黄钺、大都督，总统六军。

贾充不是带兵打仗的料，这点他自己很清楚，当年为了不与鲜卑人作战，费了九牛二虎之力才好不容易解脱，所以这次他也老大不情愿，找种种借口反对出兵，一会儿说时机不成熟，一会儿又说不悉水战疫病流行，他的目的只有一个——罢兵。

但这次不同于四年前，北方鲜卑的威胁已经消除，志在统一的司马炎不会再听他的了。司马炎对贾充表示，如果贾充不去，那他就亲自去前线。皇帝的话都说到这个份儿上，贾充便没有抗拒的理由，只能乖乖地领兵到了前线。所幸杜预、王濬等晋军将领很给力，再加上孙皓的统治已经烂到了根上，所以灭吴战争非常顺利，仅仅用了四个月，便平灭吴地，天下一统。

这时候，最后悔的莫过于贾充，早知道战事会如此顺利，自己何必推三阻四呢，如果皇帝追究起来，岂不成了阻碍统一天下的罪人。如今只能向皇帝请罪，争取主动。于是贾充请求司马炎罢免自己所有官职。

完成统一大业的司马炎，正处在兴奋期，对于贾充的请罪没有太在意，只是派人去安抚他，让贾充不要多想。

留给贾充多想的时间也不多了。两年后，贾充走到了自己生命的尽头，司马炎对这位跟随自己一辈子的臣子很关心，又是派太医医治，又是派使臣问候，还让皇太子前去看望，但这也无法留住贾充的生命，此时贾充唯一挂念的是自己死后的谥号，因为他听说有人建议将其谥号定为"荒公"，但司马炎感激其拥立之功，最后拍板将其谥号定为"武"。

公元282年4月，贾充结束了自己六十六年的人生。

虽然谥号对贾充有个正面的评价，但历朝历代对他都是竖中指的，评论最为到位的当属唐朝的房玄龄，他说："非惟魏朝之悖逆，抑或晋室之罪人也"。

"魏朝之悖逆"很好理解，怎么又成为了晋室的罪人呢，这是因为他想方设法将自己那个丑闺女嫁给了太子司马衷，而正是这位黑丑的贾南风按下了西晋王朝大厦倾倒的按钮。

一个人，能够祸害一个王朝已算不易，像贾充这样祸害两个王朝的，确实非常非常少见。

这算不算也是一种"本事"呢？

司马衷：生活没有诗和远方，只有眼前的苟且

一

公元 296 年的一个夏夜，洛阳城的静谧被一阵急促的马蹄声打破，信使带来了秦、雍两州大旱，饿殍遍野，请求朝廷援救的消息。

第二天的朝堂上，如何赈灾成为了讨论的主题，坐在高高龙椅上的那位皇帝紧锁眉头，他对地方的上奏表示很不理解，老百姓怎么会饿肚子呢，看着朝臣议论纷纷，他实在憋不住了，把自己的疑问说给他们听，他说："何不食肉糜？"意思是说，百姓们既然吃不上饭，为何不去喝肉粥呢？

朝臣们你看我，我看你，一时不知说什么好，整个朝堂顿时陷入一片沉默。

这位有些傻乎乎的皇帝，就是西晋的第二个皇帝——惠帝司马衷。这样一位糊涂皇帝，怎么会登上最高宝座，他又会将这个好不容易实现统一的王朝带向何方呢？

司马衷能成为皇帝，并非他的父亲晋武帝司马炎没有其他子嗣可选，恰恰相反，司马炎后宫嫔妃近万人，到底该临幸哪个妃子，一度成为司马炎最大的苦恼，他想出个办法，就是自己坐着羊车在后宫转悠，车停在哪里就在哪里过夜，于是嫔妃们纷纷把竹枝挂在门上，把盐水洒在地上，因为羊喜欢盐的味道，就会停下来吃竹枝，这就是"羊

车望幸"的由来。

想必每天清晨后宫地面的清洗工作量非常巨大。

这样一来，司马衷居然有了二十五个兄弟，既然如此，拥有先天智力障碍的他如何能在这群皇子中"脱颖而出"呢？

司马衷能成为皇帝要感谢三个人：老妈、老婆、儿子。

司马衷的老妈是晋武帝司马炎第一位皇后杨艳，这位杨皇后出身于"弘农杨氏"，这在当时是令人仰慕的名门望族，两汉时期的杨敞、杨震的"四世三公"，以及以后的隋文帝杨坚、隋炀帝杨广都出自这个家族。因此，杨艳不仅容貌美丽，同时受过良好的教育，她和司马炎感情很好，好到司马炎对她几乎"言听计从"。

杨皇后为司马炎生了三个儿子，本来司马衷有一个哥哥被立为太子，但不幸早亡，司马衷就被推到了继承皇位的最前列。

说来也怪，"长发委地、姿容甚伟"的司马炎和"少聪慧、善书、姿质美丽"的杨艳，这样强大的基因组合居然生下一个弱智儿，而他们生下的其他儿女都很正常，这从生物学的角度似乎解释不通。而更难解释的是，司马衷自己一子四女也都聪明伶俐，三代人独独出了司马衷一个智力有问题的。

虽然司马炎早早将司马衷立为太子，但每当看到太子那呆滞的眼神，司马炎总觉得心里堵得慌，终于有一天，他忍不住和杨艳商量，想要换个儿子做太子。这个提议遭到了自己老婆的强烈反对，"立嫡以长不以贤，岂可动乎！"杨皇后大声地对司马炎说道。

杨艳这样的态度，主要因为她是一个母亲，她觉着司马衷这个孩子太可怜了，所以把更多的母爱给了司马衷，倍加呵护，唯恐这个儿子受委屈，因此在关键时刻，她会坚定地站在司马衷一边。

当然还有一个更深层次原因，便是杨艳要在宫廷中稳固自己的位置。

司马炎的"羊车望幸"，是杨艳死后的事情，在杨皇后活着的时候，他不仅没有这个胆子，反而选入宫廷的妃子都要杨艳点头。

作为一个女人，杨艳不可能给自己选择一群强有力竞争对手，但又不能让作为皇帝的司马炎感觉太寒碜，所以她选取的都是皮肤白、身材高但长相很一般的女子，貌美性感的一律都不考虑，有个卞姓女子长得很美，司马炎看了颇为动心，就用扇子掩着脸对杨艳说："这女子不错"，杨艳白了他一眼说："卞氏三代都是皇后，如果选了她，不做皇后可惜了。"司马炎一听这话里有话，只好作罢。

不过总还是有"漏网之鱼"，有位叫作胡芳的女子便是，胡芳是平台将军胡奋的女儿，长得漂亮而且很妩媚。司马炎好不容易碰到这样一个美女，极为宠爱，将胡芳封为贵妃，杨艳由此感到了一丝威胁，"母以子贵"，她极力维护司马衷的位置，便是不让后宫其他女人所生的儿子有可乘之机。

人算不如天算，杨皇后没有活到自己精心呵护的儿子登上皇位那一天，但是她留了后手——推荐自己的堂妹杨芷继续当皇后。

杨艳卧床不起以后，一直为儿子的出路而忧虑。自己要走了，要想保全司马衷，大概没有比让杨芷当皇后更好的方法。看着与自己相守二十多年的结发妻子眼泪涟涟，想到她很快就要撒手人寰，从此两人天各一方，司马炎实在无法拒绝，点头答应了杨艳最后的请求，杨芷取代自己的堂姐成为了司马衷新的"保护伞"。

二

司马衷第二个要感谢自己那个又黑又丑又凶的老婆贾南风。

司马炎后期被酒色掏空了身子，身体状态一天不如一天，手下的大臣开始着急，难道真的要让弱智的太子来继承皇位？虽然皇帝把屁股下的龙椅传给哪位皇子，是皇帝的家里事，但毕竟事关大晋社稷安危，不能不坐视不管。

尚书和峤曾经有些委婉地对司马炎说："皇太子有淳古之风，而季世多伪，恐不了陛下家事。"就是说皇太子像古人一样纯朴，只是现在这个时代太复杂了，恐怕他难以承担陛下的家事啊！和峤这个人很会聊天，"有淳古之风"听上去不错，实际上是说"太子太笨"，司马炎知道这句话背后的深意，但他选择了沉默。

憋不住站出来说话的还有司马衷的老师卫瓘，他刚被任命为太子太傅时，丝毫不敢怠慢，深感责任重大，下决心要教导出一代贤君来，结果越努力越无语，天天对牛弹琴的感觉着实难受。

知徒莫如师，在一次司马炎组织的酒局上，卫瓘假装酒醉，跪在司马炎前说："臣有事想要说。"司马炎问他何事，卫瓘欲言又止，只是用手抚着皇座说道："这个座位可惜了！"司马炎知道他的意思，只好说卫瓘喝高了，化解了当时的尴尬。

虽然司马炎没有表态，但臣子们的举动，让司马炎内心变得相当不踏实，他开始犯嘀咕，把大好河山交给司马衷，到底行不行？

他找了两位自己非常信任的大臣和峤和荀勖去东宫，看看太子近期是不是有所长进。荀勖深知司马炎的心思，回来把司马衷大大夸奖一番，说太子进步很大。而和峤说了一句话，使得司马炎拂袖而去。他说"太子圣质如初"，就是说太子还是老样子。

司马炎决定自己亲自出马，对太子做最后考察。他把太子东宫的大小官员请到皇宫喝酒，然后派人送个密封的信封给太子，里面是他亲自选的一些题目，以此来考察太子治国理政的能力。司马炎想在当日就见分晓，所以让信使在东宫坐等。

好一个"突然袭击"，贾南风万万没有想到皇帝会来这一手，她深知这次考试非同小可，事关老公的太子之位，也事关自己的前途命运。司马衷当然无法指望，东宫属下都被"釜底抽薪"，所以只能另寻"枪手"。

贾南风先找来一位有学问老先生帮忙作答，这位"资深枪手"引经据典，旁征博引，整了洋洋洒洒上万言，但贾南风看后虽然觉得写得很不错，但总感觉到哪里不对。东宫中有个叫作张泓的太监很聪明，他提醒说："皇上知道太子不喜欢读书，所以不宜引经据典，若皇上追问起来，极易露出马脚。"贾南风觉得非常有理，就让他代为作答，张泓写得很接地气，然后让司马衷抄了一遍，由信使带回宫呈给司马炎。

在宫中等候的司马炎，心里一直在打鼓，不知道这位太子儿子会表现如何，如果太好，显然不是他亲自所为，如果太差，废立太子之事就要提上议事日程了。

没想到司马衷的答卷正合适，虽然都是大白话，没有太多文采，偶尔还有个错别字，但逻辑清楚，文句通顺，司马炎颇为满意，"帝省之，甚悦。先示太子少傅卫瓘。"就是说派人把文章先送给卫瓘看看，他的意思是说：你不是说太子不行吗，给你看看，我儿子好像也没你说的那么差吧？

让司马炎最后下定决心的，应该是司马衷的儿子司马遹。他是司马衷与谢玖所生，谢玖原本是司马炎身边的才人，这位父皇担心自己傻儿子不懂男女之事，才让她去东宫服侍，没想到几年后谢才人怀孕了，当时太子妃贾南风嫉妒心爆棚，谢才人为了自保请求回宫里来住，所以司马遹出生后，司马炎一直把他养在身边，而司马衷一直不知道自己有这样一个儿子。

几年后，司马衷进宫朝见父皇，见一个三四岁的白胖小子与数位皇子在一起玩耍，非常可爱，便走过去拉着小孩的手嘿嘿傻笑。武帝远远望见，到跟前对司马衷说："是汝儿也。"司马衷不太清楚怎么回事，怎么一夜间自己有如此大的一个儿子，赶忙跪在地上拜谢。

司马遹丝毫没有受到父亲智商的影响，反而自幼表现出超出年龄的聪慧。

有一次，司马遹和自己的祖父路过猪圈，看到膘肥肉厚的猪后说："猪已经够肥了，为何不杀掉犒劳诸臣，而让它们继续浪费粮食呢？"司马炎听到孙子所言，非常高兴，觉得他超级懂事，不由得对身边大臣说："此儿当兴我家"。

又一日宫中失火，司马炎登楼查看火势，年仅五岁的司马遹拉着祖父的衣襟，让他退到火光照不到的地方，原因是深夜容易发生意外事件，必须提高警惕，不能让火光照到皇上，以防不测。

可以想象当时司马炎内心的欣慰之情，这样的孙子完全可以成为一代明君，但前提条件是他的父亲首先要成为皇帝，因此在废立太子司马衷的问题上，司马炎不再动摇，他或许心里还有一个如意算盘，那便是自己努力多活几年，自己的那个傻太子看上去不像长寿之人，这样司马遹就会早早接班，大晋社稷应该就此无忧了。

这多少有些像千年以后，康熙看上自己的孙子弘历，而把皇位传给雍正一样，但雍正比司马衷强得多，所以大清王朝最终迎来了"康乾盛世"，而西晋却走上了败亡之路。

三

太熙元年，武帝司马炎走到了生命的最后时刻，他让叔父汝南王司马亮和老丈人杨骏为辅政大臣，辅佐愚钝的司马衷。一个是世家大族，一个是皇亲宗室，方方面面都兼顾到，看上去能够有效维持权力的平衡。

令司马炎没想到的，这种平衡异常的脆弱，以致他还没死，就已经被打破。出手破坏平衡的正是他的老丈人杨骏。他担心如果按照诏书和司马亮一起辅政，自己的权力会受到限制，所以他决定排挤司马亮，让他能滚多远滚多远。

他采用的方法很简单，就是趁司马炎处在病重之际，把诏书扣下，不让司马亮和其他人知道。他找到中书监华廙，说要借诏书看看中间有无纰漏。诏书哪里能随便借，华廙心里非常不愿意给他，但架不住杨骏是朝中的第一权臣，没办法最后只好把诏书给他。

谁知好借不好还，或许杨骏就压根没想还，华廙几次催促，杨骏都找借口始终不给，直到等到司马炎进入弥留之际，皇后杨芷把华廙和中书令何劭叫来，口述晋武帝遗诏，封自己的老爸为"太尉、太子太傅、假节、都督中外诸军事、侍中、录尚书事"，把整个西晋的军政大权交给了杨骏，完全没有了司马亮什么事。

这份诏书是否是司马炎的真实意思表示，需要打一个大大的问号，据说杨芷把这个诏书拿给了司马炎，他没有明确表示反对意见，但细细想想，已经几乎要断气的司马炎纵有天大的意见，又能如何呢。

司马衷就此开始了悲催的皇帝生涯。

杨骏上台，做的第一件事情就是解决司马亮，他编造司马亮谋反的罪名，请司马衷下诏捉拿这位司马懿的儿子，司马亮提前得知消息，连夜逃回许昌，算是躲过一劫。

杨骏知道自己几斤几两，虽然身居高位，但不论是才干还是品德，都难以服众，那怎么才能赢得大家的好感和掌声呢？他想到四个字——封官加爵。有人劝他："从来没有君王刚死，就大搞论功行赏的，还望三思。"这个建议说得没错，皇帝刚死，天下皆哀，无论如何也不能把丧事当喜事办啊。

但杨骏脑容量非常有限，认准了便死不回头，大行封赏，雨露均沾，京城内外官员普调一级，他也不想想，如果大家都有份，就相当于大家都没份。结果是，大把爵位和金银撒下去，却没听到什么回响，以至于杨骏想大喊一声："此处应该有掌声！"

更为要命的是杨骏的政治经验实在太差，他没有意识到这终究是司马家的天下，司马炎封了如此多王爷，每个人都手握实权，心怀鬼胎。对这些司马宗亲应该有打有拉，分而化之，所以适当要让一些宗亲进入权力中枢。

但杨骏害怕大权旁落，对司马皇亲一概排斥。他与自己亲兄弟杨珧、杨济揽尽全部权力，当时人们称之为"三杨"。其实他两个弟弟已经意识到这个问题，劝他不要一个人独吞果实，要联合宗室共同治朝，免得给家族引来祸患，但是杨骏听不进去。

杨骏觉得只要重用自己心腹，把控朝中关键岗位，一切都会平安无事。所以任命自己的外甥段广为散骑常侍，主管军国机密；命亲信张邵为中护军,主管禁卫军。而所有重大政令都在皇帝司马衷那里走个过场,只有他和他女儿审批后,才能下诏施行。

杨骏的所作所为,让一个女人感到相当不爽,她便是当朝皇后,司马衷的老婆贾南风。

她是一个不折不扣的狠角色,看到整个朝政被杨家把控,老公虽然贵为天子,但只是一个橡皮图章,而她这位当朝皇后,基本成为了被遗忘的角落。想当初,为了保住太子之位,自己做了多大的努力,如今却被杨家摘了桃子,贾皇后怒火不由得在心中燃烧。

不在沉默中爆发,就在沉默中灭亡。贾南风一直在等待时机,她听说皇宫内的殿中中郎孟观和李肇二人,对杨骏颇多怨言,她就派亲信太监去联络他们,两人果然欣然答应,但想除掉杨骏,仅仅靠他们实力远远不够,此二人只能作为内应,还需要强有力的外援。

她想到的第一个人是司马亮,贾南风知道司马亮恨透了杨骏,便派李肇去许昌劝说司马亮起兵,这位王爷辈分虽大,但实际上是个怂包,李肇好说歹说,他却推脱说:"杨骏凶暴,自会毁灭",就是不敢发兵。

没办法,只能另寻他人。贾南风找到了年方二十的楚王司马玮,她知道这位王爷和杨骏素来有矛盾,这次算是找对了人,这个血气方刚的王爷,做事就是干脆,没有多想便拍胸脯满口答应,他随即上书请求入朝觐见。

杨骏此时脑供血又有些不足,他一直忌惮司马玮,本来琢磨着怎么除掉这个危险,没有想到现在他居然"自投罗网",所以杨骏想都没想,同意司马玮入京的请求。

但是他没有想想,司马玮为什么要突然请求进京,一个手握重兵的藩王,无论以什么理由提出这样的请求,都应该好好盘算一下,更何况是素来和自己关系紧张的司马玮。杨骏一根筋地认为,只要司马玮离开封地,进入自己控制的京城,便会成为一块鱼肉,任由自己宰割,他没有想到另一种可能性:人为刀俎,我为鱼肉。

四

公元 291 年 4 月的一个夜晚，已经入睡的晋惠帝司马衷在被窝中被叫醒，李肇、孟观等人声称杨骏谋反，让司马衷下诏平叛，司马衷一头雾水，杨太尉白天还好好的，怎么没过几个时辰就莫名其妙地谋反了，杨骏外甥段广侍卫在晋惠帝身边，急忙跪下劝晋惠帝道："杨骏一个孤寡的老人，连儿子都没有，岂有造反之理？望陛下详察！"但司马衷没什么分辨能力，听说这是贾皇后的意思，便在稀里糊涂中签发了诏书。

杨骏对这一切都蒙在鼓里，突然听说宫中有变，一时不知如何是好。他还有不少兵马，完全有殊死一搏的资本，太傅主簿朱振劝说杨骏道："今天宫内的事变，意图不言而喻。必定有人想在背后使坏。明公应该立即火烧云龙门，通缉肇事者的首领，然后打开万春门，率领东宫以及外营兵马拥皇太子入宫，捉拿奸人。这样一来，宫内必将震动恐惧，一定会诛杀叛乱党羽送交明公。如不这样做，恐怕大祸降临。"

杨骏虽然看上去不可一世，实际上是个草包，关键时刻，他说了一句话让人大跌眼镜："云龙门是魏明帝时修建的，花费了不少钱，这样一烧岂不可惜了。"平时耀武扬威的他，生死关头居然变成了一个"文物保护者"。

他这话还没全说完，手下一哄而散，没人愿意做刀下之鬼，赶忙逃生去了。

杨骏除了被灭族，已经没有其他选项。他自己躲在了府中马厩中的草垛里，司马玮的军士把杨家上下斩杀干净，唯独没有找到杨骏，只是发现有个人藏在草垛之中，然后了便对着草垛一顿乱刺，堂堂的当朝第一号人物，顿时被刺成了"马蜂窝"，杨骏打死也不会想到，自己最后的归宿之地居然是在散发着恶臭的马厩之中。一天时间，杨氏家族和同党被一扫而尽，三族夷灭，老幼不免，数千颗人头落地。

皇太后杨芷当然不能幸免，事变当晚，她在锦缎上写道："太傅有难，救太傅者有重赏",叫宫人射到宫墙之外。贾后因此断言杨太后参与谋反,将她废为庶人,软禁在永宁宫。

贾南风对她的仇恨由来已久,这是因为几年前的一场宿怨,当时身为太子妃的贾南风嫉妒心极强,看见其他妃嫔有孕,竟然以戟打她们的腹部,令她们流产。这事情被司马炎得知,怎么一个震怒了得,他觉得贾南风这样的作为,实在太过残忍,于是决定废黜贾南风,但消息一出,一些人站出来保她,这其中就包括皇后杨芷。

死罪可免,活罪难逃,司马炎虽然没有废掉贾南风,但下令将她囚禁在金墉城。这个城池名字听上去很好听,实则就是一个高干监狱,一直养尊处优不可一世的贾南风哪里受得了,精神一度到了快崩溃的边缘,后来司马炎看在她死去的父亲贾充的面子上,才把她从金墉城放了出来。

在这场风波中,皇后杨芷为她说了话,而且起到了很关键的作用。但贾南风不这样认为,她觉得自己遭此厄运,杨芷应该是个告密分子,从那时起,她就想着寻找机会收拾这位杨皇后。

杨芷看到自己父亲和杨家的悲惨结局,此时她已不存有什么幻想,唯一想的是保住自己母亲的性命,所以上表自己的"儿媳"贾南风,低三下四自称为臣妾,哀求能够放过自己的母亲,凶悍的贾南风当然不会答应,她选用了最残忍一种方式,当着自己这位"婆婆"的面杀掉了她的母亲,然后下令将杨芷幽禁,断绝饮食,不久后杨芷被活活饿死,开启了皇太后被饿死的先例。

杨家覆灭,贾南风立了头功,但是她毕竟只是后宫之主,况且自己的羽翼尚未丰满,跳到前台的时机还不成熟,大乱之后,朝堂中还是需要有人出来统领。于是她以晋惠帝的名义下诏,让司马亮和卫瓘领衔朝政,同时把自己的族兄贾模、外甥贾谧等也安插到重要位置。

坐山观虎斗的司马亮居然不劳而获,"下山摘桃子"的感觉相当良好,他刚上任便大肆封赏,只要和诛灭杨家有丁点关系的,一律都在名单之内,一下子封了一千多人为侯爵,有人劝司马亮,说杨骏本人就是因加封亲戚才遭到灭族之祸，而司马亮加倍行之，风险极大，但尚沉醉在权力快感中的司马亮根本听不进去。

司马亮简直就是杨骏第二，看看司马炎选定的这两位顾命大臣，完全就是一丘之貉。

诛灭杨骏的另一大功臣楚王司马玮，此时还留在京城，他觉得自己居功至伟，所以谁都不放在眼里，这让司马亮和卫瓘对他心生厌恶。这两位新上任的辅政大臣，虽都是六七十岁的老人，但他们并没有老糊涂，清醒知道如想把位置坐稳，首先要解决司马玮，于是他们开始商议让在京城的司马玮和其他王爷归"国"就藩。

五

司马玮当然不干，除掉杨骏自己出了大力，这老哥俩寸功未立，却要赶走自己这个有功之臣，哪里那么容易。他通过李肇向贾南风告发汝南王司马亮和卫瓘想谋反，废掉晋惠帝后拥立他人。

贾南风觉得时机已经成熟了，当初她让这两位来辅政只是为了稳定朝局，而且过去这两位都和她有过节，铲除杨骏的关键时刻，司马亮拒绝出力，而卫瓘曾佯装酒醉，提议废掉司马衷。既然司马玮肯出头，这个过渡期就可以结束了。

手法依然是"借刀杀人"，贾南风这次借的这把利器还是楚王司马玮，她让惠帝写手诏，命司马玮"免（司马）亮及（卫）瓘官"。

深夜时分，司马玮接到宫里太监送来的密诏，虽然他血气方刚，但是面对太监送来的这份密诏，还是留了个心眼，司马玮对小太监表示这样的大事，应该发一道明诏，好让自己可以名正言顺地捉拿二人。小太监说："事恐泄露，非密诏本意也"，就是说这件事情事关重大，不能泄密，无法使用明诏，你赶紧行动，不会有什么问题。

好吧，司马玮也不再多想，决定动手了。但他手里拿的只是密诏，所以不能调动军队，如何办呢？事已至此，已经不能顾忌太多，他自己伪造诏书，征调洛阳城内外所有军队归自己节制。

司马亮的末日到来了，深更半夜，他的府邸突然被大量禁军包围，司马亮不知是什么情况，他要求看皇帝的诏书，但这注定只是一个奢望，兵士一拥而入，将司马亮擒获。

这时候一个奇怪的场景出现了，这位汝南王被抓后，被押到一棵大树下，此时天已亮，正值盛夏，气温攀升很快，白发苍苍的司马亮坐在树下，满头大汗，有人为他打着扇子，兵士围拢了一圈，就是没有人敢上来杀他。因为都知道，这位老王爷的辈分极高，他是司马懿的儿子，司马师和司马昭的兄弟，前朝皇帝司马炎管他叫叔叔，现在的皇帝司马衷要叫他叔祖，资历如此深厚，又没有看到圣旨，自然没有人敢动手。

司马玮见状，觉得再这样下去于己不利，他下令"能斩司马亮者，赏布千匹"，有钱能使鬼推磨，司马老王爷顿时被捅成个"马蜂窝"。与此同时，卫瓘在这场事变中也被杀掉。

现在该贾南风担心了，虽然除掉了司马亮和卫瓘，但司马玮似乎杀红了眼，手握重兵的他，会不会将屠刀挥向自己呢。她的担心并非多余，事实上，在杀掉司马亮和卫瓘后，司马玮的手下岐盛建议他趁势杀掉贾南风，从而独自控制朝政。但刚刚杀掉两个辅政大臣的司马玮，在关键时刻却失去了继续杀戮的勇气。

就在贾南风内心焦躁不安时，老成持重的太子太傅张华建议说："司马玮矫诏擅自杀害二公，将士仓促行事，认为是国家旨意，所以才听司马玮的。现在陛下可以派特使持幡让外军解除戒严，事件就可平息。"惠帝听从建议让王宫持驺虞幡出宫解兵。

王宫持着驺虞幡大声高呼："楚王矫诏擅命，诸君勿从"。驺虞幡是个什么东西呢？先科普一下，它是指一种绘有驺虞图形的旗帜，驺虞是什么呢，说法不一，有的说是不食生物的白虎，有的则说是指大熊猫，总之是一种仁兽，所以这种旗子主要功能是用来传旨解兵。

驺虞幡威力巨大，兵士见到它通常会溃散而去，这次也不例外，众人一听，"皆释杖而走"，司马玮顿时成为了光杆司令，只好束手就擒。

很快司马玮便被押到闹市问斩，临死还拿出藏在怀中的那份密诏，大呼自己冤枉，但已经于事无补，他注定看不到自己平反的那一天，刽子手手起刀落，一道血光闪过，二十一岁的司马玮就此身首异处。

贾南风决定把这场自己导演的大戏唱到底，她让司马衷追谥司马亮为"文成"，卫瓘为"成"。可怜忙乎了半天的司马玮，到死都理解不了"冲动是魔鬼"这句话，所以除了丢掉脑袋，一无所获。

汝南王司马亮和楚王司马玮成为最早被干掉的两个王爷，"八王之乱"的第一场拉上了帷幕，未完待续，精彩的还在后面。

六

动荡的朝政终于暂时平稳下来，贾南风任用贾模、张华、陈准等人处理朝政，这些人颇有才干，尽心辅政，迎来了近十年难得的安静时光。

贾南风此时达到了权力的顶点，要权有权，要钱有钱，要帅哥有帅哥，但有个最大的心结却一直困扰着她，这便是她没有生下儿子。她曾为此不懈努力，甚至给自己糊涂的皇帝老公带了不少"绿帽子"，但始终没能得偿所愿。

贾南风不禁琢磨，司马衷和自己年龄越来越大，如果皇帝老公万一有个三长两短，那太子司马遹就会顺理成章成为新主，这点是贾南风最不愿意看到的，原因有二，一是司马遹不是她亲生的，二是两人之间矛盾重重。

在两人之间制造矛盾的是贾南风的外甥贾谧，他与司马遹的年龄相仿，但两人却不相容，贾谧和太子司马遹下棋，丝毫不让，没有人臣的谦虚态度，这场景让成都王司马颖看到，他痛斥了贾谧，这让贾谧心中感到很不爽。后来，他和司马遹分别娶了王衍的女儿，只是贾谧娶了貌美的长女，而司马遹则娶了长相一般的小女儿，这又让司马遹感到很憋气。

经常让对方不爽的两人,很容易发生冲突。司马遹知道贾谧仗恃贾皇后而目中无人,所以偏偏不给他好脸色。贾谧时任侍中,免不了要去东宫办事,太子时不时就把他晾在一边,自己到后面庭院里玩耍。颜面大失的贾谧经常跑到贾南风那里说太子坏话,他说司马遹曾对人说过,将来上台要废掉贾南风。

贾南风不会坐以待毙,她决定要对司马遹动手了,但作为"超级阴谋家",她知道废立太子并不容易,司马遹当了十年太子,已经有了一定的势力,况且还有朝堂上的群臣,以及那些司马王爷,如果不好好筹划,贸然行事,恐怕会偷鸡不成蚀把米。

贾南风准备采取"三步走",第一步是大造舆论,四处散布对太子不好的事情。贾南风所宣扬的并非空穴来风,如今的司马遹早已不是当年那个让司马炎倍加欣慰的司马遹,当然这里面少不了贾南风使坏。司马遹进入青春期后不爱读书,贾南风就派太监不时去怂恿太子玩乐。

宦官们每天勾搭着太子变着花样玩,俗话说"学坏容易学好难",久而久之司马遹完全忘记了自己身为储君的职责。司马遹的母亲谢玖的父亲是杀羊的屠户,或许受此基因影响,司马遹对卖肉这方面很有兴趣。他在后宫开了一个市场,自己扮成商人卖,让宫女太监扮成百姓来买。他卖肉功夫相当了得,"手揣斤两,轻重不差"。司马遹还喜欢恶作剧,经常坐着用小马拉的小车在宫里瞎溜达,他还让太监内侍们坐车,然后忽然剪断缰绳。那些人从车上掉下来,被摔得鼻青脸肿,他在旁边哈哈大笑。

司马遹的老师杜锡对此看不惯,经常教育他要改正过失。说的次数多了,司马遹就烦了,有一天他事先在杜锡的坐垫下放了好多针,结果刺得老先生鲜血直流,他在一旁傻乐。

贾南风把太子做的这些荒唐事大肆宣传出去,就是要先把司马遹的形象搞臭了,让朝野知道,这样一位纨绔太子,将来不可能成为一位好皇帝。

废掉司马遹，册立谁为太子呢？这就是贾南风的第二步——假装怀孕，她把一些东西放在肚子里面，搞得自己像个孕妇一样。他妹妹贾午此时正好怀孕，她和妹妹计算好日子，等预产期届满后，便抱来妹妹新出生的婴儿，当作是自己的儿子。"狸猫换太子"后，她便准备废黜司马遹，让这个孩子作为新太子。

贾南风的第三步是将和自己关系不错的淮南王司马允调入京城，作为自己的内应。

一切准备就绪，就差动手了。

七

元康九年十二月，司马遹接到了一道诏令，说是皇帝病了，请太子入宫相见。他没有多想，收拾一下便赶紧入宫。

司马遹没有想到，一个天大的阴谋正等待着他。

他到皇宫后并没有见到父皇，而是被请到偏室，一个宫女拿着三升酒和一大盘枣，说这是皇帝皇后所赐，让太子先解解渴，然后再召见。司马遹酒量本来不大，又是空腹喝酒，害怕喝多在父皇面前失了礼仪，所以便连连推辞。

无奈这位叫作陈舞的宫女说了一句劝酒词，让司马遹没有了退路，她说："太子如何如此不孝，父母让你饮酒都不肯，难道怀疑酒中有毒吗？"一杯酒上纲上线到了"忠孝"的高度，司马遹除了喝掉别无选择。

很快酒劲儿上来，司马遹迷迷糊糊，分不清东西。恍惚之间，又进来一个婢女，拿出笔墨纸砚摆在他面前，让他照着一张白纸上已经写好的字进行抄写。酒醉后的司马遹此时已经成了任人摆布的木偶，在这个婢女的指导之下，歪歪斜斜地抄了一遍，根本不知道写的什么。

司马遹抄的是什么呢，核心的有几句话："陛下宜自了，不自了，吾当入了之；中宫又宜速自了，不自了，吾当手了之。"这段像绕口令的话，意思是说，皇帝皇后都应该自觉点，把位置让出来，否则他就要逼宫了。

贾南风如获至宝,第二天朝会便让群臣传阅这封"大逆不道"的信,从来沉默的司马衷居然也说话了,说是要赐死太子司马遹。朝臣们都觉得这封信很有问题,司马遹再蠢也不会蠢到如此地步,况且信写得歪歪扭扭,前言不搭后语,但既然皇帝皇后都已拍板,也不好站出来说什么。

关键时刻,张华、裴𬱟等站出来为太子说话,引经据典,极力争辩,一直说到太阳落山,贾南风怕夜长梦多,退而求其次,不再坚持杀掉司马遹,而是将其废为庶人,众臣看已经保住了太子性命,也就作罢。

第二天是除夕,本来是辞旧迎新之日,司马遹带着自己的妃子和儿子,坐上一辆简陋的牛车,被押往金墉城。他把苍凉的背影留给了即将过去的一年,而这个除夕也注定是他人生中的最后一个除夕。

贾南风同时下诏以"教子无方"为名,杀掉司马遹的生母谢玖,这位谢才人的命运足够悲惨,当年司马炎担心自己傻儿子不懂男女之事,让她去侍候太子,后来她千辛万苦冒着巨大的风险生下了司马遹。由于晋武帝在世,瞒着贾南风好几年,贾南风隐恨在心。等到贾南风掌权,永远不许她和自己的儿子见面,谢才人一直孤苦伶仃地生活。没想到太子被废后,一直不曾与儿子司马遹见面的她,最后竟然落了一个"教子无方"的罪名。

"太子被废,众情愤怒",司马遹被废,最着急的是太子的党羽们,司马遹平日里对他们不薄,现在太子落难,他们要想方设法把主子营救出来。这些人商量来商量去,觉得如果想废掉贾皇后,让太子重新复位,现在唯一可能依靠的是手握兵权的赵王司马伦,于是便联络司马伦的心腹孙秀,说出了他们的想法。

司马伦是司马懿最小的儿子,辈分也很高。但此人历史上劣迹斑斑,也是坏种一个,他办的最让人想不通的坏事,是通过散骑将刘缉收买工所的人打算盗窃御裘,也就是皇帝司马炎穿的皮衣,或许是盗窃手段不高明,皮衣没偷成,反倒是刘缉的人脑落地,他死之前供出了幕后主使司马伦，按照律法，司马伦也当斩，但司马炎看到他是自己亲叔父的份上，特意下诏赦免了他。

司马伦对这位叫作孙秀的手下非常信任，几乎言听计从。孙秀认为这是个好机会，虽然有很大风险，但值得一做。不过，他劝说司马伦："如今救了太子，也只是救驾之功，将来说不定还有灭顶灾祸，要是等太子死了再去杀贾南风，那天下就是王爷的了。"

司马伦觉得有道理，"心急吃不了热豆腐"，所以尽管太子同党不断催促，他不为所动，他要等一件事——贾南风杀掉司马遹。

贾南风何尝不想杀掉司马遹，但朝中重臣反对，外面藩王盯着，还有太子死党蠢蠢欲动，这让贾南风投鼠忌器，不敢轻举妄动。

有个人让她最终下了决定，此人便是孙秀。孙秀派人在京城散布流言，说有不少人想废掉贾皇后，拥立太子复位。这些话传到贾南风耳中，让她内心的不安瞬间升腾为恐惧。于是，她让自己的情人太医程据配制毒药，派太监孙虑到金墉城准备毒死司马遹。

司马遹被软禁在金墉城后，又恢复了原来的聪慧，他害怕被毒杀，每顿饭都是自己做。看守司马遹的是刘振，他和孙虑商量说毒死太子的名声不好，不如断其饮食饿死更好。孙虑觉得有理，下令断绝废太子的食物供应。过了半个月，孙虑觉得差不多了，本来准备去收尸，结果发现司马遹不仅活着，反而比以前更精神，根本不像十几天不吃东西的样子，原来司马遹的人缘不错，总有人暗中供他吃喝。

只能祭出最后一招，孙虑逼迫司马遹喝下毒药，司马遹当然不肯，一不做二不休，孙虑用杵药的铁锤，将废太子活活打死，这位被司马炎寄予厚望的皇太孙就这样死于非命。

机会终于成熟了。

公元300年4月的一天深夜，赵王司马伦动手了，在内应的配合下，先杀了贾谧，然后再去抓捕贾南风。贾南风闻听有变，急忙出逃，路上看到了自己的弱智老公，她向司马衷大喊求救："陛下救我，若我被废，那你被废的日子也不远了。"面对自己老婆的呼喊，司马衷依旧是几十年不变的神情,好像这一切与自己没有关系。

贾南风对自己这位皇帝老公彻底失望了,其实她本就不该抱什么希望,长期以来司马衷不过是她的傀儡而已,她问缉拿自己的齐王司马冏:"起事者是什么人?"司马冏毫不避讳,答道:"是赵王和梁王。"贾南风听了,悔恨不已,骂道:"拴狗当拴颈,我反倒拴其尾,也是活该如此。只恨当年没先杀了这俩老狗,反被他们咬了一口。"

贾南风又一次来到金墉城,她打死也没有想到,自己会"二进宫",上次还有不少人为她求情,这次则完完全全成了孤家寡人。不久,司马伦派人送来了一杯金屑酒,贾南风在痛斥司马伦一通后,以一杯毒酒结束了自己狠毒的一生。

又一夜的腥风血雨,不仅贾氏一族全部被诛杀,连张华、裴頠等大臣也没能幸免。

在这场宫廷政变中,贾南风、贾谧等人被杀是死有余辜,但作为西晋第一名臣的张华被害,则成为让天下人最为痛心的事情。无论为人和才干,张华都可圈可点,特别是在残暴肆虐的贾南风当政期间,天下能维持近十年的安定局面,张华应该是头号功臣。

司马伦、孙秀对他也颇为看重,在动手前夜,特意派司马雅向张华提前通报并拉他入伙,被张华拒绝。政变成功后,张华的命运就此决定了,司马伦派心腹张林处死张华,面对要取自己性命的张林,张华痛斥:"你要谋害忠臣吗?"张林说:"你身为宰相,太子被废黜,你不能为气节而死,这是为什么?"张华说:"我当时在朝廷上竭力劝阻,这事情众所周知,你们可以去查当天的会议记录。"张林说:"劝谏没有被听从,你为什么不主动退位呢?"这下搞得张华无话可答,欲取性命,何患无辞。张华临死前叹息:"我不怕死,只怕王室将来有大难,祸不可测啊!"他随即被杀,夷灭三族,终年六十九岁。

张华的死,使得拯救西晋的最后一点光亮也熄灭了。

怎么评价贾南风呢,她有些像历史上另外一位毒蝎皇后——吕雉,作为嫉妒心超强的女人,她们对待敌手心狠手辣,绝不留情。但作为朝政实际掌控者,却能任用贤能,将天下治理得还算不错。司马迁虽然看不上吕后,但不得不承认,在吕后主政时期,"刑罚罕用,罪人是稀。民务稼穑,衣食滋殖。"《晋书》则以"海内晏然""朝野宁静"来描述贾南风掌权八年期间的朝政,这八年是西晋历史上除开国皇帝晋武帝以外绝无仅有的稳定时期。或许是她们的残忍暴戾在历史上的痕迹太深,后人完全忽略了她们身上闪亮的一面。

八

血腥的一天终于过去,该杀的杀,该废的废,手拿屠刀的司马伦终于站到了朝堂的第一排,他自封为"使持节、都督中外诸军事、相国、侍中,一依宣、文辅魏故事"。宣是指晋朝建立后被追封为晋宣帝的司马懿,文是追封为晋文帝的司马昭,他们作为权臣辅魏实际上是为代魏做准备,司马伦说出这样的话,表明他已经有了篡位之心。

说来也不奇怪,他虽是司马懿最小的儿子,但当时也已经六十多岁了,时光不等人,更重要的是,孙秀一直在背后撺掇他。这位来自琅琊的小吏,几乎成为了司马伦的大脑,他一手包办了司马伦废杀贾南风全过程的策划案,而且相当成功。事成之后,他获封侍中、中书监、骠骑将军,司马伦天资一般,而且已进入垂垂暮年,所以大小事都交给孙秀处理。孙秀的权势达到巅峰,所有人都知道找孙秀比找司马伦还好使。

孙秀有个儿子叫作孙会,长得非常磕碜,孙秀居然请惠帝司马衷将亲生女儿河东公主许给他这个猥琐儿子,殊不知,一年前,孙会还在洛阳城西贩马,洛阳城中百姓听说一个丑八怪马贩子竟然娶了当朝公主,一时感到无比惊愕。

没有办法,这就是权力!

唯一不变的是当朝天子司马衷,贾南风专权时,他是个傀儡,司马伦专横时,他依旧是个木偶,不同的是贾南风是他的老婆,出面代表智力有障碍的老公，其他人也说不出什么。但司马伦什么也不是，所以他日益严重的专权蛮横，让不少司马王爷感到不满，但大多也就私底下发发牢骚，只有一位不怕死的站了出来，他就是淮南王司马允。

贾南风当年准备废黜太子司马遹前，急召他入京，有立他为皇太弟的想法。司马伦夺权后，任命他为骠骑将军、开府仪同三司、侍中，都督之职依旧兼任中护军，让他掌握一部分禁军，对他还算信任。

但司马允没有那么容易被收买，他看出司马伦有篡逆之心，便称病不上朝，私下里召集一些武林高手，想找机会除掉司马伦和孙秀。司马伦也看出些端倪，他加封司马允为太尉，实际上是剥夺了他的军权。

司马允称有病不接受任命。司马伦派御史逼迫司马允交回中护军印信，并以谋反罪弹劾他。司马允非常愤恨，一看诏书是孙秀的手迹，更加搂不住火，一怒之下杀死两名令史，率领帐下亲兵七百人冲出，大呼道："司马伦谋反，天下共诛之，凡是淮南王的将士都袒露左臂。"不少对司马伦不满的人都前来归附他。

司马允本来想先杀进皇宫，把惠帝司马衷控制起来，挟天子以令天下，但尚书左丞王舆关闭宫门，司马允不能进入，便转而包围相府。他带领的士兵，都是身怀绝技的江湖高手，杀掉司马伦一千多士兵后，然后集结队伍在承华门前列阵，弓弩齐发，射向相府。生死时刻，主书司马畦用自己身体掩护司马伦，他自己则背部中箭而死。司马伦手下都隐蔽站立在树后，一顿箭雨后，每棵树都中了数百支箭。

形势越来越朝着有利于司马允的方向发展，但是一个偶然事件的出现，彻底改变了最后的结局，被司马伦的儿子司马虔收买的禁军将领伏胤，带领四百名骑兵从宫中冲出来，伪称有诏书帮助司马允。

司马允以为皇帝哥哥司马衷真要帮自己一把，便下车接受诏令，伏胤本是禁军军校出身，身手敏捷，一刀将司马允的脑袋砍下。淮南王司马允左右虽有千人之众，但都来不及反应，眼睁睁看着主公被杀。伏胤口宣诏令，表明他是受帝命斩杀司马允，既然是皇帝的意思，司马允的兵士便四散而去，接着，伏胤又命军士立杀司马允三个儿子，司马允死时只有二十九岁。

洛阳百姓满以为司马伦必败无疑，心里十分高兴，但打了一天，没想到最后看到的却是司马允的尸体，无不叹息，白白地空欢喜一场。

九

诛灭了淮南王司马允的党羽，司马伦加紧了篡位的步伐，孙秀提议给司马伦加"九锡"，在司马伦的屠刀前，自然没有人敢提反对意见，全票通过。

公元301年正月，司马伦准备要登基做皇帝了，他派堂叔司马威去司马衷那里索要皇帝玺绶，别看司马衷平日里傻乎乎的，但他也知道身上的玺绶是个好东西，好说歹说就是抱着不放，司马威没办法，只能武力强夺，几乎把司马衷的手指头掰断才好不容易抢下来。

自作孽不可活，如果司马伦像贾南风那样，让司马衷当幌子，自己把控朝政，想必还能维持一些年头，终老而死不是没有可能，但他选择"篡位称帝"这种自毁合法性的举动实在愚蠢，这样一下子就把自己摆在了整个司马家族的对立面。大家都是兄弟，凭什么你做皇帝。这些司马王爷过去起兵是造反，现在起兵则变成了"讨伐篡逆"，一场不可避免的皇族大动乱就此拉开了帷幕，而正是赵王司马伦亲手打开了潘多拉的罪恶之盒。

司马伦顾不了这些，过把瘾就死也不错。更何况这也不一定完全是他的主意，很可能是孙秀的另一个策划案，因为司马伦称帝，孙秀便成为开国元勋，而以司马伦的智商和年龄，孙秀从此可以完全主宰整个王朝的命运。

司马伦这个新皇帝的表现，闭着眼睛都能想出来，没有任何政治智慧的他，只会听从孙秀的建议。到头来还是老一套，便是用大加封赏来笼络人心，就连追随过他的奴仆、士卒、杂役也都获得爵位，以至于官帽上的饰物貂尾不足，便用狗尾代替，这便是成语"狗尾续貂"

典故的由来。

司马伦用他无下限的做法把士族群体彻底得罪,那些名门望族怎么可能与这些鸡鸣狗盗之徒在朝堂上平起平坐,整个朝政的两大基石,宗亲和士族,司马伦一个都没有维护住,因此他离灭顶之灾也只是时间问题了。

首先举起反旗的是齐王司马冏,本来在清除贾南风的事变中,他是司马伦的同盟军,但事成之后,他只得了个游击将军,提着脑袋干了一票,居然只有这样小小的回报,心中当然不满。孙秀看出了司马冏的情绪,怕他留在京城生出事端,便让司马衷下诏将他外调到许昌。

司马冏打响了第一枪后,因为司马伦和孙秀太不得人心,所以河间王司马颙、成都王司马颖等起兵响应,没过多久,已经聚集了二十多万人马。司马伦、孙秀听到消息,惊恐不已,一方面派禁军出战,另一方面找了一帮人在宫里跳大神,把希望寄托在鬼神的保佑上。

一切都于事无补,堡垒先从内部攻破。

当年关闭宫门阻止司马允的禁军将领王舆首先窝里反,率领营兵七百余人从南掖门入宫,先杀掉孙秀,然后逼司马伦退位,紧接着迎司马衷回到宫中,百官一齐跪下,三呼万岁。

司马衷在百官中发现了那个抢他玺绶的司马威。他指着下面的司马威喊道:"就是这小子,当初和朕在殿上打架,夺走了朕的玉玺,差一点还弄断了朕的手指,不可不杀!"兵士立刻上前,像拖死狗似地把司马威拉出殿外。司马威早没了当时的威风,只能拼命喊饶命,但一切都晚了,他很快便死在乱棍之下。

司马衷到底傻还是不傻呢?

出来混迟早要还的,司马伦的结局像极了被他所杀的贾南风,他被关进了金墉城,不久前在这里他用金屑酒毒杀了贾南风,如今该自己尝尝这种酒的味道了,不过这位王爷虽然篡位做了皇帝,但在死神面前表现得却毫无气节,比贾南风差得太远。

他手捧酒壶大哭,一直念叨"孙秀误我!孙秀误我!",就是不肯喝下，监刑官等得不耐烦，命几个人上去摁住司马伦，捏着鼻子将金屑酒灌入口中。不一会儿，司马伦便一蹬腿，七窍流血而死。他的四个儿子也全部被斩首。从司马伦篡位当皇帝到喝毒酒身亡，不过一百来天。

如果说楚王司马玮和汝南王司马亮的死，是拉开中国历史最大的皇族内讧——八王之乱的序幕，赵王司马伦的死则标志着第一阶段的结束，司马伦成为第三个倒在血泊中的王爷。

十

第四个会是谁呢？谁扑腾的欢，谁就是下一个，那自然就轮到齐王司马冏了。

司马伦被诛灭，新的一轮权力分配又开始了。作为打响第一枪的司马冏，所获最为丰厚，他获封大司马，加九锡；成都王司马颖为大将军、录尚书事，也加九锡。本来原意是让这两位王爷共同留朝辅助，但一下子搞出两个"九锡"，这样的安排显得很"无厘头"，摆明了让两位王爷死掐。

河间王司马颙为太尉，加三锡；长沙王司马乂，封骠骑将军，统领左军。其中成都王和长沙王是司马衷的兄弟，也就是说都是司马炎的儿子，他们当时只有二十多岁。齐王司马冏是司马攸的儿子，当时已人到中年。河间王司马颙比他们三个都大一辈，年龄也更大些。

狗咬狗一嘴毛，刚刚分配完权力，有人便分别向两位"九锡"进言，建议搞掉对方，这个权力联盟从开始就显得极不靠谱。所幸司马颖手下有位叫作卢志的谋士，他看得比较清楚，京城是是非之地，不能久待，否则很可能遇到灾祸。所以他建议司马颖以退为进，把朝中大权交给齐王司马冏，回到自己封地，静观事态变化。司马颖虽然很想过把执掌朝政的瘾，但觉得卢志说得有道理，便以母亲有病需要照顾为理由，奏请归藩。

司马冏正犯愁怎么排挤司马颖呢，没想到他主动要求离京，这让他有些喜出望外。大权独揽的司马冏，从此彻底放松下来，他天天沉溺于酒色，懒得打理朝政，因为要扩建王府，一时找不到材料，就把办公用房和老百姓的私房拆掉用来筹集工料，弄得京城百姓怨声载道。

转过年来，宫里传来消息，皇太孙司马尚夭折。自此，司马衷所有儿孙都死光了，这位当了一辈子傀儡的弱智皇帝，命运足够悲催，最后落了个"断子绝孙"的结局。

皇位继承人怎么办？只能从其他皇族里选，呼声最高的是成都王司马颖，他当初听从高参卢志的建议，让权给齐王司马冏，留下了不贪权的好名声。回到藩地之后，又是按照卢志的主意辞去大都督，推掉九锡，上表把所有的功臣都举荐了一番，然后用自己的俸禄打造棺木，装殓祭祀战死的将士，抚恤他们的家属，并开仓赈济饥民。这一系列的举动，俨然是一位明君的样子。所以甄选下一代皇帝候选人，聚光灯便不由得打到他的身上。

司马冏哪肯让司马颖占如此大的便宜，他随手关掉"电源"，让司马颖重新回到了黑暗之中。仗着自己把持朝政的权力，他另立晋武帝之孙、清河王司马遐之子，年仅八岁的司马覃为皇太子，自封为太子太师。

"老奸巨猾"的河间王司马颙此时看到了机会，用这样四个字形容他，并非因为他年龄最大，而因他是搞阴谋诡计的一把好手。当初司马冏揭竿而起时，司马颙最初是支持司马伦的，他派遣大将张方率关中精兵支援洛阳，但后来听说司马冏兵势强盛，狡猾的司马颙立即转舵，命张方以"义军"的名义前进。司马冏对他这种骑墙派看不上眼，但因忌惮司马颙在关中的兵力，仍给了他侍中、太尉等要职。

司马颙看到当政的司马冏得罪了司马颖，和留在京城的长沙王司马乂也有矛盾，同时也感到司马冏的所作所为，让天下人倍感失望，此时只要自己振臂一挥，想必不少人会纷纷响应。他心里盘算，到时司马冏那个"首席执行官"的位置，非自己莫属。

永宁二年，司马颙正式起兵，他派部将李含、张方率兵直逼洛阳，同时派人去邀成都王司马颖起兵。

听闻司马颙发难，齐王司马冏急忙召集手下商量应对之策，尚书令王戎站出来说了这么一番话："殿下当初带兵起义，确实功劳很大。可是当政以后，没有论功行赏，只是任人唯亲，使得不少人很失望。事到如今，不如主动退位，这样才有可能保全富贵。"

没错，这位王戎便是竹林七贤之一，后来以"吝啬"闻名于世的那位，他不知道哪里来的胆子说出这席话。当即遭到其他一些大臣的痛斥，他们建议应杀掉扰乱军心的王戎，王戎看到司马冏面露凶色，他灵机一动，说自己内急，要上厕所，谁知一去不复返。司马冏等得很不耐烦，就派人前去察看。那人回来报告说不好了，王尚书掉进厕所里了，刚被捞上来，司马冏觉得恶心，便饶了他一命。

以自投粪坑方式自保，王戎实在把"竹林七贤"的脸丢尽了。

司马颙充分发挥了他的"聪明才智"，他本来和京城里的司马乂没有联系，但发布的檄文却号召长沙王司马乂讨伐司马冏，公开挑拨司马冏与司马乂的关系，司马颙的如意算盘是，先让洛阳城里这两位王爷斗起来，因司马乂兵少，一定会被司马冏所杀，但司马冏也会有损失，这样自己可以坐收渔利。

司马颙猜到了开始，但没有猜到结局。

司马冏果然经不住挑逗，派人捉拿司马乂，这位长沙王非等闲之辈，史载他身高七尺五寸，异常勇猛。他提前得到消息，不愿坐以待毙，先带着一百多号人直奔皇宫，把晋惠帝司马衷挟持了起来，到处散布"大司马司马冏谋反"，变被动为主动，去攻打司马冏的大司马府。

又是一夜的混战，洛阳城里火光一片，在东门上避难的司马衷，也被吓了一大跳，箭矢如雨，落在他的座位前，一些宫女近侍纷纷倒地。

三天以后，答案揭晓，司马乂成为第四个开挂的王爷。

现在该司马颙傻眼了，本来想趁司马冏杀掉司马乂后，自己率兵杀进洛阳城，没想到司马乂的战斗力如此了得，现在起兵的理由不复存在，只能罢兵返回长安。

十一

司马乂掌权了，这似乎都有些出乎他自己的意料，他上台后做的第一件事情，便是请成都王司马颖入朝辅政。

司马颖内心很激动，但又表现得很矜持，他同意辅政，但不同意到洛阳。于是司马乂有大事便派人去请示司马颖，刚开始，这个机制执行得还不错，但日子久了，司马乂请示的越来越少，这让司马颖颇感不满。

司马颙觉得机会又来了，他就像一个"搅屎棍"，关键时刻总要出来搅和一下，公元303年八月，他又起兵讨伐长沙王司马乂，派张方率兵七万，出函谷关进攻洛阳。对司马乂非常不满的司马颖，这次表现得相当积极，他不顾兄弟情分，让陆机统兵二十万南下攻击司马乂。

陆机和他弟弟陆云号称"二陆"，是响当当的文学家，写诗作赋没得说，但让他领兵打仗有些"乱弹琴"，司马颖看重的或许是他显赫的家庭背景，陆机的爷爷是东吴最牛的将领陆逊，他老爸是东吴名将陆抗，他在西陵之战中击败羊祜，使得晋军只能在长江北岸徘徊，让吴国在历史上多待了些日子。但爷爷、老爸能打，并不代表他能打，陆机对此也心知肚明，一度请辞，但在司马颖的坚持下，他只能硬着头皮上路。

当时有实力的只剩下这三个王爷，所以他们一开战，迅速将"八王之乱"引向高潮。

司马颖、司马颙有重兵，司马乂则有皇帝，虽然惠帝一直是个提线木偶，但在众兵士和天下人眼里，还是唯一的正统。双方打了几个月，关键时刻司马乂亮出了王牌，他带着司马衷亲临前线。惠帝司马衷来得正是时候，不仅鼓舞了司马乂军队的士气，也让陆机率领的大军投鼠忌器。

缩手缩脚的陆机遇到了一个狠角色，便是司马乂手下的大将司马王瑚，他手下有五千铁骑，与其他骑兵不同，这些马都是高头大马，而且在马两侧都系着两把长长的铁戟，俨然是一辆辆无敌战车。结果此战陆机大败，损失极为惨重。

陆机最后也因这场败仗丢了人头，不过并没有死在敌人的刀下，而是被自己人所杀，因为他得罪了一个人——孟玖。

孟玖是司马颖身边非常得宠的太监，他的弟弟孟超是陆机的前锋，但此人人品很差，纵容兵士抢劫，被陆机痛斥，孟超怀恨在心，向自己大哥诬告陆机，说他准备投降司马乂。很快孟超在作战中身亡，孟玖认为是陆机为了报复，故意让自己弟弟送死，他便向司马颖打黑报告，说陆机心怀不轨，此时正赶上军队大败，陆机手下的王阐、牵秀等几位将领害怕承担责任，也附和说陆机确实想投敌叛变。

司马颖可以容忍失败，但不能容忍背叛，下令将陆机逮捕，虽然有不少人为他求情，但在孟玖等人催促下，他下令处死陆机和弟弟陆云，并夷灭三族。

陆机的死更多是自身所致，他先后投靠了杨骏、吴王司马晏、贾谧、赵王司马伦，这四人没有一个良主，好不容易找到了赏识自己的司马颖，但没想到遇见的竟然是自己掘墓人。

陆机死时，唯一的遗憾是觉得因自己而连累了弟弟，为此在刑场上热泪盈眶，但陆云却没有掉一滴眼泪，他劝慰哥哥，能够一起赴死，已经很满足了。

"华亭鹤唳，岂可复闻乎！"这是陆机留给这个世界最后的悲叹，意思说："江东华亭那好听动人的鹤鸣，我们兄弟还能听到吗？"

为何总是在临死之前才能大彻大悟，陆机身为"太康之英"，做一个纯纯粹粹的大学者岂不更好？

司马乂击败陆机后，把重心转到西边，又和张方开始混战，他觉得惠帝这个幌子确实好使，又抬着司马衷去迎战张方，两边互有胜负，但后来张方渐渐支持不住，已经琢磨着如何安全撤退。

此时，传来了一个天大的喜讯——司马乂被绑了。

这是怎么回事呢？反水的是东海王司马越，他不看好和他一伙儿的司马乂，害怕这样打下去，司马乂必败。所以他联络不愿再战的禁军将领，将司马乂软禁起来，并让惠帝司马衷下诏罢免了司马乂的官职，将司马乂送到金墉城关押。

司马越干了生平最大胆的一票，却陷入了两难境地，他既怕司马乂的部下去营救自己的王爷，但又不敢杀了司马乂，担心将来被报复。为难之际，他的手下献上一个两全其美之策——借刀杀人。他派人告诉张方说司马乂在金墉城，你们看着办。金墉城在洛阳城外，张方派人很顺利地将司马乂抓获，绑在兵营中的柱子上，放在火堆上慢慢烤炙而死，很远处都能听到司马乂凄惨的叫声。

司马乂成为八王中第五个被干掉的。

十二

成都王司马颖大摇大摆来到京城，用司马衷的橡皮图章，封自己为丞相，杀了不少曾经反对自己的人，安插了大批心腹，废掉齐王司马冏所立的太子司马覃。司马颙为讨好司马颖，奏请立司马颖为皇太弟，在司马颖看来，这个位置本来早就应该属于自己，如今只是失而复得，所以当然同意。

一切安排完毕之后，司马颖留下大将石超镇守洛阳，自己又回到邺城。

始终不明白，这位成都王为何不愿意留在洛阳。他在邺城遥控朝政，意味着朝中所有政令都需要跑到邺城向他汇报，经批准后方能施行。邺城位于今天河北省临漳县，从邺城到洛阳六百多里。那时候没有电话手机，更没有 QQ 微信，完全靠骑马来传递信息，如此长的距离，如何能有效管理朝政呢？

司马颖根本也不是那块料，成为皇太弟后，"僭侈日甚，有无君之心，委任孟玖等，大失众望。"这让留在洛阳的东海王司马越有了想法，与其天天跑几百公里去汇报工作，不如自己说了算。

公元304年的秋天，司马越在洛阳起兵，声讨成都王司马颖，宣布废除司马颖的皇太弟身份，重新恢复司马覃为太子。

司马越经历过上次事变，他懂得惠帝司马衷关键时刻很好使，所以他带着这张王牌和手下大将右卫将军陈眕，统领着十万大军向邺城而来。

司马颖没想到司马越会这样干，惊慌之余，他命石超率兵南下抗敌。他又想起陈眕的两个弟弟陈匡、陈规二人在自己的手下为将，于是把两个人请进府内，好言劝慰，让他们去假投降，并留下妻儿作为人质。

两个人投奔到司马越营中，说是来弃暗投明。他们透露了重要的秘密，说因为晋惠帝御驾亲征，邺城上下惊恐，军心涣散，天天都有逃兵。司马颖也无计可施，成天唉声叹气。司马越一听，顿时觉得胜券在握，似乎兵不血刃就可以拿下邺城。

精神完全松弛下来的司马越，在一个叫作荡阴的地方，被全副武装的石超大军大败，司马越输得连裤衩都没有了，他头也不回地逃回自己的封国东海国，也就是今天山东郯城一带。

惠帝司马衷本来是被司马越当作一张王牌，跟随大军出征。但此时司马越是泥菩萨过河，根本就顾不上这位当朝天子，司马衷身旁的侍卫也跑得无影无踪，只有一个人守在他身边，这位便是嵇康的儿子嵇绍。

嵇绍就用身子为他挡箭，一会儿便身中数箭。涌上的乱兵要砍嵇绍，司马衷高呼："忠臣也，勿杀！"但无济于事，嵇绍最终死于乱刀之下，鲜血溅到了司马衷的衣服上。后来有人见司马衷的衣服上沾满血污，想要给他换一件，他连连摆手说："袍子上是忠臣嵇侍中的血，不能洗！"

从此可以看出，司马衷好像并非是白痴皇帝，至多只是智力有些缺陷，比后来东晋那位连四季和饥饱都分不出的司马德宗要强得多。

司马衷又落到了司马颖的手上，这对司马衷丝毫没有什么新鲜感，谁带他走，他也只能跟着走。对于司马颖来讲，最大的收获便是恢复了皇太弟的身份。击败司马越后，他令司马颙进兵洛阳，司马颙让张方占据洛阳城，进城的第一件事就将太子司马覃再度废黜。

这场混战似乎应该以司马颖的胜利而结束了，但结局却出乎意料。司马颖取得压倒性优势后，一心想扩大自己的势力范围，他对旁边的幽州惦记许久，但幽州刺史王浚并不买账。王浚手握十几万重兵，特别是他与鲜卑人的关系甚好，他为了自保将两个女儿都嫁给了鲜卑贵族，关键时刻鲜卑人都会出兵帮他。

司马颖正面战场打不过王浚，就想用下三滥的手段解决问题，他收买王浚的副手想要刺杀王浚，但事情败露，王浚带着鲜卑、乌桓以及东瀛公司马腾的十万大军，来进攻邺城，司马颖抵抗不住，只好带着惠帝司马衷，放弃老巢，逃往洛阳。

落草的凤凰不如鸡，惠帝司马衷和成都王司马颖，好不容易跑到洛阳，突然感觉刚出狼窝又入虎口，司马颙的大将张方将两人几乎软禁起来，按照司马颙的意思，张方要他们一起迁都长安。

司马衷关键时刻又突然变得清醒起来，他实在不愿意离开洛阳，更知道自己到了长安后会生死未卜，所以他跑到后花园的竹林里藏了起来，软的不成只能来硬的，张方派兵将在竹林里瑟瑟发抖的司马衷强行拉上车，司马衷潸然泪下，他害怕这次走后便再也回不到洛阳了。

临走前，张方纵容士兵几乎将洛阳的物资都搜刮殆尽，同时他还想下令一把火将洛阳城烧掉，亏得卢志出来劝阻，说过去董卓就干过这样的事情，结果遗臭万年，所以不能学他。洛阳城这才逃过一劫。

就在此时，缓过劲儿的司马越东山再起，他以张方和司马颙"劫持帝驾"为罪名，发檄文讨伐河间王司马颙，打出的旗号是"迎接惠帝还都洛阳"。这个文案做得不错，反响超级火爆，得到了幽州刺史王浚、范阳王司马虓等人的响应。

面对咄咄逼人的司马越，司马颙顿感恐惧，他先是派被自己软禁的司马颖为镇东大将军，回到过去他的地盘招抚兵马。然后又杀掉张方，想与司马越言和。他的想法很简单，司马越打的旗号是让惠帝还都洛阳，而正是张方逼迫司马衷迁都长安的，如果杀掉张方，然后把司马衷送回洛阳，司马越起兵的理由便不复存在。

老奸巨猾的司马颙，这次失算了，司马越拿到张方的人头后，西进的大军非但未停步，反而将张方的人头当作了通行证，遇到抵抗就把这个"通行证"亮出来，意思说张方都被杀了，你们还不投降。所以，司马越的军队进展异常顺利，军中的鲜卑将领祁弘率先攻破潼关进入关中，连败司马颙军队，河间王司马颙单骑出长安，逃到太白山。

司马越的军队进入长安，这些兵士大多是鲜卑人，他们知道不会在长安久待，于是放手大肆劫掠一番，杀掉两万余人后，又带着惠帝司马衷回到洛阳。还都洛阳后，司马衷改年号为光熙。没有人记得这次是第几次改元了，反正每次劫难被救后，司马衷都要改一次以示庆祝。

大局基本就这样确定了。

十三

说说最后两位失败王爷的命运，成都王司马颖后被范阳王司马虓擒获，关在邺城监狱里，司马虓念他是武帝司马炎的儿子，只是把他幽禁起来，并无杀他之意。但不幸的是司马虓突然暴亡，手下长史刘舆知道这里是司马颖的主场，害怕生变，决定杀掉成都王司马颖。

这位王爷死得倒颇有一些魏晋风度，他知道自己大限已到，对刘舆派来杀他的田徽说："我自放逐，于今一年，身体手足不见洗沐，取数斗汤来！"一年都没有痛痛快快沐浴过一次，一定要干干净净地离开这个人世间。他看到两个儿子在一旁大哭，挥手让人把两个小孩子带走，沐浴完毕，从容地让田徽将他缢死，时年二十八岁。可惜的是，那两个在旁边哭泣的小孩子不久也被杀掉。

司马颙在祁弘退兵后，又占据了长安，但只是孤守长安一城，已经是穷途末路，后来司马越召他为司徒，司马颙对此犹豫不决，不去吧怕是自己也坚持不了多久，去了又怕羊入虎穴有去无回，左右属僚劝他："司马越今日大权在握，恐怕大王现已没有实力抗旨。现在最好的办法，只有上表谢恩，尽量多说司马越的好话，并主动放弃兵权。这样一来，大王毕竟是宗室，司马越应该不会加害。"

好像也只能这样了，于是司马颙带着三个儿子赶往洛阳，走到新安时，遇到了司马越派来的迎接队伍，这支队伍由司马越的弟弟、南阳王司马模的部将梁臣带领，他们的迎接方式有些特别，寒暄之后在车上将司马颙扼死，接着将他的三个儿子砍死，一代阴谋家，最终死于阴谋，算是死得其所了吧。

司马颖、司马颙是脑袋"接吻"大地的第六位、第七位王爷，八王之乱的最后胜利者终于揭晓——东海王司马越。

公元307年1月8日夜里，晋惠帝司马衷突然病亡，据说是吃了司马越送来的毒饼而死，史载死相很难看，四体抽搐，折腾了好一阵才咽气，这算是历史上的一桩疑案，最大嫌疑人就是东海王司马越。

但无论到底被谁所杀，对于苟延残喘到四十八岁的司马衷来讲，已经不再重要，此时死去是一种最好的解脱。

过去的十六年来，他经常被从睡梦中叫醒，签发那些看不懂的诏书，这些诏书使得自己的姥爷、老婆、皇子、皇兄、皇弟们人头落地，今天这个王爷劫持他，明天又让另一个王爷抢去，贵为天子，实为幌子，几乎没有一点尊严，想过老百姓的普通生活都不可以。

有时候死比活着更加幸福，对于司马衷来讲，就是如此，至少不会再有人在凄凉的夜晚把他从被子里拽出来，也不会有人用冰冷的刀剑将他逼上车鸾，他可以好好地睡上一觉了。

司马衷的一生，从来就没有诗和远方，有的只是在一个女人和八个男人间生不如死的苟且。

这场中国历史上最大的皇族内讧曲终人散，现在可以进行"颁奖"了，最佳原创剧本——司马炎，最佳导演奖——司马颙，最佳男主角——

司马越,最佳女主角——贾南风,最佳男配角——司马衷,最佳新人——司马颖、司马乂……

最苦难的"奖项"无疑属于普通百姓,这些混乱的日子里,今天你杀人,明天人杀你,杀人的人再被人杀,看上去人头落地的是那些王爷大臣,但真正痛苦的是天下苍生,这场动乱造成数十万人死亡,史载"流尸满河,白骨蔽野"。

八王之乱对于历史的影响无疑相当巨大,历史学家田余庆说:"西晋统治者进行的八王之乱以及随后出现的永嘉之乱,既摧残了在北方的西晋政权,也毁灭了几乎全部西晋皇室和很大一部分追随他们的士族人物。"这场动乱造成了西晋统治秩序的崩溃,把所有的人推向动乱的深渊,给社会带来深重而又长久的灾难,由此西晋的力量消耗殆尽,民族矛盾爆发,导致"五胡乱华",最终使得西晋灭亡。

历史远去,今天历史课本似乎只能读到这几个王爷的名字,而在这场动乱中死去的其他人,和中国历史无数死去的苍生一样,好像从没有来过这个世界一样,这似乎是中国历史最为痛彻的悲凉。

潘岳：帅，原来也是一种罪

一

四月的洛阳城已是春意盎然，柳条抽青，和风徐徐，刚刚落过细雨的街道上突然变得热闹起来，不少女子围拢在一辆车子旁边，其中既有大姑娘小媳妇，也有些中年老妇女同志，她们手拉着手使得车子艰难往前移动，为的是多看几眼心中的偶像，人群中不时传来"真帅""好帅啊"这样的低语。

不用问，这是潘岳出行了。

让人意想不到的是，这些女子一边追赶着他的车，一边将手中的水果争相投入车中，不一会儿车子便被填满了，"潘帅锅"又带着一车水果满载而归，这就是"掷果盈车"的故事，真实记录在《世说新语》中。

潘岳，就是潘安，当时天下第一美男。

一直纳闷，女粉丝们为什么要用水果呢，难道是因为粉丝众多无法靠近，只能以此表达倾慕之情？还是要给偶像来点实惠的东西？也更加好奇，她们往里面投的是什么水果，这个史书没有任何记载，想必是桃子、李子、杏儿之类的小型水果，总不会是西瓜吧，她们断然不会让自己的偶像身上挂彩难堪。

同时代的左思搞得"洛阳纸贵"，潘安是否也会抬高水果价格呢？

不管怎样，美男子频出的西晋初期，迎来了中国粉丝经济的第一个高潮。

引发如此轰动效应的潘安到底美成什么样儿？史书里简单到只有三个字——"美、姿、仪"，外表美、气质好，但长相、身高等具体信息一概没有，这样惜字如金，或许是想留给世人足够的想象空间。

所以，可以尽情地想象，往能想到的最美样子去想。估计，潘安能够对得住后世对他的想象。

自西晋之后，历代对于潘安容貌的赞誉之词颇多，如"美如宋玉、貌若潘安""子建才，潘安貌""潘安再世""多才夸李白，美貌说潘安""花惭潘岳貌"等，这些词语里说起"有才"总会变换许多名字，毕竟古往今来才华横溢的文人墨客实在太多，但说起容貌，似乎潘安这个名字就是最高标准。

不要低估洛阳妇女的审美情趣，潘安不仅仅是靠美色取胜，他和一般的"小鲜肉"不同，不仅有一副锦绣皮囊，更写得一手锦绣文章。他从小便是远近闻名的"神童"，史书称"以才颖见称，乡邑号为神童"，少年时他随父亲游历山东、河南、河北等地，增长了不少见识。

成年后潘安到国家的最高学府——洛阳太学求学，本来可以靠颜值，但他偏偏要靠才华，他读书非常刻苦，再加上天资就好，于是，八个字诞生了——"陆才如海，潘才如江"，钟嵘在《诗品》中做出这样的评价，陆机是何许人也？西晋文学第一大家，"潘江陆海"，总是把两人放在一起说事，可见潘安文才已非同一般。

潘安就这样坚持走自己的路，搞得别人无路可走，颜值第一，文采一流，年纪轻轻，便如此优秀，这还让别人怎么活呢？

所以只要提起这个名字，不少人心里会涌动着五个字——"羡慕嫉妒恨"。

木秀于林风必摧之，公元266年，晋朝建国的第二年，颇有志向的开国皇帝司马炎，决定来一次下田躬耕，这倒也不是什么新鲜事，天子躬耕在历朝历代都有，目的是以上率下，鼓励农民多多耕种。

但朝中大臣们却显得兴奋异常，天子难得一次的作秀，给了他们一个非常好的拍马屁机会，如果拍的能让司马炎感到很舒服，很可能从此一鸣惊人，进而平步青云。

刚刚二十岁的潘安，怀揣着这样的梦想，以"初生牛犊不怕虎"的精神，洋洋洒洒地写了一篇《藉田赋》，搞得技惊四座，就连刘勰在他的《文心雕龙》中也称赞该赋"陈义俊伟，措辞雄瑰"，文采出众只是一方面，关键这篇颂扬司马炎躬耕的马屁文章，拍得含而不露，火候也掌握得恰到好处。

"一鸣惊人"潘安做到了，但"平步青云"却和他没关系，相反他却因此文惹祸上身，朝中那些大佬，觉得一个太学刚刚毕业的毛头小伙长得帅也就罢了，居然写出这样的文章，如果让他留在朝廷，那以后皇帝的马屁他们还怎么拍。

最后的结果是，潘安挤赶出了京城，贬去河阳做了县令。

二

潘安离京，最痛苦的想必是那些女粉丝，生活中突然少了许多美好，关键是以后水果也无处可投了。

玉树临风，偏又才华横溢，"潘帅锅"拥有如此多铁粉太过正常，似乎发生一些风流韵事也在情理之中，风流倜傥本是这个圈子的标志，相互@的不是朝三暮四的登徒浪子，便是拈花惹草的多情种子。

但潘安在这方面绝对属于另类，对于女色，他似乎是个"绝缘体"，香气之中，视而不见，几乎一辈子没有闹过绯闻，如果用一句歌词形容他的感情生活，便是"一生只为这段情，一生只爱一个人"。

哪个女子会如此幸福呢？

她的名字叫作杨蓉姬，她的父亲杨肇是扬州刺史，也是当时的大儒士。杨肇和潘安父亲是世交，于是便从小便结下了儿女亲家，潘安与杨蓉姬有两岁之差，基本属于同龄之人。

潘安十二岁时两人便定亲，虽不能说是"娃娃亲"，但肯定是"媒妁之言"，不过潘安始终没有忘记这门亲事，在成为到处被追星的翩翩美男后，虽然身边的美女络绎不绝，且都怀着倾慕之情，但潘安完全能 hold 住自己，只将一片痴情献给这个比自己小两岁的未婚妻。"出其东门，有女如云。虽则如云，匪我思存"，《诗经》中的这十六个字对潘安完全适用，大意为："身边环绕的美女多如天上的彩云又如何？我只一心一意固守着对未婚妻的思念。"

"独悲安所慕，人生若朝露。绵邈寄绝域，眷恋想平素。尔情既来追，我心亦还顾。形体隔不达，精爽交中路。不见山上松，隆冬不易故。不见陵涧柏，岁寒守一度。无谓希见疏，在远分弥固。"这首《内顾诗》是潘安写给长期两地分居的未婚妻的。

借用一段充满诗意的翻译：如同朝露般短暂的生命里，有什么是值得眷恋的呢？即使我寄身绵邈的绝域，我知道你如海的深情会波涛汹涌地追随而来，而我鸿雁般思念你的心，也会不远千里地返回故乡。哪怕我们的形体永远分离，自由的精魂也会在互相寻觅的路上相会。请你看看山上的松树吧，隆冬里终不改绿意；请你看看山涧的柏树吧，严寒中还依旧守候。我们的爱情，不会因为难以相见而疏远，分离只会更加坚定我们相守的信念。

"潘帅锅"实在太深情了。

让潘安如此痴情的女子到底什么样子呢？对不起，史书上几乎没有留下只言片语，无法满足后人的好奇心，这时候一样需要开动想象力。

两人正式成亲后，举案齐眉、琴瑟和谐，相守相爱了一辈子，直到杨蓉姬四十多岁病逝，他们用一生之爱创造了一个美好的成语——潘杨之好。

杨蓉姬香消玉殒后，潘安痛不欲生，他时常追忆两人在一起时的幸福时光，为此写下了三首《悼亡诗》，在表达无尽哀伤的同时，更为中国文学史开创了一个独特的题材。

"如彼翰林鸟，双栖一朝只。如彼游川鱼，比目中路析。"我们就像翰林鸟一样，现今我却形单影只；如同在小河里一起遨游的比目鱼一样，你的中途离开让我再难以前行。翰林鸟和比目鱼都是爱情的象征物。尤其比目鱼，只有一个眼睛，还长在头的一侧，必须与眼睛长在另一侧的比目鱼并游。

常见用鸳鸯做比喻生死相依，"潘帅锅"很有创意，选用比目鱼进行比兴，让人眼前一亮的同时，更能感受到一种痛彻心扉的浪漫。

后来的元稹、苏轼等也写过深情的悼亡诗，无论是"曾经沧海难为水、除却巫山不是云"的元稹还是"十年生死两茫茫,不思量,自难忘"的苏轼，墨迹干后，他们都有了新爱，只有潘安终身未再娶，似乎也再没有听说他喜欢过哪个女子，在他的心房里，杨蓉姬注定是唯一的"房东"。

潘安的小名叫作"檀郎"或"檀奴"，他以才貌双全＋爱情忠贞，使得这个小名成为女性心中对完美丈夫或心上人的代名词，后世不少诗句中都出现这两个字，南唐后主李煜曾诙谐的写道："烂嚼红，笑向檀郎唾"。

作为一个男子，如果心爱之人以"檀郎"称呼你，恭喜！你在她心目中已接近完美。

"情"是潘安最看重的一个字。不仅对妻子用情专一，而且对母亲极为孝顺，并以此成功入选了北宋前编著的《二十四孝》，成为了"感动西晋"人物。

入选的剧情是"辞官奉母"的故事：说的是父亲去世后，潘安接母亲到任所侍奉。有一年，母亲染病思归故里，潘岳随即辞官要奉母回乡。上司再三挽留。他说："我若是贪恋荣华富贵，不肯听从母意，那算什么儿子呢？"上司被他的孝所感动，便批准了他辞职申请。归乡后由于没有生活来源，他就耕田种菜卖菜，之后再买回母亲爱吃的食物。他还喂了一群羊，每天挤奶给母亲喝。在他精心护理下，母亲身体完全康复。

三

容貌出众、才华横溢、至情至孝的潘安，理应成为人生赢家，可是到头来却输得一塌糊涂，令人扼腕不止。

为什么会这样呢？主要原因潘安是个"官迷"，他想在仕途上走得很远，到最后却忘记了为什么出发。

潘安对于自己被贬到河阳县，心里起初很不痛快，但后来便释然了，他想或许年轻就要付出一定代价吧。来到河阳县后，潘安写了两首诗来表露心迹，其中有两句"谁谓邑宰轻，令名患不劭"，意为谁说县官无足轻重，干好了一样留名后世，这位潘县令还挺会安慰自己。

既来之则安之，像他在诗中所写，潘安决心先在这个七品县令位置上搞出些"亮点"，河阳县南临黄河，北靠邙山，中间是一片平川沃野，按说自然条件不错，就是老百姓太穷，怎么才能实现精准扶贫呢？他想起古人治世格言："五谷宜其地，六畜宜其家，瓜瓠荤菜百果俱备。"

一句话——"因地制宜"。

于是一场脱贫攻坚战开始了，他号召百姓广种桃李，绿化荒山。每逢春天到来，河阳县境内绿满山花满园。秋日里累累的果实又为老百姓带来了丰厚的收益。河阳县就此有了"河阳一县花"的美名，"潘帅锅"居然把扶贫也搞得如此浪漫。他也被百姓们戏称为"花县令"，"花样美男"成为他的专属名号。

古代一般用花来形容女子的容貌，用花来形容男子的，潘安还是第一个。

唐代苦情诗人李商隐对此不禁吟道："晚醉题诗赠物华，罢吟还醉忘归家。若无江氏五色笔，争奈河阳一县花。"惺惺相惜的李商隐对潘安的浪漫情怀发出了由衷地赞叹。

作为一名勤政爱民的好官，潘安并没有等来升迁的机会，没过多久，他被调回洛阳城，但只是平调，朝廷丝毫没有考虑到他在基层锻炼的经历，潘安又一次感到很受伤。

潘安决定这次不能独自舔伤痕，他需要发泄，否则非抑郁不可，当时尚书仆射山涛、吏部尚书王济、裴楷等主管人事工作，身感怀才不遇的潘安决定拿他们出气，于是在宫殿大门柱子上写下歌谣："阁道东，有大牛。王济鞅，裴楷鞧，和峤刺促不得休。"

什么意思呢？阁道东，是指朝廷的办公地点，大牛是指山涛，意为他年龄大责任重，鞅读作样，是牛拉东西时架在脖子上的器具。鞧读作秋，是拴在牛屁股上的皮带。意思是说，山涛这条老笨牛，王济在前面牵着，裴楷在后面扶着牛鞧，两人鞍前马后地侍奉着山涛却没用，只有和峤一个人在累死累活地拼命吆喝——就是说山涛、王济、裴楷三人全是废物，只有和峤还稍微有点用。

潘安确实有些不知天高地厚，山涛的位置相当于总理，王济是组织部长，裴楷、和峤都是皇帝身边的红人，他自创的这个段子，一下子将这四位重臣全部得罪，而且还不是私底下说，居然写在朝廊上，搞得朝臣皆知，焉能有好果子吃。

既然不想在洛阳待，就继续下放锻炼吧，这次他被贬到离洛阳更远的怀县做县令。如果上次是因他锋芒毕露而遭人嫉恨，这次则完全是咎由自取。

潘安更加灰心，但此时他内心的责任感犹在，并没有撂挑子，依然兢兢业业，想着造福于民。不过，每当夜深人静时，他内心总会泛起些许波澜，一次深秋时节，他借古人宋玉、贾谊悲秋的典故写下了《秋兴赋》。"宵耿介而不寐兮，独辗转于华省。悟时岁之道尽兮，慨俛首而自省。斑鬓髟以承弁兮，素发飒以垂领。"辗转反侧，终不得睡，三十二岁的他，发现自己乌黑的秀发竟然添了不少银丝。

潘鬓悲秋，想当年自己曾经无限风光，受到广大女性同胞的深情爱戴，但因锋芒太盛，反倒招人嫉恨，以致自己仕途多舛，长达十年不得重用，种种打击使得潘安本应光辉璀璨的人生，变得越来越黯淡无光了。

四

匆匆太匆匆，转眼又是几个春秋过去了，潘安被调回京城洛阳，先后担任尚书度支郎、廷尉评等一些不入流的小官。或许是因为心高气傲的潘安对这样的职务不满意，不是口出怨言便是消极怠工，不久后他又被免职了。

时来才会运转，正当潘安渐渐沦落为一事无成的油腻中年男时，当朝皇帝司马炎死了，他的老丈人杨骏独揽朝纲。或许是因为欣赏潘安的才华，杨骏上台之后，一直郁郁而不得志的潘安受到了重用，被提拔为太傅主簿。这让潘安有种咸鱼翻身的感觉，觉得从此要进入上升的快速通道。

不得不说是造化弄人，潘安还没有找到太傅主簿的感觉，这位杨太傅就被那位又黑又丑又凶悍的皇后贾南风干掉，杨骏这一死不要紧，可害苦了潘安。潘安是被杨骏一手提拔上来的，所有人都把他当作是杨骏的同党，如今主子杨骏被杀，潘安也不出意外地出现在死亡名单中。

庆幸的是，潘安当时在外地出差，否则政变当夜就已人头落地。更庆幸的是，他遇到了一位大救星，此人名叫公孙宏，以前是个穷光蛋，曾在河阳县生活过一段时间。当时潘安恰好担任河阳县令，他对公孙宏的才华很赏识，时常和公孙宏一起谈论音律，研究文学，有什么好吃好喝的也会分给公孙宏一些，由此两人结下了深厚的情谊。

三十年河东，三十年河西，当潘安在官场上频遭挫折时，公孙宏却成了楚王司马玮手下的长史。这个楚王司马玮，是与贾南风联手诛杀杨骏的主谋之一，如今正掌握着生杀大权，潘安是死是活，其实也就是他一句话的事。为了报答昔日恩情，公孙宏在司马玮面前给潘安说了不少好话，这才让潘安逃过一劫，使他的人头能继续留在脖子上。

但京城是待不下去了，这次他被贬到更远的长安县做县令，长安远在西北，接近边疆，条件艰苦，由于靠近胡人，有时还有性命之虞。潘安觉得心灰意冷，几十年过去，头顶上的乌纱帽一成不变，但离洛阳却越来越远，他觉得继续干下去，不仅没有什么意思，更没有什么前途，所以索性辞官回家，侍奉生病的老母。

潘安终于有赋闲时间总结一下自己的人生，这年他已经五十岁了，当年被女粉丝狂追的美少年，如今两鬓已满是华发，人生到了这个时候，确实应该回顾过去，想想今后的路怎么走了，他把所思所想都写在了他的代表作《闲居赋》中。

潘安在开篇就总结了半辈子不如意经历：八次调换岗位，一次提升官阶，两次被撤职，一次被除名，一次没就任，三次被外放。上半辈子也就这样了，那以后要过什么生活呢，他想来想去，给出了最佳答案——闲居。

他在文中描绘了自己理想的闲居生活，"摆上长长的筵露，子孙们列坐。车子停在柳荫下。采摘了园中的精美水果，打捞池里的红色鲤鱼。有时候在树林中摆宴，有时候在水边举行禊祭。头发花白的兄弟，和年幼的孩子们，都举杯敬祝太夫人万寿。大家为老人的长寿而欢喜，也为老人的年迈而担心，举杯祝寿之后，太夫人面色和悦。于是，丝竹演奏，大家劝酒痛饮。顿足跳起舞来，高声唱歌。"

如果潘安真如自己文章写得一样，去过那样一种生活，或许他和他家族的命运完全是另一种样子。

可惜他内心中的那份不甘，并没有随着年龄增长而退潮，反而更加澎湃，潘安不愿意就这样退出历史舞台，在《闲居赋》里，他一方面憧憬着未来美好的赋闲生活，另一方面也在深刻反思自己为什么会沦落到如此境地。潘安得出的结论只有一个字——拙，那如何弃拙取巧？答曰：择良木而栖。

五

潘安找到的这棵良木是贾谧，他是主持朝政的皇后贾南风的亲外甥。贾谧的母亲贾午是贾皇后的亲妹妹，他能来到这个世界，和一个成语密切相关——"窃玉偷香"。

贾氏姐妹的父亲是西晋开国元勋贾充，他有个手下叫作韩寿，长的"美姿貌，善容止"，风流倜傥，一表人才。贾午无意中看到这位帅哥，立马神魂颠倒，从此得了相思病，贾午通过自己的一位婢女打听那位帅哥的消息。正好这位婢女曾经在韩寿家工作过。就这样，通过这位婢女牵线搭桥，两人就好上了。

为了表达对帅哥的诚意，贾午偷了老爹的香料送给了韩寿。没想到，正是这香料泄露了天机。原来，这是西域进贡的香料。晋武帝司马炎自己都不怎么舍得用，分一点赐给了贾充。贾充的僚属打小报告，说韩寿身上奇香扑鼻，经月不歇，贾充把叫韩寿来，一闻就知这种独特的香气，来自皇帝所赐。同时他又发现贾午过去经常愁眉不展，这些日子突然脸上光彩照人。贾充派人调查一番，很快就知道了来龙去脉。

手下偷人居然偷到领导头上了，但家丑不可外扬，况且生米已煮成熟饭，贾充顺水推舟，就将贾午嫁给了韩寿，这样便有了贾谧。按理说贾谧应该姓韩，名为韩谧才对。正是因贾充无子绝后，他才以外孙入继贾家，改姓为贾。

贾谧作为当朝皇后贾南风的亲外甥，要权有权，要钱有钱，但此人最大的爱好既不是饮酒也不是泡妞，而是舞文弄墨，他把自己当个文化人，经常开阁延宾，召集了一大批文人墨客吟诗作赋，搞得家里整日门庭若市。

潘安能攀上这棵"良木"，要感谢一个好中介——石崇，没错，就是"穷得只剩下钱的那位"，石崇和贾谧一样，酷爱附庸风雅，而潘安的才气让石崇颇为敬仰，过去"潘帅锅"比较高冷，不容易接近，而一旦潘安放下身段，两人便迅速打得火热。

通过石崇的引荐，潘安成为贾谧身边的红人，在贾谧身边聚拢了二十四位当时有名的文人，被称为"二十四友"，潘安是其中之一，这个团体名人不少，还有陆机、陆云、左思、刘琨等人，他们经常聚会的地点，是在一个庞大漂亮的庄园，名曰："金谷园"，不用问，这是超级土豪石崇提供的场地。

公元 296 年，在这个园子上演了一次著名的聚会，征西大将军王诩要从洛阳返回长安，石崇约了一大帮朋友来送行，二十四友全部到齐，这次派对搞得很嗨，载歌载舞，吟诗作赋，唱不出来或者写不出来的都要罚酒三斗，最后将众人所写诗歌汇聚成集，叫作《金谷诗集》。

这场聚会后续影响巨大，以至于五十年后，在永和九年，一代书圣王羲之仿效搞了一次"兰亭雅集"，只是层次感觉要比这次高不少。

豁得出去才能有所收获，潘安加入贾氏集团，果然官职连连提升，一直在七品县令位置上晃悠的他，像坐了火箭一样，很快便被提升为黄门侍郎，成为了厅局级干部。

没有无缘无故的爱，得到也必须付出，潘安得到的是官职，付出的则是尊严。由此便有了"望尘而拜"的丑剧。说的是每每贾谧车驾出行，潘安和石崇便匍匐跪拜良久，直到车驾远去，吃了一肚子灰尘的这两位方才起身。

石崇是个挥金如土的暴发户，趋炎附势本性使然，而潘安，曾经如此脱俗的美男子，当年在洛阳城挟弹出游，他是何等地意气风发。如今在贾谧车驾掀起的尘埃中，那份美永久地消逝了。

元好问对此写道："心画心声总失真，文章宁复见为人。高情千古闲居赋，争信安仁拜路尘！"，从此，"拜尘"成为了献媚权贵的代名词，而潘安也以"不齿之人"被钉在了历史的耻辱柱上。

潘安的老母更早地预感到危机的存在，她劝儿子最好收手，人贵在知足，不要继续玩火。但尝到甜头的潘安，此时已经刹不住闸，至孝的他，把母亲的话完全当作了耳旁风，在通往死亡的道路头也不回地走了下去。

把他送上断头台的正是带给他荣华的贾谧，贾南风想废掉不是自己亲生的太子司马遹，她的计划是请一位高人，以太子的口气写一份逼迫晋惠帝退位的谋反材料，然后将太子喝高，让其抄写一封，作为确凿的罪证。

谁来写呢？经过贾谧引荐，这个光荣而艰巨的任务落在了潘安身上，按照贾南风的意思，潘安战战兢兢地写下了这份材料，而他没有意识到这份材料成为了太子的催命符，也最终将他送进万劫不复的境地。

潘安将自己的命运完全绑在了贾氏家族，如果贾南风成功了，他或许真的会平步青云，但遗憾的是贾南风失败了，而且是完败，贾氏家族被赵王司马伦彻底铲除，由此也决定了潘安的命运。

六

杨骏之祸，潘安遇到了大救星公孙宏，方才全身而退。但一个人的好运是有限的，用一次便少一次。这次潘安不仅没有遇到救星，反而遇到了一个大灾星——孙秀。

这位孙秀本是寒门出身，为人狡诈。潘安的父亲做琅琊内史时，孙秀只是他父亲手下的一个小吏，潘安非常看不上孙秀，觉得此人喜欢搞两面三刀，本性极坏，所以经常痛斥他，不排除还动过手，谁曾想，孙秀作为赵王司马伦身边的第一红人，此时成为了可以决定他生死的人。

潘安最大的心愿便是孙秀能够患上"失忆症"，让过去那些不太愉快的记忆被风吹走，但这注定只是个良好的愿望。

作为贾氏同党，潘安感到了阵阵杀气，他抱着一线希望试探旧交孙秀，有次在朝堂之上遇到不可同日而语的孙大人，他弱弱地问道："孙令犹忆畴昔周旋不？"就是说，孙大人您还记得过去的事情吗？

"中心藏之，何日忘之！"孙秀冷冰冰的一句答复，决定了潘安最终的命运。

只可惜，他的一条命还不足让孙秀泄愤，最终的结局是"夷灭三族"，包括尚在人世的老母亲，潘安见白发苍苍的母亲也戴着枷锁和自己一起将被处死，无限悲伤，更无地自容，跪在母亲面前，不断地流泪磕头。

大哭喊道："负阿母"。

潘安至孝一生，到头来却将自己的母亲送上了断头台，还有比这更惨烈更痛彻的事情吗。后来在重新校订《二十四孝》时，潘安因此被踢了出去，他从至孝之人变成了不孝之子。

一同遇难的还有杨蓉姬留给他的三个孩子。

潘安没想到的是，在刑场居然看到了自己的那位最佳中介——石崇。这位大富翁之死，和一个女人有关，她便是绝世美女绿珠，绿珠是石崇用十斛的珍珠买来的，确实代价不菲。但她的表现让石崇感到物超所值，绿珠不仅姿容甚美，而且能歌善舞，还会吟诗作赋，堪称才貌双全，天下无双。

喜欢炫富的石崇，把绿珠也当作炫耀的资本，他在家中宴客时，一定要让绿珠出来劝酒，绿珠不仅善舞，吹笛还很好听，见到绿珠的人都失魂落魄，恍惚感觉见到了仙人，因此，绿珠的名声越传越广。

孙秀早就暗恋绿珠，过去因石崇有权有势，他这只癞蛤蟆不可能吃到这块天鹅肉。但今非昔比，如今孙秀已掌控朝政，所以他明目张胆地派人向石崇索取绿珠。

听闻孙秀差人来索取美人，石崇将其婢妾数十人叫出让使者挑选，这些婢妾都散发着兰麝的香气，穿着绚丽的锦绣，石崇对使者说："这里面的女子可以随便选。"使者说："这些婢妾个个都艳绝无双，但本人受命只索取绿珠，不知道哪一个是？"石崇勃然大怒："绿珠是我所爱，断不能给。"使者说："君侯博古通今，还请三思。"其实是暗示石崇应审时度势，不要敬酒不吃吃罚酒。但石崇坚持不给，使者回报后孙秀大怒，于是劝赵王司马伦诛杀石崇。

司马伦对孙秀的话言听计从，石崇项上的人头便很难保住了。

赵王司马伦很快派兵逮捕石崇。石崇被抓走前对绿珠叹息说："我现在因为你而获罪。"绿珠泪水滚滚而下说："我只希望能死在你的面前便足够了。"说到做到，她突然推开石崇，从高耸楼阁上一跃而下。

绿珠的千古一跳，使她最后以这样绝美的身姿，留在历史的画册里。

后来唐代杜牧曾作绝句《金谷园》："繁华事散逐香尘，流水无情草自春。日暮东风怨啼鸟，落花犹似坠楼人。"

石崇上演完"霸王别姬"后便被兵士带走，他自以为是晋朝开国元勋石苞的儿子，压根没想到自己会被杀头，想着至多是流放到外地。可越走越感觉不对劲儿，因为囚车并没有驶向监狱，而是直接驶向东市刑场，他这才醒悟，看来此次是在劫难逃，石崇不由骂道："这帮孙子原来是看上了我的家产了啊。"押送他的军校听闻此言说道："知财致害，何不早散之？"

石崇无言以对，只能接受命运最后的审判。

两个"金谷好友"，没想到在刑场上重逢，潘安苦笑道："可谓白首同所归。"

当年在金谷园雅集上，潘岳作了一首《金谷诗》，其中有两句："投分寄石友，白首同所归。"本意是说两人关系很铁，老了还在一起玩，谁知最后两人一起玩到了刑场，这首诗竟成了一则死亡的预言。

命运蹊跷而悲怆，两人当年跪倒在贾谧车驾的灰尘中不敢抬头，如今在阳光反射着光芒的屠刀下，同样伏身扑倒，不同是，这次他们再也无法站起来了。公元300年的一天，一阵血光之后，潘安五十三岁的生命从此飘逝。

在死亡降临的那一刻，他会想起什么，会想起在洛阳的街道上投果盈车，还是会想起与杨蓉姬那段幸福的时光，会想起河阳县那遍布田野的桃花，还是会想起为母亲挤羊奶的田园生活，或许，他脑子里一片空白，只把最后一滴泪滴落在人间。

每到春天，河阳县的桃花依旧怒放着，只是当年的檀郎，再也回不来了！

左思：我很丑，但我却很有才

一

公元 280 年初夏的一天，天色尚未完全放亮，洛阳城中的一些店铺早已排起了长长的队伍，这并非是要发售什么回报率超高的理财产品，也不是年宵邮票上市的日子，他们急切想买到的东西是"纸"。

这些日子，"纸"成为整个洛阳城最稀缺的东西，不仅价码像坐过山车地往上涨，原来每刀千八百文的纸，一夜之间涨到两三千文。关键是有钱也不一定能买到，天不亮就得排队、拿到号才能买到。还有好多的人骑马、坐轿跑到外地买纸，搞得朝廷一时动了要"限购"的念头。

这一切都因为洛阳城最近都在传抄一篇名为《三都赋》的文章，他的作者叫作左思。

左思看到自己的心血之作引发如此的轰动效应，百感交集，激动兴奋之余，心里有一种积压已久的心酸不断涌动，以至于悄然间泪水已经挂在自己的脸颊上。

他能有今天真的太不容易了。

左思有两个致命的先天缺陷，注定使他不能随随便便成功。

第一个缺陷是他的出身，左思生于寒门，他的父亲左熹最早只是一个小吏，努力往上爬，终于当上殿中侍御史的职务，但说到底还是属于寒门序列，和门阀贵族扯不上关系。

"根不正苗不红"，这基本决定了左思的前途命运。

要怪只能怪他出生的不是时候，当时门阀士族盛行，控制了社会阶层上升通道，门阀贵族子弟不想做官都很难，而寒门子弟无论如何努力，出人头地的机会却非常渺茫。

造成这样的局面，要从历史上的选官机制说起，两汉时期实行"察举制"，就是地方长官在辖区内随时考察、选取人才并推荐给上级或中央，经过试用考核再任命官职，通过这样的"察举"，确实涌现了不少人才。

但察举制到了东汉末年，便难以为继了，一些人为了走仕途，开始政治秀、道德秀。譬如孝顺是重要的考核指标，那要表现得比他人更孝顺才能出头。

如果父亲去世了，按照传统的丧礼制度应该守孝三年，就是说披麻戴孝三年就可以了，但是有人为了表示他非常地孝顺，不住家里而是住到他父亲的墓道里面。如果家庭比较富裕的话，墓可以做得很大，除了墓以外，前面还有一个不短的墓道，他们暗地里在旁边的地上搭一个小房子，通过墓道与墓相通。因此这些"孝子"名义上在墓道里守墓，实际上在房子里过着正常的生活，守孝的几年工夫居然生了几个儿子，后来被人揭发。这样以守孝而骗名的比比皆是。

察举制由此成为生产骗子的流水线，比这更具危害性的是，到东汉中后期，地方察举权被少数公卿大臣、名门望族所控制，他们推荐只看是否是名门子弟而不管其学问品质如何，如此使得察举范围越来越狭窄，被察举者也大都名不副实，使得察举制蜕变为变相的世袭制。

所以当时流行一首童谣："举秀才，不知书。察孝廉，父别居。寒素清白浊如泥，高第良将怯如鸡。"翻译过来就是：被推举做秀才的人竟然不识字；被荐举做孝廉的人竟然不赡养父母；被选拔为寒素、清白的人竟然像污泥一样肮脏，被称为是干吏良将的竟然像鸡一样胆小。

没办法，后来一代枭雄曹操不得不搞"唯才是举"，因为察举选拔出来的人才满足不了他征战天下的需要，而且他也希望自己手下的官吏能有更多寒门子弟，从而不受制于士族。但战争时期可以这样，通过慧眼选拔几个得力的谋士能应付。天下已定，要构建一个复杂的官僚体系，就需要大量的人才，迫切要求重新建立一套选人用人机制。因此魏文帝曹丕采纳陈群的建议，隆重推出了"九品中正制"。

这个选官制度核心内容是选择"贤有识鉴"的中央官吏兼任原籍地的州、郡、县的大小中正官，负责察访本州、郡、县散处在各地的士人，综合德才、门第定出"品"，供吏部选官作为重要参考。

这些"中正"要做的工作主要有三项。一是考察家世，就是要调查其家庭出身与背景，包括父祖辈的资历和仕宦情况以及爵位的高低等。二是进行行状，也就是对个人的品行才能进行总体评价，和现在的品德评语差不多。当时的总评都很简洁，大多用很少的字进行精准概括。三是定品，就是确定品级。定品原则上主要依据行状，家世只能作为参考。将其分为上上、上中、上下、中上、中中、中下、下上、下中、下下九个等级，作为吏部授官的依据。

九品中的二品取得了做官的优先权，被称为上品，其余则被看作是寒门下品。为什么不是一品呢？因为从来没有人成为一品，只是个虚设罢了。

谁能到上品呢？这要看中正，由此"中正"成为关键之关键，"物盈则亏，法久则弊"，这个选官制度发展到西晋时，中正之职完全控制在门阀士族手中，屁股指挥脑袋，开展人才品评工作时，品行、才干基本可以忽略不计，门第出身则成为最重要的参考依据。因此，上品基本被门阀士族子弟占据，以致出现了"上品无寒门，下品无士族"的景象。

用现在流行的话说，对于门阀士族子弟是"说你行你就行，不行也行"，而对于寒门子弟则是"说你不行就不行，行也不行"。

晋武帝司马炎时期主管官员考核任命的刘毅上书，指出了九品中正制度的八大弊病，一是品级的高低随着家族的兴衰、势力的强弱而变；二是各地选举出来的大中正官员因为自己才能经历限制，往往难以选准才职相符的人才；三是确立人才有九品，可是在实践中往往难以坚持，导致优劣颠倒，高低错乱；四是设立中正官员职位，但是没有奖赏依据，又不允许别人申诉，导致中正官肆无忌惮、任意妄为，受冤枉的人意见不能上达朝廷；五是中正官难以与人才一一谋面，只能根据官府搜集和别人品论，难以保持公允；六是在具体的考评中，因为个人的喜好，往往政绩斐然的却被评定为低品，政绩平平的却被列为上品；七是职位对人才需求条件差异很大，依据品位取人，往往任非所长。按照评语取人，又受品级限制，导致矛盾；八是定位下品指不出缺点，定位上品又说不出优点，结果评定只靠人际关系，容易栽培私党，对国家无益。

刘毅将九品中正制度的弊端表达得淋漓尽致，他建议全面改革人才选拔制度，让真正有才之人脱颖而出，但遗憾的是司马炎没有采纳他的意见。

在这样的环境下，对左思而言，他的未来还真有可能就是一场梦。

二

如果说第一个缺陷是体制原因，那左思的第二个缺陷就不能再怪社会，因为他长得太丑了。

常常说"郎才女貌"，女子讲究容貌，男人似乎有才华就可以，长得不帅完全能说得过去，但左思的"丑"却引起轩然大波，甚至成为了他成才路上的"拦路虎"。

为什么会这样呢？可能是因为左思长得实在太对不起观众了。

《晋书》上说他"貌寝"，就是容貌丑，但丑到什么程度并没有说清楚。倒是《世说新语》里记载的一个故事，很能说明问题。"潘岳妙有姿容，好神情。少时挟弹出洛阳道，妇人遇者，莫不连手共萦之。左太冲绝丑，亦复效岳游遨。于是群妪齐共乱唾之,委顿而返。"

说的是当时的美男子潘安,他每次出行,都会引起广大妇女同志们的骚动,走到哪里都会遭遇粉丝们的大呼小叫,抢着给偶像送礼物或和偶像合影,互相还推挤厮打,好不热闹。这些妇人对潘安的喜欢还体现在行动上,"莫不连手共萦之",这里的"萦"不太好解释,反正就是动手动脚,有些吃潘安豆腐的嫌疑。

左思看到这样的场景,很是羡慕,于是也学着样子出去游逛。果然也出现了一大堆妇女,把他围住了,但没有尖叫、没有鲜花、没有飞吻,有的是她们的唾沫。左思只能落荒而逃,狼狈样子可想而知。

这些女子大概想用这样的方式告诉左思,"长得丑不是你错,但出来吓人就是你的不对了"。

刘义庆在《世说新语》中为了突出潘安之美,运用对比手法来反衬左思之丑,未免不够厚道,但那确实是一个拼颜值的年代,《世说新语》里专门有"容止"篇目,与"德行""言语""政事""文学"诸篇并列,同时那也是一个帅哥云集的年代,潘安、卫玠、嵇康、裴楷、王衍等,层出不穷,络绎不绝。

魏晋时代的风气是喜欢品评人物,一个人的外貌风度会在评分中占有相当大的比重,不论才识如何,第一印象至关重要,所以长得帅绝对是一个重大利好。比外貌更重要的,则是门第。但这两者,左思恰恰都不具备,所以说,这两个先天缺陷对左思的影响是致命的。

这还不算,除了这两个缺陷,左思还有一个毛病——说话不利落,用史书上的话是"口讷",这其实挺好理解,容貌严重打击了左思的自信心,让他无法出门刷脸,所以只能"以闲居为事",天天猫在家里,长时间不与人接触,讲话能力自然会下降。

对于一个人来讲,这样的人生足够黯淡,大部分人可能就此沉沦下去。但左思是个例外,不被待见的他通过努力成功逆袭,上演了一出身残志坚的好戏。

左思能够逆袭,大概和他父亲左熹最初的刺激有关。

左熹本来对自己这个儿子寄予了厚望，可左思的表现相当糟糕，长相丑陋、说话结巴暂且不论，学习好也可以啊，但左思从小表现出的学习能力实在差劲，学书法把字写得歪七扭八，后来学乐器，学了半天连入门的简单技巧也没学会，一晃已届成年。

左思用自己糟糕的表现将父亲的希望一点点耗尽，左熹对朋友说："左思虽然成年了，但他掌握的知识和道理还不如我小时候呢"，可谓失望之极，自此之后，左熹经常对亲朋好友表示，自己非常后悔生了这个儿子。

那些只看脸蛋的女人嫌弃自己，左思尚能接受，毕竟是自己长得丑，但亲生父亲都如此嫌弃自己，则让他备受打击。面对这样的挫折，通常会有两种态度：一则自暴自弃，反正就这样了，爱怎么着就怎么着吧，索性破罐子破摔；另外一种便是知耻后勇，激发起自己所有的潜能，浪子回头金不换，最终实现人生逆转。

幸运的是左思选择了后一条道路。

他从此开始了苦读之路，笨鸟先飞，别人读一遍，他读五遍，直到真正理解为止。"书山有路勤为径、学海无涯苦作舟"，通过日积月累，左思渐渐变得博学善写，文采出众。

三

成功总是给予有准备的人，渐渐上道的左思，很快遇到生命中一个重要转折，他的妹妹左棻被晋武帝司马炎选入后宫。

这也怪了，难道左家所有不好的基因都给了左思吗？非也，左棻的容貌，往好听了说是"相貌平平"，其实应该只比左思强一点，不过这兄妹俩有一个共同的优点，便是"才华横溢"。

这就更奇怪了，司马炎以好色著称，后宫女子多达万人，不得不用"羊车望幸"的方法选择临幸女子，为什么会将丑女左棻选入后宫呢？答案四个字——附庸风雅。宫里的女人不能都是"花瓶"，也需要有才华的女子撑撑门面。所以，左棻被选入后宫，成为了司马炎用来沽名钓誉的文学工具。

《晋书》对左棻入宫后生活的记载，印证了这一点。书中说："姿陋无宠，以才德见礼，体羸多患，常居薄室"，就是说她相貌丑陋，体弱多病，根本得不到皇帝的宠幸，只能住在"薄室"中。"帝重芬辞藻，每有方物异宝，必诏为赋颂"，司马炎需要人写诗作赋时，才能想起左棻。

虽然自己的妹妹在宫中过得不如意，但左棻入宫，对左思来讲是个很重要的转机，他们一家因此从临淄到了洛阳。洛阳是繁华的京师，不仅让左思大开眼界，同时机会自然多多，如同现在的年轻人都愿意到"北上广"，宁可"北漂"着、"上漂"着，也不愿意回到家乡，他们看中的就是繁华都市无处不在的各种发展机会。

在洛阳落户后，左思给自己立下了一个宏伟目标——写《三都赋》。三都就是三国时代蜀都益州，吴都建业和魏都邺城。他有这样的想法，是因他看过东汉时班固写的《两都赋》和张衡写的《二京赋》，左思深受启发。别人可以写一都赋，两都赋，自己为什么不能写个"三都赋"呢？况且这两位文学大家虽然写得气魄宏大，辞藻华丽，但左思读后觉得虚而不实，大而不当，所以他下决心要超越前人。

就是左思信心满满开始动笔时，他又遭遇到一个刺激，这次刺激他的是当时的另一个文学大家陆机。

陆机本来也想写《三都赋》，听说一个叫作"左思"的无名之辈也要写同名文章，不由抚掌大笑，他在给自己弟弟陆云的信中说："这里有一个粗鄙之人，居然想写《三都赋》，等他写完，我拿它来盖酒坛子"，轻蔑讥笑之意溢于言表。

遗憾的是他遇到了左思这样的人，别人越瞧不上他，他反而越来劲儿。

此后的十年，左思的生命中只有一件事情——《三都赋》，首先，他去拜见了担任著作郎的张载，寻访有关蜀汉成都的事情。张载是当时有名的文学家，又去过蜀地，并著有一篇《剑阁铭》，同时张载和左思同病相怜，也曾因为长得丑而被顽童扔石头，同样的遭遇使得两人很容易深入交流。

同时为增广见闻，左思又请求担任掌管图书经籍的秘书郎，拿到了"国家图书馆"的一卡通，左思阅读收集大量有关三都的历史、地理、物产、风俗人情等资料。然后，闭门谢客，埋头苦写，家门口、庭院里、厕所里，都摆放着笔和纸，偶尔想出一句，马上就记录下来。

十年磨一剑，凝集着左思全部才华和心血的《三都赋》终于横空出世了。

四

没有人能随随便便成功，特别像左思这样的无名之辈，文章写好了，可发表并不容易。没办法，左思只好带着文章到处"拜码头"，但文学圈里的专家权威们，见作者毫无名气，根本不愿搭理他，有的粗粗看过，把《三都赋》说得一无是处。

十年心血，焉能白费。遭遇到的白眼和嘲讽并没有让左思退却，主要是他很有自信，自认这篇作品不输于《两都赋》和《二京赋》，但左思也知道这篇文章如想不被埋没，必须要找到有影响力的大咖进行推荐。

左思托各种关系，找到了当时的文学大家张华，他这匹千里马，终于遇到了伯乐。张华先是逐句阅读了《三都赋》，然后细问了左思的创作动机和经过，不由为他的坚韧精神和文中的句子深深感动。他越读越喜欢，到后来竟不忍释手。他称赞道："文章非常好！那些世俗文人只重名气不重文章，他们的话是不值一提的。皇甫谧先生很有名气，而且为人正直，让我和他一起把你的文章推荐给世人！"

皇甫谧看后，也是赞不绝口，欣然为之作序，并邀请张载给文中的《魏都赋》作注释，名士刘逵为其中的《吴都赋》《蜀都赋》作了注。刘逵对左思先前的遭遇感到不平，他写道："世人常常重视古代的东西，而轻视新事物、新成就，这就是《三都赋》开始不传于世人的原因啊。"

《三都赋》就这样先在名士的朋友圈里传开了，很多人转发点赞，就连当初讥笑左思自不量力的陆机，读了这篇文章之后，都从心底叹服，自认无法超过左思，就此放弃创作三都赋的念头。紧接着，《三都赋》在京城洛阳铺天盖地地流传开来，洛阳的豪门贵族之家和读书人，争相传阅抄送左思的《三都赋》，于是便出现了"洛阳纸贵"的景象。

一代丑男左思从此扬眉吐气，成功逆袭。

左思一夜之间成为了"网红"，迎接他的不再是唾沫，而是崇拜的眼神，人们对他不再避而远之，而是视作上宾，连当朝权臣贾谧都邀请他为自己讲解《汉书》。

贾谧不是一般人物，他是晋惠帝的皇后贾南风的亲外甥，时值贾南风当政，所以贾谧在朝中的地位相当显赫。作为一个文艺青年，贾谧以他为中心建立一个文人圈子，由于有二十四个人，而且经常在金谷园聚会，所以被称为"金谷二十四友"，美男子潘安，文学大家陆机、陆云兄弟等都是其中成员，因为《三都赋》声名鹊起的左思也被吸收进了这个组织。

好景不长，贾南风在宫廷内乱中被杀，作为同党的贾谧最终也身首异处。

从此，"二十四友"便星散各地。左思决定退居宜春里。他本来就没有在权力场上成为风云人物的想法，在创作《三都赋》十年里，更是培养出他对于文学典籍的真爱，每天读读这些经典，让他的内心感到很安静，他越来越喜欢这样的生活。

非淡泊无以明志，非宁静无以致远，左思退居宜春里后一切都变得宁静起来。无丝竹之乱耳，无案牍之劳形。后来，八王之乱升级，他离开了洛阳，到冀州安家，每日专注批阅典籍，再后来齐王司马冏召他为官，他以有病在身婉言谢绝。

这无疑是非常英明的抉择，在司马氏相互残杀的血雨腥风中，不掺和是最好的自保方式。"二十四友"中喜欢掺和的潘安、陆机，最后都死得很惨。而避开祸端的左思，几年后在冀州因病而逝，平平安安地走完了一代丑男的逆袭之路。

五

外行看热闹，内行看门道。虽然引发"洛阳纸贵"的是《三都赋》，但不少后世文人认为左思的《咏史》写的更有深度，应该是他真正的代表作品。

《咏史》共有八首，左思借古讽今，用诗歌表达他对门阀制度的强烈不满。在第二首中，他写道："郁郁涧底松，离离山上苗。以彼径寸茎，荫此百尺条。世胄蹑高位，英俊沉下僚。地势使之然，由来非一朝。金张藉旧业，七叶珥汉貂。冯公岂不伟，白首不见招。"生长在涧底的青松是才高位卑的寒门人才，山顶柔弱的小苗则是门阀士族子弟，青松即使再努力，上升的通道也被这些小苗所阻挡。

"世胄蹑高位，英俊沉下僚。"世家大族子弟世世代代生下来就是做官的命，底层寒士再有能力也只能"沉下僚"，很难有翻身的机会。这种不公平的社会现象，是不公平的门阀制度造成的，"地势使之然，由来非一朝"这种现象已经不是一朝一夕的事儿了，自古以来都是这样的。"金张藉旧业，七叶珥汉貂。"西汉时期金日磾、张汤两家的子弟依靠着祖先的世业，享受着朝廷的高官厚禄整整七代，直至西汉灭亡。

最后一句"冯公岂不伟，白首不见招"中，左思以汉朝空有一腔才学，却直到白头也不被重用的冯唐自比，出身高贵的那些官二代、官三代即便是个草包，也很容易获得高位，而像他这样出身卑微的英才却只能一生屈居下僚。左思用这首诗道出了一个简单而又无奈的事实，空有才能而无出身的，往往一生坎坷，壮志难酬。

不过，这份愤青的情绪属于过去的左思，退隐之后的他则充满着一份恬淡和温情。他将这份温情全部给予了他的两个女儿——左芳和左媛，左思为她们写下了著名的《娇女诗》，这或许是中国文学史上最早的儿童题材诗歌。

"吾家有娇女,皎皎颇白皙。小字为纨素,口齿自清历。鬓发覆广额,双耳似连璧。"从这些诗句中,可以看出两个女儿长得白皙靓丽,而且口齿伶俐,这方面想必是因她们母亲的基因更为强大,两个女儿长相没有随自己,这应该让左思感到颇为欣慰吧。

左思在这首诗中以一种半嗔半喜的口气,描绘了两个女儿的种种形态,形象地勾画出她们娇憨活泼的性格,有人评价道:"字里行间闪烁着慈父忍俊不禁的笑意,笔墨间流露着家庭生活特有的味道。"也有人说:"字字是女,字字是娇女,尽情尽理尽态"。读《娇女诗》,脑海中会出现这样的画面,两个小女孩在阳光下追逐玩耍,她们的父亲在旁边安静地看着她们,脸上堆满了幸福的笑容。

这一刻,当年的辛酸屈辱,成功的欢欣荣光,似乎都已不再重要了……

王衍：清谈误国？这锅我不背

一

公元 356 年，已经是西晋王朝灭亡的第四十个年头，东晋大将桓温率军北伐，行至中原，登高而望，看到故土一片荒凉，物是人非，不由得发出感叹："遂使神州陆沉，百年丘墟，王夷甫诸人，不得不任其责！"就是说，王夷甫是西晋灭亡的头号罪人。

王夷甫是西晋大臣王衍，他是何许人也，居然能使得"神州陆沉"呢？

王衍首先是个超级帅哥，史书称其"神情明秀，风姿详雅"，堂兄王戎，也是竹林七贤之一，他对自己这位堂弟评价道："神姿高彻，如瑶林琼树，自然是风尘外物"，清新俊美宛若尘世之外的人物。特别是他有一双纤纤玉手，《世说新语》对此描绘道："恒捉白玉柄麈尾，与手都无分别"，他的手如白玉，拿着拂尘时人们都分辨不清到底是玉手还是玉柄。

魏晋南北朝多美男，"掷果盈车"的潘安、"观之者倾都"的卫玠，"萧萧如松下风"的嵇康、"鹤立鸡群"的嵇绍、"才武而面美"的高长恭等，用手指头都数不过来。在此之中，王衍虽然可能比不过卫玠、潘安，但进入前三应该没什么问题。

要论颜值，王衍只是琅琊王氏一个代表，整个王家的基因都相当不错，据说有人曾去王家拜访王衍，遇到了王戎，还有他的族弟王敦和王导，在另一屋子，又见到了王衍的弟弟王诩、王澄等，出来后对人说："今日太尉府一行，触目所见，无不是琳琅美玉。"就是说一家子都是帅哥，使人有些目不暇接，成语"琳琅满目"就此诞生。

活在那个时代的女子无疑是幸福的，有如此多才貌双全的帅哥可以看来看去。

比"好脸蛋"更重要的是，王衍有个好出身，他的家族是天下第一豪族——琅琊王氏，这四个字在当时就是身份的象征，所谓"王家门中，优者或龙凤，劣者或虎豹"，表现差劲的都能成为"虎豹"，可见这个门第多么显贵。

王衍从小表现出不同的气质，他的父亲王乂曾任平北将军，当时经常有公文事务向仆射羊祜汇报请示，或许因为羊祜气场太足，王乂派出的使者见到羊大人，有时紧张得都说不出话来，所以常常无法按时得到答复。王衍自告奋勇前去汇报，思路清晰，口齿伶俐，没有一点紧张和自卑，当时他才十四岁，大家觉得十分惊异，都说他是一个奇士。

好口才，是大家对王衍的一致评价，他喜欢谈论一些纵横之术，这为他赢得名声的同时，也给他带来很大的烦恼。当时辽东太守职位出缺，尚书卢钦认为王衍非常合适，便向朝廷举荐他，当时王衍只有十六岁。

让一个未成年的毛头小子，到边境地区去做封疆大吏，卢钦的提议听上去极不靠谱儿，但谁让王衍出身名门望族，谁又让他天天高谈纵横之术，正好可以去边疆地区和少数民族搞搞外交工作，英雄有了用武之地，也算是人尽其才了。

王衍听说此事，顿觉有些傻眼，不仅要离开繁华的京城，更关键的是听说那个地方经常有胡人骚扰，说不好自己的小命要交代在那里，所以打死也不能去，王衍后来托人费了半天劲才把这个事情搞黄。

二

吃一堑长一智，王衍觉得不能再高谈纵横术，说不好哪天又让自己去当"炮灰"，但对于他这样爱说之人，根本做不到天天沉默，怎么办呢？王衍决定转行，开始研究老庄，进入玄学清谈领域。

这个决定对于王衍来说，是革命性的，不仅让他成为了玄学大家，也让他背上了"清谈误国"的骂名。

玄学的祖宗应算老庄，曹魏时代的何晏、王弼等自称得到真传，提出"以为天地万物皆以无为本"，把"无"摆到了至高无上的位置，认为贤明之人依靠这个字可以修养道德，不贤明的人依靠它能够避免灾祸。

听起来确实挺"玄"的，称之为"玄学"也算实至名归。

玄学属于形而上的范畴，但曹魏时代谈玄和现实结合得比较紧密，经常能够听到真知灼见，显得比较接地气。但是，经历司马氏血腥篡位后，读书人都害怕祸从口出，谈玄逐渐变成一种纯粹的务虚，扯得天花乱坠，但却往往不知所云。

清谈由此成为两晋的特产，崇尚清谈风气之浓重，涌现的清谈"大师"之多，清谈对国家社稷危害之严重，是其他朝代难以企及的。这其中的主要原因，是因为读书人感觉苦读那些儒学经典已经没有多大用处，一方面高层士族觉得"知识越多越反动"，受到儒家经典熏陶的那些正直有学问的人往往被排挤，搞不好还会被杀头，不如避实就虚，一生快哉。另一方面寒门出身的读书人因为选拔制度，即使再刻苦，也感觉没什么出路。既然学了没用也就没有人愿意去学，所以长期以来占有绝对统治地位的儒家学说越来越边缘化。

一扇门关上，自然会有另一扇打开，这扇门便是"老庄"，道家逐渐占据了思想的高处，纵欲、避世成为了社会风气，围绕一些虚无缥缈的话题，相互驳斥，激烈辩论，从早到晚，不亦乐乎，实则反映了精神世界的极度空虚。

王衍进入这个领域后，由于伶牙俐齿能言善辩，很快便成为"最佳新人"，他每逢谈经论道，都要郑重其事地穿上类似道袍的宽大衣服，手执玉柄拂尘，正襟危坐，讲出的东西都缥缈玄虚，让人很难理解，碰到前言不搭后语甚至自相矛盾的时候，便随意更改，满不在乎，人们称他是"口中雌黄"。

好容貌＋好出身＋好口才，王衍很快便圈粉无数，成为了闻名天下的大名士。

他的堂兄王戎，无疑是他的粉丝之一。晋武帝司马炎听说王衍的名声，便问王戎："当世谁能与夷甫相比？"王戎答道："在当世找不到可以媲美他的，只能从古人中寻找"，虽然有故意吹捧之嫌，但如此高的评价，足以看出王戎对这位堂弟甚为推崇。

名人就要有名人的样子，关键是要有雅量，在这点上，王衍做得相当不错。

当时有个名士叫作裴邈，他和王衍的兴趣不同，很不爽王衍对自己的任用，于是就故意到王衍那里破口大骂，要求王衍答应自己的要求，王衍对此却不动声色，徐徐地说："这小子不过是白眼病发作了"。

王衍曾托族人办事，但好久没有回音，有次宴会畅饮，王衍问这位族人："托您办的事情，为什么没有消息？"按说这样的问话很正常，那哥们可能喝多了，居然在大怒之下举起酒器砸向王衍，王衍躲避不及被击中，脸被破相，即便如此，王衍还是沉默不语，清洗完毕后，他带着尚是少年的族弟王导乘牛车离去。他在车中用镜子自照，对王导说："尔看吾目光乃在牛背上矣。"

这句话实在难懂，千百年来，有各种不同的解读。比较欣赏这样的说法：王衍受到攻击后，在脸上留下了印痕，形状有些像"丰"，正像牛背上的脊柱，王衍在揽镜自照时看到王导正偷看自己，于是对王导说："你的目光是在牛背上啊"，显得自嘲之极，王导听后会心一笑，将目光转向车外。

千年之后想想,这是多么有意思的画面。

三

王衍的"五好"形象,使得成年后他成为了"钻石王老五",不少达官贵人都想把女儿嫁给他,这其中包括杨骏,当时晋武帝司马炎的皇后杨艳是他的侄女,所以杨骏也算得上是皇亲国戚。

没想到,王衍却不愿意,最后靠假装发狂才得免,他后来给出的理由是自己很看重名誉,不想与外戚有瓜葛,所以才拒绝。不过也有人在背后议论,觉得王衍没有那么"高大上",当时杨骏只是一个司马,没有什么政治势力,王衍有些看不上,想寻求更硬的靠山。

多说一句,杨骏的这个女儿叫作杨芷,后来成为了司马炎的第二任皇后。

王衍最终选择的是谁呢?一位姓郭的女子,她可不是一般人,而是又矮又黑又丑的贾南风皇后的表妹,估计是母系的家族遗传吧,郭女士和她表姐一样性情暴烈,俨然悍妇一个。

"才拙而刚烈,聚敛无厌",除了暴脾气外,这位郭氏最大特点便是贪财如命。而王衍对钱则看得很淡,他父亲在北平郡去世后,许多亲戚熟人向他借钱,王衍就把钱财借给他们,不少人只借不还,王衍也不催要,没几年的时间,家里的财产几乎用光,无奈之下,王衍只好离开豪宅,搬到靠近洛阳城西的田园中居住。

王衍的弟弟王澄十四五岁的时候,看到嫂子贪婪无比,家里很有钱,但还让婢女在路上挑粪,王澄觉得有辱门风,于是劝阻嫂子不要这样。未曾想郭氏大怒,对王澄说:"以前你老妈快死的时候,把你这小子托付给了我,你老妈却没把我托付给你。"说完,这位母老虎居然抓住王澄的衣襟,准备收拾他。王澄一看情势不对,跳窗跑了。

王衍对这位悍妇老婆没有一点办法,所幸郭氏有一个怕的人,便是王衍的同乡幽州刺史李阳,他同时也是一名侠客,关键时刻王衍便搬出他来说事："不只是我说你不好，李阳也说你不好。"听到此话，郭氏才有所收敛。

郭氏知道自己的老公很清高，羞于说"钱"字，她偏偏不信这个邪，实在想不通这个世界上还有这样的人，于是她整了个恶作剧试探一下老公。她趁王衍熟睡的时候，让婢女在床边堆满了钱，早晨王衍醒来，发现自己被钱包围，已经无路可走，郭氏觉得老公这个时候怎么也要说个"钱"字，没想到，王衍对婢女喊道："阿堵物却"，就是说拿走这些东西，打死也不说"钱"字。

如此说，王衍表现还算不错，怎么会成为导致西晋灭亡的罪人呢。

作为网红级人物，王衍如果在家里或山林间，清谈玄学，会被赞誉为名士做派。但居庙堂之高，不干正事，天天高谈阔论，则只能是害己误国，不幸的是，王衍最终走了这条道路。

有两位高人早就看出此中隐忧。

一位是羊祜，西晋初年德高望重的重臣。少年时代的王衍在羊祜面前汇报工作，显得从容不迫，别人因此都很佩服王衍。但羊祜却有自己的看法，他说："王夷甫当以盛名处大位，然败俗伤化，必此人也。"

另一位是山涛，"竹林七贤"之一，后来官做到很大。十岁出头的王衍有幸见到山涛，两人相谈良久，等到王衍离开的时候，山涛目送他走了很远，不由感叹道："何物老妪，生宁馨儿！然误天下苍生者，未必非此人。"翻译过来，就是说不知哪位妇人，竟然生出这样的儿子！然而误尽天下百姓的，未必就不是这个人。

高，实在是高。在王衍十一二岁时，山涛就能看出他的误国潜质，这位长期担任吏部尚书的山涛的识人之术相当了得，当然前提是这个故事不是杜撰的。

"宁馨儿"和"阿堵物"成为因王衍而发明的新鲜词儿，唐代诗人张谓诗云："家无阿堵物，门有宁馨儿"，不过大多数人的理想，除了"门有宁馨儿"外，家里千万不能没有"阿堵物"，并且多多益善。

四

有得必有失，自从郭悍妇进了家门，王衍就没过几天顺心日子，但他在仕途上却步入快车道，除了自身条件不错，"夫人路线"无疑发挥了重要作用。

不久传来了一件让王衍感到又惊又喜的事情，那便是杨骏被贾南风和楚王司马玮联手干掉，杨家遭到灭族之灾。想想都后怕，如果当年不是装疯卖傻将这桩婚事推掉，闹市街头被砍掉的那些人头里定会有自己的，王衍不由得佩服起自己的英明伟大来。

裙带关系是把双刃剑，搞得好飞黄腾达，搞不好人头落地，王衍从贾家尝到了甜头，但也从杨家受到了警示，他由此得出一个重要结论，这种关系不搞不行，关键的关键是要看得准。

但世界上最复杂的就是政治关系，诡谲多变，微妙之极，哪里那么容易看得准，如今摆在王衍面前的，就有一个看不太清楚的关系，便是皇后贾南风和太子司马遹的关系，朝廷上说了算的是贾皇后，将来说了算的是司马遹，但两人的关系好像很拧巴，自己到底该如何办是好呢。

王衍觉得最好的方式是两边都不得罪，怎么做到呢，这次走"女儿路线"。他有两个女儿，将容貌漂亮的大女儿嫁给贾后的外甥贾谧，稍逊一些的小女儿王惠风许给了太子司马遹。

如王衍预料，这对拧巴的关系最终选择摊牌，尚处稚嫩的太子司马遹，根本就不是贾南风的对手，这位狠心皇后略施小计便将司马遹的太子位置废黜。

王衍在整个事件中，不曾为太子也就是他的女婿，说一句公道话，他的第一反应是——离婚，他立即上表惠帝司马衷，请求自己的女儿与废太子司马遹离婚，反应之迅速，使人不得叹服王衍明哲保身的本事确实一流。

王惠风的表现比她老爸强得多，太子司马遹被废后，幽禁在洛阳旁的金墉城，惠风不顾危险去探望太子，两人知道这一别便是永诀，回来路上，惠风哭得呼天抢地，伤心的样子让每个遇到的路人都为之落泪。

后来，匈奴刘曜攻破洛阳，俘虏了王惠风，将她赐给部将乔属，这个五大三粗的胡将想与她亲热，王惠风拔出剑来，抗拒乔属，大声斥责："我是太尉公的女儿，堂堂皇太子妃，绝对不会给你这造反的胡贼所侮辱。"随后被乔属杀害。王惠风以她的刚烈，最后成功入选《晋书》的"列女传"。

贾南风废杀太子给自己招来了杀身之祸。赵王司马伦在手下孙秀的策划下，发动政变，贾皇后那颗又黑又丑的人头落地。王衍随后被人弹劾，说他"太子被诬得罪，衍不能守死善道，即求离婚。得太子手书，隐蔽不出"，离婚的事情大家都知道，现在又揭发出新问题，便是太子曾经写信给王衍，述说自己的冤情，但王衍却始终没有把这封信公布于众。

名声扫地的王衍这次本来也该脑袋落地，但由于王衍曾经品评过孙秀，说了一些好话，孙秀知恩图报，在司马伦前为他说话，王衍总算躲过一劫，只是被"禁锢终身"，就是永不录用为官。

好险！王衍倒吸了一口凉气，"生命诚可贵"，只要把命保住了，一切皆有可能。

不久后，赵王司马伦篡位称帝，有了想重新起用王衍的意思。经历了几场政治争斗，王衍拥有了不错的识鉴能力，他看到司马伦上位后，屡屡出现"狗尾续貂"等拙劣事件，知道这司马伦是个愚昧无能的草包，所倚仗的只是孙秀之类的小人，迟早会失败。为了避祸，王衍又在家装傻，还砍伤了一个无辜的婢女，最终蒙混过关。

五

王衍的判断不错，司马伦在龙椅上屁股还没有坐热，就被齐王司马冏推翻。王衍因"不齿赵王伦为人"拒绝为官又重新成为正面人物，被封为河南尹，不久又转为尚书、中书令，但王衍看到齐王冏辅政后大兴土木，沉溺酒色，觉得这位王爷也长不了，于是找了个机会称病辞职。

  王衍不是不愿意做官，但他深知在你方唱罢我登场的乱世中，应该择良木而栖，在没有遇到良木前，只能韬光养晦，否则极易惹祸上身。

  公元306年，他终于找到了这棵良木——东海王司马越，这年"八王之乱"结束，司马越成为笑到最后的一位王爷，他也需要王衍这样的大名士出山帮助自己，沉寂了一段时间的王衍升任司空，次年又任司徒。

  王衍就此达到了他仕途的最高峰，在一场场血腥的屠戮中，他不仅成功保全了项上的人头，而且攀上了宰相的高位，说到底是"明哲保身"信念在发挥作用，不过，在这场超级乱世中能够顺利保全自己，有赖于王衍不错的眼光和判断力，该进则进，该退则退。

  王衍最新的判断是大晋王朝气数将尽，经过多年的混战，中原地区满目疮痍，尸横遍野，五胡趁中原空虚，蠢蠢欲动，而东海王司马越的表现也完全不像是个中兴之臣，外部形势一天比一天严峻，而朝臣们依然天天高谈玄学，谁要干些实事反而被瞧不起，这样的王朝焉有不灭之理。

  王司徒并不愿意陪葬，他又开动脑筋，想在纷繁迷乱的局势中，保全自己及家族，因此他精心营造了一个退路。青州和荆州都是当时的军事要地，物产也很丰饶。因此，王衍对东海王司马越说："中原现在已经大乱，将来要更多依靠各地的封疆大吏，因此应该选择文武兼备的人才出任地方长官。"

  肥水当然不能流外人田，在他的运作下，他弟弟王澄获任荆州刺史，族弟王敦为青州刺史。他对王澄、王敦说："荆州有长江、汉水的坚固，青州有背靠大海的险要。你们两个镇守外地，而我留在京师，就可以称得上三窟了。"

王衍因搞出个"狡兔三窟",一直为后世所鄙视。但对此还有另外一种说法,孙盛在《晋阳秋》中写道,王衍对自己的弟弟们说,"今王室将卑,故使弟等居齐楚之地,外可以建霸业,内足以匡帝室,所望于二弟也",可见王衍想出的主意,是进图霸业,退守社稷的两全之策。说他不为自己家族打算,那是不可能的,但若说他完全没有考虑王朝社稷,也有些冤枉王衍。

不管王衍的出发点如何,他选择的这个弟弟王澄,实在是一个败笔。

王澄没有什么才干,唯一的特长是"爬树",当年他那位凶悍的嫂子曾抓住他的衣襟,抄起棍子想揍他,只见王澄一把挣脱,轻轻一跃,越窗逃跑,由此可见,王澄从少年时代起便"轻功"了得。

在赴任荆州前,他再一次展示了他的绝活,启程之日,王衍带了不少人给他送行,王澄拱手作别时,听到旁边树上有一只不知好歹的鸟不停地吱哇乱叫,只见他脱掉上衣,三下两下爬到树上,直捣雀巢,将幼鸟捉下来,在手中把玩不止,他自己旁若无人,神情泰然,但这一幕却搞得王衍等人目瞪口呆。

王澄最后一次显身手,是在临死前。他到荆州上任后,不亲理政务,日夜纵酒,最终激起民变。琅琊王司马睿将他调回建康,同时令王敦带兵前去平叛。王衍当初委以重任的两位弟弟,在豫章意外相逢了,豫章就是今天的南昌。

老乡见老乡,两眼泪汪汪,更何况是兄弟呢,但王澄和王敦的相聚,却隐着阵阵的杀机,原因在于王澄的名声要远大于王敦,所以平日里很傲慢,对王敦态度不好。王敦是个狠角色,也不吃王澄这套,同时王敦接到建康堂弟王导的书信,叫他阻止王澄进入建康。这样,王敦对王澄便起了杀意。

王澄感到王敦不怀好意,也加强了警备,他让自己身边二十位武艺绝伦的卫士,手持铁马鞭警卫。王澄自己也总拿个玉枕作为自卫武器,搞得王敦一时下不了手。

一切在一场酒宴后结束了。酒过几巡后，王澄的卫士被喝倒，王敦向王澄借玉枕观赏，王澄随手给他，王敦拿到玉枕后便翻脸，他暗示手下的武林高手路戎动手，自己则往内屋跑。王澄看到形势有变，抓住王敦的衣裳不放，直到衣带断了为止，王敦才得以进入内屋，然后把门紧紧关死。王澄和路戎展开搏斗，王澄虽然力大无比，但毕竟是业余选手，打不过职业高手路戎，但见他来了一个鹞子翻身，几下便上了房顶。可惜的是，他的绝活名声在外，王敦早已在房顶上做了布置，王澄就这样被杀。

在一年前，王衍便已死去，当年他委以重任的两位弟弟，一个将另一个杀死，面对这样惨烈的结局，九泉之下的王衍不知该做何感想。

六

王衍送走王澄、王敦赴任后，自己的生命也进入了倒计时。

公元309年，王衍被任命为太尉，相当于全国武装部队总司令，不过这个位置已经非常难做了，因为形势越来越严峻，匈奴人刘渊建立了"汉"，刘汉政权的大将石勒率军逼近洛阳，此时有人提出迁都的建议，王衍坚决反对，他卖掉自己座驾，以示自己不会逃跑，从而安抚人心。

就在王衍表决心时，他的良木——东海王司马越，决定要逃跑了，这位控制朝政的王爷，此时已经人心尽失，眼见洛阳城外狼烟四起，为了保存自己的实力，他以"南攻石勒"为名，率王公大臣和四万兵马离开洛阳，只给晋怀帝司马炽留下了为数不多的老弱病残。

司马越边走边向各处发檄文，要求来增援自己，但没有一州一县响应，走到项城时，他便病倒了，此时一直对司马越心怀不满的晋怀帝，下诏发布他的罪状，要求各方讨伐。司马越听后，急血攻心，一命呜呼。

司马越死前，把革命重担交给了随军而行的王衍，所以众人共同推举王衍为元帅。王衍觉得这个差事实在太危险，死活不愿意承担这个责任，他推辞说："我年少时就没有做官的愿望，然而积年累月，升迁到现在的地位。今天的大事，怎能让我这样一个没有才能的人来担任统帅呢？"

一向自我感觉相当良好的王衍，此时突然变得"谦虚"起来。

于是，这支群龙无首的队伍，带着司马越的灵柩，缓缓向东海国行进，他们要把这位王爷送回他的封地安葬。可才走到宁平城，就被石勒率领的骑兵追上，王衍根本就没有打过仗，十万军民乱成一团，成了石勒骑兵的活靶子，骑兵们向打猎一样围着这些"猎物"发箭狂射，一天下来，大部分被射杀，未被射死的也因自相践踏而亡，王衍及宗室诸王等皆被俘。

石勒久闻王衍的大名，很想看看这位大名士究竟如何，于是召见他，并很客气称他为"王公"。

石勒心里很纳闷，曾经无比强大的大晋王朝怎么说垮就垮了，于是他向王衍问询西晋溃败的原因。王衍打仗不行，但演讲是他最擅长的，他向石勒陈述西晋遭遇灾祸和失败的缘由，表示自己从年少时就不参与政事，所以晋朝的灭亡和自己没有半点关系。他说得头头是道，风采一点不减当年。

或许被王衍口吐莲花的样子所吸引，石勒与他谈了很长时间。王衍看到石勒很好说话，越谈越放松，他乘机劝石勒称帝。石勒听到王衍这番言语，觉得王衍人品实在太差，勃然色变，痛斥王衍说："你闻名天下，位高任重，年轻时就入朝为官，直到满头白发，怎么能说不参与政事呢！使国家破亡风俗败坏，正是你的罪过。"

谈话到这里就结束了，石勒让左右之人将王衍押出帐外。石勒对自己的手下孔苌说："我走过天下的地方也够多了，却未曾见过这样的奇葩，应该不应该让他活命呢？"孔苌说："他是晋朝位居三公的高官，肯定不会替我们尽力，又有什么值得珍惜的呢？"

王衍最后的命运就这样决定了。

唯一幸运的是，石勒念他名声很大，下令"此等奇人，可保全尸，不可加以锋刃也"。当天夜里,石勒手下的士兵推倒墙壁把王衍活活压死。

这样的死刑也算别出心裁。

王衍临死前说:"我们这些人虽然比不上古人,假使不推崇浮华清谈,合力匡正挽救天下,还不至于到今天这地步。"人总是在死前,才能彻底悔悟,但又有什么用呢。滔滔不绝地说了一辈子的王衍,将自己五十六岁的人生,埋在了一面颓墙之下。

王衍虽然死了,但并没有堵上别人的嘴,许多人对他给予极差的评价,特别是桓温的一句话,将"清谈误国"的大帽子妥妥地扣在他头上,仿佛西晋灭亡的头号罪人是王衍。

王衍如果地下有知,一定会振臂高喊:"这锅我不背!"

但从另一个角度说,这样的说法也太看得起只会清谈的王衍了,他只是在八王之乱中后期,才进入权力中枢。何况,他本来只是白面书生一个,一直以来受制于那些王爷。只不过后来,那些王爷都死光了,王衍才被推出来。这样一个人,怎么能承担起西晋灭亡的头号责任呢?

造成西晋短命的,不是别人,恰恰是它的创始人——司马炎,他亲手埋下了两颗威力巨大的"定时炸弹",一颗炸弹是弱智太子司马衷,司马炎感觉威力似乎还不够,又选立了既貌丑又强悍的贾南风为太子妃。另一个炸弹是他分封诸王,委以兵权。

后来贾南风最终引爆了炸弹,不仅把自己炸得粉身碎骨,也把晋王朝送上了不归路,接下来的八王之乱、五胡犯华……算是大爆炸的后续效应吧。

但历史往往不愿意把过错归结到皇帝身上,祸害天下者,通常是臣者之罪,与皇上无关,为了实现这个目的,经常需要找出一个个替罪羊,王衍,正是那个躺着中枪的人。

所以,如果说司马炎亲手点燃了灭亡西晋的烈焰,王衍充其量只是其中的一根柴火。

仅此而已。

刘聪：出来混迟早是要还的，和生死无关

一

公元 309 年十一月的一个月圆之夜，月光将通往嵩山的道路照得很亮，一队军士疾驰而过，他们戎装未解，神情严峻，像是刚从疆场上下来的。

没错，一天前他们还在洛阳城下与西晋军队厮杀，此时如此急匆匆地赶往嵩山，并不是战败出逃，当然更不是赶去当和尚，目的只有一个——祈福。

领头的叫作刘聪，他是"大汉"皇帝刘渊的第四个儿子，此"大汉"非彼"大汉"，是匈奴人建立的一个王朝。

刘聪脱离战火纷飞的前线，跑到嵩山来拜仙祈祷，是因为这仗打得实在太憋屈。

这已经是他第二次带兵攻打洛阳，就在两个月前，第一次攻击洛阳的行动刚刚宣告失败。面对经历"八王之乱"，国力迅速衰减的西晋王朝，这位匈奴皇子本来心气颇高，以为这次出征板上钉钉，没想到居然一败再败。

关键现在是决定太子人选的重要时期，本来是热门人选的刘聪，心里非常清楚这次出征对他的意义，胜利凯旋，则会大大加分；失败

而归，或许就宣告自己退出了太子的争夺行列。

更令他痛心的是，能有这样的机会非常不易，本来刘渊最初指派的大将是汝阴王刘景，这位仁兄确实能打，顺利过了黄河，一举攻克黎阳。或许是被胜利冲昏了头脑，制造了一件令人发指的惨剧——将黎阳三万百姓赶到黄河里活活淹死。

三万人被赶入水中，想必黄河水也会因此暂时断流，罪恶简直是罄竹难书，无法饶恕。

刘渊得知消息勃然大怒，自己称帝意在争夺天下，人心向背极为重要，没想到这位"愣头青"居然做出如此伤天害理之事，他下令将刘景调离前线，贬为平虏将军，另派刘聪、王弥带兵攻取洛阳。

刘聪带着匈奴铁骑，一路上所向披靡，一战西晋平北将军曹武，大胜。二战西晋从长安派来的援军淳于定，再胜。两支败军退往弘农郡的宜阳城。

刘聪还没有赶到宜阳城，弘农太守垣延便前来投降。兵不血刃便可攻城略地，刘聪心里感到非常满足，他希望自己所到之处，都能望风而降，这样就可以早日得胜回朝，接受万众欢呼和父皇的赏赐。

联欢的时刻到来了！垣延派人将好酒好肉送到刘聪大营，并派了一些"文艺兵"载歌载舞，前来助兴。连续作战的刘聪和他的将士们，终于能够将紧张的神经暂时松弛一下，两军化敌为友，又唱又跳，折腾到半夜，方才尽兴而睡。

天还没亮，刘聪的军营里突然火光四起，杀声震天。还在酒醉状态的"大汉"士兵，搞不清楚哪里来的敌人，想起来反抗却感到手脚无力，昨晚玩得实在太嗨了。

放火的正是降将垣延，冲杀大营的是刘聪手下败将曹武和淳于定，他们联手奉献了一出名字叫"诈降"的好戏。

刘聪像坐了一趟过山车，一下子从幸福的高位坠落到死亡的边缘，乱兵之中，他左突右冲，但敌人像潮水一样地涌来，刘聪仿佛看到死神在不远处向他招手，难道这次真的要"出师未捷身先死"了吗？

所幸还有王弥，他在另一处扎营，听说大营被踹，急忙带兵来救，找到了命悬一线的刘聪，两人带着残兵突出重围，一直跑到黄河对岸，才算摆脱追兵，清点了一下人数，五万人只剩下二万多人。

刘聪的心里冰凉到了极点。

不过他并不甘心，这一仗输得有些稀里糊涂，不是自己实力不够，而是过于大意，于是他并没有急于撤兵，而是向刘渊请求继续作战，想用胜利将丢掉的脸面挣回来。

刘渊答应了他的请求，派刘曜等率三万精骑前来增援。刘聪这次吃一堑长一智，要求投降的一概不接受。刚刚击败刘聪的垣延，没想到汉军会如此快地卷土重来，城池失陷，自己出逃，结果被刘曜赶上，手起刀落，垣延的首级被献于刘聪。刘聪看到这颗人头，心中的怨恨之意多少有了些缓解。

宜阳失陷，洛阳就在刘聪的眼皮底下，似乎唾手可得。

洛阳城中，朝政实际掌控人，也是"八王之乱"最后的胜利者东海王司马越急成一团，杀同姓的各位王爷，自己是行家里手，但对于兵临城下的外敌，一时没有了办法。一筹莫展之际，另一个胡人凉州督护北宫纯站了出来，他带的西凉兵本来是路过这里，眼见东道主有难，也不好不帮，于是主动请缨，要求出击。

奇怪的事情发生了，北宫纯带着一千多人，趁着夜色杀入刘聪大营，在几万汉军中居然如入无人之境，杀来杀去，不仅全身而退，顺带手还斩杀了大司空呼延冀。

这位呼延司空可不是一般人，他的女儿是大汉皇帝刘渊的皇后，也就是说，刘聪让自己老爸的岳父在一场以百对一的战斗中惨遭杀害，这让刘聪实在没法交差。

这没有道理啊！刘聪觉得自己遭遇的失败，实在有些匪夷所思，不是因为实力不济，更不是自己不尽力，他想肯定是什么地方得罪了神灵，刘聪决定暂时从战场抽身，到附近的嵩山去祈求神灵的保佑，至少求神灵不要再继续捣乱。于是，便出现了月圆之夜赶往嵩山的情节。

点儿背不能怨神灵，刘聪刚刚来到嵩山，还没来得及向神灵将心中的苦水倒完，前线便传来消息，洛阳城外自己的大营又一次被踹，而且发生在白天。

剧情是这样的，洛阳城里的司马越得知刘聪脱离前线的消息，立即派敢死队杀出城去，被刘聪留下代理帅位的呼延郎在战斗中被一刀砍死，另一位主将刘厉，害怕刘聪回来治罪，索性投河自杀，来了个自行了断。

连神灵都不站在自己这边，心比天高的刘聪也只能认命了，他向刘渊请示撤围洛阳，退兵回朝。刘渊看到儿子一败再败，粮草也所剩无几，再不撤很有可能被晋军包了饺子，所以同意了刘聪的撤兵请求。

刘聪回到都城平阳后不久，从宫中传来噩耗，自己的父皇刘渊驾崩了。

二

作为一个王朝的开创者，刘渊可谓"生得伟大，活得传奇"。

"生得伟大"是说刘渊的母亲呼延氏曾在洛水边求子，突然出现了一条头顶上长着两只角的大鱼，停留了许久才游走。当晚，呼延氏梦到这条鱼变成了一个人，手里拿着一个东西，有半个鸡蛋大小，晶莹剔透，此人对呼延氏说："这是太阳的精华，吃了定生贵子。"醒后，呼延氏将这个传奇故事讲给了自己的老公刘豹，刘豹觉得这是个吉兆。十三个月后，呼延氏生下一子，这个婴儿左手上有"渊"字的纹路，所以就起名刘渊。

够神奇吧。不过，这样的剧情好像并不少见，特别是历史上一些开国皇帝，如果翻看他们的履历档案，几乎没有几个是正常生出来的，用意其实很简单，通过制造这样的神话，来表明他们与众不同，能够来到这个世界是天命所归，披着这样玄乎的外衣，说到底是要解决统治合法性的问题。

身为匈奴人，刘渊不是生在漠南漠北或西域地区，而是生在今天的山西省，事实上，在西晋时，山西地区已经成为匈奴人的聚集区，一直驰骋在草原上的这个彪悍民族，为何会在这里安家落户呢，说起来有些复杂，里面有一个渐进的过程。

"匈奴"，很长时间以来，一提这两个字，中原王朝的皇帝脑袋就疼，因为这个民族一直以来都是中原政权的重大威胁。

战国时代赵国李牧抗击匈奴，到后来秦朝大将蒙恬出击匈奴，双方互有攻守，这个阶段总体上讲匈奴处于下风，但到高祖刘邦白登之围时，匈奴取得了一定优势，汉朝基本靠和亲来维持北部边境的安宁。汉武帝重用卫青、霍去病等大败匈奴，匈奴暂时消停了一阵，但到武帝后期又开始频频侵扰中原，在宣帝时由于匈奴内外交困，内部分裂方臣服西汉。王莽篡汉后天下大乱，匈奴又开始与中原交恶，东汉初年，匈奴分裂为北匈奴和南匈奴，南匈奴依附于汉，北匈奴则被窦宪大败，只好一直向西向西，逐渐消失在中国的历史之中。

南匈奴后来不断内迁，从草原来到了山西北部，曹操看到进入塞内的匈奴人为数众多，为了强化管控，避免这个民族再生事端，他将南匈奴分为左右南北中五部，每部让一个匈奴人出任部帅，再让一个汉人以司马的名义履行监督职能。

刘渊的父亲刘豹就是左部帅，统领着整个匈奴左部。到了刘豹、刘渊的时候，匈奴的汉化已经非常严重，除了长相没法改变，其他的基本上都按照汉人的来，刘渊也一样，他年少时拜名儒崔游为师，博览群书，《诗》《书》《史记》《汉书》等都在他阅读范围之内，其中最喜欢读的是《左氏春秋》和《孙子兵法》。

喜欢读书并没有使刘渊成为手无缚鸡之力的白面书生，匈奴族的基因在他身上充分体现，史书说他"身长八尺四寸，须长三尺余"，须中还有三根红色的毫毛，长三尺六寸。他臂长善骑射，体力超过常人，可谓文武兼修。

又能文又能武，刘渊年轻时就显得相当自负，他说："常鄙随、陆无武,绛、灌无文。"随是指随何,陆为陆贾,此二人是汉高祖刘邦的高参,也是当时的大学士。绛是指绛侯周勃,灌是说灌婴,两人是西汉的开国将军,这样的人刘渊都看不上,自信心可谓爆棚。

刘渊首次离开故土去洛阳,是去做"人质"。当时还是司马昭把控朝政的曹魏时期,司马昭对这位匈奴小伙儿颇为欣赏,他甚至说刘渊的才干要超过由余和金日䃅,这两位相当牛,都是出身异族但能身居高位的古人。特别是金日䃅,当年曾被汉武帝确立为顾命大臣。

晋武帝司马炎上台后召见了刘渊,交谈后的感觉和他的父亲一样,认为刘渊是个难得的人才。在平定吴地和收拾秃发鲜卑时,司马炎一度想重用刘渊,让其担任要职,但不少大臣以"非我族类,其心必异"为由表示强烈反对,司马炎只好作罢。

就这样,刘渊两次成名的机会被错过,搞得这位心气颇高的匈奴"人质"有些心灰意冷。

更让刘渊感到绝望的是,突出的才干不仅没有带来仕途上的进步,反而险些招致杀身之祸,提出要将他送上断头台的是当朝皇帝司马炎的弟弟齐王司马攸,他发现刘渊心怀异志,必成晋朝之大患。

司马攸是怎么看出来的呢?这里面有个故事,有一次,刘渊的好友王弥要从洛阳回老家去,刘渊就到九曲为王弥摆酒饯行。九曲是洛阳城外的一个地方,当时贵族子弟经常在这里饮酒作乐。看着老朋友要离开洛阳返回故乡,而自己还要继续留在这里,刘渊不禁悲从中来,叹息道:"我空有一身襟怀抱负,但两次机会都没有抓住。难道这是上天在惩罚我吗?我恐怕要就此老死洛阳了。"说完,一手持剑,一手持酒,慷慨悲歌,披发长啸,这一啸不要紧,引起了众人围观,围观的人群中便有齐王司马攸,他从刘渊的酒后表演中,似乎看到了历史的走向。

他回京后入宫面见司马炎,建议司马炎除掉刘渊,否则后患无穷。司马炎觉得匈奴比较遵守规矩,不能无故杀害身为人质的刘渊。于是,刘渊就此逃过了这一劫。

后来,刘渊的父亲刘豹去世,刘渊返回故里,继任他老爸的左部帅。

随后便迎来了"八王之乱",成都王司马颖为了拉拢这位匈奴首领,封他为"行宁朔将军,监五部军事",刘渊就此来到邺城。

司马家的内讧,让匈奴贵族们看到了重新崛起的机会,刘渊的叔祖刘宣等人秘密商议,决心推举刘渊为大单于。他们派人到邺城找到刘渊,将密谋内容告诉了他。刘渊听后非常心动,似乎看到了自己的出头之日,但当时成都王司马颖让刘渊留在身边作为帮手,刘渊一时无法脱身,只能等待机会。

不久,东瀛公司马腾和安北将军王浚起兵讨伐司马颖,刘渊知道终于迎来了难得良机,因此他主动请缨,表示愿意去发动匈奴五部,帮助司马颖来平定叛乱。正在犯难的司马颖对此求之不得,便让刘渊离开自己,返回匈奴部落。

三

蛟龙自此回归海洋,必定会掀起一番惊涛骇浪。

果然,刘渊刚回到匈奴人聚集的左国城,就被刘宣等人拥立为大单于,建都离石。几个月后,刘渊又向前走了一步,登基称帝,国号为"汉"。

为什么建国为"汉"呢?这是因为刘渊一直认为自己是冒顿单于和汉室公主的后代,把自己看作是汉高祖刘邦之后,血液里还有着大汉的基因。所以在登位诏令中,他痛斥王莽、曹操父子,声讨司马昭、司马炎,因为这些都是大汉的仇人。

让人有些跌掉眼镜的是,刘渊为了显示正统性,追尊了那位扶不起的阿斗——刘禅,搞不明白,"刘"姓皇帝中雄才大略不少,为何唯独选择"乐不思蜀"的刘禅,也不清楚浑浑噩噩一辈子的刘禅,如果地下有知,在自己死后几十年,竟然获得如此殊荣,是该哭还是该笑呢?

刘渊没有等到梦想实现的那一天,便撒手人寰。临死之前,他下诏将皇位传给嫡长子刘和。

刘渊一共有五个儿子和一个义子。除了让刘和继承大统，他对其他几个儿子也做了安排。刘聪被封为大单于、大司马，齐王刘裕为司徒，鲁王刘隆为尚书令，北海王刘义为抚军大将军，义子刘曜封为征讨大都督。

做完这些，刘渊安心地闭上双眼，他心里对自己这样的安排感到比较满意，让嫡长子即位，其他皇子各有所得，表面上看做到了权力上的平衡，好像不偏不倚。

但让这位开创"大汉"王朝的帝王没有想到的是，他的尸骨未寒，几个儿子便相互挥起屠刀。说来也怪，骨肉相残这种陋习似乎也能传染，短短几年，从西晋那边猝不及防地蔓延到匈奴王朝。

始作俑者正是新皇帝刘和，史书上说他长得很阳光帅气，仪表堂堂，而且和他老爸一样，对汉文化非常热衷，熟读各类诗书。不过他有个最大的缺陷，便是生性多疑，喜欢猜忌下属。所以，屁股在龙椅还没坐热，他就开始琢磨铲除自家兄弟，以消除后患。而此时几个皇子都在京城守孝，正是一个一网打尽的好机会。

一不做二不休，刘和找来了亲舅舅呼延攸等心腹进宫密议，然后调动禁军，分四路去诛杀自己的四个兄弟，老二刘裕，老三刘隆先后被杀，派去诛杀刘义的将领临阵叛变，带着刘义跑到刘聪处。得知消息的刘聪带兵攻城，刘和根本就不是刘聪的对手，偷鸡不成反蚀一把米，自己被刘聪砍下脑袋，满打满算，只做了仅仅七天皇帝。

刘聪成为了皇帝最热门的人选，出人意料的是他拒不接受众人拥戴，说死说活不愿意当皇帝，而是推举自己的弟弟刘义继位。刘聪这样谦虚，自然有他的考虑，他弑兄上位，合法性很成问题，而且此时实力还没有到完全能控制朝政的地步，所以只能以退为进。

所以推举刘义，是因为刘义的生母单氏是刘渊最后一位"皇后"，因此刘义属于嫡子，让他继承皇位顺理成章，别人说不出什么。刘聪的小算盘是，刘义在前面当皇帝，自己在后面掌控朝局，在他看来，这样的选项相当不错。

刘乂虽然年少，当时只有十四岁左右，但对形势看得很清楚，这个节骨眼上，谁握有枪杆子谁就是老大，所以刘乂打死也不愿接受这个"天下第一美差"，为此还挤出了几滴眼泪。

这时候群臣却犯糊涂了，几日前，为了争夺皇位几个皇子曾经杀得你死我活，如今面对空空如也的皇帝宝座，居然相互如此谦让，谁都不愿意往前走一步。

这场大戏可以出字幕了。刘聪本来就想着以退为进，既然自己的这位弟弟如此配合，再谦让就显得有些做作了。刘聪表示，既然刘乂宁死不愿意做皇帝，而国不可一日无君，自己只能勉为其难。得了便宜还卖乖，这事儿闹到最后，让人感觉刘聪出任这个皇帝好像很"违心"，颇有些"苟利国家生死以，岂因福祸避趋之"的气节。

为了把戏码演足，刘聪没有将自己的儿子刘粲立为皇太子，而将刘乂封为皇太弟，并立下承诺："待乂年长，复子明辟"。就是说这个皇帝自己只是替刘乂暂时做一下，将来迟早还是要还给刘乂的。

先开出一张支票给皇太弟，至于以后能否兑现等等再说。

四

坐上皇帝宝座，对于刘聪而言，是人生的一个重大分水岭。在此之前，他东征西战，戎装不解，为"大汉"王朝开疆拓土。在此之后，他告别了硝烟和厮杀，躲入深宫，把前线丢给了自己的族弟刘曜和儿子刘粲。

刘聪准备好好享受一下皇帝的生活了，前半生自己过得太过辛苦，现在终于可以放松下来，而他又能干些什么呢？无非是"酒色"。

刘聪本来很有希望成为一位杰出的君王。他同自己的父亲刘渊一样，从小好学，悟性也很高，刘聪不但通晓经史百家之学，更熟读《孙吴兵法》，而且善写文章，又习书法，擅长草书和隶书。作为匈奴皇族，从小擅长射箭，能张开三百斤的弓，勇猛矫捷，冠绝一时，可谓文武双全。

成年后刘聪到洛阳，西晋不少人倾慕他的才华，以与其结交为荣。当时的太原王司马泽当着刘渊的面盛赞刘聪，说："此儿，吾所不能测也。"

可惜，他同中国历史大部分皇帝一样，在不受节制的权力面前迷失了自我，坠入欲望的沟壑中越陷越深，不能自拔，最终万劫不复。

刘聪嗜酒如命，在他眼里，酒就同水一般，他经常通宵达旦饮酒作乐，连续几日酒醉不醒，想必这位仁兄一定是个重度脂肪肝患者，寿命不长与这样不健康的生活方式应该很有关系。

对于美色，刘聪更是极度贪婪，似乎没有满足的时候。只要被他看上的女子，没有什么可商量，统统占有。这其中还包括自己父皇的最后一位皇后单氏，也就是刘义的生母。

两人的事情后来传到刘义耳中，刘义感到颜面尽失，就去劝自己的母亲要懂得自重，想必刘义对自己母亲从此没有什么好脸色，单氏自感羞愧难当，不久便生重病而香消玉殒，这让刘聪很是伤心，也让他对这位皇太弟心生芥蒂，为两人以后的纷争埋下了祸根。

刘聪听说太保刘殷的两个女儿，四个孙女都貌美如花，便将六人同时纳入后宫，将两个女儿刘英、刘娥册封为贵嫔，四个孙女封为贵人。很长一段时间，"六刘之宠，倾于后宫"，姑侄六人同侍一君，父子两代同成国丈，算是创造了中国古代后宫荒唐史的一个纪录。

所幸还有刘曜、石勒这帮人，用他们的努力，没有让这个王朝因为刘聪的荒淫无道而快速衰落，相反完成了刘渊当年未实现的夙愿——攻占洛阳。

公元311年6月，刘曜、王弥、石勒、呼延宴等率军攻入洛阳，生擒晋怀帝司马炽，他们的军队在洛阳烧杀抢掠，表现一点不亚于当年的董卓，历史上把这起事变称为"永嘉之乱"。

刘曜等派人将司马炽押送回都城平阳。刘聪对这位当年洛阳的旧相识还算不错，想当年刘聪还是"人质"刘渊的儿子，他到尚是王爷的司马炽的府上拜访，司马炽邀他一起射箭，还赐给他良弓美砚，这给刘聪留下了美好的印象，毕竟当时两人地位悬殊，司马炽如此待他，确实很给刘聪面子。

为了能保活命,晋怀帝司马炽对刘聪也是百般奉承。有一次,刘聪问司马炽:"当年你还是豫章王时,曾经接见过我,还送了我一些礼物,你能记得吗?"司马炽说:"这我怎么敢忘呢?只可惜当时没有看出您有帝王之相,有些怠慢了。"刘聪又问:"你们司马家怎么会骨肉相残的这么厉害呢?"司马炽回答说:"上天要将天下授予大汉,所以才为陛下驱除异己。要是我们家族能和睦相处,陛下怎么得天下呀?这就是上天的意思。"

本来有意投桃报李,再加上司马炽的嘴像抹了蜜一样,刘聪先封他为平阿王,后改封会稽郡王,将"六刘"中最小的小刘贵人送与了司马炽,并语重心长地和司马炽说:"此女出于名门,我是忍痛割爱,你要好好珍惜啊。"

但这样友谊的小船说翻就翻,仅仅维持了半年光景。转过年来,刘曜、刘粲统领的军队连吃败仗,再加上听说司马炽的侄子司马邺被一些晋朝大臣在长安扶立为皇太子,刘聪不由得怒气中烧,他把这些不满都撒到了旧日好友司马炽身上。

正月的一次宴会中,刘聪让司马炽青衣行酒,青衣是当时贱人穿的衣服,行酒又是奴仆干的营生,见到此景,在座的一些晋朝旧臣不禁泪如雨下,刘聪见状非常生气,不久后有人告发一些晋朝旧臣密谋反叛,刘聪以此为借口,将司马炽和一些西晋大臣诛杀,那位小刘贵人转了一圈又回到了刘聪身边。

如果把苟延残喘的王朝排个榜单,西晋应该可以位列其中。经历永嘉之乱,按说西晋气数已尽,没想到司马炽死后,皇太子司马邺在长安宣布继承帝位,是为晋愍帝,不得不佩服,司马家族人丁兴旺,自相残杀杀不尽,外敌屠戮也戮不光。

不过,这已是这个奄奄一息王朝的最后挣扎了,晋愍帝司马邺上台唯一的意义就是将自己镌刻到了亡国之君的柱石上。

五

司马邺继位后表现得雄心勃勃，刚刚登基一个月，他便发布一份充满了"鸡血"的诏书，下令让晋军大将王浚、刘琨出兵三十万攻取汉国都城平阳，南阳王司马保率二十万保卫长安，让在江南刚刚站稳脚跟的琅琊王司马睿统兵二十万进攻洛阳，总体目标是夺回怀帝的棺椁，收复中原大地。

对刘聪而言，这个诏书实在吓人，但事实证明，这只是司马邺为自己壮胆而已，不知道他是如何测算出这些子虚乌有的军队数字，更何况这些将军宗亲们不是实力不济就是怀有私心，根本不可能贯彻落实这位"心比天高"的少年天子的要求。无奈之下，司马邺只能退而求其次，设立一个更接地气的目标，那便是守住现在的一亩三分地。

司马邺所能依赖的只有大都督麴允和尚书仆射索綝，开始还不错，他们尚能够和刘曜的大军抗衡，毕竟"瘦死的的骆驼比马大"。不过"苟延残喘总有尽时"，公元316年12月，司马邺和西晋王朝的末日来到了。这年，刘曜受命再次攻打长安，他这次在刘聪面前立下了军令状，不得胜回朝，便马革裹尸。

人有时候需要自我刺激，此次刘曜将自己的名誉系于一战，所以进程显得非常顺利，他率军猛攻，攻陷了长安外城，司马邺和麴允、索綝等只能退守内城。

很快，"饥饿"就成为悬在西晋君臣头顶的最大难题，一斗米开始卖二两黄金，后来拿着黄金也买不到粮食，司马邺也遭遇断粮，只能吃着用酒曲碾碎做成的粥，后来连这个也吃不上。天子如此，何况百姓士兵，城里老鼠也成为众人疯抢的口粮，但老鼠毕竟有限，最后只能开始"人相食"。

山穷水尽真无路，司马邺和臣子商量，当前内无粮草，外无援兵，相对于活活饿死，荣辱已经可以忽略不计。肚子饿得咕咕叫的几位商议的结果——"投降"。

这时候出现了一个插曲，本来晋愍帝司马邺派遣侍中宗敞送降书，索綝却暗中将宗敞留下，他让自己的儿子作为使臣去和刘曜谈条件说："现在城中粮食足够支持一年，不是那么容易攻陷的。若答应让索綝为车骑将军、仪同三司和食邑万户的郡公，那就会献城投降。"

刘曜根本不吃这套，听后一刀杀了索綝儿子，并传话给索綝："帝王之师以义行军，我统领军队十五年来，没有用诡计击败对手，只会用军事实力收拾对方。现在你所言听上去简直就是一个奸臣，所以杀了你的儿子。若觉得粮食未尽，就勉强守着；但若缺粮而兵力薄弱，那就早早顺应天命，出城投降，否则后果很严重。"

索綝这个小人，本来想借机给自己留条后路，没想到后路不通，还搭上了自己儿子的性命，不仅如此，自己最后也因此被"咔嚓"，他跟随司马邺投降后，刘聪认为索綝以献城出降为条件请求敌国高位的行为是不忠，于是下令在平阳东市处死索綝。

公元316年11月11日，就在"光棍节"这天，司马邺按照传统的投降方式，乘羊车、肉袒、衔璧、舆榇，出城投降，刘曜也按传统做法，焚棺受璧，准予投降，好不容易熬了五十二年的西晋王朝就此灰飞烟灭。

司马邺后来的结局像极了前一任皇帝司马炽，刘聪开始对他也不错，封为怀安侯。没过多久，刘聪的老毛病又犯了，百般捉弄这位亡国之君，先是在自己外出打猎时，让司马邺身穿戎装，执戟先导，好像一个开路的小兵，路边有的百姓认得这是晋朝的天子，不由得悲戚落泪。

接着同样的剧情上演了。刘聪在一次宴会上让司马邺行酒，而且比司马炽还多了一项工作——刷酒具。晋朝旧臣再一次控制不住自己的情绪，纷纷潸然泪下。有位叫作辛宾的，抱住司马邺的腿大哭，刘聪当即下令将辛宾拖出去杀头。几天以后，司马邺也被毒死。

两位晋朝皇帝就这样殊途同归，死于非命。死时怀帝三十岁，而愍帝仅仅十八岁。

外患已经消除，刘聪更可以随心所欲了，他躲在深宫花天酒地，很少出来，俨然成为一名宅男。前两任的呼延皇后和张皇后死后，刘聪立刘娥为皇后，为了讨这位新皇后欢心，刘聪开始大兴土木，为这位新皇后营造豪华宫殿。

朝中大臣都知道刘聪的脾气，说了也白说，白说谁还说，况且多嘴很容易给自己招致祸端。但有位偏偏不信邪，此人叫陈元达，他听说此事，觉得应该自己做些什么，于是跑到刘聪面前，劝说他停工，理由是"兵疲于外，人怨于内"，再这样下去，恐怕先皇的基业都会被败光。

刘聪很久没有听到如此刺耳的话，大声怒斥陈元达，说自己贵为天子难道建个宫殿都要找人商量，陈元达胆敢说这样的话，简直就是活腻歪了。当即命令侍卫将陈元达推出杀头。侍卫们一拥而上，生怕这位死囚犯跑了，结果都傻了眼，发现陈元达已经用一个铁链将自己绑于殿外的一棵树上，压根儿就没想跑。

电光火石之间，陈元达如何做到的，没有人注意到，看来这位硬臣是有备而来，他那根大铁链怎么带进来的，也没有人知道，总之，陈元达将自己绑在树上，大声喊道："臣所说的，都是为了国家，为了社稷，陛下要杀臣，臣一定到上天和先帝那里控诉陛下……。"

这是要反天啊，刘聪脸都绿了，嘴里不停地说"杀""杀""杀"，重要的事情说三遍，而且是全家都要杀。

但一封信的到来改变了这一切。

写信的正是刘聪宠幸的刘皇后，她听说这件事，急忙书写一封信笺给刘聪，大意说天下初定，皇上应安抚民心，陈元达前来劝谏，应是社稷之福，如果皇上杀了他，天下便将罪过归于妾身，自己没有脸面活在世上，所以希望皇上赐死。

刘皇后的一个"死"字，让刘聪的脑袋一下子清醒过来，他绝对不能让自己心爱之人寻死觅活，同时觉得皇后所言有几分道理，于是态度顿时软了下来，给自己找了个台阶说："朕近日身体欠佳，有时候难以控制情绪,陈爱卿是忠臣,朕怎么舍得杀忠臣呢,误会误会,惭愧惭愧。"

为了表达自己的诚意,刘聪摆了一桌酒席给陈元达压压惊,席间拿出了刘皇后的手书,并感叹道:"外辅有陈公,内辅有皇后,朕还有什么可担心的呢?"为了显示悔改之意,他还把事发地点"逍遥园"改名为"纳贤园"。

这就是历史上有名的"锁谏"。

这种劝谏方式虽然好使,但颇有难度。首先你要把铁链带入护卫森严的皇宫,然后在侍卫扑向你之前,用极快的速度将自己绑起来,想想都难,但陈元达成功做到了。

六

昏聩已久的刘聪,突然变得正常起来,时常从深宫出来溜达溜达,听听朝臣们的意见。但很可惜,这只是间歇性正常,大概持续了一年多的时间,结束的标志是刘皇后难产而死。

刘娥死后,刘聪便没有约束,继续他的胡闹生涯,他看中了大臣靳准的两个女儿,分别叫作靳月光、靳月华,人如其名,两人长得貌若天仙,加上他喜欢的"六刘"中的长孙女,哪个都是心头肉,刘皇后死后,究竟让谁主持后宫呢?

刘聪不想再为这种事情牺牲脑细胞,索性将三个人都封为皇后,靳月光为上皇后,刘贵人为左皇后,靳月华为右皇后,除此外,后宫中佩戴皇后玺绶的还有七位,就是说,还有七位女子享受皇后待遇。

刘聪又创造了一项历史纪录。

天天醉生梦死的刘聪,偶尔的清醒时间都泡在女人堆里,根本没时间打理朝政,他将大小事务交给了儿子刘粲,重要的事项通过宦官王沈等传话,这些宦官都凭自己的爱憎选择性地告诉刘聪。

刘聪的充分信任,使得王沈等宦官气焰很嚣张,车服宅宇都超过了诸王，他们的子弟亲戚平步青云，有七位大臣对此看不惯联合上书，激怒了刘聪，被刘聪下令逮捕，他的次子刘易和陈元达等人为七人求情，刘聪丝毫不给自己儿子面子，当着刘易的面将他的上奏撕个粉碎。

七大臣不久后被杀，一个月后，刘易郁愤而死。

哀莫大于心死，他们的死，让陈元达心灰意冷，他觉得刘聪永远不会再回到正常状态，既然如此，自己活着还有什么意义呢。死对陈元达并不可怕，早在他用铁链将自己绑在树上时，已将生死置之度外，苟活才是他最害怕的事情。不久后他在自己家里自尽而亡。

正义之士竞相凋零，天平就完全倒向邪恶一方。

醉生梦死的刘聪，身体状态一天不如一天，接班人的问题必须提上议事日程了。

按说这不应该是问题，当初刘聪信誓旦旦的承诺，将来的皇位一定是自己弟弟刘乂的，但说归说，刘聪从内心讲并不想兑现这张空头支票。

他着力培养的是自己的长子刘粲，先是让他多次带兵出征，增加他的威望，后来任命刘粲为丞相、大单于、录尚书事，总管百官朝政，成为整个王朝的第二号人物。而作为皇储的刘乂除了一个"皇太弟"的头衔，什么官职都没有，俨然沦为一个摆设。

谁当接班人，已经成为了秃子头上的虱子。

最难受的人莫过于刘乂，进也不是，退也不是，不知道该如何是好。他的亲信手下劝他，不如主动让位，这样你好我好大家好，至少没有有性命之虞。

面对一步之遥的皇位，刘乂又有些舍不得，"皇太弟"这个位置，对他来讲宛若鸡肋一般，食之无味，弃之可惜。有的亲信看刘乂犹犹豫豫，不愿让位，劝说他不如谋反，反正要选一条路，要不让位，要不作乱，总不能坐等着被废吧。

刘乂哪里有那样的胆量，对这样的建议坚决予以拒绝。

但就是这样一次没有结果的谈话，决定了刘乂的命运。不久后，谈话事件被泄露，刘聪下令将刘乂的几个心腹杀头。又让刘粲带兵把刘乂软禁在东宫，不得任何人进入。

这时候，刘乂想起来让位了，他痛哭流涕地恳求将自己的位置让与刘粲，刘聪心里想你早干嘛了，对他的请求没有理睬。

刘粲本来以为太子之位就此要归于自己，但不知刘聪的药壶里卖的哪种药，这件事就此搁了下来，很长时间没有什么动静。

该轮到刘粲着急了，父皇是几个意思，对软禁的刘乂既不杀也不废。夜长梦就多，别再有什么变故。正在刘粲心焦时，刘聪的首席岳父，也就是靳氏姐妹的父亲靳准，跑来给他出主意，他和刘乂素有过节，想趁此机会除掉这个"法定接班人"，他建议将看守刘乂的兵士暂时撤走，使刘乂恢复一定限度的自由，然后从拜访他的人那里下手，整出足以致刘乂死地的"黑材料"。

这叫作将欲取之，必先与人。

刘粲觉得这个计策不错，就依计而行。刘乂恢复了自由，不能出去但可以有人拜访。没过几天，刘粲派手下将领突然来到东宫说："京师可能会有兵变，请穿戴盔甲，整束侍卫，以防万一"，刘乂想都没想，不仅自己把盔甲穿戴整齐，还下令让手下全副武装，枕戈待旦。

刘粲看到刘乂上钩，便告发刘乂要谋反，刘聪开始不信，靳准建议皇上可以派人去东宫查看虚实，结果可想而知，被派的大臣回来禀报刘聪，东宫上下全身甲胄，杀气腾腾，这不得不让刘聪信以为真了。

刘聪让刘粲调查此事，刘粲把与刘乂有交往的宾客全部抓起来，严刑拷打后，有几个顶不住，违心承认自己参与了刘乂的谋反。证据确凿，不容抵赖，刘聪下令将东宫所有官吏，刘乂的朋友亲信，以及东宫卫士全部处死，一下子万余人头落地。

刘乂被废为北国王，不久后被刘粲派人杀害。

刘粲大获全胜，被封为皇太子，同时兼任相国、大单于，通往皇帝的道路已经一马平川，只等待刘聪什么时候一命呜呼，自己顺利上位。

七

刘聪没让他的太子等得很久，纵欲过度的他身体江河日下，就在此时发生了一起重大惨案，让他的身心彻底垮掉。

这起惨案也和"酒"有关，有一天刘聪在宫中宴请众皇子，喝到半夜，都有些喝高，酣然而睡。结果宫中失火，火势浩大无法控制，刘聪虽然脱险，但这把火烧死了他的二十一个儿孙。

一夜之间痛失二十一个儿孙，这是刘聪创造的又一个纪录。这个纪录让刘聪悲痛欲绝，一时间气绝过去，好不容易才抢救过来。经过这一番折腾，刘聪已经看到死神在朝自己招手了。

不久后刘聪大病不起，他知道自己大限将至，便着手安排后事。刘聪最担心是在京师之外的两个实力派人物刘曜和石勒，他们手握重兵，虎视眈眈，刘粲恐怕不是他们的对手，所以他下诏让刘曜、石勒两人入朝辅政，意图调虎离山，剥夺军权。

刘曜、石勒是何等人物，都是"老狐狸"级别，刘聪这点伎俩，他们心知肚明，找了个借口婉言谢绝。强撑病体的刘聪对此无奈，只好为刘粲选用了靳准等新的辅政大臣。

公元318年7月19日，带着对王朝未来的一丝隐忧，刘聪结束了他间歇性正常的一生。

这份隐忧很快就变成了现实危机，刘聪选定的这位接班人在荒淫程度上与自己有过之而无不及，刘聪刚死，刘粲将老爹的宠妃樊氏、宣氏、王氏一干人等，全部接手，"晨夜烝淫于内"，其中也包括被封为皇太后的靳月华，这点上他算是继承了老爸的"优良传统"。

靳准成为了朝中第一号人物，他的两个女儿靳月华、靳月光曾一起被刘聪册立于皇后，只是后来靳月光因与其他帅哥私通，被人举报，自杀而亡。刘聪死后，靳月华成为皇太后，另一个女儿被册立为皇后，当朝太后和皇后之父为一人，在历史上也不多见。刘粲荒耽酒色，游宴后庭，朝中军政大事基本上由靳准说了算，不过位高权重的他，也有一丝担心，那便是那些拥有兵权的亲王们，特别是刘粲的弟弟济南王刘骥。

靳准先是自己出马，他向刘粲打小报告，说群臣想拥立大司马刘骥来取代刘粲，刘粲不太相信。靳准只好把两位女儿搬出来，他对两人说"大臣们现在正私下密谋，想废掉皇上，立济南王刘骥为帝。如果事发，我们靳家会被杀得一个不剩。你们俩一定要说服陛下早下手"。两女一听，大惊失色，从此抓住一切机会向刘粲吹枕边风。

刘粲受不了美人的哭诉，下令派太监带兵，诛杀济南王刘骥、上洛王刘景、齐王刘劢、昌国公刘凯、吴王刘逞等，一天之内将自己的兄弟亲王居然杀个精光。然后拜靳准为大将军、录尚书事，"军国之事一决于准"。

刘粲把兄弟宗亲杀光，下一个掉脑袋的该是自己了。公元318年9月一天，靳准发动了政变，带领亲兵闯入后宫杀死刘粲。想必刘粲做梦也没想到，自己这颗人头居然被"姥爷级"的老丈人砍下。靳准不但废杀刘粲，还将"刘氏男女无少长皆斩于东市"，杀得一个不剩，几乎灭了族，然后一把火又把刘氏宗庙烧了个干净。

靳准为什么这样做？动机是什么？想要什么样的效果？一连串的疑问，长期以来让世人百思不得其解。刘氏父子对靳准一直相当优厚，双方似乎没有什么仇怨。当时靳准已经说一不二，刘粲又是个整日"荒耽酒色，游宴后庭"的主，基本就是个摆设，杀掉他实在没有什么必要。况且有刘粲这个幌子在，领兵在外的相国刘曜和大将军石勒，尚不敢公然造反，杀掉刘粲，灭掉刘氏家族，这两位虎狼便不再有什么顾忌，这样做不仅没有好处，反而给自己招来了天大的灾祸。

果然后来靳准在石勒的大军威逼下，被自己堂弟靳明、靳康所杀，平阳城破后，石勒一把大火将城池烧为废墟。而靳明带着一万多人投奔刘曜，就像靳准杀刘氏一族一样，刘曜对"靳氏男女无少长皆杀之"。

更让人看不懂的是靳准接下来要做的，他想把汉从西晋抢来的传国玉玺送回东晋，本来是派投降过来的晋臣胡嵩完成这项任务。但这位胡嵩也不知道是不敢回晋廷，还是不明白靳准到底卖的什么药，反正就是不愿意去，结果被靳准一剑刺死。

接着靳准派人给在建康称帝的司马睿送去一封信，信上是这么说的：刘渊等小丑怎么敢称王呢？因大晋乱了，他们才有机会，还让两位大晋皇帝流离失所死在这里，实在不好意思，现在我们想把两位皇帝的棺椁送回江东。

晋元帝司马睿接到此信，顿时摸不着头脑，将信将疑中派大臣去迎接二帝的棺材，还真就接回来了。

灭刘族，送玉玺，还棺椁，靳准的表现像是一个长期潜伏在匈奴的大晋"地下工作者"，但细想不对啊，他明明是个如假包换的匈奴人。

死去才一个月的刘聪，也是此次事变的"受害者"，他和他老爸刘渊的陵墓被靳准下令刨开，尸体被挖出，先是有人将他的尸体扶跪于地，大刀砍掉刘聪的脑袋，然后将尸骨斩为数段，刘聪无论如何想不到，自己死后还能享受一次"斩首"和"碎尸"的待遇。

出来混总是要还的，有人是生前还，有人是死后还。

刘聪无疑属于后者。

石勒：梦想还是要有的，万一实现了呢

一

公元 303 年，太行山蜿蜒的山路上，一群相貌奇特的胡人行进在路上，他们中的每两个人都被大长木枷锁在一起，每走一步都很艰难。这些胡人是被东瀛公司马腾抓来当作奴隶卖往冀州的，这位司马王爷想借此获得钱款来补充军饷，所有人都不曾想到，这些奴隶中有一位，居然在二十七年后登上了帝位，完成了从奴隶到皇帝的历史性跨越。

他就是石勒。

对于他的身世，史书称："上党武乡羯人，其先匈奴别部羌渠之胄"，这句话至少透露了三个信息：一则他是羯族人；二则羯人的祖先应该来源于西域，并臣服于匈奴；三是他并非出生在西域等少数民族聚居地区，而是靠近中原的上党武乡，即现在的山西武乡、榆次一带。

同几乎所有的开国皇帝一样，石勒的出生经历同样神乎其神，不仅"赤光满堂"，还有一股白气从天而降直贯中庭，看到的人都感到很惊奇。

看上去是多么熟悉的桥段，汉人皇帝习惯如此，看来胡人皇帝也不能免俗。

石勒从小表现得与众不同，相传十四岁时，他和族人到洛阳城做小生意，不知受到什么刺激，一边呼啸，一边登上洛阳的东门，俨然武侠小说中的一个"内功高手"。不料这样的身手，险些惹来杀身之祸，当时的朝中重臣王衍听到他的啸声感到很惊异，觉得这个胡人小孩儿很可能成为西晋将来的祸端，立即派人去抓石勒，不过赶到东门时，石勒已经消失在茫茫人海中。

两个有"特异功能"的奇人，一个是功夫相当了得，一个是直觉如此敏锐，虽然这次错过了会面，但自此似乎在冥冥之中，两人的命运发生了某种神秘的联系，许多年后，最终做了一个彻底的了断。

石勒的父亲是羯人中的小头目，算是一个基层干部，不过家境一般，石勒早年一直在为生计而奔波劳碌。除了做过小商小贩外，年轻时的石勒主业是去做佃农，也就是给人打长工，他先后耕租本县人郭敬与阳曲人宁驱家的土地，这两位财主对这个长工还不错，时不时地接济他。

西晋太安年间，并州发生饥荒，石勒与一同做佃客的胡人逃亡走散，前来投奔老东家宁驱。当时北方乱成一团，军士四处抓像石勒这样流散的胡人，绑去卖奴，宁驱将石勒藏起来才幸免于难。

但总藏着也不是办法，石勒想去投奔纳降都尉李川，在他看来，当兵总比当奴隶强。途中遇见另外一个主顾郭敬，石勒流着泪叩头诉说饥饿和寒冷。郭敬将所带的货物卖掉，给他买东西吃，并将一些衣服送给他。石勒对郭敬说："现在大闹饥荒，不能老这样守着穷困。众胡人饿得非常厉害，应该引诱他们到冀州去求食，乘机将他们抓起来卖掉，这样，就可以两全其美。"郭敬听后非常赞同。

石勒不愧在小时候经过商，在如此危急潦倒之时，还能有这样的想法，他害怕自己被当作奴隶卖、同时，居然还想着做贩奴生意，不过更有讽刺意味的是，石勒还没来得及卖别人，自己先被抓后卖掉了。

并州到冀州路途遥远，一路上这些奴隶们病死饿死大半，幸亏押送这支队伍的头目之一郭阳，是郭敬的族兄，受了郭敬的委托，一路上对石勒多有照顾，才没有让石勒喂野狗。尽管保全了性命，但石勒对司马腾的仇恨从此深深刻在心头。君子报仇十年不晚，但此时此刻他似乎根本看不到复仇的任何可能性。

这份苦难到了茌平县时总算到头了。一觉醒来，石勒被告知自己被成功交易，卖给了一位叫作师欢的地主做耕奴。或许因为有力气能干活，也或因为相貌奇特，师欢对这位胡人奴隶颇有好感，下令免除了他的奴隶身份。

石勒在这遇到了他第一个合作伙伴——汲桑。汲桑是师欢家田地附近养马场的一个小头领，两人可能因为相马而认识，彼此一见如故，很投脾气，隔三岔五在一起喝点小酒。但好景不长，石勒被师欢转借给武安的地主，半路上又被乱兵劫持，准备第二次"入市"出售，幸亏石勒急中生智，趁这些兵士追逐鹿群时，趁乱逃走，躲过一劫。

再也不能这样活，经过这次历险记，石勒在心中一直想着这七个字，大不了是一死，与其被人当牲口一样奴役欺负，不如自己"翻身做主人"，他召集平时有工作联系的王阳等八人揭竿而起，后来又增加十人，号称"十八骑"，他们骑马四处抢劫，抢来的一些东西送给自己的好友汲桑。

二

属于他们的机会很快来临了。

当时是八王之乱的后期，天下仍处在剧烈动荡之中，成都王司马颖原来的部将公师藩起兵，汲桑、石勒率一些人马前来投奔公师藩，并得到了重用。

这次投奔对于石勒来讲，有两个重要意义，一是他从此正式开启了自己的戎马生涯，迈出了通往皇帝之路的第一步，另一个是他终于有了自己全新名字，在此以前，石勒的名字很拗口，没几个人能叫出来，当奴隶，当土匪，有个小号就可，但要投靠正规军，有个大家能叫出来的名字必不可少，否则没法传令，于是汲桑给他取了一个新名字，让他以石为姓，以勒为名。

"石勒"这个名字算是正式出现在了中国的历史中。

虽然有了新名字对石勒意义重大，但这次投靠实际并不成功，不久后，公师藩被西晋兖州太守苟晞击败，自己身首异处。刚找到东家的汲桑、石勒被迫溃逃。两人的第一次投机宣告失败，但他们并不甘心，劫掠狱中的囚犯，又召了一些山贼，组成一支上万人的土匪队伍，两年后卷土重来，浩浩荡荡地向邺城杀去。

邺城的主人不是别人，正是让石勒恨得牙痒的司马腾。这位仁兄是个大抠门，宁愿自己关起门来数钱玩，也不愿意拿出些财产给军队发饷。他派出手下将领冯嵩带三万人出战，被汲桑、石勒大败。

司马腾对此非常不满，质问冯嵩为何三万正规军打不过一万土匪，冯嵩解释说主要原因是士兵已经很长时间没有发饷，建议司马腾拿出点财物犒劳兵士。司马腾听后更加生气，因为让他拿钱就如同割肉一般。冯嵩提醒他如果邺城失陷，钱再多也没有意义，所谓"人最大的悲哀就是人死了钱还在"，司马腾一想确实如此，咬了咬牙拿出一小部分财物分给军士，将士们一看司马腾这样的德行，没有人再愿意为他卖命，一时间顿作鸟兽散。

结果可想而知，邺城沦陷，司马腾被杀，落了个人财两空的结局。

汲桑、石勒这支队伍说到底是股土匪，做法惯如平常，先是将邺城抢劫一空，然后一把火烧掉。接着他们将锋芒指向了另一个仇人——苟晞，但苟晞不同于司马腾，偷鸡不成蚀把米，他们被苟晞击败，付出了惨重代价，汲桑兵败被杀，石勒又一次落荒而逃，辗转回到了自己的家乡上党。

强烈的挫折感又一次充溢着石勒的内心，为何会一败再败，折腾了半天一无所获，痛定思痛，石勒终于找到了原因，那便是没有"跟对人"，在这样的乱世，跟对了主子意味着可以飞黄腾达，选择错误往往会万劫不复。

那到底谁是那个"对"的人呢？石勒心目中想到一个人——刘渊，大汉政权的建立者。

既然主意已定，石勒便不再犹豫，带着一些兵马投奔了刘渊。事实证明，石勒这个决定无比正确，迎来他人生的一个重大转折。

刘渊对石勒的归顺十分高兴，封他为辅汉将军，平晋王，并举行盛大晚宴欢迎他。宴会上，刘渊无意间提到自己的一个小烦恼，那便是有个乌桓人叫作张伏利度，他聚集了几千人，处处与刘渊作对，而且软硬不吃。

说者无心，听者有意，石勒觉得这是一个很好的立功机会，自己初来乍到，按理说应该为刘渊献上个"投名状"，以展现自己的忠心和能力，从而在刘渊阵营站稳脚跟，所以他当即表示愿意替刘渊去招抚张伏利度。

具体做法上采用了"苦肉计"，石勒假装被刘渊通缉而逃亡，无奈之下投奔了张伏利度，两人都是土匪出身，自然有许多共同语言，话越谈越投机，索性结为义兄弟。张伏利度派石勒下山劫掠，这本来就是石勒的强项，所以每次都满载而归，很快业绩突出的石勒在这群土匪中的威望如日中天。

时机已经成熟。石勒不愿意再浪费时间了，在一次宴会上，酒过三巡后，石勒一把将张伏利度摁住，这个土匪头子顿时一头雾水，以为是石勒喝高了。石勒转头问下面的土匪们，是愿意跟着自己还是张伏利度，众人齐声说愿意跟随石将军。

就这样兵不血刃解了刘渊心头之忧，这个"投名状"献得漂亮，使得石勒在刘渊心目中加分不少，觉得他是个能人，于是又加封他为都督山东征讨诸军事，石勒从此获得了军权，实现了华丽转身，不到一年的时间，他由田间辛苦劳作的奴隶变成了刘渊手下尊贵的王爷和独当一面的将领。

三

看上去一切都走上了正轨。石勒从此带着三万军队驰骋在河北大地，连续攻下巨鹿、常山等地，更为可贵的是，他几乎脱胎换骨，抛弃了身上的匪气，史书称"军无私掠，百姓怀之"，因此有不少百姓前来投军，石勒的队伍很快发展成为了十万大军。

比收获兵马更为重要的，石勒在这个阶段网罗了大量人才。

不要小看这个没读过什么书的"杂胡"，在他身上似乎有一种非同一般的潜质。在别人忙着抢夺地盘，劫掠财物时，石勒却忙着收罗人才，他下令将一些"衣冠人物"从被裹挟的百姓中区别出来，成立了历史上著名的"君子营"，让人才变成了第一战斗力。

"君子营"的领头人物叫作张宾，史书称"成勒之基业，皆宾之勋也"，就是说张宾是助推石勒成功的头号功臣，也是石勒最应感谢的一个人。

张宾是今天河北邢台人，作为一个很有志向的读书人，他心中的偶像是张良，当初张良辅助刘邦成就了一代伟业，张宾想成为张子房那样的人，只是苦于找不到刘邦这样的明主，心里一度非常着急，担心自己空有满腹才华但无用武之地。

石勒的所作所为，让张宾觉得眼前一亮，他敏感地意识到，自己一直找寻的那个人终于出现了。他对朋友说："吾历观诸将久矣，独胡将军可与共成大事。"既然如此，张宾便不会让这样的机会在自己眼前溜走，他放下读书人的清高，主动跑到石勒的军营前，"提剑军门，大呼请见"。

石勒对这个毫无名气的读书人，开始并不感冒。世界上本没有无缘无故的信任，这个读书人有几把刷子，当时石勒并不清楚，但是随着时间的推移，石勒意识到，是张宾的到来真正改变了自己的命运。

不过"君子营"的效应并没有马上显现，石勒在飞虎山被西晋的幽州刺史王浚大败，损兵折将，正在垂头丧气之时，东海王司马越派大将王堪和裴宪率大军前来征讨，意图趁火打劫，一举消灭石勒，将被他夺走的地盘重新抢回来。

屋漏偏逢连夜雨，是避战还是迎敌，尚未恢复元气的石勒选择了后者，这次他采取了"破釜沉舟"的策略，下令军士饱餐一顿，然后放火烧掉大营，在异常悲壮的氛围中，石勒发表了激情演说，说现在只有一条路，败则亡，胜则存，生死存亡在此一役。

置之死地而后生，往往会有奇效，匆匆赶来的晋军根本就没见过如此不要命的军队，没坚持多久便溃不成军，王堪被杀，裴宪化装成老百姓逃脱，方才捡回一条性命。

此战让本来被动的石勒重新赢得主动，他一鼓作气，趁势将黄河以北的广宗、清河、平原、阳平等县全部攻占。自此，黄河以北之地，除了幽州的王浚和晋阳的刘琨外，都归属了汉国，刘渊对此很满意，加授石勒为镇东大将军。

这是刘渊给石勒的最后一个头衔，不久后这位汉王国的开国之君驾崩。新皇帝刘和想杀掉自己几个兄弟，以绝后患，但没想到功亏一篑，自己被他的四弟刘聪所杀。

刘聪当上皇帝后给了石勒一大堆头衔，好让石勒继续好好卖命，石勒的表现对得起这些赏赐，他先配合刘聪的儿子刘粲进攻洛阳，然后又南下攻克襄阳，陷江西垒壁三十余所，这时候石勒已经从黄河流域打到了江汉流域，雄心勃勃的石勒心里渐渐膨胀起来，他不顾张宾等人劝阻，继续南下，想要称雄江汉。

这显然是个重大的战略误判，晋朝琅琊王司马睿派王导前来讨伐，石勒孤军深入，受到晋军强烈抵抗，而自己则粮饷不继，兵士水土不服，军中瘟疫流行，损兵折将，无奈之下决定退兵。

这时候张宾站出来说"不能退"，众人惊愕，那怎么办呢，张宾说了一个字——"进"，他表示此时如果撤退，晋军趁势追击，石勒军必然大败，所以只能以进为退，石勒听从他的建议，继续前进，渡过沔水，攻克江夏，获得粮饷补充后，然后卷着铺盖卷向北折还，一路攻杀，总算平安回来。

此时洛阳城中的掌权者东海王司马越眼看形势不对，决定金蝉脱壳，把都城丢给晋怀帝，他以讨伐石勒为名，率领城中仅余数万精兵东去，但是走到半路，这位八王之乱的最后胜利者情急之下吐血而亡。王衍，那位当年想杀少年石勒的大臣，带着残部扶着司马越的灵柩继续东行。

石勒闻讯，焉能放过他们，他率领骑兵日夜兼程，终于追上这支送丧大军，晋军大部被杀，剩下的都成为了石勒的俘虏，石勒与当年的"仇人"王衍交谈后，下令兵士推倒颓墙砸死了王衍。

算不算一种报应呢？

洛阳此时几乎成了一座空城，刘曜、王弥、石勒、呼延宴四路大军陆续而至，这样兴师动众显得有些小题大做，何需四支大军，此时此刻任何一支都可以踏平洛阳城，但群狼毕至，必然是"三光"的后果。

王弥先到先抢，呼延宴第二个到，还有东西可抢，刘曜第三个到的，已经基本不剩什么东西了。抢不了活人抢死人，刘曜下令挖开历代晋朝皇帝的陵寝，将陪葬的珍宝一抢而空，这似乎还不解心头的郁闷，他下令火烧洛阳，一座繁华的帝都顿时变成一片灰烬，继董卓之后，这座命运多舛的城市又一次遭此厄运。

作为最后到来的，石勒面对的已经是一片废墟，他内心活动想必非常复杂，遗憾、伤怀还是生气，但此时都不再重要，最重要还是"肚子"问题，洛阳城已经要什么没有什么，石勒只能带着将士移驻许昌。

四

河北的形势越来越明朗，石勒占据了豫西，王弥控制了山东，两人都属于汉国，中间夹了个西晋的苟晞，此河北非今日之河北，是指黄河以北，此山东也不是今日之山东，说得是太行山、崤山以东。

苟晞算是石勒的老对手，曾经把石勒搞得狼狈不堪。想当初石勒、汲桑投奔公师藩后，就被苟晞击败，第一次投机宣告破产。后来两人率着一些亡命之徒卷土重来，又是被苟晞大败，这次更惨，汲桑被砍下脑袋，搞得石勒一度对前途命运极度悲观。

但此一时彼一时，石勒如今兵强马壮，而苟晞只有三千兵马，石勒迎来了最好的复仇机会，他发兵攻下蒙城，很顺利地俘获苟晞。虽然两人有宿怨，但石勒很欣赏苟晞的军事才能，希望他能投降来帮助自己，没想到苟晞不仅不降，还痛斥石勒道："我是晋臣，决不降胡狗！"

石勒很生气，后果很严重，苟晞既然骂自己是狗，那便让他尝尝做狗的滋味。石勒让人用铁链拴住苟晞的脖子，将他双手反绑，骑在马上牵着苟晞跑，刚开始苟晞还能跟上节奏，一会儿便跌倒在地，被拖得满身血痕。这时候石勒问他降还是不降，被折磨得不成人样的苟晞表示愿意投降，石勒当即封他为左司马。

一个月后，苟晞和手下大将王赞图谋反叛石勒，结果被杀，对此石勒有些伤怀，自己最欣赏的对手，却宁死不为自己所用，石勒下令厚葬苟晞、王赞和一同被杀的苟晞的弟弟苟纯。

消灭苟晞后，从此汉国的土地连成一片，按说应该从此相安无事，但是石勒和王弥两人，各怀心思，表面上过得去，内心却对彼此充满警惕和敌意。

王弥出身于晋朝官宦之家，祖父和父亲都是太守级别的官员，那他为什么会成为晋朝的敌人呢？这是因为他从小喜欢习武，颇有游侠之风。他在洛阳遇到隐士董仲道，此人据说非常擅于相面，他见到王弥后脱口而出："君豺声豹视，好乱乐祸，若天下骚扰，不作士大夫矣。"对王弥来说，这句话基本断绝了循规蹈矩的官宦之路，他的出路是在乱世中揭竿而起。

公元306年，五斗米教教徒王柏根在王弥的家乡起事，王弥觉得董仲道说的时机来到了，他不仅自己入伙，将自己和家里的仆人、奴隶全部带入刘伯根的队伍，还拉上弟弟王璋、族弟王桑等人一同入伙。但王柏根后来被晋军所杀，王弥逃入长广山做了盗贼，毕竟是读书人，他每次掳掠行动都有计划，充分论证风险后才行动，所以都没失手过，而且他臂力过人，骑射都了得，被青州人称为"飞豹"。

王弥后来率领众盗贼出山，一时气势很盛，但毕竟山贼还是打不过正规军，王弥被晋军兵败，逃跑路上想起了曾经在洛阳结识的老友刘渊，听说这位匈奴哥们如今已经建立了汉国，于是他便带着残兵败将去投奔刘渊。

刘渊刚刚立国，正是用人之际，所以对老相识王弥的投靠感到很高兴，大加封赏。王弥觉得自己人生从此翻篇儿，所以非常卖力，特别是成为了首支攻入西晋都城洛阳的队伍，"洛阳攻坚第一团"的荣誉称号让王弥颇感荣光，但由此也与第三个进城的刘曜结下梁子，开始是因为利益分配问题，王弥劫掠的比较多，使得刘曜很不高兴。接着在如何处置洛阳的问题上，双方又产生严重分歧，王弥劝说刘曜要好好保留洛阳宫殿，将来可以将汉国都城从平阳迁到洛阳。对王弥满肚子意见的刘曜哪里肯听，一把大火将洛阳烧成白地。王弥对此大骂："屠各小奴，岂有帝王之意乎！此辈休想一统天下。"

王弥看到石勒消灭了苟晞，知道他的胃口肯定不止如此，他一方面写信给石勒，给石勒戴高帽，言称"公获晞而赦之，何其神也！使晞为公左，弥为公右，天下足定也"。一面派人送信给自己部将曹嶷，商议如何联手收拾石勒，不巧的是这个信使被石勒手下截住，石勒一看信的内容，对于王弥这种"两面派"做法，不禁怒火中烧，他不仅杀了信使，还准备发兵攻打王弥。

这时候有个人站出来，坚定地说了三个字——"不可以"，此人又是张宾，他认为王弥实力不容小觑，不能硬干，只能智取。

如何智取呢？这个时候王弥给了石勒一个机会，他和镇守寿春的晋朝将领王瑞对峙，互有胜负，颇感吃力，请求石勒来助战，石勒气还未消，根本就不想出手援助，但张宾认为这是天赐良机，如果出兵援助王弥取得信任后，智取之事便可以提上议事日程。

石勒觉得很有道理，派兵来攻打王瑞，而且很顺利地将王瑞斩于马下，王弥本来对援助请求没抱什么希望，没想到石勒不仅积极响应，而且全力以赴帮助自己消灭劲敌，心里对石勒的疑虑一扫而空。

下面的剧情便可以自然而然发生了，石勒请王弥来赴宴，说是要庆祝胜利顺便叙叙旧，王弥不顾手下劝阻，大摇大摆来赴宴。

他不知道石勒最擅长在宴会上解决问题，遥想当年，石勒在宴会上成功解决了张伏利度，在那没有互联网的年代，消息实在闭塞，估计王弥对这段故事并不知晓，他急匆匆到来，只是想向石勒表达谢意，并做好了一醉方休的准备。

酒还未过三巡，石勒便迫不及待地动手，早已埋伏的刀斧手一拥而出，王弥和带来的人都被砍成肉泥，石勒拿着王弥的首级，带兵来到王弥的大营，王弥的属下看到自己的主公人头落地，顿时把忠诚都抛到一边，纷纷表示愿意听命于石勒。

毕竟杀的是自己人，于情于理都应该向皇帝报告一下。石勒于是上表刘聪说王弥意图谋反，被自己干掉了。刘聪心里像明镜似的，本来想怒斥石勒擅杀大将，目无君主，但转念一想，石勒现在是羽翼已丰，自己鞭长莫及，发一顿脾气毫无意义，反而有可能将石勒逼反了，索性不如顺水推舟，做个好人，借此拉拢石勒。所以，非但没有追责，还让其督并、幽二州军事，领并州刺史。

五

短短一个月内，石勒消灭了西晋在中原的最后一支有生力量苟晞，又平灭了汉国在中原的最强对手王弥，他在中原站稳了脚跟后，将目光伸向了更远处的烟雨江南，石勒准备报上次江汉失败之仇，给琅琊王司马睿点颜色看看。为此，他下令构筑壁垒，造船演练。

在北方战场摧枯拉朽的石勒，万万没想到南征遇到了前所未有的困难，主要原因是对南方的天气估计不足，时值江淮地区连降大雨，道路泥泞，疫病流行，出现了大量的非战斗减员，坐镇建邺的司马睿派将军纪瞻率大军集结在寿春，摆出一副攻击的姿态，形势对石勒来讲显得非常危急。

石勒召集手下商议，没想到头一个站出来的右长史刁膺出的主意是投降。石勒一路走来，虽然也曾经遭遇溃败，但脑海中从来没有出现过"投降"两个字，这位刁长史本意是想用暂时投降赢得时间，但这一提议立即遭到其他人的反对，大部分将领热血沸腾，纷纷要求与晋军死磕，宁为玉碎不为瓦全。

但强弩之末不能穿鲁缟，石勒知道此时硬拼，玉碎的可能性要远大于瓦全。

关键时刻还要看张宾，张宾首先否决了投降的打算，他说："将军攻陷帝都，囚执天子，杀害王侯，妻略妃子，擢将军之发不足以数将军之罪，奈何复还相臣奉乎！"意思是说，石勒作为西晋战犯榜的前几名，投降只有死路一条。

其次否决进攻的建议，原本就不应该来进攻江淮，现在"天降霖雨方数百里中"，此地更不应久留，所以应该是"退"而不是"进"，不能一错再错。石勒的进攻重点应该是河北之地，经营邺都，北收河朔，然后北伐西征，大业可成。

"醍醐灌顶"是石勒此刻的感受，想想自己征战东西，居然没有一个稳固的根据地，现在又贸然深入江淮之地，使自己陷入极为难堪的困境。

不过，张宾的建议好是好，但如果此时撤退，晋军趁势追杀该怎么办呢，张宾对此胸有成竹，还和上次一样，"避实就虚"，派军队佯攻寿春，吸引晋军注意，大军则携带辎重北撤，待脱离危险，再让佯攻军队北还。

石勒听后大喜，喜到什么程度呢，史书称"攘袂鼓髯"，当即提拔张宾的官职，并以"右侯"称呼他。自此，张宾成为了石勒的第一谋士，石勒也从此走上了通往帝王的正确之路。

按照张宾的计谋，石勒最终虽然得以全身而退，但是犯错误总要付出代价的，石勒的北撤之路，注定是一条饥饿之路，庄稼青黄不接，而且沿路还遇到坚壁清野，结果粮草很快枯竭，无奈之下先是杀马为食，后来竟然发展到杀掉伤兵为食，窘困残忍至极，幸亏击溃了一个叫作向冰的土匪，缴获了不少粮草物资，总算挺过了这一关。

按照张宾的战略规划，挺过难关的石勒北渡黄河，重新杀回河北大地，第一个目标便是邺城。当时河北的形势是，西晋大将刘琨占据晋阳等地区，幽州在另一位西晋将领王浚手中，剩下的便是石勒，有些三足鼎立的意思。

邺城本来是石勒的地盘，但此君不太擅于搞根据地建设，看似强悍无比，但宛若一阵风，游击东西，却总是没有自己的根。石勒率大军南征后，刘琨派自己的侄子刘演占据了邺城。北撤的石勒经过这一番折腾，伤了不少元气，一时无力攻克邺城。

在何去何从的关键时刻，张宾又一次挺身而出，他劝说石勒要立足现状，着眼长远，不要在邺城消耗实力，浪费时间，先找个地方立足，发展生产，筹集粮草，整顿军备，这个谋略很像一千多年后朱升给朱元璋所提的"高筑墙、广积粮、缓称王"。

"疾风知劲草"，张宾用自己杰出的表现，赢得了石勒的超级信任。石勒对他言听计从，从心底里把他当张良一样对待。于是石勒停止进攻，转而占据襄国，就是今天河北的邢台，并把这里作为自己的大本营。

石勒从此告别了游击生涯。在张宾的建议下，他以襄国为轴心，派手下将领攻占冀州各郡县，势力范围越扩越大。石勒将情况禀报刘聪，刘聪除了感到尾大不掉外，对他也没有太好的办法，作为汉国在河北地区的唯一依靠，刘聪能做的只是继续笼络石勒，于是石勒又多了不少头衔，都督冀、幽、并、营四州军事，冀州牧，上党郡公。

流寇终究是流寇，注定不会有什么出息。但有了根据地就不同了，进可攻，退可守，还会有稳定的粮草物资供应，"根据地的天是晴朗的天"，这对石勒来讲是一个全新的开始。

正当石勒稍稍安定之时，一件意想不到的好事接踵而来，作为敌手的西晋大将刘琨将石勒的母亲给送了回来。

这是什么情况？还要从石勒卖身为奴说起，从那以后，他和母亲王氏就失去了联系。刘琨是个有心人，他到并州后，派人四处找寻，终于找到了王氏并好生侍奉，等石勒占据襄国后，刘琨派人送还其母。

世上没有无缘无故的恨，更没有无缘无故的爱，刘琨当然不是"活雷锋",他这样做背后有强烈的政治目的,随同王氏送来的还有一封招降信,信中刘琨言辞恳切地希望石勒能反戈一击,与自己一道共扶晋室。

一码归一码,石勒对此分得很清楚,他给刘琨回信感谢他的好意,他写道:"事业和功德有不同的途径,这是腐儒们所不知道的。您应当为本朝尽节,而我是异族,难以替他们效力。"石勒送给刘琨一些名马和珍宝,优厚地招待刘琨的使者,作为晋朝的罪人,他准备一罪到底。刘琨接到石勒的回信后,只能无奈地长叹:"这是上天不帮大晋啊!"

六

相对于刘琨的忠心耿耿,另一位在河北地区的晋军头领王浚则显得野心勃勃,他假称自己有怀帝的密诏,让他节制百官,号令天下,而此时怀帝已经被刘聪俘获,不可能再发声。

石勒和王浚的冲突已经不可避免。

打响第一枪的是石勒,他先进攻王浚的地盘苑乡,王浚和鲜卑人交好,他派自己的兵马联合鲜卑段部的段疾陆眷、段末柸等五万大军前来抵抗。石勒首战大败,后采纳张宾计策,在北城门下偷偷凿了二十多个暗门,每个暗门里藏着精骑,等段氏兄弟来攻城时,所有藏兵一涌而出,段家军猝不及防,乱兵中段末柸被生擒,段疾陆眷则退回诸阳。

接下来的这件事情,石勒办得实在漂亮,他不仅没有听从诸将的劝说杀掉段末柸,反而将其送还给段疾陆眷,正在为兄弟的生死未卜而焦急万分的段疾陆眷,看到他完好无损地回来,觉得石勒实在很够意思,这仗没法再打下去了,双方握手言欢,各回各家。

鲜卑人本来就是王浚请来帮忙的,只是名义上受他的节制,所以对于鲜卑人的罢兵北归,王浚也没有什么脾气,只能眼睁睁地看着石勒用这样的手法削弱自己的实力。

石勒不肯放过王浚,但张宾建议他应该先解决占据邺城的刘演,当年没打刘演，是因为在南征中伤了元气，现在条件具备，发兵攻打邺城应该讲易如反掌，所以先把眼前的这块肥肉吃了，再收拾王浚也不迟。

过程果然顺利，公元313年4月，石勒令其侄子石虎攻下邺城。

在邺城之战后，石勒遇到了自己的大恩人郭敬，他在上白攻击乞活将军李恽，斩杀了李恽后，准备活埋他的降兵，但突然发现将被处死的人群中有个人特别眼熟，石勒说："你是郭季子吗？"郭敬叩头说："是的。"石勒下马拉着他的手，顿时泪如雨下，如果没有当年这位老雇主的相救，石勒估计早已命丧黄泉，他不由得感叹："今天相遇，难道不是天意吗！"于是赐给衣服、车马，任命郭敬为上将军，免除所有降兵的死罪，并把他们配备给郭敬。

人总是要做些好事的，"善有善报恶有恶报"不是一句空话。

正是在这一年，刘聪毒杀了晋怀帝，消息传到幽州，王浚称帝的野心又开始蠢蠢欲动，但是通往帝王的道路没有那么容易，遇到了不少的阻碍，但王浚已经是"横下一条心，一定当皇帝"，为此他清除了一些反对的大臣，一时间搞得鸡飞狗跳，众叛亲离。

属于石勒的机会来了！

不过这次石勒并没有使用惯有的铁血政策，而是选择了"捧杀"。经过是这样的：石勒写了封信给王浚，表示自己愿意请降归顺，扶助王浚为皇帝。王浚并不傻，一直对自己虎视眈眈的石勒，突然间这样认怂，这葫芦里装的什么药呢，想必一定是别有用心。

遗憾的是，王浚遇到石勒派来的信使，是一个能将死人说活的人物。此人名叫王子春，他对王浚的质疑并没有回避，非常直接地告诉他，石勒之所以愿意扶助王浚，是因为历史上没有一位胡人能成为一统天下的帝王，这是由血统决定的，命运使然，不是石勒能够靠一己之力改变的，所以为了自己的前途命运，石勒愿意扶助一位汉人成为名主，而王浚就是最佳人选。接着对王浚一顿猛夸，夸得让王浚有些找不到北。

王浚的疑心渐渐消退，但还是心存疑虑，于是他派使者去石勒处，想探探虚实。石勒对此早有准备，他把精兵藏起来，派些老弱残兵把守城池，把库房里的好东西都转移出去，搞得自己像一个"贫下中农"。

同时他把自己的姿态摆得很低，接受王浚的书信时朝北向使者下拜，并朝夕在王浚送来的麈尾前跪拜，把王浚和自己搞成了君臣关系，当然不排除还送了王浚使者一个大红包，使者回去完全站在石勒的立场汇报工作，说石勒实力一般，徒有虚名，而且对王浚是真心拥戴，这样一来，王浚的疑虑被彻底打消了。

由张宾导演，石勒主演的这场大戏马上要迎来最高潮的部分。

石勒上表王浚，表示自己要亲自去幽州劝进，然后便带着大军向幽州进发。走到柏人时，石勒突然下令停止进发，他担心刘琨和王浚联手，让自己陷入被左右夹击的死地。张宾认为刘琨和王浚虽然同为晋将，但两人素有积怨，只要石勒写信给刘琨，表示他只是想消灭王浚，刘琨定然会袖手旁观。石勒依计而行，刘琨果然坐视了王浚的灭亡。

接下来水到渠成，王浚还真以为石勒是来拥戴自己当皇帝的，下令大开绿灯，石勒基本上是一路畅通，只是在一个叫作易水的地方遇到小波折，王浚手下幽州督护孙玮出兵阻拦，石勒暂时停止前进。孙玮劝说王浚小心有诈，结果被王浚臭骂一顿，他说石勒诚心诚意而来，怎么能赶他回去呢，并表示以后谁再敢提赶走石勒，就砍谁的头。

王浚最后一次自救的机会就这样失去了。

石勒很快便到了幽州的治所蓟城，或许是因为太过顺利，让石勒心里也犯嘀咕，他留了个心眼，并没有急于进城，而是以送王浚礼物为由驱赶数千头牛羊入城。

"来就来吧，还带什么礼物"，王浚如此想。牛羊入城后，一点动静都没有，看来王浚真的是一点防备都没有，接下来石勒大军一拥而入，还沉浸在皇帝梦中的王浚稀里糊涂地成为了阶下囚。

醒悟过来的王浚大骂石勒是胡族小人，石勒对王浚的指责只能表示"呵呵"，他当即斥责王浚身为晋朝重臣，置国家社稷安危于不顾，天天想着自己当皇帝，如此乱臣贼子所为，还有脸说别人是小人。

王浚再说什么已经没有意义，等待他的只有杀头的命运。"没有金刚钻，还真不能揽瓷器活"，王浚就这样几把刷子，被石勒玩得团团转，居然还惦记着皇帝宝座，到头来不过是在历史上增添一个笑柄而已。

七

正当石勒春风得意时，汉国朝廷发生了惊天骇浪般的内乱，引子是皇帝刘聪的病死，继承大统的刘粲没当几天皇帝，因暴虐无道被权臣靳准篡位，靳准自称汉天王，杀掉了几乎所有的刘氏皇族，在长安的刘渊的义子刘曜兴兵讨伐，情急之下，靳氏一族也发生了内讧，靳准被杀，他们推举靳明为王，派人与刘曜接洽，愿意归附刘曜。

汉国的内乱，给了石勒自立门户的绝佳机会。

在刘渊时代，石勒羽翼未丰，完全听命于刘渊。刘聪时代，他羽翼渐丰，但还是给老刘家面子。刘曜掌权，他实力已经足够自立，便不再买账。

石勒看到靳明这些人只讨好刘曜，对自己不理不睬，很是生气，于是发兵攻打汉国都城——平阳，城中的靳准自知实力不够，只能避战自守。不久，石勒让石虎和自己合兵一处，一起围攻，靳明抵挡不住只能向刘曜求救，刘曜答复他两个字——弃城。

靳明在刘曜的接应下，带着靳氏家族弃平阳而去投奔刘曜，但不曾想到，脱离狼口却又入了虎穴，刘曜又对靳氏家族大开杀戒，靳家遭到灭门之灾。

靳明走后，石勒攻占平阳，他并不想在这里常驻，劫掠之后一把火将整个平阳付之一炬，平阳作为都城的历史，在熊熊火焰中画上了句号。

回到长安的刘曜正式称帝，他没有继续去做大汉的皇帝，而是改国号为"赵"，历史上称作"前赵"，为此他对外声称，当初刘渊认汉族皇帝为祖宗，将国号定为"汉"，是为了争取民心，现在已经没有这个必要，是时候认祖归宗了，应将冒顿单于作为唯一的祖宗。

比较有意思的是，刘曜登基做皇帝后，册封的皇后居然是西晋那位智障皇帝司马衷的第二任皇后羊献容。这位羊皇后跟随着司马衷注定命运多舛，在"八王之乱"中被五废六立，有几次命悬一线。刘曜攻陷洛阳后，发现年过三十的羊献容依然楚楚动人，便占为己有。

有次刘曜问羊献容："我比起司马衷那小子如何？"羊献容很会聊天，她回答："这怎么能相提并论？陛下您是开创国家基业的圣主，他则是个亡国之君，他连自己跟妻儿都不能保护，贵为帝王却让妻儿在凡夫俗子手中受辱。当时臣妾真想一死了之，哪里还想得到会有今天？臣妾出身高门世家，总觉得世间男子都一个模样；但自从侍奉您以来，才知道天下真有大丈夫。"刘曜听后更加宠爱她，羊献容由晋朝的皇后变成了前赵的开国皇后。

为了笼络石勒，刘曜加封石勒为太宰、领大将军，进爵赵王。他让石勒派来的使臣王脩回到襄国代为传达旨意，就在这时发生了一个意外，王脩手下有个跟班叫作曹平乐，他跑去和刘曜打小报告，说王脩此行的真正目的是为了打探虚实，以便为石勒攻打刘曜做准备，并且添油加醋说石勒这个人野心很大，意图要与刘曜争夺天下，如此厚重的赏赐只能是助长石勒的实力。

好一个吃里扒外，刘曜听后大怒，下令杀掉王脩和其他随从，把赏赐石勒的事情暂时搁置下来。王脩有个手下刘茂成功逃脱，跑回襄国，把整个事情的来龙去脉告知了石勒。

石勒极为震怒，他下令将曹平乐三族夷灭，然后找手下文臣武将来商议，下步如何是好。石勒生气地表示，刘家的天下主要是靠自己打下来的，如今刘曜当了皇帝，却来谋算自己，是可忍孰不可忍。

石勒的手下们纷纷表示，刘曜不仁我们就不义，以后别跟着刘家混了，应该自立门户，不必稀罕刘曜的赏赐，索性自封为赵王。好吧，既然大家都是这个意思，石勒也就不客气，很快他自称为赵王，建立了自己的政权，历史叫作"后赵"。

"赵"字突然变得好抢手,西边一个,东边一个,难道就不能用一个其他字吗?这是因为当时非常相信一种理论,叫作"五德始终说",晋属"金"德,而赵属"水"德,金生水,代晋而立的,是出于水德的"赵",这涉及到天命所归的重大问题,所以两边都紧握着这个字不愿意撒手。

"两赵"并立,有好戏看了。

不过令吃瓜群众失望的是,"两赵"开始并没有刺刀见红,而是背道而驰,刘曜向西,石勒向东,忙着清除自己地盘上的其他势力,原因很好理解——"攘外必先安内"。

刘曜平定了凉州,石勒则消灭了山东半岛的曹嶷,之后"两赵"迎来了决战时刻。

公元328年,石虎攻击并州治所蒲阪,刘曜得知后亲率十五万精兵前来救援,石虎没想到刘曜会倾巢而出,结果大败。这位前赵皇帝趁势进攻石生把守的洛阳城,石生拼死抵抗,一时难以攻克,刘曜分兵攻取了洛阳周边的汲郡、河内、荥阳等地,声势大振,使得后赵朝野震惊。

既然刘曜亲自来,石勒也只能亲率大军驰援洛阳,为此问计于大臣。此时张宾已死,石勒身边没有可以商量事儿的人,右长史程遐站出来表示,刘曜来势汹汹,不可正面交锋,等其久攻不下,后勤补给困难,他自然会自己退兵。

石勒失望地摇摇头,这话等于没说一样,没有任何建设性,这水平离张宾简直相差十万八千里。正当石勒感到心灰意冷时,有人站出来说:"刘曜何足挂齿,不过是一介匹夫",石勒感到眼前一亮,定睛一看,此人是记室参军徐光,他接着说:"刘曜不趁势来攻打襄国,反而去围攻洛阳,而且还久攻不克,现在已经是人困马乏,如果大王带兵与之决战,一定会战而胜之,一统北方,在此一役。"

这席话让石勒热血沸腾,恍惚间好像又看到张宾的身影,石勒当即下令石聪、石堪、桃豹等向荥阳集结,再令石虎进据石门,自己则亲率大军向洛阳而来。

刘曜不知是心有余而力不足，还是脑子进了水，在成皋关、洛水等险要之地均未设防，使得石勒长驱直入，直扑洛阳，刘曜听闻石勒亲率大军而来，撤了洛阳之围，在洛阳城西扎下营寨，双方形成对垒之势。

石勒与坚守多日的石生汇合，第二天双方展开决战，两军从早晨打到傍晚，最终以前赵军队溃败告终，他们的失败与自己的皇帝刘曜有很大关系，这位前赵皇帝不知什么原因，是以酒壮胆还是想今朝有酒今朝醉，居然在决战前夜喝得酩酊大醉，结果在搏杀中深受重伤，被石勒军士生擒。

几个月后，刘曜因拒绝给自己的儿子，也就是前赵的太子刘熙写劝降信，而被石勒所杀。

前赵的覆灭已经是时间问题了，太子刘熙听到父亲兵败被擒的消息，心里极为恐惧，后赵的军队还没到，自己就早早丢弃长安向西跑到了上邽，刘家真是一代不如一代。

石勒令石虎、石生进攻长安，一路上几乎没有遇到什么像样的抵抗，提前跑到上邽的刘熙最后也没有逃脱被生擒的命运，前赵永远消失在历史的版图上。

自此，石勒基本统一了北方。

八

走上那个让无数人梦寐以求的高高宝座，似乎是石勒接下来唯一的选择。手下的文臣武将不断地劝进，但石勒并没有当即答应，而是给自己取了一个更加霸气的名字——"大赵天王"，几个月后，这位赵天王才正式称帝，完成了一个从奴隶到皇帝的无比华丽的蜕变。

一个奴隶一步步走上了皇帝的位置，想必连石勒自己当年打死也不会想到，所以说"梦想还是要有的，万一实现了呢"并非只是一句自我安慰的话。

没有人能随随便便成功，特别是一个社会最底层的奴隶最终能成为九五之尊，似乎比登天还难，除了命运的垂青外，自身也必须要有过人之处，否则天上的大馅饼怎么会不歪不斜地落到石勒头上。

具有足够强的学习能力，是他成功的基石，尤其是石勒几乎是文盲出身，这点就更为重要。只会在乱军之中取对方首级，说到底最多也只能做个大将军，开国之君的要求要远远高于这个。特别是在乱世中，要想成功不仅要有武力，更重要的是要有头脑，而唯有学习才能让头脑中充满智慧。

石勒虽然基础差，但架不住用功，他特别爱听历史故事，经常让儒生为他讲史书。有次他听到郦食其劝刘邦立六国后人，石勒比刘邦还着急，当即和讲书者表示这样做注定会失败，不可能夺得天下，当讲史的儒生接着说张良成功劝阻了刘邦，石勒这才松了口气，说道："幸亏有张良在啊"，听历史故事能如此入戏并知明事理，确实不易。

作为一个不错的帝王，很重要的标尺便是度量。宰相肚里能撑船，皇帝的肚子里怎么也要能放得下一艘航母，恰恰在这点上不少帝王很难过关，相比较而言，石勒算是做得非常不错的一位。

比较出名的是"老拳毒手"的故事，说的是石勒有个老邻居李阳，当年两人经常打架，后来石勒飞黄腾达，李阳心里感到很恐惧，生怕这位大赵天王因当年的事情而收拾自己，没料到石勒将李阳请来，好酒好菜伺候，边喝边拉着李阳的手臂说："我当年吃过你的不少老拳，你也挨过我许多毒手"，说罢哈哈大笑，一笑泯恩仇，还赐给了李阳一所住宅，并封他为官。

还有一次石勒要外出打猎，主簿程琅劝谏，理由是有可能遇到刺客，或纵马疾驰容易出意外，石勒不听劝，认为读书人事儿太多，结果在纵马追逐猎物时撞在了树上，石勒因此险些丧命，他自责"不听忠臣言，吃亏在眼前"，下令重赏程琅。榜样的力量是无穷的，从此以后越来越多的大臣愿意进谏。

对于无意间冒犯自己的言语，石勒也不太往心里去。有次章武内史樊坦被盗贼抢劫,石勒问他何人所为,樊坦很激动地破口大骂是羯贼,骂完了才意识到身边这位也是羯族,脸色瞬间变绿,心想这下捅了马蜂窝,吃不了要兜着走了。没想到石勒接过这个话题说道:"既然羯贼如此无礼,我替他们赔偿你吧",樊坦趴在地上连声谢罪,君无戏言,石勒后来还真赔给了樊坦车子、衣服和一大笔钱。

石勒还喜欢微服私访,有次他晚上微服出行,察看各营帐守卫。他走到永昌门时,却被永昌门守令王假拦住。这个王假只是一个下级军官,从没见过石勒,所以不认识他。石勒见状,便拿出随身携带的金帛送给王假,请求他放行。没想到,王假非但不收,而且叫人将石勒绑了。后来石勒的随从人员到来,才消除了误会。王假及其手下人一听,吓得脸都绿了,立即跪到地上赔罪。但石勒却笑着将他们扶起来,说:"你们做得很好,严格执行规定,何罪之有?"第二天清晨,石勒召见王假,任命他为振忠都尉,并赐给他关内侯的爵位,这让人不禁想起了那个"列宁和卫兵"的故事。

这样看来,石勒的成功是有道理的。

据史书记载,后赵在石勒统治期间,休养生息,兴办教育、发展经济,政治上较为清明,统治秩序比较良好,百姓从中也得到了实惠。石勒显然对自己的表现还算满意,在一次宴会中,他问徐光自己可以与历史上哪位开国之君相比,徐光借此狠狠地拍了一下自己主子的马屁,他说石勒论谋略强过刘邦,论雄才又胜于曹操,历史上只有一个人可以与其比肩,那就是轩辕黄帝。

石勒并没有被这顶高帽子砸晕乎,接下来他说了一段在历史上很著名的话,他说"人怎能没有自知之明,你的话有点太过分了。我如遇到汉高祖,必当北面而侍奉他,与韩信、彭越并肩齐驱而争为人先。倘若遇到光武帝刘秀,当共同驰骋于中原,未知鹿死谁手。大丈夫行事要光明磊落,如日月光明,不能像曹操、司马懿父子,欺侮孤儿寡妇,以狐媚来夺取天下。我应当处在高祖和光武帝之间而已,哪能与黄帝相比呢!"

石勒对自己的定位，是逊于刘邦，但稍高于刘秀。这席话在历史有不同的评价，一种认为石勒太拔高自己，居然将自己与汉光武相提并论，刘秀是何等人也？历史上集开国皇帝和中兴之君于一身的唯一帝王。另一种则认为石勒还算客观，在乱世之中作为一个草根，能取得这样的成就确实不易，论困难程度要远高于贵族出身的刘秀。

无论对这句话评价如何，都挡不住诞生了一个家喻户晓的成语——鹿死谁手。

公元 333 年，这一年石勒身患重病，他知道自己大限将到，着手安排身后之事。对于自己的葬礼，提出明确的意见，核心内容是"从简"，他下令自己死后三天必须下葬，不得以金宝、器玩陪葬。各地官员不得来京奔丧，下葬后各级官员除去丧服，照常工作。另外丧期不禁婚丧嫁娶，不禁饮酒吃肉。一句话，最大程度减少因自己的葬礼给官员和百姓的影响。

这样的后事安排完全可以称得上的一代明君，但另一件身后之事却办得相当不及格，这便是选立继承人问题。

石勒选立自己的儿子石弘为皇太子，但石弘是个读书人，显得有些文弱。而他的侄子石虎战功显赫，手握重兵和实权，对皇位虎视眈眈，石勒对此虽然采取了一些措施，但始终下不了决心从根本上解决问题，结果自己尸骨未寒，后赵大乱，石虎篡位，石弘等石家子弟被杀，石虎上台后，荒淫无道，石勒倾其一生心血建立的后赵王朝便很快覆灭。

想必，石勒如果地下有知，一定勒（乐）不起来了吧。

石虎：我人渣，我变态，我灭族

一

公元348年的一天，在后赵的都城邺城正在进行一场盛大的公审仪式，受审的是当朝皇太子石宣，当他走到刑场时，已经被折磨得不成人样了，一副铁环穿过他的腮帮子，四肢被镣铐锁着，每走一步都很困难。他被两个太监推搡着走上一个大柴垛，这个大柴垛是为这次公审大会专门修建的，柴垛上面竖着一个木桩，上面有个横木，装了一个辘轳，这便是石宣的最后归宿之地。

此时此刻，对于石宣而言，"速死"成为了一种奢求，他的父亲，也是当朝天子石虎断然不会让他就这样轻松死去。走上柴垛后，两个太监便奉命开始动手，他们将石宣吊到柴垛之上，一个太监用刀剜去石宣的双目，另一个竟然生生拔掉他的头发，两人完成各自任务后，用一个大铁钩夹住石宣的舌头，连根夹断。这还不算完，接下来砍掉了石宣的双脚，最后一道工序是用刀开肠破肚，搞得肠子流得满地都是。

石宣被疼痛折磨得不省人事，但仍在本能地挣扎，两位太监从柴垛上下来，让军士点燃柴垛，一个时辰后，后赵的皇太子灰飞烟灭。在熊熊烈焰的对面，石虎在铜雀台上带着自己的后宫美人，观看了处决自己儿子的行刑全过程，宛若看一场大戏一般。

无论如何，一个父亲怎么能对自己的亲生儿子下得了如此毒手？

但这就是石虎，"残暴"是他一生的标签。事实上，这个场景对普通人来讲，简直是骇人听闻。但对于石虎来讲，似乎有些见怪不怪，因为他看到这样的场景并不是第一次，石宣是死在他面前的第二个皇太子。

一切都因为那个高高在上的位置！

石虎当年也是提着屠刀，在一片血泊中登上了这个位置，因为后赵的开国皇帝石勒并没有将这个位置交给他。

说起石勒和石虎的关系，有些复杂，可以肯定的是两人并非父子关系，有种说法是石虎是石勒哥哥的儿子，换句话说石虎就是石勒的大侄子。另一种说法是石虎是石勒父亲的义子，就是说石虎是石勒的义兄弟，因为石勒字"世龙"，石虎则为"季龙"，按当时的规矩，这应该是同辈的关系。不论何种说法正确，石勒比石虎约大二十岁，基本属于两代人。

或许就是这个年龄差距，早年石勒和石虎的生活基本没有交集。石勒十几岁时就被抓去做奴隶，没有考证石虎当时是否已出生，如果出生，也应该是嗷嗷待哺的婴幼儿。而石勒从那时起，就与家里失去了联系。

再次相见时，石虎已经是十七岁的大小伙子，命运真是很难捉摸，他是和石勒失散已久母亲王氏一起被送还到石勒身边，而这一切居然是作为敌手的西晋大将刘琨所为，目的是为了招降石勒，但石勒领取了大礼，却谢绝归降。

刘琨最终是"竹篮打水一场空"，让他万万没想到的是，自己给石勒送去一个干将、一个祸害，更是一个人渣。

"残忍"，是初来乍到的石虎给石勒留下的第一印象。

这位石虎刚来便不安生，好像有多动症，或许是青春期荷尔蒙无处发泄，总之这哥们天天在军营游荡，手持弹弓逮谁打谁，军中不少人被他所伤，被广大军士称之为"毒患"。

任性过头就是胡闹，石勒无法忍受这个小魔头，决定杀掉石虎以挽回影响，但毕竟是自己子弟，动手前还是请示一下自己的母亲，王老太太当即表示反对，她对石勒说："快牛为犊子时，多能破车，汝当小忍之。"意思是说，没有老老实实的千里马，有本事的都容易闯祸，先忍耐一下，石虎长大些就会变好了。

好吧，谁让她是自己的娘呢，石勒暂时打消了杀掉石虎的心思。

奇怪的是，王老太太的话居然应验，石虎或许听到一些风声，觉得再胡闹下去，后果会很严重，所以行为上收敛了许多。同时，他本来身材健硕，打仗也非常勇猛，有种"不要命"的劲头，很快便在军中崭露头角。

"不听母亲言，吃亏在眼前"，石勒不由得佩服母亲大人的远见，也打心眼里感谢刘琨给自己送来一个能征善战的大将，而石虎用一次次军功，彻底赢得了石勒的信任，特别是石勒建立"后赵"，定都襄国后，前方大部分战事都交给了石虎指挥。

"江山易改，禀性难移"，石虎很快又露出了自己"魔头"本色，不同的是，他由当年一个拿着弹弓到处弹射人的小魔头，变成了一个"杀人不眨眼"的大魔头，史书记载"至于降城陷垒，不复断别善恶，坑斩士女，鲜有遗类"。

石虎对身边人同样毫不留情。石勒安排他娶将军郭荣的妹妹为妻。石虎宠爱优僮郑樱桃，被他迷惑而杀死结发妻子，石虎继娶清河大户崔氏女儿。郑樱桃又在石虎面前讲二婚夫人的坏话，石虎又把崔氏杀了。

嗜血成性的石虎最喜欢的杀人方式是坑杀，就是活埋。

石虎的残暴甚至连自己人都看不下去，公元323年，石虎率军攻打拥兵自重的曹嶷，曹嶷坚持几个月后献城投降，石虎将城中三万多军民活埋，只剩下几百人，还想全部杀掉。被石勒任命为青州刺史的刘征正好赶来赴任，他见到这样的场景，对石虎说："你把人都杀光了，我给谁当刺史"，石虎这才罢手，总算给这位新到任的父母官留了七百余口。

二

显赫的军功，给石虎带来的是野心的膨胀，他自认为是后赵的头号功臣，论功行赏，即使得不到皇太子的位置，那二把手"大单于"非自己莫属。

现实给石虎一记响亮的耳光，石勒登上帝位后，封自己的长子石弘为皇太子，次子石宏为大单于，功劳最大的石虎只得到一个"中山王"的头衔，石勒这样做，有他自己的考虑，石虎功劳再大，毕竟不是自己的亲生儿子，所以皇位的候选人注定不可能出现"石虎"这个名字。

"岂有此理"，这四个字萦绕在石虎心头，但这份愤懑还不能表现在脸上，他对自己的儿子石邃私下说："主上自从建都襄国以来，端身拱手，坐享其成，靠着我身当箭石，冲锋陷阵。二十多年来，在南方擒获刘岳，在北方赶跑索头，向东平定齐、鲁之地，向西平定秦州、雍州，攻克十三座州郡。成就大赵功业的是我，大单于的称号应当授予我，现今却给了奴婢所生的黄毛小儿，想起来令人气愤，寝食难安！等到石勒驾崩之后，我不会再让他有后代活下去了！"自此石虎就埋下了对石勒家族的仇恨，只待石勒死后偿还。后来的历史证明，石虎不仅说到做到了，而且是连本带利。

石虎虽然内心充满愤恨，但表面上对石勒毕恭毕敬，石勒此时对他的贼子野心并没看得太清楚，倒是他下面的两个大臣，心里明镜似的，觉得照这样下去，石勒死后后赵必乱。

此二人，一个是程遐，另一个是徐光。

程遐是石勒的大舅哥，他的妹妹嫁给了石勒，生下了太子石弘。当年石虎攻克邺城后，受石勒之命镇守这座军事重镇，程遐便看到石虎精心营造这座昔日曹操营建的魏都，想变成牢不可破的根据地，他害怕长此以往会对自己外甥，也就是皇太子石弘不利，于是建议石勒改由石弘镇守邺城，以便树立太子权威。石勒听从他的建议，让石虎带家人离开邺城，派人重新整修邺城宫殿，让石弘成为邺城新的主人。

石虎对此恨得牙直痒，他对石勒敢怒不敢言，把气撒到了宰相程遐身上，一天夜里，一群强徒闯进了程遐的府上，把这位国舅爷兼宰相大人按在地上，痛揍一顿。然后当着程遐的面，把他的妻子、小妾、女儿轮流凌辱。事后，还将程遐家中的金银财物席卷一空，剥光了那些可怜女人的衣裙作为战利品，扬长而去。

石虎这样公开胆大妄为，石勒又是如何应对的？也只是将原车骑将军府所统的五十四营禁军万人，尽数配给石弘。而石虎则被派出带兵，对付前赵皇帝刘曜，此事就这样翻篇了。

看到石勒身体一天不如一天，程遐心里充满焦虑，如果不铲除石虎，太子石弘和自己的家族估计都将成为他的刀下之鬼，于是程遐站出来，明确对石勒说："石虎能力出众，群臣无人能及，但他除了陛下以外，对其他人都看不上，而且石虎性情残忍，他和他儿子都手握兵权，现在陛下在世不会有什么事情，倘若陛下有个三长两短，石虎绝不甘心做将来皇帝的臣子，不如趁早除掉这个隐患"。

程遐说得言辞恳切，但石勒并没有听进去。反而程遐说多了，石勒开始怀疑起程遐的动机，石勒由此突然想起一个人，那便是他效力过的汉国的权臣——靳准，这位汉国末代皇帝刘粲的老丈人，当年也极力劝说刘粲杀掉自己的兄弟，但在刘粲几乎把兄弟宗亲斩杀干净后，靳准却杀掉刘粲篡了位。

前车之鉴就在眼前，不排除程遐会成为第二个靳准，所以程遐越是劝谏，石勒就觉得他越危险，到最后石勒索性和他摊牌："今天下未平，兵难未已，大雅年少，宜资辅弼，中山系佐命功臣，亲同鲁卫，朕方欲委以重任，何至如卿所言。卿莫非因中山在侧，虽然身为帝舅，将来不得专政，故有此虑？朕已早为卿计，如或不讳，先当使卿参预顾命，卿尽可安心哩。"大意说，你这样积极，是否要想将来自己专权啊，石勒还略带讥讽表示请程遐放心，自己死之前，一定会任命他为顾命大臣。

石勒的话搞得程遐满心委屈，自己的一片忠心可鉴，没想到石勒会是如此解读，惊恐和冤屈一并涌上心头，不由得潸然泪下，但他还是坚持自己的观点，涕泣道："中山王虽然是皇太后抚养长大，但毕竟不是陛下的亲生儿子，若不除掉，恐社稷不复血食了。"

石勒一旦认为程遐只是为自己谋私利，他所说的一切自然也就当作了耳旁风。

开弓没有回头箭，程遐深知石虎的脾性，既然站出来决心要除掉石虎，不成功则只能成仁了，他自己劝不动石勒，就去找能劝动石勒的人，这个人就是石勒极为信任的徐光。他对徐光说："石虎最痛恨我们两个人，一旦陛下不在，我们两家在劫难逃，所以必须要劝说陛下除掉石虎。"

徐光觉得确实如此，决定找个合适的机会和石勒好好说说。有次石勒和他谈及自己最大的遗憾是吴蜀未平，就是说没有消灭东晋和成汉政权，徐光借题发挥，他说这些都是四肢的疾病，现在最重要的是要解除心腹大患。这一下调动起了石勒的好奇心，他还真不知道如今还有什么心腹之患。

"石虎"，徐光借机说出了这个名字，他借周武王死后管蔡武庚叛乱的故事，说石虎和他们是一路货色。石勒最爱听历史故事，也喜欢从这些故事中吸取教训，听徐光这样一说，石勒顿时陷入沉默，但迟迟没表态。

徐光看到石勒的表现，心里顿时清楚，这位皇帝很难下决心除掉为后赵摧城拔寨的石虎，只能退而求其次，他表示皇太子石弘是仁孝之人，而中山王石虎素来残暴，将来陛下不在，太子根本就不是中山王的对手，应该从现在开始让太子多多参与朝政，快速树立威信，进而打击中山王的权威，这样才不会形成主弱臣强的局面。

这话终于说到了石勒心里，作为开国之君，他并不糊涂，知道石虎对于将来的君主是一个很大的威胁，但石虎劳苦功高，而且是宗亲，如果不明不白地就这样除掉，他于心不忍，石勒一直在琢磨找到一个能够平衡左右的方案，既不杀石虎，同时能解除他对皇权的威胁，徐光这个建议，在他看来似乎能达到这个目的。

说干就干，石勒当即下令让太子管理日常政务，石虎暂时被晾了起来。但这根本上就是自欺欺人，因为石虎手中最重要的权力是军权，不把他控制的"枪杆子"夺走，石勒所做的一切不过是"认认真真走过场"。

石勒的优柔寡断，最终付出的代价超乎他最坏的想象。公元333年七月十五，石勒驾崩，死之前他遗命石弘兄弟要吸取司马氏自相残杀的教训，应相互友爱帮助，他叮嘱石虎要学周公、霍光，不要做让后世唾弃的事情。

喜欢听别人讲故事的石勒，想必没有听过"与虎谋皮"的故事，他将自己的梦想保留到生命的最后一刻，相比于梦想的丰满，有时现实不仅仅是骨感，还有可能是粉身碎骨般的惨烈。

三

石勒刚刚咽气，石虎便让自己的儿子石邃带兵入宫，先控制了皇太子石弘，接着逮捕了程遐和徐光。石弘哪里见过这种阵势，顿时瘫软，随即强烈要求把皇位让给石虎。石虎并不领情，石弘泪流满面，表示自己无才无德，不堪大任，总之坚决不能继位称帝。石虎拉下脸来，表示是否不堪等以后再说，现在石弘必须登基。

历史上，被迫禅让或退位不少，像石弘这样被逼迫当皇帝的，实在少见。

两颗人头成为庆祝新皇帝登基的礼物，二人便是程遐和徐光，他们对此早有预料，劝不动石勒除掉石虎，其实就意味着，石勒驾崩之日，就是他们灭族之时。

杀掉程遐和徐光，是石弘作为皇帝颁布的第一道诏令，第二个诏令便是拜石虎为丞相、魏王、大单于，加九锡，总统朝政。石虎诸子镇守重镇，掌握兵权，石勒原来的旧臣全部调任闲职，空出来的位置由石虎的亲信来把持。这些诏令显然不是新皇帝的真实意思表示，说到底，从即位伊始石弘只是个幌子、一个橡皮图章而已。

哪里有压迫，哪里就有反抗，石勒一族自然不甘被石虎欺凌，最先站出来的居然是个女人，她便是刘太后，这位刘太后很能干，当年经常与夫君石勒一起决断政事，史书称"有吕后之风"。

石虎夺权后下令将原来的东宫改为崇训宫，将石弘、刘太后等全部迁入居住，实际是给幽禁起来。有"吕后遗风"的刘太后不肯让石虎决定自己的命运，他秘密联系石勒的养子彭城王石堪，两人见面后，刘太后写了密诏，让石堪带出都城，联系石勒其他几个儿子，让他们带兵勤王以夺回权力。

石堪化装后成功逃离襄国，但后来被石虎派出的人马逮住，后果可想而知。石虎的杀人方式千奇百怪，核心却只有一个，便是不能让仇敌痛痛快快死去，必须要受尽人世间最痛苦的折磨，石堪的死法是被小火烤炙，宛若烤肉一般，而刘太后死得稍微痛快一些，她被一刀捅死。

石勒一族不甘心坐以待毙，关中的河东王石生和镇守洛阳的石朗相继起兵，讨伐石虎。这一切都在石虎的意料之中，他亲率大军来攻洛阳，因事前有预案，所以进军神速，石生还没来得及援救，石朗已经成为了阶下囚。

石朗死得照样很惨，双脚被砍断，折磨够了然后被一刀杀死。接下来石虎率军直扑石生，这个河东王并不好对付，潼关一战，石虎大败。但石虎收买了石生军中的鲜卑部队，这些鲜卑人本来就是雇佣军，谁给的价钱高就帮谁，结果临阵倒戈，搞得石生猝不及防。

石生虽然难逃一死，但还算死得爽快，他被手下一刀杀死，如果落到石虎手中，恐怕要痛苦万倍。

石弘再一次坐不住了，石虎刚刚班师回朝，石弘便拿着玉玺来见石虎，意思还是一样，态度更加坚决，就是这个皇帝自己绝对不干了，一定要让给石虎，石虎则觉得这位皇帝有些自作多情，当不当皇帝他自己说了算吗，用得着这样自告奋勇吗？

石弘碰了一鼻子灰，他有了一种很强烈的不祥预感，回到宫中和自己母亲程太后说："看来我活不成了，先帝的子孙也会被杀得精光"，母子两人抱头痛哭，想必石弘此刻最大的哀叹便是自己为何要生到帝王家呢。

所有人都看出，石虎篡位已经进入了倒计时，唯一的问题是要采取什么样的方式，不少大臣看来，"禅让"无疑是最好的方式，不仅有成熟的操作经验，道义上也没有任何问题。但在石虎看来，禅什么让，完全是形式主义，与其这样多费手续，不如直接废黜更加干脆。

于是，石虎下令废黜石弘为海阳王。没过几日，石弘的预感变成了血淋淋的现实，好不容易"丢掉"皇位的石弘和他的母亲程太后，以及他的兄弟秦王石宏和南阳王石恢，都被一并处死。

石弘死时只有二十一岁。

石虎终于实现了当年立下的承诺，杀光了石勒一族，但他并没有急于称帝，而是暂称居摄赵天王，古话说，天下不可一日无君，但后赵却出现了皇帝空档期。

石虎在空档期也没有闲着，他忙于搬家，将都城从襄国搬到邺城，随之而来就是在新都城大兴土木，修建了大量宫殿，雕梁画栋，金银装饰，奢靡之极。有了宫殿，总少不了美人，石虎下令从各地搜掠女子达一万多名，并挑选出众的数千人组成仪仗队，她们戴着紫纶头巾，穿熟锦制作的裤子，用金银镂带，用五彩织成靴子，手执羽仪，鸣奏军乐，跟随石虎游巡宴饮，这大概是中国历史上第一支女子仪仗队。

石虎的所作所为，将石勒时期的节俭之风彻底抛掉，历史一再证明，暴虐、荒淫和奢靡是经常捆绑在一起的联合词组。

四

公元337年，一直在当皇帝问题上扭扭捏捏的石虎改称"大赵天王"，追赠父祖，然后立石邃为太子。

谁曾想到，石虎下一个要杀的人就是太子石邃。

这位石太子，从少年时代起就跟随父亲四处征战，石虎对他很喜欢，所以毫不犹豫便立他为太子。石虎逢人就讲，司马氏父子兄弟相残，才给了别人机会，我和石邃的父子情深，不可能像司马家族一样。

只是石虎忘了一句俗语——"有其父必有其子"，谁曾想这个太子比他父亲还变态残暴，他宠幸美女时，经常突然变脸，将她们活活杀死，然后砍下头颅，洗净血污，放置在精美的盘子上，让亲近的人观赏，评选哪一个更漂亮。

他还派人到外面找一些清纯秀美的尼姑，召进宫中奸淫后杀死，然后将她们的尸体切碎后，和牛羊肉加上调料一起煮熟，与手下一起分享。他还有一个癖好，便是半夜带着一批卫士突然闯进大臣的家中，强暴他们的妻妾，然后扬长离去。

以上种种表现，用现代医学观点来看，石邃在精神上应该存在严重问题，和禽兽相差无几。

作为大魔头的石虎，对自己儿子这种丧心病狂的做法并没有太在意，他将屠刀挥向石邃的原因，是因为石邃先将屠刀挥向了他。

作为皇位的继承人，石邃这样迫不及待，大概有两个原因：一是石邃虽被立为太子，但石虎却总表达对另外两个儿子石宣和石韬的喜爱，这让石邃感到了威胁；二是石虎的喜怒无常让这位太子很难适应。

有时候石邃向石虎汇报工作，石虎表现得很烦躁，觉得这种小事为何还来汇报，石邃不去汇报，石虎又发怒，怒斥他为什么自己做主而不来禀报，石虎生气时经常采用体罚措施，当众用鞭子抽打石邃，搞得这位太子实在没有面子。

石邃的忍耐渐渐到了极限，他对东宫的属下李颜等人说："我想行冒顿之事，你们肯跟我吗？"冒顿单于当年鸣镝弑父，自己取而代之成为了匈奴领袖。石邃说出这样的话，说明此时他对自己的父皇已起杀心，李颜等人听后大惊失色，吓得大气不敢出。

既然横竖都不行，石邃索性破罐子破摔，称病不上朝。于是，石虎派宫中的女官前去探望，按说这位石太子，装装病完全可以对付过去，但他表现得却像一个精神病的重度患者，想都没想一刀杀了父亲派来的女官。

石虎闻讯大怒，他派人将李颜等东宫官员抓来，大刑伺候后，东宫官员很快招认，说太子有谋反之意，石虎下令将李颜等三十多人全部斩首，然后派兵将石邃软禁在东宫。不过生气归生气，石虎此时并没有下决心杀掉自己这个儿子，毕竟石邃和他东征西战，既有苦劳，更有功劳。

阎王爷看上了石邃，似乎逃都逃不掉，过了几日，本来石虎怒气已消了一些，决定见见石邃，如果此时石太子能够痛哭流涕，恳请自己父皇饶恕，太子之位不一定能够保住，但留条性命应该问题不大，但不知是石邃实在无法忍受这样的折磨，还是精神真的出了问题，"朝而不谢，俄而便出"，他什么都没有表示，堂而皇之地拂袖而去。

石虎很生气，他当即下令贬石邃为庶人，当夜，派兵士将石邃、太子妃连同他们的子女共二十六人全部杀死，将所有尸体装在一个大棺材里，扔到荒郊野外，接着将东宫门客等二百多人全部杀光，他们没招谁没惹谁，只因是和东宫有瓜葛，便身首异处。

石虎将石邃灭门后，立另外一个儿子石宣为太子。谁曾想到，几年后，石邃的魔咒又降临到石宣身上，而且更为惨烈。

五

石虎是个闲不住的暴君，刚把太子一家灭门，便要出兵讨伐东北的鲜卑段辽部，他们时常侵扰后赵的边境，石虎早就想收拾，此时他得知前燕也想攻击段辽，两家达成一致，一个南攻，一个北伐，意图一举将段辽消灭。

除了杀儿子，打仗是石虎最喜欢也最擅长的事情，他亲率二十万大军向辽西杀来，前燕的慕容皝也按约领兵前来，只是他打了一个胜仗，获得不少战利品后，没有和石虎打招呼就班师回朝。本来说好的两路夹击，变成了石虎的独角戏。

不过他这个独角戏唱得不错，在石虎大军的攻击下，段辽部遭遇了灭顶之灾，但得胜后石虎并没有罢手，他将矛头指向了前燕，理由是慕容皝说话不算数，其实所有人都看得出，这只是石虎找的一个借口，他是想趁势将前燕也灭掉。

跑还是战？面对咄咄逼人的石虎，这两个字一直萦绕在慕容皝的脑中，在手下的劝说下，他决定殊死一搏，这个决策实在英明，在战场上很少失手的石虎，此次栽了一个大跟头，他率大军强攻前燕，没占到半点便宜，反倒在撤军途中被前燕军队突袭，溃不成军，狼狈逃回襄国。

耻辱！这一战败对石虎打击甚大，他哪里能咽下这口气，决定大举征兵征粮，意图一洗前耻，史书记载，家有五个男丁的征三人，四个男丁征两人，三个和两个男丁的征一人。可是石虎做梦也没想到，慕容皝敢先动手，他率军绕过长城，突袭幽州、冀州，掳去三万人，并烧掉了石虎大量的备战物资。

一夜回到"解放"前，石虎不得不暂时搁置对前燕的进攻。但这位暴君此时还没有失去野心，而且失败居然让他的胃口变得更大，想同时收拾东晋、前燕和西凉，他命令在河南、西北、东北各处备战，征兵征赋征粮的规模比上次大得多，这对百姓来讲，简直可以用"浩劫"来形容，许多人家无力承担，只能卖儿卖女，道路两边经常能看到走投无路的穷人，选择用自缢来了断此生。

石虎把声势搞得很大，但实际效果却奇差无比，对前燕、东晋没有斩获，而在进攻西凉时，大败而归，损兵折将。这一系列的失败，终于让这个颇有心气的暴君，像泄了气的皮球，对平定天下彻底丧失了信心。

何必这样难为自己呢，不如好好享受皇帝的生活。

对于生活在后赵的百姓来讲，活在石虎时代算是倒了大霉，他打仗，百姓民不聊生，他闲下来，百姓更不聊生。

石虎喜好打猎，虽然到后期他已经胖得骑不了马，但并不妨碍他的这一兴致，他划定了一个空前巨大的猎场，从今天河南北部的延津县到山东东南部的沂南县，面积之大想必创造了吉尼斯世界纪录，他下令百姓不得伤害猎场的动物，一经发现，统统杀头。

这为看守猎场的官员提供了生财之道，他们经常向猎场附近的百姓勒索，如果不从，就搞一只死兔子扔到百姓家门口，诬陷他们"犯兽"，因这个缘由被处死的有一百多家。

简直禽兽不如。

石虎还有一个爱好便是美色，他下令二十岁以下，十三岁以上的女子都编入名籍，以待甄选，据史书记载，后宫最多时有四万多人，这似乎又是一项吉尼斯纪录。其中不少女子已嫁为人妇，这对石虎都不算事儿，丈夫不同意，便杀夫夺妻，搞得后赵地区的百姓纷纷逃亡。

上有所好，下必甚焉。在超级人渣石虎的统领下，后赵的朝廷聚集了一群人渣，对于石虎的残暴荒淫，很少有人站出来劝谏，个别有胆量的，都成为刀下之鬼，臣子们争相献媚，让石虎觉得自己所做的无比伟大光荣正确，他在邪恶的路上越走越远。

连和尚也出来凑热闹，一位名叫吴进的和尚出馊主意，他说："胡运将衰，晋当复兴，应当让汉人服苦役，以压制他们的气势"，坏和尚的这一建议，带来的后果是十六万汉人被征发，昼夜不停地修筑华林苑和邺城城墙。

有人实在看不下去，借着天文星象变化进谏，石虎大怒，表示："即使宫苑和城墙早晨建成，而我晚上死去，也死而无憾"。

常说"朝闻道夕可死"，这个暴君倒好，来了一个"朝建成夕可死"，可见已经属于油盐不进、无药可治了。

六

石虎的潇洒日子没过几天，令所有人大跌眼镜的事情发生了，那便是父子相残的一幕又一次上演。

在杀掉第一个皇太子石邃后，他立石宣为太子。生在这个变态家族，这位新太子和他老爸、老哥是一丘之貉。有次他奉石虎命令，率大军巡视全国，每到一地，下令士兵们将方圆百里的禽兽尽数驱赶到自己驻地，围猎为乐。这番巡行下来，所经三州十五郡府库一空，随行士卒因饥寒交迫而死者，竟高达一万多人。

这一幕父子相残的血淋淋大戏，先由兄弟相残作为开场。追根溯源，始作俑者还是石虎本人。

杀掉石邃后，石虎觉得永远不会再发生父子相残的事情，有一次，他让石宣树天子旗，带大队人马去求福，石虎在后宫的最高处，看着太子带着十几万人浩浩荡荡出邺城城门而去，高兴地说："我家父子如此，除非天崩地陷，还有什么值得担忧的事情，我只消抱子弄孙享天伦之乐了"。

遗憾的是，石虎最大的毛病是"不记死"。

想当年，皇太子石邃所以铤而走险，和石虎没有处理好几个儿子的关系有很大关系，这次则更加致命，石虎虽然立石宣为太子，但心里更喜欢小儿子石韬，而且这份喜欢并未暗藏于心，而是落实到朝政中，他让石韬拥有和石宣一样的权力，一碗水端平的结果使得兄弟相残成为高概率事件。

石宣作为太子对此感到相当不爽，石虎让他树天子旗率大军出行，本来让石宣感受到前所未有的扬眉吐气，但没高兴多久，石虎让石韬如法炮制，也来了一回，规模丝毫不亚于石宣这次，只是方向相反，一个向东，一个向西。

更让石宣坐卧不安的是，从宫里传出石虎的一句话——"我后悔不立石韬为太子"。

石虎犹犹豫豫间，把自己搞成了这场兄弟和父子相残大戏的总导演。如果想让石韬继承皇位，就应该早下决心，废石宣而改立石韬。如果还想让石宣当太子，就应该限制石韬的权力，树立太子的权威。石虎却反其道行之，既让石宣坐着太子的位置，又处处给石韬无限的希望，在他的调度下，一场兄弟相残的悲剧如期上演了。

整个事件的导火索是"宣光殿事件"，石韬在自己的太尉府建大堂，起名叫"宣光殿"，大梁长达九米，这个长度显然有些违制，石宣听说了，感到很生气，又听说殿堂名字中有个"宣"字，触犯自己的名讳，石宣觉得自己这位弟弟太不拿自己当回事儿。

你不仁休怪我不义。石宣派人闯入太尉府，杀了几个正在施工的工匠，并将九米的大梁一砍为二。石韬听说后，对他这位太子哥哥所作所为感到很生气，不让我建俺偏要建，而且要加大规模，他招纳更多的工匠，把大梁从九米延长到十米。

欺人太甚！石宣觉得是可忍孰不可忍，大怒之下，他让心腹杨杯、牟成、赵生潜入太尉府，暗杀了石韬。

这下该石虎伤心了，"哀惊气绝，良久乃苏"，杀人如麻的石虎居然为此休克过去，看来他对小儿子石韬确实是真爱。痛哭之后，他决定去石韬府上吊唁，手下大臣劝谏说石韬之死非常诡异，背后恐有阴谋，君主不能擅出。

这句话救了石虎，也决定了石宣的命运。

石宣杀掉石韬后，他也深知后果的严重性，索性一不做二不休，想趁石虎吊唁之即，杀掉自己的父亲，但是石虎不出宫门一步，搞得石宣一点机会也没有。

石宣和他的老爹一样，是个"大头症"患者，史称"临韬丧，不哭，直言呵呵"，看上去石宣根本就不是去吊唁，而是为了验明正身，他仔细看了一下石韬的尸体，确定是自己弟弟无疑，觉得浑身舒爽，然后大笑而去。

好一个"呵呵"，石宣的表现，第一时间传到石虎的耳中，本来石虎就怀疑真凶是石宣，这下更验证自己的想法，他决心杀掉石宣以祭奠石韬，但又担心石宣不肯入宫就范，石宣和石韬是同一个生母，石虎派人召石宣进宫，假称他的母亲因过度悲伤而晕倒，危在旦夕。石宣兴奋过了头，也没有丝毫怀疑，离开东宫前往皇宫，谁知这一走便永远回不来了。

七

　　石虎软禁了石宣，然后派人去抓石宣的心腹，很快便知道了事情的来龙去脉，自己的怀疑终于被验证，他要用一个儿子的鲜血去祭祀另一个儿子的亡灵。

　　于是，便出现了文中开头的那一幕。

　　石宣最小的儿子只有五岁，聪明伶俐，非常可爱，石虎很喜欢这个孙子，一直留在自己身边养育，杀掉石宣后，兵士和太监要杀他的这个孙子，这个孩子紧紧抓住爷爷的衣袖，哭着大喊："孙儿我没有罪啊"。在石虎犹豫之际，杀红眼的太监对这个孩子当头一刀，最喜欢的孙子血淋淋地倒在了自己身前。

　　石虎觉得还不解恨，命人将石宣的骨灰撒到各个城门的大道上，任由人践踏，然后下令处死全部东宫官员、太监和将领，将他们尸体肢解后投入漳河喂鱼，最后下令将东宫的将士贬至凉州进行"劳动改造"。

　　又一次成功将太子灭门后，石虎开始琢磨新的太子人选，这次他决心痛定思痛，一定要汲取以前的教训。在石虎看来，以前的失败主要原因是太子年龄太大，一过二十岁就想着杀爹，这次他表示要用"纯石灰"好好洗洗肠子，一定要选择一个合适的太子。

　　最终，他选择了只有十岁的石世为太子，他琢磨着再过十年，倘若石世也迈入"杀爹"序列，自己估计已不在人世了，这样的想法实在可笑，或许是前两任皇太子的事情，给了他深深的刺激。但他做出这样的选择，为整个羯族的覆灭埋下了祸根。

继承人搞定后，石虎终于要当皇帝了，这个一直自称"大赵天王"的大魔头决心要给自己一个名分，公元349年，石虎正式称帝，大赦天下，但唯独不包括在西北劳改的那些东宫卫士。

乱子就出在这些"劳改犯"身上。

这些卫士们过去耀武扬威，现在虎落平川，任人欺凌，好不容易等到大赦的机会，却又不在范围之内，于是在一位叫作梁犊的头领带领下，索性反了，他们原本就是训练有术的正规军，能骑善射，一路上势如破竹，攻取荥阳、陈留等郡。

石虎本来想亲征平叛，但此时大病一场的他，已经有心无力了。他令儿子燕王石斌为大都督，统帅大将军姚弋仲、车骑将军蒲洪等人，率军讨伐梁犊。

姚弋仲出征前来到邺城，要求觐见石虎。但石虎病重，不愿意见他，只是赐给他美食。谁知姚弋仲怒而不食，生气地说："召我来是杀敌的，不是吃饭的，所以要见皇上以求面授方略，皇上不露面，谁知他是死是活。"

没办法，石虎强撑病体接见姚弋仲，没想到一上来，这位羌族大将对石虎冷嘲热讽："儿子死了，汝愁出病了，早干嘛了。儿子小时候时不找好老师教导，所以导致兄弟相残、父子相残。如今汝又选了个小孩子为太子，假如汝病不好，天下必然大乱。你应该为此而担忧，至于梁犊等贼人，收拾他们分分钟的事情。"

面对石虎这样的暴君，姚弋仲竟然不称"陛下"，而是"汝来汝去"，言语间充满讥讽之意，但石虎并没有怪罪他。其实，这并不是姚弋仲第一次冒犯他，早在石虎杀掉石弘自立为帝时，姚弋仲称病不来朝贺，经石虎不断召见才到，他没好脸地对石虎说："汝是辅佐之臣，为何反而夺权？"说来也怪，杀人不眨眼的石虎独独对姚弋仲异常大度。不过，姚弋仲对得起他的大度，他和蒲洪率军很快便平定了梁犊之乱。

平叛不久，石虎便一病不起，他下令燕王石斌为丞相，彭城王石遵为大将军，他觉得这样的安排很精巧，两个成年儿子一个主内一个主外，共同辅佐另一个未成年儿子，同时他任命张豺为镇卫大将军、领军将军、吏部尚书，共同辅政。

令这位大魔头想不到的是，他还没有咽气，一场内讧又在石家上演。

石虎的刘皇后害怕石斌辅佐朝政，对自己的儿子，也就是太子石世不利，因此和张豺一起谋划想除掉石斌。他们趁石虎病重假传诏令，召石斌进京，然后称石斌毫无忠孝之心，派张豺的弟弟张雄率宫中的龙腾卫士五百人将其软禁起来。

公元349年，四月二十三日，石虎终结了他罪恶的一生。

石虎刚死，刘太后和张豺便迫不及待杀死了石斌。但人算不如天算，他们漏掉了另一个重要人物——石遵。石遵得知老爸石虎的死讯，屯兵于河内。姚弋仲、蒲洪、石闵等讨伐梁犊后和石遵在李城相遇。他们一起劝石遵起兵讨伐刘太后和张豺。

石遵当然愿意，他统帅大军向邺城扑来，张豺远不像他的名字那样凶悍，只是草包一个，他见大势已去，便大开城门，跪迎石遵进城。这位彭城王进入邺城的第一件事，便是将张豺夷灭三族。接着废掉石世，然后将石世和刘太后这娘儿俩一并杀掉，自己取而代之。

八

石遵的龙椅坐得并不牢靠，还没怎么着，镇守蓟城的沛王石冲就起兵讨伐，他四处传檄，到了常山时已经有十万之众。石遵大惊，派义弟石闵率军迎击石冲。

他此时不会想到，正是这位义弟后来将整个羯族杀得一个不剩。

石闵是石虎的养孙，他原本姓"冉"，由于他父亲冉良被石虎收为养子，由此整个家族改为"石"姓。石闵年轻时就果断敏锐，东征西战立下不少战功。石闵这次受命出征非常顺利，大败石冲的反军，石冲兵败被抓后赐死，他的三万士卒都被石闵坑杀。

石遵的皇位坐稳了，但他忘记了自己对这位义弟的承诺。当年在李城起兵向邺城进发时，或许为了激发石闵的斗志，他一本正经地对石闵说："大事成功后，我会立你为太子。"石遵或许压根儿没把这句话当回事，灭掉石冲后，他立石衍为太子。

石闵对这句话很在意，由此他颇感失望，更让他不能接受的是，石遵非常忌惮他，不仅不让他掌控朝政大权，反而处处牵制他。不过石遵也是志大才疏，不知道"打蛇要打七寸"，虽然他在朝政中处处限制石闵，但却没有剥夺他的军权。石闵却非常重视收买禁军将领的人心，为他们请功封赏，还请将宫中长得好看的宫女赏给他们为妻。而石遵则经常任意剥夺禁军将领的官职，这样一来，整个禁军全部倒向石闵。

石遵对这位义弟的表现有所警觉，有些心腹也悄悄地建议，应该剥夺石闵军权，然后杀之以绝后患。石遵始终下不了决心，他决定召开"家庭会议"来讨论这个重大议题，出席会议的有自己的母亲郑太后，还有石鉴等兄弟。

石鉴等人都同意收拾石闵，到最后该郑太后表态，她说："从李城会师进京，若无石闵岂能有今日！他略微有些骄纵，不可动辄杀他。"就这样，一票否决了诛杀石闵的议案。但没想到的是，参加完会议的石鉴出宫后，便立马派人将会议情况通报了石闵。

已经到了生死存亡之际，石闵没有任何犹豫，立即召集禁军冲进皇宫，石遵还没搞清楚怎么回事，便成了刀下之鬼。一同被杀的还有为石闵说话的郑太后，以及太子石衍等。

关键时刻告密的石鉴成为了新皇上，他封石闵为大将军、武德王。封另一位功臣李农为大司马，录尚书事。

"翻云覆雨"，是石鉴为人的最大特征，刚刚加封完石闵和李农，他就派石苞、中书令李松、殿中将军张才等人在夜里到琨华殿欲杀掉石闵和李农，但没有成功。石鉴生怕石闵知道内情后收拾自己，便假装不知此事，当夜杀死石苞、李松、张才灭口。

此时石虎另一子石祗在襄国，与姚弋仲、蒲洪等共同起兵讨伐石鉴、石闵、李农。石鉴任命石琨为大都督率领七万步骑兵分几路讨伐石祗等人。邺城内几位石家兄弟石成、石启、石晖想着趁乱谋划诛杀石闵、李农，但这几位要啥没啥，石闵、李农不费吹灰之力就将他们诛杀了。

接下来登场的是担任龙骧将军的羯族人孙伏都，他秘密集结了三千多羯族士兵，埋伏在皇宫内，准备趁石闵、李农进宫时诛杀他们。这件事情石鉴并不知情，当时他正在皇宫的制高点中台赏景，突然看到孙伏都指挥一群羯族士兵正忙着堵塞阁道，石鉴大惊问他想干什么，孙伏都说："石闵、李农等人谋反，已经聚集在东掖门，我带领着卫士保卫陛下。"石鉴说："你是功臣，好好为朕效力。朕从台上观望着你，杀伐之事无须向朕报告。"

一场混战在皇宫内展开，孙伏都兵败被砍头，从凤阳门至琨华殿，羯族人横尸遍地，血流成河。石闵宣布："六夷胡人有敢持兵器者皆斩！"也就是说，所有敢拿兵器的胡人都要杀。同时石闵下令将在中台上看热闹的石鉴幽禁起来。

现在该邺城城内的胡人着急了，他们害怕被杀，纷纷出逃，石闵再次下令"自今日起，与官同心者留下，不同心者听任各自离开"。什么才是与官同心，如何又不同心，这个没有什么具体标准，导致的结果是城里的羯族和其他胡人带着金银细软举家外逃，而城外的汉人则扶老携幼往城里涌，一时间邺城城门交通堵塞。

石闵看到此种景象，心里终于明白，"汉人"是他一生永远不可能抹去的身份，胡人根本不会为自己所用，于是，石闵"认祖归宗"从此改名"冉闵"，同时颁布《杀胡令》，"斩一胡首送凤阳门者，文官进位三等，武职悉拜牙门"。

从现在起，我们可以改口他为"冉闵"了。

九

《杀胡令》一出，胡人的末日便到来了。一日之间，就有数万颗人头被扔到了凤阳门外的广场上，冉闵亲自率领汉人诛杀胡羯，不论男女老少一律杀头，死者达二十余万，尸体在城外，全被野犬豺狼所吃。邺城外的各边镇，当地的军队依照冉闵的命令杀了大量胡人，有些鼻梁长得高胡须多的汉人倒了霉，被错杀后人头被用来领赏。

现在该汉人"扬眉吐气"了，后赵建国以来，一直采用胡汉分制的政策，包括羯人在内的胡人成为高高在上的统治民族，而汉人则成为被欺辱的对象，当年身为当朝宰相和国舅的程遐被石虎欺负成那样，也只能"打掉牙齿往肚子里咽"，归根结底因为他是个汉人，身居如此高位的程遐尚且这样，一般汉人的生活便可想而知。

如今积压太久的仇怨终于像火山一样喷发，当时河北、山西、山东、河南等汉人都纷纷起兵，仅邺城及周边，就有二十多万羯人被杀。

不甘心失败的石琨等人带着七万大军，向邺城杀来，想来个"反攻倒算"，但冉闵此战表现异常神勇，他手执两刃矛，飞驰杀入敌阵，犹如无人之境，他手下的将士看到自己的主帅如此不要命，也都打了鸡血，一个冲锋下来，斩杀对方首级三千，石琨等大败，狼狈逃回冀州。

石鉴的末日来到了，冉闵与李农带领三万骑兵讨伐后赵大将张贺度，被幽禁的石鉴想做最后一把努力，他派一个太监带着密信出城，征召外面的羯兵趁冉闵不在来进攻，谁知这位太监一出城，便把密信直接送给了冉闵，他立即回师，冲入皇宫，将石鉴杀掉，又杀光邺城内石虎所有的三十八个孙辈。

如今石虎十三个儿子，只剩下了两个，石祗和石琨。

石祗在石鉴死后，便在襄国称帝，改元永宁，一时间镇守地方的胡人头领纷纷响应。同年四月，石祗派石琨率军十万攻打邺城，冉闵在邯郸大败石琨，死者数以万计。转过年冉闵攻打襄国长达一百余日，石祗非常恐惧，于是去掉帝号，改称赵王。石祗派使者向前燕的慕容俊、姚弋仲求援，三方加起来共十余万，大败冉闵的将领胡睦、孙威。

后冉闵大败石祗的将领刘显，追至阳平，斩杀三万余人。刘显心生畏惧，秘密请求投降冉闵，刘显杀石祗和太宰赵鹿等十余人，将石祗首级送至邺城，冉闵下令焚烧了石祗的首级。

最后的幸存者石琨，看到大势已去，千里迢迢跑到东晋，结果却被收捕，斩于闹市。

至此，石虎的十三个儿子，两个被他自己处死；五个自相残杀而死；五个被冉闵灭掉，一个投靠东晋后被杀，全部死于非命。石虎一生造孽无数，最终"断子绝孙"。

更大的报应在于，作为中国最古老的民族之一，曾经无比强悍的羯族从此消失在历史中。表面看，羯族的消亡好像是冉闵所为，但追根溯源，灭族的"最大功臣"当仁不让是石虎。他用自己禽兽般的胡作非为，不仅将儿子和后赵王朝送上黄泉之路，也将整个羯族送上了灭族之路。

滚滚的历史长河中，因荒淫无道丢掉皇位和社稷的帝王不少，但像石虎这样，以一己之力毁掉整个种族的实属罕见。

天作孽，犹可违；自作孽，不可活！

王导：我就是我，颜色不一样的花火

一

暮春的江南，正是一年中的好时光，草长莺飞，花红柳绿。

但在建康城外的新亭，一场正在进行的酒宴中，有人看着眼前的美景，不禁感叹："风景没什么不同，只是举目所见的却是长江而不是黄河了"，听罢，众人本来还好的情绪顿时变得黯淡，以致相互垂泪，此时有人站出来，变色说道："大家应该全力为国效力，收复神州失地，何至于像楚囚一样，相向哭泣呢"。

说此豪言的是南渡的北方名士王导，这次事件就是历史上有名的"新亭对泣"。

美酒＋美景，理应"一杯接一杯"，为何这些人如此悲戚，可以概括为五个字——"有家不能回"，他们都是晋人，或者更确切地说，都是北方有名望的大士族，但此时却只能偏安江南，看着"长江"想"黄河"，因为此时长江以北已经是匈奴人、羯人、鲜卑人的天下，西晋朝廷虽然还在维持，但已经是苟延残喘，进入了消亡倒计时。

说心里话，他们更应该庆幸，如果不是几年前，跟随着一个西晋王爷来到这片陌生的土地，如今估计早已成为了胡人的刀下之鬼。这个王爷就是后来东晋的开国皇帝司马睿。

司马睿或许是历史上活得最憋屈的一位开国皇帝。

首先对他的身世便众说纷纭，焦点在他到底是一位皇子还是一个平民的私生子，这两种身份简直就是一个天上一个地下。

说他是私生子还真不是坊间八卦，有不少史书为证。说的是曹魏时期，有一本流传很广的谶书叫《玄石图》，上面记有"牛继马后"的预言。司马懿开始不解何意，后想到自己手下有个将领叫牛金，他忽然想起这个预言，心里十分忌讳，便杀了牛金。

司马懿自以为牛金已死，子孙便可高枕无忧坐享福贵了，殊不知世事难以预料。司马懿的孙子司马觐袭封琅琊王后，其妻夏侯氏被封为妃子。夏侯氏人很风流，没多久就与王府也叫牛金的一个小吏勾搭成奸，后生下了司马睿。

所以，后世有人戏称司马睿为牛睿，把东晋也称作"南朝晋牛氏"，这名字真心不好听，但确实有一些人就这样认为，这里面包括明朝那位在狱中自杀的著名思想家李贽。

不过，正统的说法还是司马睿动脉里流的是司马家的血，他的曾祖父是司马懿，祖父是琅琊王司马伷，他的父亲是承继了琅琊王的司马觐。

作为司马家的王爷，很难躲过那场惊天地泣鬼神的超级内讧——八王之乱。唯一幸运的是他很早就遇到了王导，这似乎是他在当年唯一的知心朋友。他劝司马睿要离开邺城这个是非之地，回到自己的封国静观其变。

想走哪那么容易，当时成都王司马颖将晋惠帝挟持到邺城，他下令一切关口、渡口不让司马氏王爷和大臣通过，司马睿虽乔装打扮，但到了黄河渡口，还是被拦住，幸亏有个手下灵机一动，用马鞭抽打司马睿所骑马匹的屁股，故作轻松说："成都王下令禁止贵人出行，你个看房子的小芝麻官怎么也被拦到这里了。"守渡口的卫士一听还真以为司马睿是个看房小吏，就把司马睿给放了过去。

大难不死，必有后福。运气很快就站到了司马睿一边，他最大的运气是跟对了领导。

司马睿在乱世之中选择了东海王司马越，这位王爷后来成为八王之乱最后的胜利者，司马越起兵后，让司马睿留守下邳，也就是让他为自己守护后方，这是司马睿获得第一份正经差事，他让王导担任管军事的司马，这两位就此正式确立了上下级关系。

二

再说说王导，他出身名门大族琅琊王氏，年轻时也算是个公子哥。此类大家族的公子，一般来讲从小受到良好教育，所以通常气度不凡，颇有才华，王导也不例外，从小他便跟兄长王衍以及族长王戎参加各类名士聚会，增长了不少见识。十四岁时，陈留高士张公在见到他后非常惊奇，对他的从兄王敦说："这个孩子的容貌气度，是将相之材。"

王导很早就世袭祖父王览的爵位，日子过得很惬意。按照正常规律，他应该可以做一个不小的官，然后衣食无忧悠悠闲闲地过完一辈子。但他却赶上了一个前所未有的乱世，所幸他遇到了琅琊王司马睿，其实更准确应该说，司马睿有幸遇到了王导。

王导很快便展现了他出色的战略眼光，他看到中原乱成一锅粥，便力劝司马睿到相对安定的江南开辟新局面。公元307年，司马睿出任安东将军，都督扬州诸军事，移镇建邺。"移镇"是官方说法，实际上无异于逃亡。

刚到建邺的司马睿倍感凄凉，虽然贵为皇室宗亲，但来到此地却无人理睬他。这大概有两个原因。一则这里是东吴故地，而灭掉吴国的正是晋朝。当地有首童谣"局缩肉，数横目"，"局缩肉"是对司马政权的蔑视，而"数横目"说的是晋朝的寿命不会超过四十年，如今司马政权已经超过四十年，而且岌岌可危，吴地不少人觉得吴国复国的机会来了。另外，江南大族们一个比一个牛，没人看得上初来乍到而且是西晋王室中边缘人物的司马睿。史书记载，司马睿到了建邺，长达一个月没有一个当地名流前来拜访,"门庭冷落、凄凄惨惨"。

总之,是各种不买账。

总这样下去不是个办法,王导看出问题严重之所在,没有江东大族的支持,司马睿以及他们这些跟随南渡的北方士族,很难站稳脚跟,甚至有可能被赶回长江以北。

王导觉得必须要有所动作了,但冰冻三尺非一日之寒,求得这些牛气哄哄的大族的理解和合作,谈何容易。没有其他办法,只能采用"三陪"措施,陪笑脸、陪吃饭、陪喝酒,尽管如此放下身段,这些江南望族还是不领情,有一次王导请陆玩吃饭,陆家曾经涌现出陆逊、陆抗这样的牛人,是江南四大家族之一。为了好好招待这位陆玩,王导煞费苦心,安排了特制的北方风味奶酪,这是一般人吃不到的美食,但陆玩或许因为吃不惯,吃完回家便开始闹肚子,病好后他写信给王导,充满讥讽地说:"我虽是南方的人,但差点成了北方的鬼。"

王导被陆玩这样骂一顿,不仅不能生气,还要进一步拉近关系,他继而想与陆玩结为儿女亲家,谁知陆玩回复说:"小草和松柏就像是香草和臭草一样,两类东西,不能放在一起。"王导又被结结实实地羞辱了一把。

"三陪"方法并不灵光,采取什么样的措施才能扭转局面呢?王导决定导演一场大戏,时间选在了农历三月三。

每年的这天都要举行祓禊仪式,就是在水边举行的清除不祥的祭祀。王导让司马睿乘坐华丽的轿子,配以隆重的礼仪,到水边观看仪式。王导等北方士族大人物骑着高头大马,众人簇拥着司马睿,宛若众星捧月,把场面搞得很大。

这样精心设计的大场面当然是故意做给南方世家大族看的。

世家大族纪瞻、顾荣等人看到司马睿的阵势如此之大,一派王者之气,不得不在路边拜谒。但王导深知,单靠威风是不行的,必须让他们心悦诚服。于是王导劝说司马睿:"古之王者,莫不宾礼故老,存问风俗,虚己倾心,以招俊义。况天下丧乱,九州分裂,大业草创,急于得人者乎！顾荣、贺循，此土之望，未若引之以结人心。二子既至，则无不来矣。"就是让司马睿去请在当地威望很高的顾荣、贺循，他们俩要是从了，想必其他人也会跟随而至。

司马睿按照王导所说，放低身段，去请顾荣、贺循，两人被司马睿的诚意所打动，应召来见，分别被任命为军司马和吴国内史。如王导所预料，在两人的示范效应作用下，不少世家大族望风顺附，百姓也逐渐归心。

王导就此成为了司马睿的主心骨，不过确实他也对得起这位琅琊王的高度信任。他一方面劝说司马睿要进一步加强和江东大族的合作，另一方面他还让司马睿要起用北方南渡的"高级难民"中的贤人君子，让南北士族人尽其才。

"卿是我的萧何啊。"司马睿实在不知该用什么语言形容这位得力助手。不过，王导告诉司马睿现在这个时候不需要萧何，而是需要管仲、乐毅这样的人物，而自己只是一个普普通通的臣子，希望司马睿任用贤能，以图大业。

谦虚使人进步，王导的胸怀也让他成为了大臣和士族的领袖，史书记载，北方士族桓彝过江之初，看到司马睿要啥没啥，很是失望，心里觉得本来渡江是来求生存，看到这样的状况，觉得很难维持下去，但他和王导交谈后，却变得信心满满，对人说："刚才见了管夷吾（管仲），再也不担忧了。"

王导在东晋的草创阶段成为了一面关乎"信心"的旗帜！

三

司马睿在王导的帮助下刚刚立稳脚跟，北方却传来一个噩耗，匈奴人刘渊建立的汉国攻破洛阳，晋怀帝司马炽被俘，洛阳城被洗劫一空，史称"永嘉之乱"。怀帝被杀后，他的侄子司马邺在长安即位，史称晋愍帝，他也是西晋王朝最后一个皇帝，为了避讳，建邺从此改名建康。

作为亡国之君，司马邺不知哪里来的勇气，刚上台就发布了一份非常"吓人"的诏书，他下令让在中原苦苦支撑的王浚、刘琨出兵三十万攻取平阳，让西边的司马保率兵二十万到长安，而让司马睿统兵二十万进攻洛阳。

皮球踢到了司马睿这里，着实让他犯难。不奉诏属于犯上，况且司马邺的处境也确实危险。但"地主家也没有余粮啊"，何况自己刚刚在江南立足，根本称不上是"地主"，而且江南士族还有一些并没有真心归附，特别是北边来的人越来越多，引起了南方人的担忧和疑虑，内部矛盾重重，存在着非常大的不稳定因素，自顾还不暇，拿什么去进攻洛阳。

但皇命难违，怎么也得装装样子，他召集手下臣子商议此事，一个名字从此镌刻在历史的正能量榜上，他便是"祖逖"。

对，没错，就是"闻鸡起舞"的那位，不过听到半夜鸡叫起来习武的不只是祖逖一个人，还有一位，此人后来成为西晋后期最可依赖的大将，他的名字叫"刘琨"，当时两人都是二十岁出头，同为司州的主簿，年龄相仿，志向相同，所以关系很好。好到什么程度，史书称"同床而卧，同被而眠"，放在今天，这似乎亲密得有些过分，难免被人怀疑倾向问题，但两人完完全全是"革命的友谊"。

有次祖逖先听到鸡叫，估计叫声很大或者他睡觉本身就轻，被惊醒后无法成眠，索性把睡在身边的刘琨踢醒，和他说："别人认为半夜鸡叫不吉利，我不这样想，以后听到鸡叫干脆起来练剑算了"，刘琨觉得这位兄弟实在太过自律，自己也不好认怂，于是此后两人便把鸡叫当闹钟，半夜里起床练剑，冬去春来，寒来暑往，不曾间断。

自律者事竟成，两位都成为了铭刻史册的忠臣，一个在北方苦苦支撑，一个在南边开创基业，唯一遗憾的是，中间的一条黄河，让拥有如此深刻记忆的两人，一辈子再没得到一起舞剑的机会。

祖逖是个纯粹的爱国主义者，难免不解风情，司马睿从内心就没想过应诏北伐，召集众臣只是想走个过场，但没想到祖逖站出来慷慨陈词，而且潸然泪下，一下搞得司马睿进退两难。

罢了，罢了，既然祖逖一心要当英雄，自己也不好阻拦，司马睿任命祖逖为奋威将军，豫州刺史，让其北伐。官衔听上去不错，但其实没有实货，不给一兵一卒，只给了一千人三日的口粮，还有三千匹布。意思很明确，帮忙只能帮到这里，想当英雄还得自己找辙。

祖逖终于知道司马睿的真实心思，觉得没有讨价还价的余地，自己回到扬州故地，带着一百多名家臣和兵士渡过长江。过江时，祖逖又留下一个充满正能量的成语——中流击楫，就是用船桨敲击船舷，目的是让大家集中注意力，听他发表激情演说，他说此次北归，不把中原的敌人赶走，便不再回江南，一句话——"不成功便成仁"。

祖逖并非只会说豪言壮语，打仗也毫不含糊，攻占了河南许多地方。但这对于远在长安的司马邺来说，基本上属于"隔靴搔痒"，公元316年，长安陷落，司马邺出降，西晋王朝就此画上了休止符。

国不可一日无君，但司马邺只是被俘虏，并没有被杀，所以司马睿也不好太着急去当皇帝，过了不到半年时间，他封自己为晋王，改元建武，设置百官，虽然没有正式称帝，但一般认为东晋王朝从这个时候算是开张了。

又过了一年多，司马睿终于等来了晋愍帝被杀的消息，王导联合他的堂兄王敦，与其他大臣共同劝进司马睿，司马睿就此登上皇帝宝座，是为晋元帝，成为东晋王朝的开国之君。

四

司马睿深知，自己能有今天，第一功臣非王导莫属。登基之日，他居然拉着王导要他到御座上一起坐，王导当然识相，死活不肯，关系铁归关系铁，君臣还是君臣，两人由此僵持了一会儿，王导一看再这样下去，登基仪式无法进入下一个程序，于是只好说："若太阳下同万物，苍生何由仰照！"就是说普天之下，只能有一个太阳，这个太阳就是司马睿。

司马睿这样热情，心怀感恩不假，但也不排除做戏的成分，毕竟王朝刚刚建立，还是要倚重王家，他给王导一大堆官职，还封王敦为大将军兼任荆州刺史，这对王家兄弟，一内一外，一文一武，掌控了朝政，除此之外，还有王含、王澄、王舒等掌控着朝中关键岗位，历史上著名的说法"王与马，共天下"算是比较客气的，此时准确地说应该是王家说了算。

只是这样的"蜜月"注定不会长久，高潮之后便急转直下，道理很简单，作为任何一个皇帝，最不能容忍就是大权旁落。

"培养自己的势力是最关键因素"，司马睿心里清楚，牵制王家势力，最重要的是用自己的人。于是他开始重用自己的心腹刁协、刘隗，这两人都长期在琅琊幕府，深知他们主子的心意，担任要职后，便一心维护皇权，抑制王家。

王导明显感觉到了司马睿态度的变化，不久前还拉着自己共坐御座，亲热得不得了，如今却渐渐疏远。王导对此虽感落寞，但他还很能撑得住气，一直不动声色，静观其变。

王敦坐不住了，脾气火爆的他直接上疏，让晋元帝好好回忆一下当年他对自己说的话，那时司马睿的原话是："我与你和王导，是管、鲍之交"。这封上书实际上是在批评当今皇上司马睿，警示他不能过河拆桥、卸磨杀驴。

司马睿决心已下，自然不会走回头路，于是双方第一次冲突很快来临。导火索是关于湘州刺史的人选问题。梁州刺史周访去世，湘州刺史甘卓调任梁州，空出来的湘州刺史的位置被王敦盯上了，他推荐自己的心腹沈充出任，但遭到司马睿拒绝，他派谯王司马承担任此职，因湘州在荆州上游，司马睿叮嘱自己的这位叔叔要"据上游之势"来防范王敦。

司马睿并没有就此罢手，而是打出了组合拳。他接着封刘隗为镇北将军、都督青徐幽平四州诸军事、青州刺史，镇淮阴，封戴渊为征西将军、都督司兖豫并雍冀六州诸军事、司州刺史，镇合肥，说是加强北部边防，但用意如"秃子头上的虱子"，明摆着是冲王敦来的。

这还不算完，司马睿还来了釜底抽薪的一招，终于把王敦给惹急了。司马睿按照刁协的主意，下令南迁百姓中沦为大族家奴的免除奴隶身份。他采取这样的措施，并非出于菩萨心肠，为这些家奴们着想，而是借此削弱大族实力，让这些被解放的家奴为朝廷服兵役和劳役。

司马睿紧锣密鼓的一系列举措，把自己和王敦都送上了火山口，此时恰好祖逖去世，王敦最忌惮的两个人周访和祖逖都已不在人间，他觉得军事上已经没有敌手，是时候给司马睿一些颜色看了。

公元322年正月，王敦在武昌也就是今天湖北鄂州起兵，打出的旗号是"清君侧"，点名要求清除刘隗，并表示"隗首朝悬，诸军夕退"，走到芜湖，他觉得刁协也是坏种一个，在清除名单上把他的名字也加上，与此同时，王敦的心腹沈充在今天浙江湖州起兵响应。

司马睿听说王敦反了，感到十分震怒，这事儿其实司马睿早有预见，只是没想到来得如此迅速，部署尚未完成，王敦就兴兵而来，他只能硬着头皮应战，当即命令戴渊和刘隗回师来保卫都城建康。

此时最难的人是王导，刘隗回建康后对司马睿提出的首个提议，就是杀掉王导和在京的所有王家子弟。王导也深知自己和整个家族此时命悬一线，命运已经不掌控在自己手中，他能做的就是每天一早带着二十多个宗族在宫门前请罪，争取宽大处理。

司马睿此时犹豫不决，他召尚书左仆射周𫖮进宫商议，王导看到周𫖮，大声朝他喊："伯仁，我们全家几百人的性命都拜托你了。"周𫖮好像啥都没听到，一点反应都没有，头也不回径直走进皇宫。王导的心里哇凉哇凉的，顿时有种虎落平阳被犬欺的感觉，对周𫖮失望到了极点。

他对周𫖮之所以如此失望，是因为两个人的关系非常好，好到什么程度？周𫖮有时候喝多了便倒头在王导旁边睡，两人开玩笑也没有什么顾忌，有次王导枕在周𫖮的腿上，指着周𫖮发福的大肚子问："这里面有啥啊？"周顗答道："里面空空如也，但像你这样的人，装几百个还是不成问题。"

所以，此时此刻王导的情绪很容易理解，只是让王导万万没想到的，救他和王家性命的正是周顗，他进宫后力劝司马睿，说王导对皇上忠诚，创立东晋功勋卓著，因此不能诛杀，本来对此没有准主意的司马睿，就此打消了诛灭王氏家族的想法。

周顗好酒，在宫中想必和司马睿喝了不少，出宫时已经晃晃悠悠，跪了一天的王导等好不容易等到周顗出来，膝行向前，大声呼救，周顗依旧不搭理他，还和旁边人说："我要杀尽乱臣贼子，当会得到斗大的金印，挂在手肘后。"

王导是什么人？东晋建朝后，他从来没有如此低三下四求过人，也从来没有被人这样轻视过，何况是和自己从小玩到大的周顗，所以此时他对周顗已经不单单是不满，而是充满了仇恨。他不知道周顗在司马睿面前一直为自己说好话，更不知道，周顗回家后一再上表，请求司马睿不要惩罚王导。

司马睿听从了周顗的建议，召王导入宫觐见，王导痛哭流涕地说："叛臣贼子，哪个朝代没有呢，但想不到会出在我们王氏家族中。"司马睿给足了王导面子，他光着脚走下龙椅，扶起王导，拍拍他的手表示绝对信任王导。

五

司马睿放过王导和他的家族，但王敦并没有收手，他率领大军从上游杀来，一路上没遇到什么抵抗，很快就到达了建康旁边的石头城，被司马睿派去驻守石头城的周札，没开战便献城投降。司马睿大惊，这时候才感觉到事态的严重性，赶忙派刁协、刘隗、戴渊反攻，想夺回石头城，但都大败而归。

结局基本可以确定了，王敦攻进建康只是早晚的事情。朝廷没有太好办法，只能派周颢去石头城，劝说王敦退兵，这也是最后的努力。周颢见到王敦问他："此番动兵，意欲何为？"王敦亮出了"清君侧"的理由，周颢对此说："今主非尧、舜，何能无过？且人臣安得称兵以向朝廷？"就是说天下有几个像尧舜那样的圣君，作为大臣，难道皇帝有一点过错就要兵戎相见吗？这话说得很有理，皇帝也是人，如果有点问题就起兵，天下便会无安宁之日。

周颢的话虽然将王敦搞得哑口无言，但事已至此，一句话已经无法化解整个危机。被列入王敦黑名单的刁协和刘隗有了末日来临的感觉，他们跑进宫里去见司马睿，这位皇帝对此也无能为力，只能告诉他们快跑，能跑多远跑多远。刁协年龄太大，马也骑不了，没跑多远就被人杀了。刘隗年轻一些，跑得确实够远，跑过黄河投奔了后赵。

但就在王敦准备进攻建康的时候，后方却传来一个坏消息，在襄阳的甘卓起兵，向自己的老巢武昌杀去。让王敦意外的是，这个甘卓当初曾经答应过自己按兵不动的，现在为何却兴兵而来。这其中的蹊跷是因那位被司马睿任命为湘州刺史的谯王司马承。

司马承对晋元帝绝对忠心，听说王敦反了，第一反应是要带兵去讨伐王敦，手下劝他不要冲动，湘州兵微将寡，以这样的实力和王敦叫板，简直就是送死，当下最好选择是劝说唯一能和王敦抗衡的甘卓起兵勤王。

司马承一听也是，硬干不仅救不了皇帝，而且也难以自保，于是派手下邓骞到襄阳劝甘卓，这个说客水平极高，引经据典，由古及今，说的甘卓有些动心。就在这时，王敦的说客也来了，来的说客是参军乐道融，本来王敦派他是劝说甘卓与自己合作的，但王敦却看走了眼，这位乐参军根本就不是和他一伙的，见了甘卓反而劝他抓紧进兵讨伐王敦，甘卓这才决定起兵。

面对可能形成的两面受敌的危局，王敦一方面派甘卓的侄子去给他叔叔传话，让他班师回去，事后会有厚赏，另一方面加紧攻城。

攻克建康后，王敦派人以天子的名义让甘卓停止军事行动，甘卓本来就犹豫不决，见此便罢兵返回襄阳，不过等待他的注定是死亡的命运，王敦对甘卓背后插刀耿耿于怀，后来派人趁其不备将其斩杀。而那位一直与王敦作对的司马承，湘州被攻陷后被俘，在押往建康途中遇害。

王敦彻底控制大局，但他并没有急于去见司马睿，而是纵容兵士进行劫掠。司马睿让人传话给王敦，说："刁协死了，刘隗也跑了，你要清除的两个奸臣都不在了，你的愿望也实现了。你要还忠于本朝，就带兵回去，让一切归于平静。如果你觉得不行，那我还回琅琊国，这个皇帝你来坐。"身为天子，说出这番话确实有些屈辱，但也是没有办法的办法，司马睿已经做好了被罢黜的准备。

王敦当然不会罢兵，他有了更进一步的想法，想要废黜晋元帝司马睿，但遭到了王导的坚决反对。他让王敦见好就收，不要贪得无厌。司马睿没杀王导，王导也让他保住了皇帝之位，也算以恩报恩。

只是从此后司马睿成为一个名义上的天子，大权完全掌控在王敦手里。王敦掌权后想杀掉周𫖮，特意征求王导的意见，一提起这个名字，王导脑海里就泛起前些日子在宫前的情景，所以对王敦的问话，他一直保持沉默，看到王导没有反对意见，王敦下令让周𫖮人头落地。

后来，王导在中书省看到了当年周𫖮为自己求情的记录，这才知道自己冤枉了周𫖮，拿着这份记录，王导泪流满面，追悔莫及，回来后对自己儿子说："我虽不杀伯仁，伯仁由我而死"，这句很著名的话后来成为一句成语。

不过，周𫖮之死，也不能全怪王导。周𫖮做了好事不留名也是个重要原因，这是当时名士们倡导的做派，这种"活雷锋"精神也是魏晋风度的组成部分，周𫖮到死也没有说出这个秘密，在他被绑缚刑场，路过宗庙时他并没有高喊自己拯救了王家一族，而是大呼："贼子王敦，倾覆社稷，枉杀忠臣，神明有灵，当速杀之！"押送兵士见状用戟猛刺他的嘴巴，周𫖮血流满面，但仍大喊不止，他宁愿丢掉性命也不愿丢掉风度。

很想为这样的人再喝一杯！

王导此时又成为关键人物，他看到王家的敌人纷纷落马，王敦起兵的目的已经达到，就劝自己的堂兄到此为止，不要再有其他奢望。王敦看到王导态度坚决，便带兵回到了自己大本营武昌，从那里遥控朝廷。

司马睿从此抑郁了，他虽为天子，但号令出不了宫门，像一个囚徒一样被软禁在宫里，没过多久，便撒手人寰，活了四十七岁。

可以给这位东晋的开国之君盖棺定论了，八个字——"成也王家败也王家"。

六

晋元帝司马睿驾崩后，太子司马绍即位，为晋明帝，这是两晋王朝少有的英明之君。

司马绍从小就聪慧，有个故事流传甚广，有天正遇长安使者来，司马睿就问在自己膝前玩耍的司马绍说："你说太阳与长安哪个近？"司马绍没怎么想便回答说："长安近，从没听说过有人从日边来。"晋元帝很满意儿子这个回答。第二天，群臣宴会时又问他这个问题，没想到司马绍却回答说："太阳近。"晋元帝脸色一变说："怎么和昨天说的不同呢？"司马绍回答说："抬头就望见日，但却望不见长安。"好像是这么回事，怎么说都有理。由此司马睿更觉得自己这个儿子是个奇童。

司马绍能活着登上皇位，必须要感谢一个人——温峤。

王敦当时攻打建康时，这位太子想召集东宫的禁军出城与叛军决战，其实是想杀身成仁，正是这位温峤拉着太子的马，哭着说万万不可，太子不听，温峤索性抽剑把马缰砍断，司马绍这才作罢，这让司马绍捡回一条命。

王敦控制局势后，想废掉太子立威，给出的理由是皇上有过错，太子却不谏阻，是个不肖子孙。在百官沉默时，又是温峤挺身而出，说"钩深致远，盖非浅局所量。以礼观之，可称为孝矣。"就是说，太子才识广博，不是我等肤浅之人所能评价的，太子按照礼法侍奉双亲，尽孝这方面没有问题。百官觉得他说得有理便跟着附和，王敦一看阻力颇大，就把废太子一事放到了一边。

司马绍即位不久，王敦在身边人的撺掇下，内心重新泛起了皇帝梦，他先是暗示朝廷给了他许多特殊的待遇，包括奏事不名、入朝不趋、剑履上殿。历史上获得这样礼遇的包括萧何、霍光、梁冀、曹操等，不是大功臣就是大权臣，王敦把自己与他们并列在一起。接着他将大本营移驻离建康更近的姑孰，就是今天安徽马鞍山的当涂县。

王敦下一步棋是将司马绍身边的能人逐步铲除，他首先想到的是温峤。于是他向司马绍要求将温峤调到自己幕府担任左司马。司马绍还没有到和他掰手腕的地步，没办法只好同意。

温峤实在聪明之极，他到了王敦身边后，马上"入乡随俗"，对王敦毕恭毕敬，将王敦交办的事情办得井井有条，很快取得了王敦的信任。他和王敦身边的红人钱凤也打得火热，经常说："钱凤是个充满干劲富有活力的能干之人"，钱凤听了很高兴，和温峤成为了好朋友。

过了一些日子，丹阳尹出缺，这个官职所管理的辖区很重要，建康城在其范围之内。温峤想利用这个机会逃离王敦。但他觉得直接表达自己的想法，王敦肯定不许，他便转而推荐钱凤，钱凤觉得温峤很抬举自己，投桃报李，极力推荐温峤担任这个位置。温峤假意退让后接受任命。

饯行酒宴中，一向稳重的温峤却借着喝高，和钱凤搞得很不愉快。王敦好不容易才将两人拉开。第二天，钱凤想明白了，这是温峤的金蝉脱壳之计，便向王敦进言不能放温峤上任，王敦一听急了，觉得钱凤是因昨天温峤斥责了他，才来说这番话，有公报私仇的嫌疑。温峤于是顺利脱离虎口，不久后便返回建康，将他看到听到的王敦的虚实和阴谋一五一十地告诉了司马绍。

司马绍不想让自己老爸的悲剧在自己身上重演，他提前进行了精心布置，让王导出任大都督，让温峤镇守石头城，让郗鉴护卫御驾，同时召外地的苏峻、祖约等大将入卫京师，严阵以待，准备与王敦殊死一搏。

看上去这样的部署很有问题，王敦要谋反，司马绍却让王导任大都督。如果兄弟俩要是内外勾结，后果是什么，司马绍不会不知道，但这就是这位明主的高端之处，他知道在推翻皇权这个问题上，王氏兄弟并非穿一条裤子，而是泾渭分明。

历史的进程确实如此，上一次王敦之乱，应该是王导默许的，甚至存在通风报信的嫌疑，但王导的底线再清楚不过，就是"清君侧"，所以王敦完成使命后，他力劝自己的堂兄离开建康，绝不可以觊觎那高高在上的座位。这次王敦冲着皇位而来，突破了王导的底线，所以他断然不会和王敦同流合污，而必须划清界限，搞不好还要整个你死我活。

关键时刻掉链子，正当双方剑拔弩张时，王敦却病倒了，而且病得很重。他觉得这次估计熬不过去了，于是开始安排后事，他没有儿子，将自己长兄王含的儿子王应作为嗣子。

此刻最着急的是钱凤，他问王敦如果有个三长两短，该如何是好。王敦知道大势已去，他说："上策是解散军队，归附朝廷，保全门户，中策是退回武昌，向朝廷进贡，努力维持现状，下策就是趁我没死，进攻建康，以求侥幸成功。"钱凤觉得事已至此，上策中策是自投罗网，唯有下策可行。

又该王导立功了，他知道自己这个堂兄的暴脾气，王导向晋明帝出了一个"不战屈其兵"的主意，就是先给王敦发个诏令，将其骂个狗血喷头，王敦必然大怒，血气攻心，病情自然加重，说不定会一命呜呼。不管死或不死，王导率王家子弟给他办个隆重的追悼会，这样大家都会相信王敦已死，朝廷兵马会士气大振，定能取胜。

妙！实在是妙！晋明帝不由为这个计策击节叫好，一切按照王导说的落实。

王敦收到诏书后果然气得昏了过去，醒了后决定起兵，但他的身体状况实在无法出征，只能让王含做元帅，与钱凤率军进攻建康。与此同时，王导带着王家人为王敦办了一个隆重的追悼仪式，搞得建康城里的人都觉得王敦真死了，恐惧的心理一扫而光。

王含、钱凤率军来到建康城外，这次远不如上次那般顺利，被东晋军队夜袭成功，损失惨重，军情传到王敦处，他实在无力承受这样的噩耗，气绝而亡。不过为了不影响前方作战，王应选择秘不发丧。

王含、钱凤和引兵来援的沈充不知道王敦已死，还在玩命进攻，但被从外地赶来勤王的苏峻、刘遐击败。纸包不住火，此时王敦已死的消息传到前线，王含的部队军心大乱，不断有逃跑的，最后连主帅王含也将营帐烧掉后开溜了。

跑得了和尚跑不了庙，晋明帝下令对王敦的残余势力进行追剿，王含、王应、钱凤、沈充这些骨干分子最后都人头落地，自此王敦之乱彻底结束。

七

硝烟逐渐散去，晋明帝司马绍以他的英明，让东晋子民稍稍看到了一丝曙光，但似乎一切都是命中注定，东晋注定无法走上中兴道路，因为平乱后仅仅一年，让人看到希望的晋明帝司马绍突然暴病而亡，仅仅活了二十七岁。

新皇帝晋成帝司马衍只有五岁，他的母亲庾太后临朝听政，虽然仍旧让王导担任宰相，但实权却转移到外戚庾亮的手中。

庾亮，作为一个新权贵，才干倒还有一些，不过他最大的问题是"智小谋大，才高识寡"，有想干事的热情，但没有干成事的能力，他很厌恶王导"和稀泥"的执政风格，总觉得王导"心太软"，于是想重新树立起朝廷的规矩，初衷似乎没有错，但操作手法却显得不明世事不通人情，这样刚愎自用的结果，是让自己的整个人生与失败如影随形。

他刚一上台就杀了宗亲南顿王司马宗，这位王爷是东晋王朝的开国功臣，他和庾亮之间有矛盾，主要原因是晋明帝司马绍患病时，庾亮想进宫觐见，当时司马宗作为禁军头领在宫内当差，庾亮派人找司马宗要宫门钥匙，司马宗不仅坚决不给，反而说："皇宫又不是你家，是你随便进出的地方吗？"这话说得很重，庾亮觉得受到巨大侮辱，从此与司马宗结下梁子。

庾亮掌权后，很快将司马宗贬职。司马宗对此严重不服，他和亲信卞阐谋划，准备废掉庾亮，谁知事情泄露，御史中丞钟雅弹劾司马宗欲谋反，庾亮便马上派右卫将军赵胤拘捕司马宗，司马宗领兵抵抗，被赵胤所杀。

司马宗一直执掌宫中禁军，经常待在宫内，有时候还陪着小皇帝玩。晋成帝对司马宗颇有好感，突然好长时间见不到了，晋成帝问庾亮平时和自己玩的那个白发爷爷哪里去了，庾亮告诉小皇帝，那个老头因为谋反被他杀了。小皇帝说了一句话，着实把庾亮惊着了，他说："舅舅说别人谋反，就杀了人家，如果有人说舅舅谋反，又该如何呢？"明显的不满意啊，庾亮听了脸色一变，无言以对，只能悻悻而去。

名义上的百官之首王导此时在做什么呢，他知道如今大权掌控在庾亮手中，自己能做的是"淡然处之"，有人私下对王导说庾亮如此专权，对他不利，王导则表示我本来就准备一身布衣服，回家养老去，这对我没有什么影响。

司马宗事件只是一个序曲，庾亮性格上的缺陷很快惹来一个巨大的祸端——苏峻、祖约之乱。

这场比王敦之乱更为狂暴的叛乱，始作俑者是庾亮。主要原因是庾亮和当时手握兵权的三位大佬陶侃、苏峻和祖约搞不好团结，关系很紧张，庾亮作为朝政执掌者，理应求大同存小异，共同努力复兴东晋，但是他却选择了另外一条道路，将平定王敦之乱的大功臣苏峻一步步逼到了死角，不得不兴兵叛乱。

这事情和被杀掉的司马宗也有关系，庾亮杀掉他后，他的手下卞阐逃到了苏峻处，庾亮让苏峻交人，苏峻说压根没见过这个人。庾亮本来就很猜疑苏峻，通过这件事更加对他心怀不满。于是他下令征召苏峻回建康担任虚职大司农，实际上是让他交出军权。

王导站出来明确表示反对，他认为苏峻肯定不会奉诏，这样做很容易生乱。王导虽然是名义上的"头牌"，但此时已经说了不算，庾亮认为王导就是一个"和事佬"，天天在那里和稀泥，对王导的建议置若罔闻，执意要剥夺苏峻兵权。

苏峻表示自己不适合到朝廷当差，上表大意说"世界确实很大，自己想到处去看看"，到哪里都可以，甚至可以到一线去和后赵作战，但就是不想回建康。

庾亮对苏峻的回复很生气，他对群臣说："苏峻狼子野心，最终必会作乱，今天征召他，纵然他不听上命，造成的祸乱也还不大，如果再过些年，就无法制服他，这就如同汉朝时的七国对朝廷一样。"

大臣卞壶劝他说："苏峻拥有强大的军力，又靠近京城，用不了一天就可以到达，一旦发生乱子，后果很难想象，应当深思熟虑啊！"但庾亮脾气上来，九头牛都拉不住，表示没有什么商量余地，必须服从命令听指挥。

苏峻最后没辙，他说"我宁山头望廷尉，不能廷尉望山头"，就是说我宁愿站在山头看建康城里的监狱，也不愿站在监狱里看外面的山头，于是他决定起兵，他知道祖约对庾亮也有怨气，于是邀请祖约一起讨伐庾亮，祖约欣然应邀。

东晋历史上破坏力最大的内乱——苏峻、祖约之乱就此爆发。

庾亮的表现实在有些让人无语，他一意孤行把苏峻逼反了，自己却拿不出任何处理危机的手段，而且还不听别人建议，导致局势一步步恶化。

第一个出主意的是"智多星"温峤，他与庾亮关系很好，当年他赌博输了很多钱，是庾亮替他还清了全部赌债。这次他提出的建议间接产生了一个成语——"不可越雷池一步"。说的是镇守武昌的温峤听说苏峻拒命，觉得他可能要反，想要领兵东进来保卫建康，庾亮不准，命其不能带兵越过雷池一步。雷池实际是一个地名，在今天安徽望江县东南。

接着一错再错，有人向他提出趁苏峻还在长江北岸，应派军扼守江边的当利口，阻止其渡江。庾亮不听，结果让苏峻抢得先机。在苏峻渡江后进军建康时，又有人向他建议说苏峻知道石头城防守严密，所以他不会攻打石头城而会选择南面的小丹阳绕道而来，如果派兵伏击，定会一举制胜，庾亮又不采纳，丧失了最后的战机。

叛军兵临城下，志大才疏的庾亮，只能自己上阵，结果军队还未排成队列，士兵们便丢盔卸甲，纷纷溃散。庾亮一看情况不妙，抛下小皇帝，自己带着几个兄弟上船向浔阳逃去。

又到了王导出来收拾残局的时刻，他和几位大臣和侍中护卫着只有八岁的小皇帝，叛军拥上殿时，其中的一位叫作褚翜的侍中大声喝道："苏冠军来觐至尊，军人不得胡来！"这一叫声让叛军不敢上殿，转而到后宫烧杀掳掠，建康城内，哀号啼哭之声，不绝于耳。

王导就是王导，苏峻虽然占领了建康，但他对王导非常敬重，不仅没有听手下建议杀掉这位三朝元老，苏峻依然让他做当司徒，位置还排在自己前面。

八

庾亮灰头土脸跑到浔阳找到了温峤，此时他感觉面子尽失，但现在已经不是顾及脸面的时候，庾亮想联合温峤反攻苏峻，但两人一合计，觉得好像不是苏峻的对手，想击败苏峻必须找到一个更强大的力量，两人共同想到一个名字——陶侃。

陶侃此时镇守荆州，庾亮和陶侃关系很不好，当年晋明帝司马绍临终前将陶侃确定为顾命大臣之一，没想到让庾亮私自给删除了，对此陶侃一直耿耿于怀。

庾亮只能靠温峤牵线搭桥，温峤几次诚挚邀请，陶侃最后答应出兵，并亲自来到浔阳。庾亮知道陶侃心里痛恨自己，但此时又必须傍着这条"大腿"，他听从温峤建议，一见到陶侃，便"咕咚"一声跪在地上以示谢罪。陶侃心胸远比庾亮开阔，双方就此冰释前嫌，一起举兵杀向建康。

苏峻没有料到陶侃会出兵相助，他决定坚守石头城，把小皇帝也从建康挟到这里，王导的劝阻没有丝毫作用，眼睁睁地看着哭哭啼啼的小皇帝被带走。

苏峻的实力不容小觑，以一敌三不落下风，双方的战事非常胶着，打了几个月还看不出谁能笑到最后，以至于陶侃打算退回荆州，但被温峤拦住，并表示既然来了，就一战到底，半途而废是几个意思，只要坚持，终能得胜。

正在陶侃、温峤一筹莫展的时候，突然传来了一个天大利好消息——苏峻死了。这是咋回事呢，说起来比较好笑，晋军一万人来进攻，苏峻派出八千精锐出战。交锋之时，苏峻的儿子苏硕勇猛异常，率领兵士反复攻击，杀得晋军大乱。

观战的苏峻看到儿子如此神勇表现，心中大喜，令人端上美酒痛饮了许多杯。喝高了苏峻决定让大家见识一下什么叫"老子英雄儿好汉"，居然只带了几个骑兵，就向敌军冲杀过去，被晋军阻挡。或许这时候苏峻才酒醒，觉得刚才喝"断片"了，搞不清楚自己怎么已经身在敌营前，赶忙想往回撤，但为时已晚，几个敌军军士将手中的矛一齐向苏峻掷去，苏峻顿时变成了一只"刺猬"，众兵士上去砍掉他的首级，肢解了他的尸体，拿去报功领赏。

苏峻或许是历史上死得最搞笑的一位叛军首领。

苏峻虽然死了，但叛军并没有缴枪，他的手下立他的兄弟苏逸为新主，继续坚守石头城，又过了几个月，晋军攻破城池，杀了苏逸，将小皇帝成功解救，另一个叛军首领祖约镇守的历阳被攻破，他自己逃往后赵，后来被后赵皇帝石勒所杀。

苏峻、祖约之乱就此平定，但在这场东晋的内乱中，建康的宫殿化为废墟，苏峻、祖约两支精锐之师彻底消失，本来这两支队伍完全可以用来北伐，但却灭亡在自己人手中，经过此乱，东晋已无复兴之可能，更加快速地走向衰亡。

庾亮知道自己错了，面对如此严重的灾祸，这位曾经的牛人终于低下了自己高昂的头，他向成帝提出"阖门投串山海"，就是说辞官带着全家远投山林，小皇帝断然不会让自己的舅舅变成山居野夫，下诏封他为都督豫州、扬州之江西宣城诸军事，离开朝廷去移镇芜湖。

王导又一次走到了前台，叛乱刚刚平定，有人提出建康宫室被毁，应该迁都。王导对此坚决反对，他说："若不勤勉耽于安乐，即使找到一块乐土，也会变成废墟。"王导认为大乱之后需要安定，迁都弊大于利，在他的坚持下，建康成为了东晋王朝永远的都城。

晋成帝对王导尊崇有加，他给王导的信中，经常使用"顿首""惶恐言"等，这样的词语出现在皇帝给臣子的信中，历史上非常罕见。但尽管如此，庾亮对王导依旧心怀不满，而且越来越甚。庾亮一度想策划废黜王导。他先询问郗鉴的意见，郗鉴给的答案是：不行。郗鉴同时希望他能从大局出发，不要再瞎折腾。

安稳日子没过几年，庾亮又准备折腾了，这次动静还比较大，他请求率军北伐，理由只有一个：石勒死了，石虎不堪一击。

对于如此大事，年轻的晋成帝没有了主意，请朝臣们集体商议，王导表态很轻松，他说："既然庾兄能行此事，就让他去办吧。"实际上，王导心里对这位"庾兄"心知肚明，觉得他压根儿不可能成功，但同时也知道根本劝不住他。

庾亮就此成为了北伐的统帅，他又开始威风起来，一些见风使舵的人纷纷改换门庭，投靠庾亮。王导受到排挤，心中有些不平。每当刮起西风的时候，王导就用扇子挡住灰尘，慢吞吞说："这是庾元规（庾亮字元规）吹起的灰尘吧，身上都被弄脏了。"看上去轻描淡写的一句，表达了他对庾亮无限的鄙夷。

以庾亮的军事才能，北伐的结果可想而知，公元 339 年，庾亮指挥的北伐大败而归，同一年，经历了太多事情的王导终于累了，他走到了自己生命的终点，终年六十四岁。

王导到底是个什么样的人？东晋时代的人物大多个性鲜明，比如王敦的残忍跋扈、庾亮的志大才疏、温峤的忠勇沉稳，但很难用一些词来形容王导，有人说他面目模糊，有时大度、有时刻薄、有时高傲、有时谦逊。他是一个极其矛盾的人，从不把自己最真实的一面完整展开，或许也是因为这样，他才历经三朝而不倒，看着司马睿、司马绍、王敦、温峤、郗鉴、陶侃、庾亮、苏峻这些人物在自己面前一一闪过，而他却一直稳坐钓鱼台。

对矛盾的人的评价自然也非常矛盾，有人认为他辅助东晋立国，功莫大焉，也有人说他的所作所为并非为了国家，而是为了他的家族。有人说他默许王敦叛乱，给王朝和百姓带来重大灾难，也有人说他位居高位尽力辅助三朝皇帝，堪称忠臣典范，还有人说他实行"愦愦之政"，没干什么实事。

人无完人，看人还是看主流，如果没有王导，恐怕不会有东晋，是他劝说司马睿南渡长江，也是在极为困难的情况下，发挥自己的智商和情商，笼络了江南大族，让司马睿在这里站稳脚跟。无论王敦之乱还是苏峻之乱，面对这样的危急时刻，他总能挺身而出，扶东晋大厦于将倾。

著名历史学家陈寅恪的评价应该算是公允，他说："王导之笼络江东士族，统一内部，结合南人北人两种实力以抵抗外侮，民族因得以独立，文化因得以延续，不谓民族之功臣，似非平情之论也。"

在中华民族文明之火暗淡之时，王导守护着火种，在江左延续了中原政权，他不仅为自己、为家族、为司马睿、为南北士人找到了一个历史出口，更促进南人北人融合，让两汉魏晋以来的文明得以延续。两个世纪以后，南北重获统一，这颗火种又开始熊熊燃烧，翻开中华文明新的一页。

"南渡衣冠思王导",八百多年后,有一位著名的女词人呼唤他的名字,这位才女便是李清照,在她的眼中,同样南渡的北宋士大夫们,多是无能苟安之辈,多么希望能有王导这样力挽狂澜的贤臣。

这七个字或许可以抚慰王导的在天之灵了。

桓温：人生没有选择，不流芳百世便遗臭万年

一

公元 331 年，泾县县城，一场葬礼正在进行，死者是县令江播。这场葬礼的气氛不同以往，显得格外的诡异，暗暗隐藏着一股杀气。

江播的三个儿子身穿孝服，看上去有些奇怪的是，每个人都拿着一根手杖，没有人知道其中的秘密，手杖里居然藏着一把利剑，氛围搞得如此紧张，因为他们知道，这场葬礼是仇人复仇的大好时机，搞不好躺在那里的不一定只是父亲，今天很可能成为全家人的祭日，所以不得不防。

该来的还是来了，一个身穿白衣素缟的吊丧客人，白布蒙着面孔，只露着一双眼睛，他随着吊丧的人群缓缓前行，到了灵堂，却并没有和其他人一样跪拜行丧礼，而是绕过祭台，悄悄地潜入内室，他知道江播的长子江彪在里面守护着棺木，说时迟那时快，进入内室后，此人突然拿出身上藏着的利刃，向江彪的要害处猛刺过来，江彪毫无防范，根本来不及拿出手杖中的利剑，便血流如注应声倒地，内室中其他人见状，乱成一团，四处逃散，其中包括江播的另外两个儿子，这位仇家哪肯罢休，追上前去，接连两刀，手起刀落，二子也倒在血泊之中。

看上去有点像金庸武侠小说中的情景，但却真实发生在公元 331

年的一天。

这位身手不凡的仇家便是桓温,他为什么会在葬礼上对江播三子痛下杀手,他们之间到底有什么样的刻骨仇恨呢?

其实,要说起来,桓温和这三个刀下之鬼之间没有直接的过节,仇恨是发生在父辈之间,简单地说,他们的父亲江播是桓温的杀父仇人之一。

这要从几年前说起,公元327年,东晋王朝发生了史上最大的内乱——苏峻之乱,桓温的父亲桓彝是个大忠臣,一心想救援朝廷,听说建康被苏峻攻破,他决定坚守泾县县城,拼死抵抗叛军。但一个月后,县城被攻破,桓彝被叛将韩晃所杀。而江播在此中间扮演了不光彩的角色,他作为内应出卖了桓彝,所以被桓温视作杀父仇人。

这一天,桓温等了三年。

他父亲被杀时,桓温年仅十五岁,他指天发誓,一定要报弑父之仇。从此,他白天刻苦练习武功,晚上枕戈泣血,一心一意想复仇。江播听说此事,深感惊恐,终日不敢出门,家里戒备森严。

时间不等人,没等桓温兑现誓言,江播先死了。但人死仇不消,桓温把复仇对象转移到了江播的儿子身上,于是,便发生了开篇那惊心动魄的一幕。

父亲桓彝的死,是桓温人生的一个分水岭,在此之前,他是一个官宦子弟,过着颇为自在潇洒的日子,而此之后,他便要撑起整个家族的重任,在人生的道路上独立前行了。

整个家族的重担,从桓温诞生一刻起,就注定要由他来肩负,因为他是桓彝的长子,而且从一出生,桓温似乎就具备这样的潜质。史载,他出生不满周岁,当时的大名士温峤看到他,大为惊讶,说:"此儿有奇骨,可试使啼"。桓彝往自己儿子屁股上拍了几下,桓温放声啼哭。听到哭声后,温峤说道:"此儿将来肯定能成英雄"。能得到温峤的赏识,桓彝欣喜无比,于是给他取名为"温",这也是"桓温"名字的由来。

对桓温来讲，青少年时代无疑是无忧无虑的，他的最大爱好居然是赌博，但不清楚是手气差还是水平臭，连赌连输，欠下了巨额赌债，他当然不敢回去和父亲要钱，无奈之下，只好找到自己至交袁耽。桓温找这位袁老兄并非因为他有钱，而是因为他是赌神。

兄弟就是兄弟，桓温求上门时，袁耽正在为家人服丧期间，看到兄弟有难，二话未说，跟着桓温来到赌场，债主看着桓温带着一位来和自己赌，心里直犯嘀咕，他没见过袁耽的容貌，担心桓温带来的是这位赌神，便不安地问："你不可能就是袁彦道吧？"彦道是袁耽的字，袁彦道当然不可能亮出自己的身份，否则还怎么玩？

袁耽赌博很有特色，"十万一掷，直上百万数，投马绝叫，旁若无人"，就是每次下了骰子，都会旁若无人地大叫，不知是为自己打气，还是要灭掉对方的威风，结果是三局以后，赌注已上百万，五局以后，桓温欠的巨额赌债一笔勾销，看到目的达到，袁耽见好就收，脱下自己的帽子，甩给对面的冤大头，说道："你知道谁是袁彦道了吧"。

桓温总算解套了，他对这位袁老兄佩服得简直五体投地。

这位兄弟对桓温实在太够意思，不仅帮他摆平赌债，还原本想把自己妹妹嫁给他，可惜他的两个妹妹早已确定夫家，一个嫁给了殷浩，一个嫁给了谢尚，他非常抱歉地对桓温说："很遗憾，我没有妹妹可以嫁给你了。"

什么是真兄弟，看看袁耽和桓温就知道答案了。可惜袁耽只活了二十五岁，史书没有记载桓温对老友英年早逝的感受，想必在袁耽死时，他一定痛不欲生。

不过，袁耽没有妹妹嫁给桓温，对桓温来讲并非坏事，相反，还有些幸运的成分在其中，这是因为桓温在为父报仇后，当朝的皇帝晋明帝司马绍将自己的女儿南康长公主嫁给了他，桓温没有做成袁耽的妹夫，却一跃成为了当朝驸马。

二

为啥一个杀人犯会成为驸马爷呢？照现行法律，一个人砍死三人，判处死刑立即执行不为过，考虑到为父报仇的因素，根据相关司法解释，判处死缓或无期徒刑也算正常，但是在当时，他的这种做法非但不会被追究刑事责任，反而被视为一种英雄行为。

这是因为在儒家正统学说里，为父报仇是天经地义的事情。《礼记·曲礼》说：“父之仇弗与共戴天”，就是说对于弑父仇人，儿子们不能和仇人生活在同一蓝天下，无论仇人身处何处，儿子们非得找到并亲手杀之，连一向温文尔雅的孔夫子也教育弟子说，如仇人杀父母，就应睡在草垫上，枕着盾，不做官，不论在集市还是在官府，遇上了就要与他决斗，即使没有兵器，也要死磕到底。

因此，在当时几乎所有人看来，桓温的所作所为不仅正当，而且弥漫一种英雄主义的色彩，更何况江播是参与苏峻叛乱的乱臣贼子，早就应该被诛灭，如今桓温只是替天行道。更让桓温没想到的是，这起事件对外传播的速度很快，很快传遍了整个东晋王朝，桓温不仅当上了驸马爷，而且成为了"网红"，许多粉丝为他的侠义之举击节叫好。

能够成功晋级驸马，除了侠义之气，桓温的长相对得起广大粉丝，他不是小鲜肉类型。《晋书》里说他"眼如紫石棱，须作猬毛磔"，就是说眼睛如紫苏辉石一样光泽黑亮而且棱角分明，胡须像刺猬毛那样直刷刷地分张开来，纯爷们一个。《世说新语》里也谈到他的长相，当时大名士刘惔说他"鬓如反猬皮，眉如紫石棱"，意思差不多。他长相最突出的特征是脸上有七个痣，就像天空中的北斗七星。

"郎才女貌"，男人说到底还是要拿事业说事。成为驸马，只是使桓温获得了一个很好基础，但真正在仕途上发迹，是因他遇到了人生中的第一个伯乐——庾翼。

庾氏家族是当朝的外戚，东晋初创时，王导、王敦等王氏家族掌控朝政，王家之后，权力便过渡到庾家手中，庾家老大庾亮病逝后，他的兄弟庾翼成为庾家的大当家,晋成帝病逝后,庾翼和他兄弟庾冰拥立了晋康帝,有了拥立之功,一时权倾朝野。

庾翼很欣赏桓温,史书说:"温与庾翼友善,恒相期以宁济之事",两人很投脾气,相约一起匡济天下。庾翼曾向晋成帝司马衍推荐桓温,说:"桓温具备英雄的才能,希望陛下不要用常人的礼节对待他,当成平常的女婿来豢养,应当委派给他重任,他必定能够建立匡救世事艰难的功勋。"

公元343年,在庾翼的建议下,朝廷任命桓温为北伐前锋。不久,又升任都督青、徐、兖三州诸军事、徐州刺史,此前桓温的职务是琅琊内史,算是地市级干部,在遇到庾翼后,像"坐火箭"一样,很快便成为了省部级的封疆大吏。

好景不长,两年之后,时任荆州刺史的庾翼病逝,他临终前上奏想让自己的儿子庾爰之替代自己的位置,但遭到了朝廷大臣们的反对,这些臣子对庾家专权早就看不惯,庾翼死了,正是去除庾氏家族的大好时机,所以坚决不能让庾家势力卷土重来。

庾家子弟不行,合适人选是谁呢?当朝丞相何充站出来说:"荆、楚乃是国家的西大门,拥有人口百万,选到合适的人则国家安定,选到不合适的人社稷可忧,怎么能让一个白脸的少年来担当这样的职位呢!桓温英气谋略过人,文武双全,这个职位没有比桓温更适合的人了。"

桓温的人缘实在不错,按说庾翼和何充是政治对手,但两人却争相要当桓温的伯乐,一个把桓温扶上了正部级的位置,另一个又要将地位极为重要的荆州给予桓温掌控。在何伯乐的建议下,朝廷任命桓温任荆州刺史,都督荆梁四州诸军事,把这个关系国家安危的军事重镇交给了他。

"人生的道路很长,但关键的只有几步",坐镇荆州,对桓温来讲,无疑属于这几步中的一步。桓温刚上任,便提出要"统一天下"的口号。对于偏安江南的东晋,这个口号提得虽然硬气,但感觉宛若一个遥不可及的梦，历史上的几次北伐都无功而返，几乎没有人再对收复失地抱有信心。

整个朝野崇尚清谈，这些人整天身着宽袍、手持麈尾，云里雾里，谈玄论道，没有几个人还关心一统天下的事情。桓温偶尔谈谈，水平距离这些高手差很多，有次他和刘惔一起听别人说《礼记》，桓温觉得那个人讲得已经很好，但刘惔却觉得很一般。

桓温觉得自己不是那块料，对清谈变得毫无兴趣，觉得纯粹属于浪费时间。有次桓温穿着戎装出去，正好碰到刘惔，刘惔问他："如此装束，意欲何为？"桓温说："我不做这等事，你们怎么能安心清谈呢？"这明显是话里有话。

三

新官上任三把火，第一把火就让朝野大跌眼镜，桓温决定亲率兵马进攻蜀地的成汉政权，打响了统一天下的第一枪。

成汉是一个什么样的政权呢？简单地说，是一个由流民建立的政权，在建立过程中，有一对父子发挥了关键作用。当爹的叫作李特，儿子叫作李雄。

这还要把时光拉回西晋惠帝时期，当时在甘肃天水地区，聚集了大量流民，实在活不下去，向朝廷申请迁往汉中，到了汉中发现情况也不好，接着南下蜀地，以寻求活路。这支浩浩荡荡的流民队伍中有汉人，也有氐族人、羌族人，其中包括氐族出生的李特以及他的兄弟李庠、李流、李骧等。

李特和一般流民不同，他曾经当过州县的军官，很有志向，但命运不济，被迫加入流亡大军中，当李特从汉中经剑阁进入四川，看到一夫当关万夫莫开的关隘时，不由发出感叹："刘禅有如此之地，居然束手就擒，真是一个庸才。"

当时蜀地父母官是益州太守叫作赵廞，他是皇后贾南风的亲戚，

"八王之乱"中贾南风被赵王司马伦所杀，听到这个消息，赵廞深感惊恐，此时朝廷传令让他去洛阳任职，将益州太守交于接任的耿腾，赵廞觉得这是调虎离山之计，他不甘心就范，就想在这些流民身上做文章。他开仓放粮接济流民，并把他们武装起来，任命李痒、李特兄弟为部将，正式起兵造反，杀了那个赶来接任的耿腾。

赵廞是个典型的小人，危机解除后，他看到李痒治军严谨，又害怕将来威胁自己，找了个由头将李痒杀掉，这下激怒了李特兄弟，他们率领流民武装，向赵廞发动进攻，一路杀进成都，赵廞乘船逃跑，途中为人所杀。此时，被朝廷任命为益州刺史的罗尚带着军队进入蜀地，李特刚刚和赵廞大战一场，元气尚未恢复，只能服从于罗尚领导。

这位罗大人初来乍到，想着干一番事业。眼前最挠头的问题就是流民问题，解决这个问题本来有很多种方式，但罗尚却选择了最简单也最愚蠢的做法——遣返。当时许多流民已经在蜀地安顿下来，遣返基本不具备现实操作性，李特也多次向罗尚求情，但都被拒绝。罗尚认为李特等人从中作梗，下令缉拿李特兄弟。

官逼民反民不得不反，李特让自己弟弟李骧偷偷地把缉拿公告换了，原来公告写着只抓李家兄弟，现在抓捕名单则变成李、任、阎等各大流民首领，这一下把打击面扩大到整个流民队伍，流民武装纷纷聚拢到李特在绵竹的大本营。

罗尚见状只能采用硬手段，他派三万兵马偷袭流民大营，结果李特事先得到情报，早有准备，官军大败，死伤惨重。李特被推举为镇北大将军，一路杀向成都，蜀郡太守投降，李特攻占成都外城，罗尚躲在内城苦苦挣扎。

关键时刻，李特也没有逃脱人性的弱点，面对大好形势，变得骄傲自满起来，他没有一鼓作气拿下成都，而让属下的流民到各个本地村垒去征收军粮，本来这些村垒已经表示臣服，李特这样做使得流民和土著成为了对立面，罗尚抓住了这个机会，派人联系各村的这些土著武装，恰逢西晋朝廷派水军驰援益州，这些土著武装本来就是墙头草，看到这样的形势，同意与罗尚统一行动，志得意满的李特遭遇大败，自己也丢了性命。

一夜之间，风云突变。李特的弟弟李流收拾残部，和李特的儿子李荡、李雄擦干鲜血，继续竖起旗帜反抗罗尚。但形势已不同以往，李荡很快战死，朝廷从荆州派来的援兵前锋已至，李流对革命前途丧失了信心，在部属的劝说下，准备缴械投降。这遭到了李雄等人的坚决反对，自己父亲用命换来的成果怎么能拱手交给仇家。李雄率军击败荆州援兵先锋，而统领荆州援军的将领不巧在路上病死，援兵就退回了荆州，接着李雄集中兵力攻击罗尚，让其龟缩在成都不敢出来。

疾风知劲草，李流看到李雄的表现，深深为自己感到羞愧，就将兵权交于李雄。形势虽然有所改观，但对于这支流民队伍，困难依旧重重，主要问题是当地百姓筑垒自保，后勤供给非常困难，长此以往，失败不可避免，如何能争取到当地百姓的支持，成为事关生存的关键问题。

这个问题说难也难，说不难也不难，重要是要找对人。他们就找到一个这样的关键人物，此人叫作范长生，他是天师道首领，也就说是一位宗教领袖，很有感召力，他长期住在青城山，门徒众多，普通百姓把他当作神一样的人物。这种人肯出山帮忙，事半功倍，果然在范长生的号召下，流民武装得到了不少当地百姓的支持，力量大增。

李流终于可以放心闭上双眼，在他死前，竭力树立李雄的权威，逢人便讲："兴吾家者，必此人也。"他立李雄为继承人，并让自己的儿子要绝对服从李雄。李流死后，李雄顺理成章地成为了这支队伍的领袖。

李流的眼光不错，这支流民武装在李雄的率领下，越战越勇，一举攻克成都，罗尚弃城出逃，公元304年，李雄在成都称王，正式建立割据政权。两年后，李雄更进一步，即位做了皇帝，国号大成，历史上称作成汉政权。建国后，先后占据汉中、南中等地，成为了包括陕西南部、四川大部和云贵部分地区在内的重要割据政权，势力范围和当年三国时代的蜀国相当。

李雄没有走刘禅的老路，作为一名流民政权的开国皇帝，他的表现出人意料的优秀。对外，与东晋、前凉等政权和平相处，不出头也不折腾，对内，休养生息，薄赋兴教，积极恢复和发展农业，对自己，从谏如流，知错就改，克己自律，营造民主宽松的氛围，在乱世之中，将蜀地治理得像"桃花源"一般，用《晋书》中的话说："事少役稀，百姓富贵，闾门不闭，无相侵盗。"

但和许多英明君主一样，李雄的最大败笔出现在继承人的选择上，他有十个儿子，但却一心想将皇位传给自己哥哥李荡的儿子，这是因为一方面李荡过早阵亡，李雄认为自己得了一个便宜，这个位置本来应该是李荡的，另一方面在自己生病时，李荡的儿子李班悉心照顾，表现要比自己那些儿子强得多。

李雄的想法遭到了大部分臣子的反对，其中包括李雄的叔叔李骧，他们认为李雄的儿子都已成年，不传嫡子传侄子，极易引发内乱。但李雄对此意志坚定，谁劝也不听。李雄死后，李班即位，李雄的堂弟李寿受遗诏辅政。

李骧等人担心的内乱很快就发生了，李雄的儿子李越对自己父亲将皇位传给李班非常不满，他在成都奔丧期间，与自己兄弟李期商议夺权事宜，李班过于宽厚老实，对于两人的阴谋毫无察觉，自己最后被杀死在李雄的灵堂之上，刚刚闭眼的李雄如能看到发生眼前的这一幕不知会做何感想。

李期当了皇帝后，对李寿非常猜忌，搞得李寿只能起兵造反，攻入成都，先逼得李期杀掉了李越，然后又将李期废黜并软禁起来，李期后来自尽而亡。

李寿起兵之初，曾经歃血发誓，事成之后要归顺东晋，但皇位真正摆在自己眼前时，他又犹豫了，李寿让人占卜，占卜者说他有几年的皇帝命，有的手下说："能做一天皇帝就相当不错，何况几年呢。"李寿深以为然，天下哪有能做皇帝而不做的傻瓜呢，李寿说："朝闻道，夕死可矣"，带着一种"视死如归"的大无畏精神登上了皇帝宝座，把国号由"成"改为了"汉"。

李寿还真是按照"过把瘾就死"理念进行统治，大兴土木，滥杀无辜，搞得民怨沸腾。做了五年皇帝后病逝，他的儿子李势即位，这位比他老子有过之而无不及，荒淫无道，看上哪个女人，就将其丈夫杀掉，成汉因此内讧不断，上下离心，只待压倒其统治的最后一根稻草出现。

四

桓温的出兵时机，选择得实在恰当。但是入蜀之路艰险，即使在桓温集团内部，对是否出兵也意见不一，江夏相袁乔是坚定的出兵派，他认为江防稳固，后赵不会乘虚而入，而成汉日益走下坡路，只要下定决心，一定能平定蜀地。

说干就干，这是桓温的风格，他上表朝廷要求西征，上奏尚在路上，他便开始出兵。战表到了建康，朝臣们大多不同意桓温西征，但木已成舟，反对也无效了，只能接着探讨桓温这次出征是否会成功。

大部分人并不看好桓温，认为他是自讨苦吃，可以等着看笑话，唯有刘惔认定桓温必定会得胜归来。他的理由是从桓温赌博的表现可以看出来，非胜券在握绝不出手。这应该是讲袁耽帮忙之后，桓温的赌技有了很大长进，否则桓温欠下巨额赌债就很难解释清楚。刘惔还说出了他的担忧，那便是桓温灭了成汉后，东晋朝廷恐怕很难再控制他。

刘惔所言不虚，但桓温的胜利也并非来得那么容易，存在着一些侥幸成分，第一个侥幸是敌人送的大礼。李势听说桓温已经到达成都平原，急令将领李福、李忠和昝坚率大军抗敌，这位昝将军不甘心守株待兔，想要主动出击，但情报工作却发生重大错误，走了半天没看到一个晋军，原来他与桓温走的是完全不同的两条路，直到听说桓温已经攻到成都，才匆匆赶回来增援，但是士气已经低落到极点，军队很快就跑光了，最后只剩下他一个光杆司令。

第二个侥幸是自己人送的大礼。桓温击败李福、李忠，杀到成都城下，双方在笮桥进行最后的决战，或许是困兽犹斗，成汉军队重新焕发了战力，战斗进行得很激烈，桓温的军队死伤惨重，流矢数次从桓温身边擦过，桓温看到情形不对，决定收兵再战，结果负责鸣金收兵的兵士误敲起前进的鼓，晋军听到鼓声继续进攻，这下蜀军抵挡不住，纷纷溃逃。

"众惧，欲退，而鼓吏误鸣进鼓"，史书都这样说，但不少人认为鼓吏不可能犯下如此严重错误，可能是袁乔故意让鼓吏为之，无论是什么原因，这场蹊跷的敲错鼓事件，使得桓温赢得关键一役，进而攻占成都，李势向桓温投降，成汉政权灭亡。

桓温的胜利，让远在建康的东晋朝廷又惊又忧，惊的是桓温孤军入蜀，居然大获全胜，忧的是桓温声望爆棚，本来刚刚结束庾氏专权，桓温像一道阴影又一次笼罩在建康城。无论如何担忧，桓温平灭成汉的事实摆在眼前，他为东晋王朝消灭割据政权，算是立了大功，面儿上还是要大加封赏，于是桓温被封为征西大将军、开府仪同三司、临贺郡公。

平定蜀地是桓温一生中辉煌的时刻，在灭蜀过程中发生的一些故事，凸显了桓温的另一面。伐蜀途中，桓温的船队经过三峡，军中有人捉了一只小猿，带上了船，一只母猿沿岸哀哭嚎叫，跟着走了一百多里路也不肯离去，最后终于跳上船，一上船即刻气绝。剖开他的肚腹，肠子都一寸寸地断裂了，这就是成语"肝肠寸断"的由来，桓温听到此事大怒，下令罢免那个人的职务。

桓温是出了名的大孝子，虽然这样的悲剧发生在猿身上，他也实在难以容忍，但有时候忠孝却很难两全，也是在三峡进军途中，桓温看到陡峭的山壁好像悬挂在天上，翻腾的波涛迅猛飞奔，他不禁叹息道："既然要做忠臣，就不能做孝子，有什么办法呢？"

平灭成汉后，还发生了一件有趣的事情，这便是"我见犹怜"的典故，说的是桓温平定蜀地后，见到了一个绝色美女，此女正是成汉末代皇帝李势的妹妹，桓温一见倾心，便纳她为妾。桓温的正室是南康公主司马兴男，这个名字很男性化，不知在现实生活中这位公主是否也是位"女汉子"，总之，桓温和她不是很来电。

说两人夫妻关系一般，并非八卦而是有历史依据，据记载，桓温有个朋友叫作谢奕。此人经常跑到桓温府上来喝酒，喝醉了便衣衫不整，又唱又叫，还要追着桓温拼酒。桓温没有办法，只有躲到南康公主的房里，谢奕才止步。以后，凡是这个谢奕上门，桓温就躲到公主房里。南康公主满怀幽怨地说："要不是这个醉鬼，我怎么能见得到郎君！"

公主脾气上来可不是闹着玩的，所以桓温根本就不敢把这位美人带回家，只能在外面"金屋藏娇"，但最终还是被南康公主发现了，驸马爷居然敢私藏美人，司马兴男勃然大怒，带着一群人来到李氏的住处来捉"小三儿"，公主等人闯进屋时，李氏正在梳头，黑发垂地，肤白如脂，明艳动人，超凡脱俗。看到穷凶极恶的一票人，她已知道是怎么回事，神情淡定地说："我本来不愿意在这里，只是国破家亡，身不由己。如果杀了我，正合我的心意。"

激动人心的一幕发生了，公主呆呆地看着李氏，仿佛看傻了眼，手中的刀当啷掉在了地上。她颇有感叹地说："我见犹怜，何况老奴！"就是说我看到你都动了心啊，更何况桓温这个老家伙！从此，两人情同姐妹。

一个女人美丽的最高标准，不是仅仅让异性喜欢，而是要能打动同性。

五

本来以为桓温就此会消停一阵子，没想到没过多久，桓温又提出要北伐。这下子给朝廷出了大难题，对偏安南方的东晋，北伐永远占据着道德的高点，况且此时后赵石虎死了，北方大乱，正是北伐的好时机，但朝廷不愿意看到桓温借北伐扩大自己的声势，怎么办呢？想出的万全之策是，一要北伐，二由朝廷组织，三不让桓温统帅。

东晋朝廷派出的主帅是当朝皇帝的外祖父，褚太后的父亲褚裒。他是一个大名士，但打仗绝对是外行，朝廷让他统帅三万兵马出征，当时中原很混乱，大量百姓逃亡想南渡，褚裒派兵马接应这些百姓，但在代陂被后赵军队大败，东晋军队几乎全军覆没，二十多万东晋遗民们陷于孤立无援的境地而不能自救，几乎全部死亡，褚裒的北伐宣告失败，他自己因羞愧自恨，很快便郁郁而终。

褚裒不行，朝廷又找来了殷浩，反正是不能让桓温北伐。殷浩更是一位大名士，也是王羲之的好朋友。他精通《周易》《老子》，谈玄水平很高，在那个崇尚清谈的年代，他的名望很高，他说："官本臭腐，故将得官而梦尸，钱本粪土，故将得钱而梦秽"，翻译过来就是：官本是臭腐之物，所以将要做官而梦见死尸；钱本是粪土，所以将要发财而梦见粪便。"这句话在当时被广为传诵。

殷浩的清高还体现他不愿意出来做官，朝廷召他，他不出山，征西将军庾亮召他，他也不出山，后来安西将军庾翼召他，他还是称病不出，身价与拒绝成正比，他越是不出仕，名望就越高，有人甚至将他与管仲、诸葛亮相提并论。

诸葛亮是刘备"三顾茅庐"请出山的，殷浩也大抵如此，公元346年，东晋朝廷执掌朝政的司马昱又一次征召他，任命他为建武将军、扬州刺史。殷浩又拿出传统套路，上疏辞让，这下子把司马昱搞急了，他写了一封措辞很严重的信，大意是国家正当危难，衰败已到极点，殷浩见识广博，才思练达，为国所用，足以经邦济世。如若再存谦让之心，一意孤行，天下大事从此将要完结。一旦亡国，恐怕死无葬身之所。

殷浩一看司马昱把话说到这个份儿上，连"死无葬身之地"都说出来了，不好再拒绝，这场拉锯持续了四个多月，司马昱是在三月份发出邀请的，殷浩最终答应已经到了七月份。不过历史证明，殷浩的这次选择如果用一个字概括——"错"，用四个字概括——"大错特错"。

名望很重要，但不能当饭吃，司马昱因为殷浩有极高的名声，受到朝野推崇，才请他出山，为的是抗衡桓温，如果让他在朝堂上谈谈玄，论论道，殷浩是一把好手，但要让带兵北伐，显然是找错了人，所谓"术业有专攻"，殷浩没有金刚钻，偏要揽瓷器活，到头来只能误己误国。

公元350年，殷浩被任命为中军将军、假节、都督扬豫徐兖青五州诸军事。殷浩走马上任，开始组织北伐行动，意气风发的他开始便不顺，出发时坠落马下，虽然灰头土脸地爬起来，继续骑马出发，但实在是一个不祥的预兆，接着不利之事接踵而来，本来后赵的许昌守将张遇已经降晋，殷浩派手下大将谢尚去接收，不知谢尚哪里得罪了张遇，这位降将又反了，"跳槽"投降了前秦，并且击败了殷浩所部，可以说出师不利。

此时，王羲之给这位好友写信，劝他应该收手，和桓温处好关系，等时机成熟再考虑北伐。殷浩没有听劝，开弓哪里有回头箭，决定硬着头皮干下去，但是他实在不是这块料，越干越暴露出他非但不懂军事，政治上也一窍不通。

团结是最大的政治，殷浩的北伐军团中最有战斗力的是姚襄的军队，姚襄是当年前赵大将姚弋仲的儿子，前赵覆灭后，姚弋仲和姚襄率一支羌族军队，转投东晋。如果能够好好利用这支军队，还有一线胜机。但殷浩却极其不信任姚襄，先是派人监视，后来索性想除掉他，本来应该想方设法让姚襄卖命打仗，殷浩却反其道行之，欲置姚襄于死地而后快，这样一来，失败已经是板上钉钉。

作为大名士，殷浩对付姚襄的手段却显得有些下三滥，他派刺客去刺杀姚襄，接连派了十几个，个个有去无回，到最后再没有刺客敢去。暗杀不行来偷袭，他派手下魏憬率五千精兵偷袭姚襄所在的谯城，结果被姚襄大败，魏憬被杀，姚襄下令将剩下的降兵脱了个精光，让他们回去告诉殷浩，不要欺人太甚。

种什么得什么，击败殷浩的果然是姚襄。殷浩出兵后，任命姚襄为先锋，对于这个角色，姚襄和手下经过讨论认为，这又是殷浩在使坏，如果他的军队胜了，功劳是殷浩的，如果败了，殷浩会借此收拾自己，很可能有杀身之祸。无论胜败，都没有好的出路，商量来商量去，姚襄决定把矛头先对准自己的主帅。

姚襄在一个叫作山桑的地方埋下伏兵，然后派人告诉殷浩说姚襄准备率军投敌，殷浩率领所有兵马来攻击姚襄，结果中了埋伏，所有人马被困在山中，任人砍杀，几乎全军覆灭，殷浩好不容易逃出，他以这样一种近乎耻辱的方式结束了自己的"北伐之旅"。

殷浩忙得不可开交的时候，桓温做什么呢？三个字"看笑话"，他太知道殷浩了，觉得北伐对于殷浩而说是不可承担之重负，失败是迟早的事情。

作为很早成名的两个人，几乎明争暗斗了半辈子，谁都不服谁，年轻时两人有一段精彩对话，桓温问殷浩："你和我相比，谁更出色？"殷浩来了一句："我与我周旋久，宁作我。"言外之意是说"我就是我，不一样的花火"，我殷浩决然不会羡慕你，因为你的一切和我无关。

用现在最流行的话说，便是不会因为别人而改变自己生活的节奏。

殷浩的失败，对桓温来讲无疑是"落井下石"好机会，他连续上书朝廷痛斥殷浩误国，要求追究殷浩的责任，朝廷没办法只好废殷浩为庶人，流放到东阳郡。桓温这下得意了，他对别人说："小的时候，我和殷浩共骑竹马，我把竹马扔掉走了，殷浩上前捡起来，所以殷浩不如我。"

在贬损自己这位老对手时，桓温也清楚殷浩只是个替罪羊，北伐失败根本在于朝廷没有下定决心，而且所用非人，他对别人说："殷浩品格高洁，能言会道，假使让他担任尚书令和仆射，足以成为朝廷百官的楷模，朝廷用才不当，以致有今日。"

殷浩来到流放地后，经常以礼佛读经度日，他虽然没有天天怨天尤人，但偶尔也会生些闷气，这时候他会对身边人说："上人著百尺楼上，儋梯将去"，意思是说：我顺着司马昱的梯子爬上去了，现在倒好，他把梯子给撤了。

或许殷浩觉得说了也白说，后来索性沉默寡言，整天用手在空中写"咄咄怪事"四个大字，有人认为殷浩这是恢复了名士风范，但从现代医学观点来看，更像是得了抑郁症。过了一段时间，治疗抑郁症的良方来了，已经掌控朝廷的桓温给他写了一封信，信中说打算让殷浩出任尚书。

"宁作自己"的殷浩，如今不再那么矜持了，他心中感到大喜并立即回信。写好信，封好后，又担心信中是不是写错了，拆开来重新检查。然后再放到信封中，刚要送出去，还是担心有不妥，再拆开来看，就这样，他把这封信拆拆封封了十多次。最后终于觉得没问题了，派人把信送走。待送信人走远后，他回家才发现写的信还在桌子上，派人送走的只是一个空信封。

本来不想把事情做绝的桓温，等来的却是一个空信封，觉得殷浩以这样的方式侮辱自己，不由大怒，从此与殷浩绝交。殷浩最后一次改变命运的机会就这样被自己搞砸了，追悔莫及的他在两年后忧郁病死。

六

褚裒、殷浩先后兵败，朝廷再没有理由阻止桓温出兵北伐了。桓温这次北伐的目标是苻健建立的前秦。

永和十年，也就是公元354年，一直叫嚷北伐的桓温终于实现了自己的夙愿。这一年，他开始第一次北伐，兵分两路，桓温自己率领四万多人从江陵出发，出湖北，然后经河南直趋武关。同时命令梁州太守兵出子午道，合击前秦军队。

憋了许久的桓温，展现出超乎寻常的能量，蓝田一战，大败前秦军，白鹿原又打败秦将苻生，推进到长安郊区的霸上，就是当年刘邦驻兵的地方，长安城已经出现在攻击视线内，而城中只有苻健带着六千多兵马驻守。

看到东晋军队，最高兴莫过于关中百姓，他们已经有整整三十八年没见过官军了,因此"持牛酒迎温于路者十八九",用一句歌词可以描绘当时那种感人的情景——"牛啊,羊啊,送到哪里去,送到桓温的军营里"。一些老人更是激动到失声痛哭,边哽咽边说:"没想到今生还能再见到官军"。

不过接下来,桓温要让他们失望了。桓温到了霸上,便再没有动静了,对于近在眼前的长安视而不见,安静得让人匪夷所思。对此解释有三:一是桓温自己的解释,是说后勤补给出了问题,行军千里,后勤补给线越拉越长,粮草很难供应上,本来想抢收关中的春麦,但被前秦抢先一步收割,如意算盘被打破,所以无力进攻;另一是一个普遍的解释,那便是桓温从心底就没想去平灭先秦,他只是想用北伐来揽权树威,积累向朝廷叫板的资本;还有一种解释是桓温带的兵马并不多,害怕一旦攻克不了长安,自己会遭遇覆灭的命运。

到底哪种解释正确,不得而知。谁都不是桓温肚里的蛔虫,无法探究他真实的想法,或许是一种,也或许是几种综合考虑的结果。总之,桓温最后选择了退兵。

现在宣布第一次北伐的结果——失败!

桓温并不丢人,至少比褚裒、殷浩这两位要强得多,他们都没有到黄河边,而桓温却隐隐看到了长安城。这个时候,桓温向东晋朝廷提出一个令所有人都不敢想的建议——还都洛阳。

这个上疏传到建康,顿时在朝堂上炸了锅,桓温是几个意思,让君臣迁到他眼皮下的洛阳,这不是想重演曹孟德"挟天子以令诸侯"的把戏吗?况且洛阳被群狼环视,放着江南的好日子不过,怎么能主动往火炕里跳,所以一万个不答应。

桓温提出这个建议并不是拍脑门,显然是经过深思熟虑的,因为这在道义上完全站得住脚,洛阳是正朔所在,当年司马睿南渡那是没办法,现在具备还都条件,理应回到晋王朝发家的地方。

醉翁之意不在酒,虽然群臣对桓温的用心已经看透,但是由于道义上不占理,因忌惮桓温而不能迁都这种理由,还不能拿到台面上说。

群臣只能另找理由：一说百姓南迁已经半个世纪，早已落地生根，迁都很困难；二说如果迁都，晋元帝以来的皇帝陵墓都被抛在江南；三说洛阳能否守得住尚存疑问，还都后如果再被胡人攻破，岂不又要重蹈"永嘉之乱"的悲剧。

说一千道一万，就是不愿意。既然这样，桓温也没有办法。

桓温或许也没指望朝廷能同意，他只是为自己找个退路，反正地方已经打不来了，也通知朝廷诸位了，如果大家不愿意来，就和自己没有关系，于是，桓温从洛阳撤军，退回江东了。

不过，朝廷的担心并非多余，很快已经叛变的姚襄举兵围攻洛阳，朝廷拜桓温为征讨大都督，负责司、冀二州的军事，进军讨伐姚襄，开始了第二次北伐。

这次出兵非常顺利，一路畅通无阻到达洛阳近郊。围攻洛阳的姚襄不得不调转枪口，抵挡桓温所统帅的晋军。他把精锐部队藏在树林里面，派使者告诉桓温："我是愿意投降的，只要您的军队稍稍往后退一点，我就拜伏在路边。"姚襄心里有自己的小算盘，那便是如果桓温军队后撤，他的军队就会趁势从树林里冲出，从而一举击溃晋军。

桓温毕竟是桓温，不是"书呆子"殷浩，一眼看穿了这个雕虫小技。他传话给姚襄："我去收复洛阳，拜谒皇陵，与你没有关系。你想投降就自己来，不要再啰唆。"没办法，姚襄只好率军从树林中冲出，双方大战。桓温亲自披上铠甲，指挥弟弟桓冲和诸将死战，姚襄大败后溃逃。

桓温顺利地进入洛阳城，拜谒了西晋诸皇帝的陵墓，并对毁坏的加以修复。如今的洛阳城已经破败不堪，满目疮痍，看到此景，桓温也没有心思再给朝廷打报告，要求还都洛阳了，他自己也不想待在这个鬼地方。于是他把洛阳周边的老百姓三千多户迁到江汉平原，只留了两千士兵驻守洛阳，保卫皇陵，自己带兵回到了荆州大本营。

第二次北伐的最终标签——成功！

七

桓温总算暂时消停了，不过在北伐过程中，他深感朝廷"外难未弭，内弊交兴"，不解决这些问题，自己再卖力恐怕也很难成功，于是他上书朝廷，提出著名的《七项事宜疏》，就是指出当前政治上的七个弊病，要求朝廷高度重视，予以整改。

哪七条呢？一是抑制朋党，杜绝因政见不同而相互倾轧；二是合并、裁撤冗余的官职；三是避免办事拖沓，对公文案卷的处理要限制时日；四是明确长幼之礼，奖励忠实、公正的官吏；五是褒奖惩罚要公允；六是继承、遵守古制，弘扬学业；七是选派史官，编修晋书。

桓温确实是人才，这七条放到任何一个王朝都适用。

仅仅说这些还不过瘾，很快他主持了一项重要的改革——庚戌土断，就是严厉清查户口，对隐匿户口的大族予以严惩。朝廷收税以户口为基准，而世家大族把流民收罗到自己庄园，这些人没有户口，但却成为大族们的佃户，结果造成朝廷没钱，但世家大族却很富裕，这项改革便是针对这个朝廷的"出血点"，效果相当明显，彭城王司马玄因违禁藏匿流民五户，被下廷尉问罪。仅会稽郡便"亡户归口三万余口"。庚戌土断之后，国家控制的户口大量增加，赋税收入也增多了，大大提高了东晋的经济与军事实力。

桓温属于"闲不住"类型，忙完改革事宜，他又把目光对准了前燕。当时前燕有慕容㒞、慕容恪等明君良将，所以在双方交锋中东晋一直处于下风，一败再败，丢了不少地方。

公元362年，前燕将军吕护领兵去攻洛阳，洛阳守将遣使告急，桓温派竟陵太守邓遐率三千人协助守城，就在此时，不知为何，桓温又一次提出了还都洛阳的上疏，这次比上次更进了一步，要求从永嘉之乱南迁人士，全部北移，以充实河南地区。

旧事重提，桓温这是要意欲何为？东晋朝廷又一次炸锅，反应似乎比上次还要大。按照桓温的方案，门阀大族和所有士大夫都要北迁，历经几十年，他们在江南置办的大量家业岂不要化作浮云，况且洛阳是前线，朝夕不保，在他们看来，桓温简直就是想让他们当炮灰。

每个人心里都犯嘀咕，但没有人敢站出来反对，毕竟桓温是当今的老大，都不敢公然得罪他。就在大家都犯难的时候，散骑常侍领著作郎孙绰站出来打破了沉闷。

孙绰讲得很坦率，主要意思是丧乱以来，六十多年，黄河洛水一带早已是一片废墟，中原也是一派萧条。南迁人士已经历经几代人，还活着的都已经是有孙辈的老人。让他们携家带口万里远行，跨越艰难险阻，远离家坟，放弃产业，田宅未必卖得出去，车辆船只也无从得到，路途的劳顿很可能导致很多人要不累死在路上，要不淹死在江里，真正能到达北方的人应该不会很多。

一句话，桓温说的不可行！

"此处必须有掌声"，想必孙绰出头说出此番话时，朝堂上所有的人心底都为他暗暗叫好，但洛阳毕竟是大晋的故都，还都本身没有错，所以孙绰没有把话说死，他建议先派有威望的将帅镇守洛阳，收复河南，开通航运，等中原小康，再商议还都之事。

孙绰这样说，相当于把皮球踢回给了桓温，桓温听说后非常生气，他托人带话给孙绰说："干嘛不去找你的《遂初赋》读读，何必操心别人的家国大事！"《遂初赋》是孙绰述说自己隐居世外思想的作品，桓温以此讽刺孙绰，意思说孙绰应该如自己写《遂初赋》那样，哪凉快哪待着去，别跟着瞎掺和。

危机尚未解除，朝廷想派人去同桓温商量，希望他能收回还都的主张。扬州刺史王述说根本不用，他说："桓温不过是虚张声势吓唬朝廷，他并不是真的想让还都，只管答应他，不会有什么事情。"于是朝廷给桓温下诏，给他戴了一堆高帽子，希望他能统帅三军收复中原，这件事情就这样不了了之了。

朝廷虽然避免了还都，但对桓温这位权臣没有什么有效制约措施，只能"哄"着。公元363年,朝廷加封桓温侍中、大司马、都督中外诸军、录尚书事、假黄钺,能想到的名号都给了这位权臣。

两年后,桓温移镇姑孰,将自己原来的大本营交给兄弟桓豁,让另外一个兄弟桓冲负责江州及荆、豫八郡诸军事,这样,长江沿岸都被桓家所掌控。

再往前一步,就是加九锡,这对于桓温似乎唾手可得,但他不想硬干,觉得还是要让人心服口服,如何才能让朝野服气呢,还是老路子——北伐,收拾了前燕后回来晋级,一切才会显得水到渠成。公元369年,桓温率领五万兵马从姑孰出发,桓温的第三次北伐就这样开始了。

"金城泣柳",是这次北伐路上留下的典故,说的是桓温途经金城,看见自己早年担任琅琊内史时栽种的柳树已经有十围那么粗壮,感慨道:"木犹如此,人何以堪!"他攀着树枝,捉住柳条,不禁潸然泪下,当年种下这些柳树时,自己是二十多岁的小伙儿,如今已是五十多岁的老人,只能感叹,时光似水,不舍昼夜。

"木犹如此,人何以堪!"从此成为人到暮年时一种痛彻的伤怀,南朝诗人庾信作《枯树赋》,就曾引此典抒发对故乡的思念并感伤自己身世:"昔年种柳,依依汉南。今看摇落,凄怆江潭。树犹如此,人何以堪。"毛泽东晚年很喜欢这篇文章,1976年在生命的最后时光,还请人读这首赋,一个人可以战胜一切,唯一不能战胜的便是时间。

吃一堑长一智,第一次北伐因为后勤补给困难而失败,这次桓温决定用水路解决这个难题,他让人在巨野开凿水路三百里,使船只由清水进入黄河。船队浩浩荡荡,看上去很是威武,但却存在很大隐患。桓温手下郗超看出了风险所在,他说:"由清水入黄河,逆流而上,路途遥远,航运很难保证,如果运输线断了,又搞不到粮食,形势会变得非常危险。"郗超建议桓温尽率全军直击前燕国都邺城,或者坚守河道,控制漕运,储蓄粮食,直至明年夏天再继续进攻,感觉甚好的桓温根本没有听进去。

桓温的大军进展很顺利，一直打到枋头，前燕皇帝慕容暐都想弃城北逃，被手下臣子劝住。他一方面向前秦求救，以割地为条件请前秦出兵援救，另一方面起用很能打的慕容垂。两军在枋头形成对峙局面。

此时老问题又来了，后勤供给渐渐开始跟不上，桓温命手下袁真进攻谯郡、梁国，并打开石门水道。但袁真始终无法开通石门，最终晋军军粮耗尽。无奈之下桓温焚毁战船，退军而去。慕容垂率八千骑军追赶，与晋军战于襄邑。桓温大败，死伤三万余人。

本来想以一场胜利为自己上位做个铺垫，没想到搞得如此灰头土脸，尽管朝廷不敢把他怎么样，桓温还是觉得面子尽失，总要找个替罪羊，袁真被他隆重推出来，桓温说他没有完成任务导致兵败，袁真不服，占据了寿春并降了前燕。

八

怎样才能重新树立权威呢，打仗是再打不动了，郗超给他出了个高招——废立皇帝。桓温觉得这个主意不错，公元371年十一月，桓温声称司马奕身体有毛病，不能生育，让褚太后下诏废掉司马奕，改立辅政的司马昱为帝，是为晋简文帝。

这位新皇帝当时已经五十三岁了，历史上的权臣一般喜欢拥立小皇帝，以便自己容易控制，但五十九岁的桓温却拥立了仅比自己小六岁的老皇帝，的确是件很有意思的事情。

说起这位司马昱的皇帝之路，怎么一个艰辛了得。原本他有机会在幼年时成为东晋第二位皇帝，没想到，却在五十多岁垂垂老矣时成了第八位皇帝。

司马昱是东晋开国皇帝晋元帝司马睿最小的儿子，司马睿四十五岁时，司马昱来到这个世间，司马睿算是中老年得子，所以他对这个小儿子非常疼爱，当时的"活神仙"，也是风水学的泰斗郭璞说司马昱："兴晋祚者，必此人也"，就是说，将来能振兴大晋的，非这小子莫属。

作为司马睿的幼子，前面有五个哥哥，按说即位当皇帝一点希望都没有，但由于司马睿对他的疼爱，再加上郭璞这一席话，司马睿居然动了让他当太子的念头，在他还没有完全学会走路的时候，司马睿封他为琅琊王，这可不是一般的名号，因为司马睿在没有成为皇帝之前，就是这个封号的拥有者，他从来不舍得把这个名号拿出来，现在将珍藏多年的名号授予司马昱，可见对这个幼子寄予了厚望。

司马睿后来决定再往前走一步，改立司马昱为太子，不过此事被王导等人给搅黄了。过程很有趣，当时重臣王导和周顗都觉得司马睿的这个想法不靠谱，所以坚决反对，但另一位大臣刁协为了迎合帝意，建议司马睿应该按照自己的想法来。于是，司马睿拟好了圣旨，他怕王导、周顗等人阻挠，想采用调虎离山之计，他原本计划传旨让王导和周顗进宫，然后把诏书给刁协，令其对外宣布旨意，王导和周顗知道时木已成舟，也不好再反对。

王导、周顗进宫后，司马睿怕露馅，让他们到东厢房休息，周顗没有多想，但王导觉得里面有蹊跷，他直接找到司马睿，一直追问为什么要召见他们。司马睿无言以对，面露愧色地把藏在怀中的诏书拿出来撕掉。

司马昱最接近皇位的一次机会就这样溜走了，在他两岁时，最疼爱他的老爹驾崩，他的大哥司马绍即位，三年后，大哥病逝，他的侄儿司马衍即位。司马昱二十二岁时，侄儿皇帝也死了，司马衍的弟弟司马岳即位，司马岳干了两年多，便得重病，他的两个儿子尚在襁褓之中，当时执掌朝政的庾冰、庾翼兄弟提议传位于已经成年的司马昱，这是司马昱第二次最接近皇位的机会，但庾冰的如意算盘没有打响，司马岳在临终前三天下诏，立自己的儿子司马聃为太子。

好吧，司马昱接着辅助自己的侄孙子，转眼十七年过去了，侄孙子司马聃死了，司马聃没有子嗣，按说应该轮上司马昱了，他当时已经年过不惑，正是人之盛年，朝中的呼声也比较高，但当朝褚太后，害怕司马昱上台后，自己大权旁落，于是下令由侄儿司马丕即位，就这样，司马昱又一次与皇帝擦肩而过，没过几年，司马丕也死了，他依然没有儿子，褚太后又把司马丕的弟弟司马奕送上皇帝宝座。

就这样，司马昱眼看皇位上的人轮流交替：他的哥哥、他哥哥的大儿子、他哥哥的小儿子、他哥哥小儿子的大儿子、他哥哥大儿子的大儿子、他哥哥大儿子的小儿子，而他自己则一天天老去。

自此，司马昱彻底死心了。

事实证明，身体确实是革命的本钱，一个个小辈先他而去，经历了七朝变更的司马昱，终于是多年的媳妇熬成婆，坐上了皇帝的宝座，只是司马昱当年的热情早已消逝，更何况他是被桓温指定做这个皇帝，上台后注定也是一个傀儡，这种赶鸭子上架的做法，让司马昱不仅丝毫没有兴奋的感觉，反而非常郁闷。

郁闷到什么程度，史载，司马昱每次见到桓温都痛哭流涕，搞得桓温也不知如何是好。本来身体还算不错的司马昱，当上皇帝后却每况愈下，皇帝宝座坐了不到一年，便被重病击倒，他隐约地看到死神在朝自己招手，想着召桓温来商量后事，连下四道诏书，请在姑孰的桓温入朝，但都被桓温拒绝。

桓温为什么拒绝，现在看来还是一个谜团，如果想篡位，此时应该是最好的机会，带兵入朝，趁着皇帝病危，可以顺利登基。但桓温为什么却拒绝入朝，对此后世颇有争论，挺桓温的认为，从这件事上可以看出桓温根本就没有篡位之心。另一派则认为这是桓温一贯毛病，和第一次北伐拒不攻取长安一样，他最擅长关键时候掉链子。

司马昱等不到桓温，只能自己安排后事了，他下诏立自己的儿子司马曜为太子，让桓温像当年周公一样摄政，还说道："少子可辅者辅之，如不可，君自取之。"

这句话很熟悉吧，这和当年刘备在白帝城与诸葛亮说的基本是一个意思，临终说出这样话的帝王，大概有这么几个特点，一是继承人比较羸弱，二是辅政大臣很厉害，三是对身后之事充满焦虑，这种话看上去诚恳，但实际上是一种试探，更是一种警示。

司马昱当然希望桓温和当年诸葛亮一样，听到此话后，能知道深浅，鞠躬尽瘁死而后已。但他身边的侍中王坦之，似乎对桓温根本没有信心，他看到诏书，觉得后患无穷，当着司马昱的面子，撕掉诏书，司马昱也在生命最后一刻做出正确的抉择，对桓温由"君可自取之"改为"如孔明、王导辅政"。

桓温无疑是失望的，不管他是否真有篡位之心，他心里期盼着司马昱会把皇位让给他，至于他是否愿意做，那另当别论，但结果司马昱死前又立了一位皇帝，而他自己也只是辅政而已。不知是真生气了，还是为了奔丧，桓温带着一些兵马到了建康，东晋朝廷一直以来对这位头牌就非常忌惮，听说他引兵入朝，纷纷盛传桓温这是要来夺皇位的。

东晋朝廷根本阻挡不了桓温，能做的就是让王坦之、谢安等率领百官去新亭早早迎候桓温，在这次历史上著名的"新亭风波"中，谢安立功了，他不卑不亢，经过与桓温的长聊后，桓温选择了退兵，也就此选择了自己最终的命运。

桓温回到姑孰后，便重病缠身，他的欲望似乎已经没有那么大了，只是希望朝廷能够授予他九锡，这是历代权臣除了篡位外，所能享受的最高待遇。在盖棺论定时，桓温需要一个上层次的称号，但遗憾的是他遇到了谢安，最后的这个愿望注定成为一桩黄粱美梦。

谢安用的方法很简单——拖，本来有人已经起草好了加九锡的诏令，谢安看完，觉得写的不到位，让拟稿人修改，修改完了再给谢安看，谢安还是觉得不满意，这个材料也没有标准，谢安的意见是要精益求精，能够惊天地泣鬼神，结果还没定稿，桓温就不行了。

公元373年七月，一代枭雄桓温在姑孰病逝，走完了他六十二年的传奇人生。

桓温虽然死了，盖棺但很难定论，一直以来，对他的一生充满争议，焦点在于他是一个什么样的人，是一个匡济社稷的大英雄，还是一个意图篡位的野心家。

持前者观点的认为，桓温的所作所为，无非是为了被重视，桓温虽然权倾朝野，但出身并不高贵，在那些大门阀大名士眼中，桓温就是一介武夫。

有次桓温为自己的儿子向王坦之的女儿求婚，这居然引得王坦之的父亲，也是大名士王述大怒，他说"兵，那可嫁女与之！"就是说，我们王家的女子怎么能嫁给一个当兵的呢。桓温所以如此努力，三次率军北伐，无非就是想用功名来赢得天下人的尊重和认同。况且既然桓温能够废立天子，自己要想做皇帝根本没有人能阻拦他，但至死他也没有迈出这一步。

持后者观点的认为这正是桓温最大的弱点，在关键时刻缺乏孤注一掷的胆量。柏杨先生是后者观点的代表，他说："桓温显然渴望篡夺政权，无奈，他虽有篡夺政权的决心，却不敢篡夺。司马昱卧病，一夜之间，发出四次诏书，征召桓温进京，这是上天赐下的篡夺良机，桓温竟然拒绝，使人怀疑他的智力商数。他之所以拒绝，由于他的恐惧，恐惧掉进陷阱。因为他无胆，所以在节骨眼上，也就无能。桓温终于放弃晋帝国帝位，不是力量不够，而是他对自己的必胜把握，没有自信；而自信，正是英雄事业的必要条件。所以，桓温不能称为枭雄，不过一个较王敦略高一筹的饭桶军阀而已。"

"既不能流芳后世，不足复遗臭万载邪！"是桓温留给这个世界最著名的一句话，也成为他充满争议一生的真实写照。悠悠千年过去，流芳后世或遗臭万年，对桓温来讲，似乎不再那么重要，倒是他留下的那些典故千年以来让后世津津乐道。

桓温一直把西晋大忠臣刘琨作为自己的偶像，有一年北伐，他遇到了刘琨手下的一个老歌姬，于是问："我跟你已故的主人刘琨比，如何？"这位女士说："我看你长得跟刘将军差不多。"这可把桓温乐坏了，马上梳妆打扮一番，再问："我哪里像他？"这位老人回答："眼甚似，恨小；面甚似，恨薄；须甚似，恨赤；形甚似，恨短；声甚似，恨雌。"就是说，眼睛相似，就是小了点；脸相似，薄了一点；胡须相似，就是红了一点；身材也相似，就是矮了一点；声音相似，就是有点像女人的声音。本来满心欢喜的桓温听后备受打击，脱去衣帽，一头扎进房间里不出来，闷闷不乐了好几天。

这份真性情或许才是真实的桓温。

王羲之：真心感谢，永和九年的那一场醉酒

一

公元353年农历三月初三，正是暮春时节，天朗气清，惠风和畅。在山阴兰亭，四十多位文人雅士聚在一起，饮酒赋诗，好不快活。

他们喝酒的方式很雅致也很特别，在水边刻下弯弯曲曲的沟槽，把水流引进来，将酒杯斟满放于水上，让酒杯随着水流流动，众人列坐水滨，酒杯停留在谁的面前，谁就要端起酒杯，就着酒意吟诵诗句，这种当时很流行的喝酒游戏被称作"曲水流觞"。

尽兴之后，大家把一天的作品收录成集，请这次聚会的召集人写一篇记述当天情景的"序"。此人已经醉意阑珊，但盛情难却，挥毫泼墨，一气呵成，写下了让后世顶礼膜拜的"天下第一行书"——《兰亭序》。

这个人就是世人皆知的"书圣"王羲之。

酒醒之后，王羲之看到自己所写的《兰亭序》，颇感惊艳，以后的日子，他曾反复重写了许多遍，但都无法找到当时的感觉，这也让他略感落寞，于是就将此幅珍藏起来，作为传家之宝。

王羲之未曾想到，这幅酒醉中写就的三百二十四个字，成为了代表中国书法最高水平的标尺，在此之后，无数人临摹刻拓，掀起了一场声势浩大的复制运动，后世几乎所有的书法大家，都把临摹《兰亭序》作为必修课，也作为成为"大家"道路的一个重要节点。

酒是坏东西，也是好东西。不少人因酒误事，酿成了许多历史悲剧。但也有一些人，酒成就了他们，在酒中留下名传千古的杰作。

"不肯为五斗米折腰"的陶渊明，在自传体诗文《五柳先生传》中写道："造饮辄尽，期在必醉。既醉而退，曾不吝情去留。"意为喝就要喝高兴，每杯必干，每饮必醉，而且自己喝爽就好，也不太顾及别人，客人爱走爱留和自己无关。他还将醉后的感想以诗的形式题写下来，这些诗文合成《饮酒二十首》，"采菊东篱下，悠然见南山"便是第五首中的名句。

李白好酒，更是众人皆知，杜甫的一首《饮中八仙歌》留下了确凿的证据——"李白斗酒诗百篇，长安市上酒家眠。天子呼来不上船，自称臣是酒中仙。"如果没有酒水的滋润，很难想象这位"诗仙"会留下那么多流芳百世的名篇。

"且就洞庭赊月色，将酒买船白云边""举杯邀明月，对影成三人""但使主人能醉客，不知何处是他乡"，买酒、喝酒、醉酒都能让李白写出无比飘逸充满想象力的诗篇，在他看来，"古来圣贤皆寂寞，惟有饮者留其名"，传说李白最后也是"因醉，入水捉月而死"。他用自己的诗酒一生诠释了"且乐生前一杯酒，何须身后千载名"的人生哲学。

"明月几时有，把酒问青天"，酒量不大的苏东坡，照样在酒中找到属于自己的灵感，而他的老师欧阳修，也是有名的醉翁，这位醉翁所写的《醉翁亭记》虽然强调"醉翁之意不在酒"，但切切实实是一部充满"酒气"的千古佳作。

书法与酒也是关系密切，除了无人超越的酒后之作《兰亭序》外，草圣张旭更是好喝酒，兴起之处，借着酒意当众表演狂草，呼叫狂走而后落笔，有时甚至用头发蘸墨当笔使，他的得意之作多写于酒酣之后，杜甫诗云："张旭三杯草圣传，脱帽露顶王公前，挥毫落纸如云烟。"

另一个书法家怀素，似乎不喝酒就写不了字，"十杯五杯不解意，百杯已后始颠狂。一颠一狂多意气，大叫一声起攘臂。"百杯下肚才能找到写字的感觉。有人问怀素写字秘诀，他说就一个字——"醉"。

酒能激发灵感，这毋庸置疑，对不少艺术家而言，酩酊的状态是生命中最酣畅、最亢奋、最具创造力的状态，写出好作品便不足为怪。但同时酒最多只是一种催化剂，不是说喝酒就能写出好东西，对绝大多数人而言，醉酒除了又哭又笑，又吵又闹或者酣睡不醒外，似乎没有什么积极的东西。

"没有人能随随便便成功"，这句歌词写得很到位，如果仔细分析每个在艺术上取得成就的大家，身后都隐藏着一个方程式"天赋+刻苦=成功"，加号后的两个字占的比重更大，王羲之也不例外。

先说王羲之的出身，一个字——牛。他所在的家族是琅琊王氏，是东晋的第一大家族，没有之一，他的父亲王旷是辅助司马睿南渡建立东晋的功臣，他的伯父王导更是东晋当时第一重臣，另一个伯父王敦则是手握兵权的权臣，"王与马，共天下"，一时间王家权倾朝野。

出生在如此显赫家族的王羲之在少年时，并没有表现得多么出众，相反，据史书记载，他说话木讷，不善于交际，用《晋书》原话曰："羲之幼讷于言，人未之奇。"在别人看来，王羲之就是一个普通人，属于扔到人群中便找不到的那种。倒是尚书仆射周顗慧眼识珠，觉得他气度不凡，王羲之十三岁那年，在周顗府中的宴席上，周仆射把别人很看重的牛心先割了给他吃。得到当朝宰相如此器重，少年王羲之才开始让人刮目相看。

二

王羲之虽然不爱与人打交道，但从小对书法产生了浓厚的兴趣，这不排除有遗传基因的作用，因为他父亲王旷的书法便相当了得，他们父子俩间还发生过一个有趣的故事"羲之窃书"，说的是王羲之小时候发现自己父亲枕头下有本著名书法家蔡邕所著的《笔论》，顿时喜欢得不得了，便偷偷拿到自己屋子里聚精会神去读，后来被王旷发现，看到自己儿子如此用功，就将这本书送给了他。

现在的家长，多么希望这样的故事发生在自己的孩子身上。

成才之路启蒙老师最为重要，王羲之的启蒙老师有两位：一位是王廙，他的这位叔父是个多面手，史载"多所通涉，工书画、善音乐、射御、博弈、杂伎"，其中书画号称江东第一；另一个则为卫夫人，这位女老师不仅字写得好，而且还在书法理论方面有独到见解，同时更重要的是她经常以著名书法家张芝"临池学书，池水尽墨"的故事激励和教导自己的这位弟子，让他从小懂得"业精于勤荒于嬉"的道理。

兴趣是最好的老师，在老师的悉心教导下，王羲之自己也极为刻苦，刻苦到险些耽误了终身大事。当朝太尉郗鉴有个女儿，年方二八，才貌双全，尚未婚配，郗太尉与丞相王导交情很深，两家都是门阀士族，他听说王家子弟甚多，个个都才貌俱佳，便向王导提出择婿的请求，王导欣然应允，答应他可以在王家子弟中随便挑选。

王羲之当然在候选人之列，接到伯父的通知，他赶往王导府邸，走到半路看到了一座古碑，上面刻着蔡邕的字，王羲之很喜欢他的书法，故而仔细揣摩，流连忘返，把相亲的事情彻底抛在了脑后，等看得差不多了，突然才想起今天还有一件大事，连跑带颠地赶往相府，结果大汗淋漓，浑身汗透，到了府上索性脱去外衣，袒胸露腹，靠在东床上。

太尉郗鉴的管家到王家，看过了所有的王家子弟，回去禀报说："王家子弟都不错，听说郗府觅婿，皆正襟危坐，姿态庄重，只有一个躺在东床上，袒胸露腹，若无其事。"郗鉴听后，说道："此人正是我的好女婿啊。"一打听这个人就是王羲之，随后把自己女儿郗璿嫁给了他，这就是成语"东床快婿"的由来。

这段故事充满了魏晋色彩，如今的父母，估计打死也不会选择这样不修边幅的女婿，实在不清楚郗鉴的选婿标准是什么，只能说他眼光独到，找到了王羲之这只"潜力股"。

虽然王家和郗家结亲，多少有些政治婚姻的味道，但王羲之和郗璿的婚后生活还是很幸福，郗璿一口气为他生下七男一女，子孙满堂，可谓神仙眷侣。王羲之写道："吾有七儿一女，皆同生。婚娶以毕，唯一小者尚未婚耳。过此一婚，便得至彼。今内外孙有十六人，足慰目前"，可见他对自己的婚姻家庭很是满意知足。

一个成功男人的背后往往有一个幸福的家庭，王羲之的幸福不仅在于娶了一个才貌双全、精神相契的夫人，还在于他的七个儿子个个在书法上都有所成就，宛若"北斗七星"。其中最小的儿子王献之的水平最高，与其父王羲之并称为"二王"。

作为男人，成家后立业便成为头等大事，婚后第三年，王羲之走上了仕途，对于家族显赫、根正苗红的他来讲，这并不是什么难事。但是未曾想从他踏上官场那一天起，却开启了自己充满矛盾的一生。

王羲之得到第一个职务是"秘书郎"，他当时二十三岁，正是一个人的"芳华"阶段。东晋权臣时任征西将军庾亮很赏识他，请他任参军，后又升任为长史，甚至临死时庾亮还上书称赞王羲之"清贵有鉴裁"。庾亮死后，王羲之迁任江州刺史、宁远将军。不过，这个刺史只做了一年多，便由堂兄王允之接替。王羲之只保留"宁远将军"的职务，这个名号听上去很唬人，实际上是个闲职，王羲之这段时间又恢复了清闲生活，他从江州返回建康，此时正赶上司马昱上台辅政，他和王羲之素有交往，便召他任侍中、吏部尚书，但都被王羲之谢绝。

形势变化很快，当时琅琊王氏、颍川庾氏势力都走向没落，桓温却横空出世，咄咄逼人。为了抗衡桓温，执掌朝政的司马昱有意拔擢一些士族人士，他选中的人选是大名士殷浩，以其为建武将军、扬州刺史，参与朝政并积极准备北伐。

殷浩与王羲之的关系不一般。《世说新语》里记载殷浩如此称赞王羲之："逸少清贵人，吾于之甚至，一时无所后。"可见对王羲之评价极高。殷浩受到重用了，他马上想到这位老朋友，于是写了一纸书信，请王羲之出来担任护军将军。

王羲之回信表达自己的心迹，大意说自己向来没有在朝中任职的想法，所谓"素自无廊庙志"。但架不住殷浩的一再相邀，最后王羲之同意出任护军将军。

"有高官不做"，在常人来看有些匪夷所思，但这恰恰反映了王羲之内心的纠结。一方面他肩负家国责任，意图为社稷建功立业，另一方面从他内心来讲，又渴望一种逍遥和自在，不愿意受到太多的牵绊，从踏上仕途之后，这份矛盾和纠结便困扰着王羲之，由此对他的半推半就便不难理解了。

护军将军是禁军高级将领，但并不是要带兵打仗，主要职责侧重于人事安排、思想政治等，有点像现在军队里政委的角色。对王羲之而言，干好这个差事并非难事，只是因为当时正值北伐前夜，所以需要经常"出差"协调各类事务，在交通不便的当时，这是非常辛苦的，这与王羲之的生活态度大相径庭，他请求辞掉护军将军职务而改任宣城太守，但被朝廷拒绝。

王羲之这时候想撂挑子，还有一个重要原因，便是他不赞成殷浩出兵北伐，以他对殷浩的了解，他知道这位老友根本就不是带兵打仗的料，"及浩将北伐，羲之以为必败，以书止之，言甚切至"，但是没有人听他的。

三年后，他转任会稽内史、右军将军，这也是仕途中的最后一站，"王右军"之名也由此而来。

这一年是永和七年。

三

在会稽的日子，对于王羲之来说，同样是矛盾的，他对会稽优美的山水很是喜欢，经常和好友吟诗作赋，谈玄论道，但是他作为父母官，依然要履行其应该担负的职责。

两年以后，著名的兰亭聚会上演了，那是一场中国古代最风雅的聚会，前无古人，后无来者，尽管后世不少人想仿照这样的聚会，意图找到曲水流觞的感觉，但都是"东施效颦"，那种雅致在永和九年之后便一去不复返了。

"谈笑有鸿儒，往来无白丁"，一般人是无法参加这样聚会的，据史书记载，参加此次聚会共有四十二人，其中以东晋最牛的两大家族王家和谢家为主角，王家除了王羲之外，一般认为他的七个儿子中有六个参加了此次聚会，后来拯救东晋于危难之中的谢安也是座上客。

现在可以还原永和九年的那场聚会了，春末夏初的江南，已是暖意融融，四十二人先是进行了一次修禊祭祀仪式，这仅仅是个开始，仪式结束后，应该是在王羲之的提议下，开始了曲水流觞的游戏，当然四十二人也不都是出口成章，据记载，活动中共有十一个人各作诗两首，十五个人各作诗一首，十六个人因没有作出诗而罚了酒，总共成诗三十七首，汇集成册称之为《兰亭集》。

接着，便诞生了《兰亭序》，抛开书法本身的无与伦比，这些文字也非常值得玩味，因为背后浸透着王羲之极为复杂的情绪，所以非常有必要再重温一下这三百二十四个字。

永和九年，岁在癸丑，暮春之初，会于会稽山阴之兰亭，修禊事也。群贤毕至，少长咸集。此地有崇山峻岭，茂林修竹；又有清流激湍，映带左右，引以为流觞曲水，列坐其次。虽无丝竹管弦之盛，一觞一咏，亦足以畅叙幽情。是日也，天朗气清，惠风和畅，仰观宇宙之大，俯察品类之盛，所以游目骋怀，足以极视听之娱，信可乐也。夫人之相与，俯仰一世，或取诸怀抱，悟言一室之内；或因寄所托，放浪形骸之外。虽趣舍万殊，静躁不同，当其欣于所遇，暂得于己，快然自足，曾不知老之将至。及其所之既倦，情随事迁，感慨系之矣。向之所欣，俯仰之间，已为陈迹，犹不能不以之兴怀。况修短随化，终期于尽。古人云：'死生亦大矣。'岂不痛哉！每览昔人兴感之由，若合一契，未尝不临文嗟悼，不能喻之于怀。固知一死生为虚诞，齐彭殇为妄作。后之视今，亦犹今之视昔。悲夫！故列叙时人，录其所述，虽世殊事异，所以兴怀，其致一也。后之览者，亦将有感于斯文。

"畅快"是文章前半部分的唯一的感受，天气很给力，所谓"天朗气清，惠风和畅"，环境也相当优美，"崇山峻岭，茂林修竹，清流激湍，映带左右"，有山有水有竹林，实在是一个聚会的好地方。关键是人合群，"群贤毕至，少长咸集"，该来的都来了，而且"一觞一咏，畅叙幽情"，重要的是能说在一起，喝在一块，如此写下去，应该是乐哉乐哉，畅快到底。

只是，接下来笔风大变，从原来的调调中完全跳出来，变得异常沉重起来，因为谈及到一个永恒的话题，那便是"生死"，再使人难忘陶醉的快乐，终究会过去，犹如花朵一般，无论多么绚烂，总有凋谢的时候。不同的是，花朵谢后明年依旧会绽放，而人的生命一旦飘逝，便永远不会重来。

一个人可以看淡一切，仕途、金钱、荣辱，但却很难不在乎死亡，"死去原知万事空"，从一定意义上说，死亡让一切都成为了虚妄，一如王羲之在文中所写："死生亦大矣。岂不痛哉！"

更为难过的是，每个个体面对死亡似乎没有什么办法，这注定是一个绕不过的坎儿，或早或晚，竹林七贤、王羲之等魏晋风流，看上去活得潇洒，但在死亡面前却潇洒不起来，尤其写《兰亭序》时，王羲之已经五十岁左右，步入老年，死亡从一个遥远的字眼变得越来越现实，酒醉之后，一种从未有过的悲凉冲击着他的内心，从而体现在这些文字中。

四

兰亭雅集三年后，王羲之结束了自己的仕途，这与一个人有直接关系，此人叫作王述。

两人虽然都姓"王"，但是属于两个不同的家族，王羲之属于琅琊王氏，王述则是太原王氏，论出身似乎王羲之更高些，要论才华王羲之更是在王述之上。

史书上这样说王述："性沈静，每坐客驰辨，异端竞起，而述处之恬如也"，就是说在别人高谈阔论、滔滔不绝时，王述居然无动于衷、不发一言，于是到三十岁的时候，还没有什么名气，甚至被人误认为是"痴"，就是有点呆傻。

这哥们人生前半段的表现，确实让人不知道说什么好。有一次他吃鸡蛋，用筷子去夹，夹了好几次没夹着，便大怒，拿起鸡蛋便扔到地上。鸡蛋在地上转个不停，他便用脚去踩。不想没踩着，这下可把他气坏了，便从地上把鸡蛋捡起来放到嘴里，嚼碎了马上吐了它。此事如发生在小孩身上，也许会觉得有趣可爱，但发生在已成人的王述身上，便有些粗俗不堪了。

所以，王羲之觉得王述和自己根本不在一个段位。

王述出仕后，很快因为一件丑闻而上了"今日头条"。他担任第一个官职是宛陵县令，可能是从小穷惯了，在任上接受了不少别人送的礼物，被"纪检部门"查获，列了一千三百多条罪名起诉他。王导知道派人痛斥王述说："名父之子不用担心无俸禄，屈治小县求取财物，很不合适。"

但从此后，王述决心洗心革面，重新做人。无论担任什么样的官职，清廉得无与伦比，朝廷给他的赏赐，他一分钱不留，全部分给亲戚朋友，家里老房子一住就是许多年，没有重新装修，没有添置新物，一直到死，王述从一个极端走向另一个极端，从而赢得了不少人的赞叹。

一如龟兔赛跑一样，王羲之就是开始那只远远跑在前面的兔子，但令王羲之没有想到的，王述在后期实现了逆转，虽然起步晚，但在仕途上王述升迁速度却很快，一下子超过了王羲之，"王右军素轻蓝田（王述，曾被封蓝田侯），蓝田晚节论誉转重，右军尤不平"。

金无足赤人无完人，王羲之也是个活生生的人，他的性格上的弱点，在对待王述的问题上开始显露，归结起来，应该概括为"嫉妒心"。看到当年有些"呆傻"的王述步步高升，渐渐和自己平起平坐，甚至超过自己，王羲之有些坐不住了，本来潇洒的他，变得有些面目全非。

有一次王述在任会稽内史时遭遇母亲去世，留在山阴处理丧事。王羲之代理会稽内史，按常理，作为地方长官王羲之去吊唁、致祭一般应该去三次。但他却"止一吊，遂不重诣。""述每闻角声，谓羲之当候己，辄洒扫而待之。如此者累年，而羲之竟不顾，述深以为恨"。搞得王述每次听到外面有鼓角之声，都以为王羲之要来了，急忙命令仆人把家里打扫得干干净净，但次次都失望至极。

后来有次王羲之终于到了门口，通报进去了，孝子们都已经哭起来了，他却不进去吊唁转头又回去了，以此来侮辱王述。"不前而去，以陵辱之"，借王述母亲的丧事来侮辱他，王羲之做得实在有些过。

妒火中烧的王羲之，很快又干了一件让人笑话的事情。王述后来当了扬州刺史，会稽恰好归扬州管辖，一个当初自己根本看不上的人，现在居然要来"领导"自己。王羲之感到相当不爽，"初得消息，求分会稽为越州"。他向上级打了报告，请求将会稽从扬州划出来，升格为越州，这样自己就可以跟王述平起平坐了。这种斗气的做法中央朝廷当然不同意，觉得王羲之像小孩一样傻气，后来这事儿说出去，"大为时贤所笑"，成为不少人饭前饭后的笑柄。

可王羲之到死也没弄明白，王述这个本来有些痴傻的主儿怎么会在仕途上比自己畅通得那么多？左思右想找不到由头，于是，他只好将原因归结到自己的儿子身上，他对儿子们说"吾不减怀祖（王述字），而位遇悬邈，当由汝等不及坦之故邪！"我不比王述差，官却比他小得多，主要是自己的儿子不如王述的儿子王坦之有出息。

王羲之这样说，说明嫉妒心已经将他搞得语无伦次了。

王述当然会给他小鞋穿，王述上任后，接见了当地的大小官员，也视察了每个角落，但却独独绕开了王羲之。后来不停地派人督查王羲之主管的会稽郡的各项工作，今天检查明天审计，搞得王羲之和他手下的官员疲惫不堪。

接连的打击让王羲之心灰意冷，他心里想，与其在王述面前装孙子，还不如索性辞官回家去。为了表示自己的决心，五十三岁的他到父母墓前发誓，由此诞生了一篇著名的《誓墓文》，在这篇告别官场的文章中，王羲之说了不少狠话。他表示，自己并不聪慧，是因为国家需要所以当了官，但其实对当官并没有多大兴趣，一直想放浪形骸在山水间，但是为了整个家族自己只能坚持。如今决定要金盆洗手，而且要说到做到，如果以后还有做官的念想，就不是父母的儿子，天地之间，人人可以得而诛之。

这话说得够狠够绝，在父母坟墓面前，王羲之算是把自己所有的苦闷和不快彻底宣泄，历史上把这个故事称为"誓墓辞官"。王羲之确实说到做到，从此，他三十年的官宦生涯画上了并不圆满的句号。

平心而论，王羲之是个好官，首先他反对清谈。当时司马昱和殷浩为首的政治集团核心成员都是以清谈著称的名士，而王羲之觉得这样只会误国。其次他力促内部团结，他的好友殷浩和权臣桓温闹矛盾，他认为国家的安宁在于内外和睦，于是写信给殷浩劝诫他，但殷浩没有听从。他还是和平主义者，在殷浩北伐之前，王羲之曾致书司马昱和殷浩加以劝阻，担心战争给人民造成的经济负担，"顷年割剥遗黎，刑徒竟路，殆同秦政"。

"当官不为民做主，不如回家卖红薯"，王羲之是这句话的忠实实践者，王羲之一贯主张轻徭薄赋，与民生息。他一方面抓住一切机会向朝廷和当权者建言，另一方面在自己所管辖的一亩三分地上推行改善民生的措施。

最出名的是"羲之禁酒"的事情，原本很喜欢喝酒的他，看到因酿酒而消耗大量粮食，结果达官贵人天天醉生梦死，而普通百姓却食不果腹，王羲之抵住压力，下令"禁酒"，规定爵无高低，民无贵贱，一律不得酿酒，市面上也严禁出售酒类，他自己也带头不再饮酒。这自然让一些"无酒不欢"的贵人感到相当不爽，不少人向朝廷打小报告，说王羲之滥用职权，要求将其绳之以法，面对责难和非议，王羲之毫不妥协，在他的坚持下，"禁酒节粮"取得了很大的成效，会稽郡因此每年"所省百余万斛米"。

"为人民服务",王羲之没有将这五个字挂在胸前,而是刻在了内心里。

五

"无官果然一身轻",离开官场的王羲之,可以按照自己的意愿生活了。在生命的最后六年,他基本忙于两件事情:一则寄情于山水,渔猎取乐;另则与道士许迈一起研究服食丹药。

这样的日子看上去逍遥自在,但实际上却活得不易,因为他生命中最后几年几乎是在病痛中度过的,这应该与他过度服食寒食散有关,从他所写的书帖里今天说自己这里疼,明日那里疼,后又"举体急痛",总之没有几天是浑身通畅的。

公元361年的夏日,王羲之走到了自己生命的尽头,他病重时,家人请名医杜子恭来看病,相传这位杜名医有起死回生之术,但这次却被杜子恭拒绝了,他说:"右军没啥大病,用不着我。"王羲之听后,知道自己大限将到,不多日后,他便驾鹤西去。

至于死因,一般认为是沉疴日重而亡,但《世说新语》中却说:"右军遂称疾去郡,以愤慨致终。"就是说因郁闷而亡,照此说来,当年王羲之对王述的那口恶气,到死也没有得到消解。

不知,王羲之在弥留之际,是否会回想起那个美好的暮春,那场酣畅的兰亭聚会,天朗气清,群贤毕至,而这一切也仅仅才过去九个年头。

王羲之死后,被追赠为金紫光禄大夫。他的儿子们遵照父亲的遗嘱,坚决推让不接受。当年他在父母坟墓前发出的誓言,不仅包括自己生前永不为官,也立誓死后也绝不接受朝廷的追赠,这种决绝实则透着一股深深的悲凉。

王羲之死了,但他的文字却永远活着。

《兰亭序》接下来的命运和中国历史上一个响当当的名字紧密联系在一起，他便是唐太宗李世民。王羲之在李世民眼中是："心慕手追，此人而已，其余区区之类，何足论哉！"可以说，在王羲之众多铁杆粉丝里，恐怕他是最大牌的一个。

王羲之死后，《兰亭序》一直在王家传承，后来传到了七代孙智永手上。智永是个僧人，在他圆寂前，将其交给自己弟子辩才。据传李世民得知这个消息后，特意召见辩才，但他始终不肯说出书帖的下落。李世民也没有办法，只好将他放回越州永钦寺。

于是，接下来上演了"萧翼计取《兰亭序》"的好戏。唐太宗强夺不行，只能智取，宰相房玄龄给皇帝推荐了御史萧翼，这个人足智多谋，他借了唐太宗的几幅二王书帖来到永钦寺，先是取得了辩才的信任，被视为知己，两人有天谈及王羲之的书法，萧翼拿出带来的几幅字帖，辩才表示这不是王羲之最好的作品，《兰亭序》才是真正的极品，萧翼用激将法说《兰亭序》不可能还有真迹在。辩才一听急眼了，立马从屋梁的一个洞内取出一帖，真迹《兰亭序》出现了。后来萧翼趁辩才不注意，将真迹带出寺院献给了李世民。

真的？假的？对于这个故事，一直存在质疑声音，不少人觉得超级帝王李世民不可能使用这样下三滥的手段，但是面对自己一生挚爱，李世民即使采取这样的方式，也不难理解，何况唐朝大画家阎立本将这个故事画了下来，便是《萧翼赚兰亭图》，画中萧翼洋洋得意，老和尚辩才失神落魄，算是留了个活证据。

得到越不易越觉得珍贵，李世民对此帖爱不释手，"宝惜者独此书为最，置于座侧朝夕观赏"。《兰亭序》到了唐太宗手上，可谓幸也不幸。幸运在于他让当时的大书法家欧阳询、褚遂良临写，又让冯承素以双沟填廓法制作摹本，使得《兰亭序》不再是私家收藏，让后世目睹了它的风采。

不幸在于李世民的自私，使得后人无法领略真迹那动人心魄的美丽。相传他死前要求将《兰亭序》真迹殉葬在他陵墓里，让这件最最心爱之物，与他永不分离，从此"茧纸藏昭陵，千载不复见"。

王羲之第二个大牌粉丝是乾隆皇帝，这位中国历史写诗最多的皇帝，对书法酷爱至极，收藏了历代最多的书法珍品，在这些藏品中，最让乾隆皇帝心动有三件，其中两幅出自王羲之父子，分别是王羲之的《快雪时晴帖》和王献之的《中秋帖》。

《快雪时晴帖》，顾名思义，写在雪后，朗朗的晴空下，白皑皑雪笼罩大地，这天王羲之心情很好，给友人提笔写了一封书信，"羲之顿首。快雪时晴，佳想安善。未果为结力不次。王羲之顿首。山阴张侯"，虽然只有短短二十八个字，但却透出一种气定神闲，不疾不徐的气息，成为了仅次于《兰亭序》的又一书法极品。

乾隆皇帝在养心殿西暖阁专门辟出一个不到八平方米的小书斋，将王氏父子两帖和王珣的《伯远帖》，一起放入其中，并亲笔御书匾额"三希堂"，意为三帖为稀世之珍宝。遗憾的是《快雪时晴帖》也不是王羲之的真迹，而是唐朝书法家用双钩填廓法临摹复制的，即便如此，乾隆皇帝依然喜欢得不得了，据说每年冬天的第一场雪后，他就会把《快雪时晴帖》取出来评赏怀古一番。

冬去春来，就这样一千多年过去了，我们还可以呼吸到属于永和九年的春天的气息，如今酒香依旧，但那份风雅早已荡然无存，不知所踪，生命的光泽被太多的欲念所遮掩，不再旷达自然，早没有了魏晋时代的那份率直和坦荡。

因此，我们更要真心感谢永和九年那一场盛会，感谢王羲之酒醉后书写的三百二十四个字，让后世知道了什么才是真正的"美"！

谢安："淡定淡定淡定"，重要的事情说三遍

一

公元 373 年一天，建康城外的新亭，一场关乎东晋命运的会面正在上演。

就在前几日，东晋王朝的第八位皇帝司马昱驾崩，他的死，也是这场危险聚会的由头。坐在一头的是身穿戎装的当朝权臣桓温，一年多前，正是他废掉了当时的皇帝司马奕，将已经五十三岁的司马昱扶上皇位，他自己带兵回到大本营姑孰，在那里遥控着朝廷。桓温满以为司马昱死时，会将皇位禅让于他，但到头来竹篮打水一场空，司马昱临终将社稷传给了自己的儿子司马曜。

怕什么什么来，司马昱死后，东晋朝廷最担心的事情，便是桓温一怒之下兴兵而来，果不其然，司马昱尸骨未寒，便听说桓温兵锋已至，停驻在新亭。名义上说是来吊唁旧帝，拜谒新君，但他葫芦里装的什么药，没人能知道。只是六个字在建康城一夜间传开——"诛王谢，移晋鼎"。

这对桓温不算什么难事，既然他可以随意废立皇帝，趁司马昱新丧，在刀光剑影中让自己登上皇帝宝座，可以说易如反掌，只是到时候难免会有血光之灾，搞不好，建康城里会血流成河。

面对杀气腾腾的桓温，怎么办？只能"凉拌"，当朝的褚太后命

令顾命大臣谢安和王坦之率领百官到新亭去迎接这位"魔王",接到命令,恐惧顿时占据了王坦之的内心,他问自己的搭档谢安该如何是好,言外之意就是还有什么好办法,咱能不能不去。

"晋祚存亡,在此一行。"谢安对王坦之说,就是说没什么好商量的,是死是活,那是上天的安排,但这趟新亭之行非去不可,否则不可能有活路。既然后果如此严重,王坦之只好硬着头皮跟着谢安来到新亭。

果然是"鸿门宴",只见桓温大营旁,虎视眈眈的士兵们手持矛戟,三步一岗五步一哨,刀枪林立,寒光闪闪,军旗猎猎。如此阵势,让官员们寒战不已,他们一个接一个匍匐拜于道侧,本来心里忐忑的王坦之,更是惊恐得汗流浃背,以致拿倒了手版。但见谢安却显得泰然自若,好像眼中什么都没有看到,他从容入席,突然发现墙后隐约有影子晃动,想必是桓温早有准备,埋伏下了刀斧手。

换作他人,恐怕早已两腿发抖,不知如何言语,但谢安不是常人,他半开玩笑半正经地说:"安闻诸侯有道,守在四邻,明公何须壁后置人邪!"就是说"我听说诸侯有道,守卫在四邻,明公哪里用得着在墙壁后面安置人呀!"这话其实就是告诉桓温,你至于嘛,难道还真想谋反不成。

尴尬啊尴尬,桓温本来想给这些朝臣一个下马威,没想到被谢安将了一军,顿时一片沉默,冷场的感觉相当难堪,解铃还须系铃人,最后还是要靠桓温来打圆场,他颇为不好意思地笑了笑说:"我只是不得不防备一下而已。"接着下令撤去伏兵,拉着谢安谈笑许久。

桓温不久后退回了姑孰,至此永远与皇位擦肩而过。

谢安的表现为他赢得巨大的声望,他如此从容不迫,很重要的原因他了解桓温,十三年前,桓温是他的领导,虽然彼此相处的时间不长,但依谢安的聪慧,他早看清楚了桓温的脾性,此人虽说出"不流芳百世,便遗臭万年"的狂话,但骨子却是小心谨慎,特别是在关键时刻非常容易掉链子。

虽然桓温一副杀气腾腾的样子,但在谢安看来,桓温不会做出"舍得一身剐,敢把皇帝拉下马"的事情,他和那些土军阀不一样,毕竟是驸马爷,即使想篡位,也一定要搞得冠冕堂皇,不会使用下三滥的手段,所以谢安其实已经看到了桓温的底牌,在这场精神与心理的博弈中,他注定完胜对方。

二

说来也巧,桓温不仅是谢安的领导,而且是第一任领导。换句话说,谢安出仕当官首先是投到了桓温门下。

一般来讲,初入仕途,应该是风华正茂,意气风发,而这一切与谢安无缘,因为他到了桓温门下时已经四十岁了。

人过中年才进入仕途,是怀才不遇还是报国无门,大家统统都猜错,相反,对于谢安而言,要想当官实在太过容易,不当官反而有些难度。这是因为两个原因,一则陈郡谢氏是有名的门阀士族,在大士族当道的东晋王朝,谢安出生在这样的家族,相当于已经有一顶官帽戴到了头顶之上,想当官实在不是什么事,唯一的疑问是能当多大的官。

另一则是谢安从小表现出的潜质相当出众,四岁时候,他第一任领导桓温的父亲桓彝见到他,就觉得他与众不同,赞赏道:"此儿风神秀彻,后当不减王东海!"王东海是东晋初年的第一名士王承,这番赞誉对一个四岁的小孩,实在有些高,不排除桓彝当着谢安老爹的面子,有给他戴高帽的嫌疑。

但十年之后,另外一位大名士王濛对他的评价,应该是发自内心的了。少年时谢安去建康拜访王濛,与王濛清谈多时,离去后,王濛之子王修问自己的父亲:"刚才谈话的客人是什么样的大人物?"王濛说:"此客勤勉不倦,日后定将咄咄逼人。"而身为东晋宰相的王导也十分器重他。因此,谢安年少就已负盛名。

谢安自少年时代,就有一个绝活——"洛生咏",全称"洛下书生咏",就是能用洛阳书生腔诵读吟诗,还能随心所欲变换节奏腔调。洛阳是晋王朝正朔所在,名门士族荟萃于此,而司马氏政权南渡后,东晋士大夫多是中原旧族,"洛生咏"因此成为炫耀世家大族身份地位的资本,就像说英语能说出"伦敦腔"一样,会让人高看一眼。

奇怪的是,谢安生在南方,他怎么会擅长"洛生咏"呢,这完全是"因祸得福",谢安自小患有严重的鼻炎,发音的时候鼻音特别浓重,恰像极了洛阳读书人的口音,再加上他脱俗的气质和不凡的谈吐,简直就是名士风度的一个样板,引得争相效仿,一时间"名流爱其咏而弗能及,或手掩鼻以效之"。

从另一桩事情上也能看出,谢安非等闲之辈,那便是他娶了刘惔的妹妹为妻。

刘惔是什么人?号称东晋第一狂士,没有几个人能入他法眼。有一次桓温问他:"会稽王(司马昱)他清谈技巧有进步吗?"刘惔答:"大有进步,不过仍是第二流。"桓温于是问:"第一又是谁?"刘惔答:"就是我呀",自我感觉相当良好。大名士王濛与刘惔两人别后重逢,王濛对刘惔说:"你更有长进了。"刘惔回答说:"这个就像天本来就那么高而已。"

这样一位自视甚高的狂人,能把妹妹嫁给谢安,足可以见他之优秀出众。

出身高贵,素质超群,摆在谢安面前的是一条无比辉煌的金光大道,但出人意料的是,谢安却拒绝走上"红地毯",朝廷给他的第一个官职是佐著作郎,谢安"以疾辞"。当时的扬州刺史庾冰仰慕谢安的名声,几次三番地督促逼迫,谢安不得已,硬着头皮赴任,干了不到一个多月,实在无法使他开心,索性辞职回家。

谢安并非不是当官的料,只是这实在不是他想要的生活,就他来讲,生活远不只是"眼前的苟且",还有"诗和远方"。

饱汉不知饿汉饥,在不少人为了出人头地削尖脑袋的时候,谢安却为躲避做官而烦恼。后来他索性隐居到会稽郡的东山,这一隐将近二十年。朝廷显然不甘心，先是任命他为尚书郎，谢安推辞不就，后来又被举荐为吏部郎，他依旧写信拒绝。

这也太不把朝廷当回事，不少朝臣觉得谢安过于拽了，既然不愿意出来做官，不如索性遂了他的意，纷纷上书应该对谢安禁锢终身，就是将谢安拉入做官的"黑名单"，永不录用。朝臣们算是出了口气，但这对谢安来讲，似乎无所谓，反而觉得清爽了许多，至少没有那么多的征召命令扰乱内心。

三

谢安终于可以按照自己的方式生活了。

东山隐居期间，他主要做了两件事情，其一是与好友游山玩水，饮酒作诗，他的朋友圈都是一些同道中人，比较出名的是书圣王羲之和高僧支道林等，著名的那场山阴兰亭聚会，谢安是亲临者，参加的四十二中有十一人作了两首诗，其中就包括谢安，其中一首是："伊昔先子，有怀春游。契兹言执，寄傲林丘。森森连岭，茫茫原畴。迥霄垂雾，凝泉散流。"赞自然之博大，叹人生之渺小。

另一首诗云："相与欣佳节，率尔同褰裳。薄云罗阳景，微风翼轻航。醇醑陶丹府，兀若游羲唐。万殊混一理，安复觉彭殇？"这首诗估计是谢安喝美以后写的，可以看得出他心情非常欢畅，蓝天薄云，清风徐来，唇齿间留有酒香，内心舒坦异常。在这首诗中，谢安实际上谈及了自己的生死观，那便是万物虽有不同，却遵循同一个道理，有生有灭，有兴有衰，从这个意义上讲，早亡的人与八百岁的彭祖之间也没有什么区别。

此时此刻，谢安不仅参透了名利，似乎也参透了生死。

"淡定"是谢安一生最重要的标签，这从他隐居时遇到的一起险情中得以充分体现，有次谢安与孙绰等人泛舟大海，风起浪涌，众人十分惊恐，谢安却安然自若。船夫因为谢安高兴，照旧驾船漫游。但风浪越来越大，木舟在海浪里不断旋转，眼看就要翻了。众人惊恐大叫，谢安慢慢地说："如此大风我们将如何返回呢？"船夫看他不紧张，也放宽了心，驾船安全返航。众人无不钦佩谢安镇定的气度。

隐居时做的另外一件事情，有着更加重要的意义，那便是教育子女。教育的不只是他自己的亲生子女，包括整个谢氏家族子弟，大约有十几个小孩。

谢安为什么成为了这样的一个大家长，这是因为谢安兄弟六个，此时大哥谢奕和二哥谢据已经去世，四弟谢万、五弟谢石和老六谢铁都出仕为官，换句话说，谢家只有他老三谢安是个闲人，教育孩子的重任自然非他莫属。

教育孩子不是儿戏，责任重大，事关长远。特别是在当时，门阀政治决定了如果一个家族想要兴旺，必须要诞生几个杰出的人物。反过来说，一个人想有所作为，很重要的前提条件是要来自一个名门望族。一句话，教育兴，则家族兴；家族兴，则个人兴。

但教育好孩子，谈何容易，特别是教育一大家族的孩子。换作现在的家长，教育独生子女都觉得头疼不已，时不时搞得关系紧张，家庭不和。有人自然会觉得，谢安天天围着十几个孩子，可能吵都要被吵死，看上去很难再潇洒起来，说不定谢安心里会有些许悔意，早知如此，还不如自己出去做官。

非也！谢安很享受这样的生活，他教育孩子有自己的一套，简单地说就是"言传身教"，这个成语便出自于他，说的是谢安的夫人刘氏总是冲到教育孩子的第一线，而且经常唱黑脸，哪个孩子不听话，就大声地斥责，有点"虎妈"的感觉，有时候她说得口干舌燥，看到谢安在旁边像个没事儿人一样，气不打一处来，质问自己的老公："怎么从来没见你教导过孩子？"谢安答曰："我常自教儿"，就是说我经常以自身言行教育孩子。言外之意是说，咱们走的不是一个套路。

实践是检验真理的唯一标准，事实证明，谢安的方法更好使，因为在他教育下，谢家子弟人才辈出，由此成为了能与琅琊王氏并肩的名门望族。

最成功的案例是谢玄。此公子是谢安大哥谢奕的儿子,他身上最大的毛病是喜欢奢靡浮华,爱好穿华丽的衣服,戴着首饰,手里经常拿一个紫罗香囊,腰间还挂一条手巾,不仅有着富家子弟固有的纨绔作风,而且还有些脂粉气。

作为名门后代的谢家公子,其实这也算不得什么,但谢安横竖看不惯,他决心教育一下自己的这个侄子。不过他没有选择自己夫人那样的简单方式,而想从根子上解决谢玄的思想问题,这样才能标本兼治。

谢安采用的高招是"打赌",有一天,他把谢玄叫来,先是找双方感兴趣的话题聊得很开心,见时机成熟,谢安提出想和他打个赌,赌注是谢玄的紫罗香囊,如果他赢了,这个香囊归自己,如果谢玄赢了,则可以随便提条件。谢玄感到很纳闷,叔父怎么突然对自己的香囊如此感兴趣,但想想赌博也是自己的强项,赢面比较大,输了最多只损失一个香囊,所以他欣然应允。

姜还是老的辣,谢安本来就是个赌博高手,没几下,谢玄就败下阵来,无奈只好把香囊交给自己的叔父,谢安的下一个举动彻底改变了谢玄的一生,他拿过香囊看都没看,随手丢进旁边的火炉,然后接着要与谢玄玩乐。谢安举重若轻地轻轻一丢,彻底惊醒了谢玄,他知道自己的这种行为不入谢安法眼,过去确实放浪得有些过了,从此他改变自己的所作所为,逐步变得成熟起来。

很难想象,没有谢安的教诲,谢玄会成为后来淝水之战东晋的前线统帅。就这样,谢安用四两拨千斤的手法,让世上少了一个问题青年,多了一个贤臣良将。

四

谢朗是谢安另一个侄子,他是二哥谢据的儿子,这个孩子年少丧父，而且一直病病恹恹，所以谢安对他格外照顾，有啥好东西先紧着他，这才避免了谢朗过早夭折的厄运。

少年时代的谢朗比谢玄懂事，举止很得体，但有件事情让谢安颇感不快，谢朗总爱讲一个笑话，说是有一个傻子家里有老鼠闹事，那人很恼火，一怒之下拿着烟熏去熏老鼠。结果是老鼠没熏到，自己倒弄得一脸黑。说到高潮处，谢朗笑得自己都控制不住自己。

谢安不高兴在于，谢朗嘲笑的这个傻子正是他老爸谢据。当然，谢朗年少时，他的父亲就已经过世，所以他并不知道自己所讥讽的是亲生父亲，虽然不知者不为过，但是看到谢朗为他父亲当年的囧事而哈哈大笑，谢安心里非常不是滋味，他想要教育一下谢朗，但又不能伤害他的内心，这看上去是一个难题。

谢安有自己的技巧，当谢朗又一次说起这个笑话，谢安对谢朗说："干这种事其实也没什么，当年我就曾干过，还是和你爹一起干的。"谢安为了二哥的面子，连自己也搭上了，谢朗听到此言，顿时羞愧无比，急忙跪地，心里充满悔意，谢安让他起来，温和地说道："无论如何，嘲笑别人是不对的，不管是不是亲人。"谢朗为此把自己关到屋里，忏悔几日，从此再也不狂妄地取笑别人。

"润物细无声"，是谢安教育理念的核心，不狂躁不纵容，在不温不火中，他把自己的要求灌输于每个孩子心中。

"集体学习讨论"是谢安教育法的另一大特色，反正孩子多，一个人学不如一起学。《世说新语》有几则这样的故事。有一次，谢安在子侄们聚会时问他们最喜欢《诗经》里的哪一句，他的侄女谢道韫说："吉甫作颂，穆如清风。仲山甫永怀，以慰其心。"谢玄则说："昔我往矣，杨柳依依。今我来思，雨雪霏霏。"这句充分表达了一个久战归乡征夫的心情，意思是说：回想当初出征时，杨柳依依随风吹；如今回来路途中，大雪纷纷满天飞。有一种凄美的意境在其中，看得出谢玄年轻时还是一个如假包换的文艺青年。

谢安对他们的选择都予以了肯定，他赞扬谢道韫说她有"雅人深致"，也肯定谢玄所选句子的确很美，但他对这些子侄说，自己更喜欢"讦谟定命，远猷辰告"。这句的意思是要用胸怀远大的谋略来制定规划，并告知于众。显得站位很高，没有了"小我"，谢安想用这句告诉这些孩子，应当志存高远。

另一则便是著名的"咏絮"的故事，谢安并不要求孩子们死读书，有天他和孩子们讲解谈论文章，外面下起了雪，而且越下越大，谢安让大家放下书本去集体赏雪，他兴致勃勃地问大家："白雪纷纷何所似？"谢朗抢先说："撒盐空中差可拟"，就是说像是在空中撒了盐。

好像有些俗，白雪说起来不仅像盐，糖也可以啊，此时，谢道韫轻轻说了一句："未若柳絮因风起"，一下子上了层次，美感顿时扑面而来，谢安没有当场评判，想必是为了给谢朗留些面子。听谢朗说完，谢安没有什么反应，而谢道韫说出此句，谢安大笑，显得非常欣赏，笑声之中，高下立判。

"谢道韫，能咏吟。"谢道韫因为"咏絮"一举成名，并且被写进了《三字经》，而受到历代传诵，后来便把在诗文创作方面卓有才华的女子赞誉为"咏絮之才"。

谢道韫不仅才华出众，人长得也很美丽，如果是想定义一下"大家闺秀"，看看谢才女便可得出答案。但遗憾的是，才貌双全的谢道韫，一生的幸运在谢安，一生的不幸也在谢安。

此话怎讲？谢安的悉心教诲造就了谢道韫，但谢安为谢道韫选择的婚姻，却让这位才女一辈子感到不开心。不过，谢安并非"乱点鸳鸯谱"，他按照门当户对的原则，为她选择了王羲之的次子王凝之，本来谢安开始看中的是王羲之第五子王徽之，但听说此公子不拘小节，放荡不羁，故最后改成了王凝之。

孰能想到，这个选择埋葬了谢道韫一生的幸福，王凝之除了书法受老爹遗传，字写得不错外，其他的实在不值一提，婚后不久，谢道韫回到娘家，整天闷闷不乐。谢安感到奇怪，就问道："王郎，是逸少（王羲之）之子，不是庸才，你为什么不开心？"谢道韫回答："谢家一族中，叔父辈有谢安、谢据，兄弟中有谢韶、谢朗、谢玄、谢渊，个个都很出色，没想到天地间，还有王郎这样的人！"言下之意是，这个丈夫让她大失所望。

更让谢道韫受不了的事，是王凝之痴迷上五斗米教，这最终让他送了命。谢道韫在嫁入王家几十年后，东晋发生孙恩之乱，时任会稽内史的王凝之不积极备战，反而天天躲在屋子里祈求神仙保佑，谢道韫劝了几次，他都不听，谢道韫只好自己招募一些家丁天天操练，以防万一。

惨剧还是发生了，孙恩大军长驱直入冲进会稽城，王凝之及其子女都被杀。谢道韫目睹丈夫和儿女蒙难的惨状，手持兵器带着家中女眷奋起杀贼，但终因寡不敌众被俘，此时她还抱着只有三岁的外孙刘涛。

谢道韫斥责贼人道："事在王门，何关他族！必其如此，宁先见杀"，就是说"王家的事，跟其他人无关，要杀别人，就先杀我"。孙恩此前听说过谢道韫是一位才华出众的女子，今日又见她如此毫不畏惧，顿生敬仰之情，"（孙）恩虽毒虐，为之改容"，非但没有杀死她和外孙刘涛，还派人将他们送回老家。

几千年后，想起谢道韫当时大义凛然，视死如归的场景，依然涌动着一份感动和钦佩。

幸免于难的谢道韫寡居会稽郡，大家闺秀就是大家闺秀，年老后谢道韫仍然风韵高存，会稽郡守刘柳前来拜访她，两人交谈后，刘柳被她的气质和学识彻底折服，逢人便说："实顷所未见，瞻察言气，使人心形俱服。"就是说："我从来没有见到过这样出色的人物，光是看她的语言气度，就让人佩服得五体投地。"

婚姻算不上幸福的谢道韫，却将优雅保持到了生命的最后一刻。

虽然谢安使得谢道韫嫁错了郎，但教育本身无疑非常成功，《谢氏教育法》如果能编辑出版，想必会得到那些"望子成龙，望女成凤"的父母热捧，成为一本畅销书。

五

时光如梭,"芳华"易逝,一晃已经人到中年,这中间不断有人动员他结束隐居,出仕为官,最积极的应算是他的好友也算是亲家公王羲之,他对大名士刘惔说:"我们一定要推举谢安出仕啊",这位谢安的大舅哥所想和王羲之一样,他说:"若安石(谢安)东山志立,当与天下共推之。"意思是说,如果谢安这同志还要隐居,我们应该和天下人一起推荐他。

谢安怎么想的呢,简单地说,享受当下的生活,但不排除出山的可能,看到谢家兄弟富贵一时,谢安的老婆刘氏和他开玩笑说:"大丈夫不当如此乎?"大丈夫是不是应该像他们一样,扬名立万,声名显赫,谢安捏着鼻子说了一句话:"但恐不免耳",啥意思呢,就是说"只怕避免不了呢。"

有一个人早就看出他心中的犹豫,此人便是当时的丞相,后来的简文帝司马昱,他听说谢安有时会带着歌妓游山玩水,得出了自己的判断:安石(谢安)必出,依据是:"既与人同乐,亦不得不与人同忧。"

司马昱的判断是对的,不过谢安后来出仕的目的,不是司马昱所说的"先天下之忧而忧",更不像他夫人所言为了荣华富贵,而是为了整个家族。

谢安人到中年时,谢家遭遇到一系列变故,先是两个哥哥谢尚、谢奕先后去世,接着弟弟谢万打了败仗,被废为庶人,短短几年,谢家三个代表人物非死即废。

最让谢安感到失望的是弟弟谢万,这位四弟有些才华,但整天飘飘然,自我感觉特好,总认为自己是"老子天下第一"。

谢安年轻时代就曾经跟着他丢过人,有次阮籍的后代名士阮裕到谢安家做客,谢万也在,他当时有些尿急,可能很难再憋住,于是起身当着阮裕的面向自己的哥哥要便盆,谢安只能耸耸肩,不好意思地朝阮裕笑笑，作为资深名士，阮裕非常不客气地大声说道："新出门户，笃而无礼"，就是说："新出的门户，怎能如此无礼！"

谢奕死后，朝廷让谢万接替他二哥的职务，任命为西中郎将，持节监司、豫、冀、并四州诸军事，兼任豫州刺史，随后受朝廷委派作为统帅进行北伐。

谢万根本就不是领兵打仗的料，听到这个消息，有两个人为他担忧，一个是书圣王羲之，他写信给桓温，说："谢万这个人清谈还可以，留在朝堂之上，会发挥一些作用，让他统兵打仗是用错了人，会耽误你北伐的事啊。"桓温并没有理会。王羲之见状，索性直接写信给谢万说："你一直不屑于俗事，现在让你去处理这些事，的确很难，但愿你能和底层士兵同甘共苦，就很好了。"谢万觉得这位王书圣实在有些多管闲事，把他的来信扔到了一边。

另一个人是他三哥谢安，他对谢万说："你和将领们说话的时候，不要太傲慢。要让大家心悦诚服，否则不可能成大事。"谢万可以不听王羲之的，但必须要听自己哥哥的。他通知每个将领，一起来开会，准备展示他亲切随和的一面。面对各位将领，他拿着如意指着众人说："诸将皆劲卒。"兵、卒都指小兵，是带有侮辱性的称呼，东晋等级观念森严，用"卒"称呼这些将领，比骂脏话都难听，不仅没有达到初衷，反倒让众将怀恨在心里。

这样的人统兵北伐，焉有不败之理。

谢万的失败，带来的后续效应便是谢氏家族遭到重大冲击，整个朝堂上没有一个谢家的人物说话算数，在想当官儿看自己家族的门阀时代，这意味着谢氏家族将一蹶不振，形势已经不容谢安继续在山水之间逍遥自在，为了整个家族，他必须挺身而出了。

六

公元 360 年，谢安终于走出了东山，此时他已经年过四十，过了二十年隐居生活。此一时彼一时，想当年朝廷急于让他出仕，许以优厚条件，但他却死活不肯。现在出山，没有了红地毯，没有了闪光灯，更没有了高官厚禄，他的第一个官职是出任桓温账下的司马。

谢安的出山，从内心里讲是被迫的，但是在外人看来，姿态上却是主动的，所以这让谢安不可避免陷入尴尬的境地。在一些人觉得，谢安当年那么决绝，粪土当年万户侯，如今却显得有些耐不住寂寞了。

风凉话自然不会少，谢安从新亭出发，朝廷百官都为他送行，御史中丞高崧开玩笑说："足下屡次违背朝廷旨意，高卧东山，百官常常议论说，谢安石不肯出山做官，将怎样面对江东百姓！而今江东百姓将怎样面对出山做官的谢安石呢！"这话说得实在刺耳，但似乎确实如此，谢安也不好为自己辩解什么，既然选择出山，这些都是必须要经历的，他只能面露愧色，苦笑一声。

冷笑接连不断，谢安去拜见桓温时，有人送给桓温草药，其中有远志一味。桓温问谢安说："这种药又被称为小草，为什么有两种称呼呢？"谢安还没来得及回答，坐在一旁的另一位名士郝隆应声答道："这有什么难的。在山中叫远志，出山就叫小草。"谢安听了郝隆的话，知道他是在讥讽自己，不由脸上露出惭愧之色。

不过，谢安的第一任领导桓温对他颇为欣赏，当年朝廷都请不动的谢安，出仕的第一站选择到自己这里，让他感觉到脸上很有光，"既到，温甚喜，言生平，欢笑竟日"。刚刚见面他便和谢安聊到深夜，谢安走后，他不无自豪问左右："你们以前可曾见过我账下有这样的人物？"

身为当时东晋的第一权臣，桓温给足了谢安面子，据史书记载，桓温到谢安府上做客，正赶上谢安梳头，梳完后又叫人去取头巾，准备穿戴整齐见桓温，桓温见状说道："安石，何必这样多礼呢。"他根本不把谢安当作外人。

道不同不可谋，虽然桓温对自己不错，但谢安似乎已经看出这位领导内心暗藏的野心，这条路走下去会非常危险，谢安由此萌生去意，此时正好谢万去世，谢安以为弟弟奔丧为借口，离开了桓温，这一走，便没有再回来，他在桓温身边仅仅待了一年左右的时间。令两人没想到的是，再次面对面时，从上下级关系变成了政治对手。

"新亭风波"后，虽然桓温退兵，但皇帝梦并未断绝，不久后他便大病一场，感觉自己大限将至，他暗示朝廷加授九锡，临死前想要享受顶级人臣的待遇，朝廷让吏部郎袁宏起草加授九锡的诏令，按照当时朝廷的规矩，这个诏令需要经过谢安批准才能发出。

袁宏是当时东晋写文章最好的一位，妙笔生花，文采过人。他接到这个任务后，深感责任重大，所以下了很大功夫，当天接活，当天便完成了。然后交给谢安审查，准备等着谢安的溢美之词。

没料到谢安看了一眼，便让他拿回去修改，也没说哪里好，哪里不好。袁宏很快改好了，谢安心里想这位袁宏着什么急，于是给他挑了不少毛病，袁宏第三次将诏令交给谢安，心想这次应该可以过关了，谢安仍觉得还需修改，就这样反反复复改了二十多天还不能定稿，这下子可把袁宏搞急了，没办法谢安只能对他说一句："拖着好"，袁宏这才心领神会。

就这样，谢安生生拖死了自己的老领导桓温。

桓温死了，东晋王朝算是过了一关，但内忧刚去外患便来，北方的前秦日益强大，经常性地对东晋进行袭扰。面对这样的时局，谢安展示了自己突出的政治智慧，简单概括，一是没有党同伐异，在桓温死后，谢安并没有清洗桓氏家族，反而让桓温的弟弟桓冲继承了他哥哥的荆州地盘，桓冲对这份信任心怀感恩，从此别无二心，全力镇守荆州，保证了建康上游的安全。二则是"举贤不避亲"，在朝廷选择镇守北方的良将时，谢安推荐了自己的侄子谢玄，不少人对此议论纷纷，唯有素来与谢玄不和的郗超认为谢安的抉择英明，他说："谢安敢于冒触犯众怒的危险举荐亲侄子，确实英明，我曾经与谢玄共同在桓将军幕府做事，谢玄审细，且会用人，皆尽其才，是个将才！"

谢玄，当年戴着香囊四处招摇的纨绔子弟，如今像换了一个人，他不负众望，接受任命后，在京口、广陵一带，从流民中挑选骁勇之士组建了一支军队,并派人精心训练,这支部队很快就成为了东晋王朝战斗力最强的军队,因为当时京口、广陵一带被称为"北府",这支部队便被命名为"北府兵"。

七

该来的还是来了,公元383年七月,苻坚亲率九十七万大军南下攻晋。抛开北方铁骑凶悍无比不说,单单这个数字就足以让东晋君臣肝胆俱裂,此时唯一的救命稻草就是"谢安",晋孝武帝任命谢安为征讨大都督,将东晋的生死存亡系于他一人身上。

谢安教育孩子有高招,但此时却没有太多破敌招数,毕竟打仗不同于讲学论道,况且双方实力过于悬殊,要从数字上看,此仗不用交手就能想到最后的结局。谢安心里虽然没谱,但他知道,此时最重要的是不能"乱",越是情况危急,越要沉着应对,所有人都看着他,如果他表现出恐惧和急躁,就意味着整个东晋王朝彻底崩盘。

所以谢安心里纵是翻江倒海,但对外表现却显得很淡定,王羲之的儿子王献之当时是朝中重臣,他问谢安该怎么办,谢安胸有成竹地说道:"苻坚既来,将其了结了就完了。"

说得简单,但形势却非常严峻,谢安进行了战前部署,先是加封已在前线的谢玄为"都督徐兖青三州、扬州之晋陵、幽州之燕国诸军事",另派自己弟弟谢石、儿子谢琰率大军与之会合,晋军满打满算也就八万人,与前秦军队相差甚远。

该打的牌都打光了,谢安做了这些部署后,就没有了其他动作。如果说东晋王朝将全部希望寄托在谢安身上,而谢安又将这份希望转移给了谢玄,谢安将自己的弟弟、侄子、儿子都派往前线,意思再明白不过,此战胜则皆大欢喜,如果输了,也就是谢氏家族和东晋王朝的灭亡之时。

肩负着家国重托的谢玄,此时更没有主意,他跑回来问自己的叔叔该怎么办，谢安无法正面回答，只答道："少安毋躁，到时候自然会有命令"，这话相当于没说，谢玄不好再问，赶回前线部署迎敌。但心里还是打鼓，很快他派部下张玄再次来找谢安，问询破敌之策，谢安还是沉默以对，他带着张玄来到自己的别墅里下棋，本来张玄的棋艺远在谢安之上，但因为心事重重，竟然输给了谢安。

"下棋"成为了这段时间谢安主要的娱乐项目，在淝水之战进行到最关键的时候，谢安仍然在下棋，前方的战报传来，谢安看了一眼，便放在一旁，继续专注于棋盘，对面的棋友没有他那样的大心脏，着急问他战况如何，谢安淡淡地说："小儿辈破贼"，说此话的神色、音调，和平常看不出两样，就像学霸的父母对其他家长说："这次考得不好，才考了 99 分"一样。

事实证明这一切都是谢安装的，下完棋回到内室，他内心抑制不住激动，居然忘记了还有门槛，脚下的木屐的屐齿被碰断都浑然不知。只是，在这样的情形下，又有几个人能装得出来。

"淡定"说来容易，但真正做起来却相当困难，这两个字是贯穿于谢安一生最为可贵的品质，从某种意义上，这两个字也成就了谢安的辉煌。

关键时候挽救了朝廷挽救了苍生，谢家立下了惊天伟业，谢安被封为庐陵郡公，谢石为南康公，谢玄为康乐公，谢琰为望蔡公，一家四公，尊贵无比，东晋王朝继琅琊王氏后，又一个顶级名门望族隆重诞生。

从此，谢安拥有了空前的影响力，他的一举一动都成为人们效仿的对象，谢安有个老乡南归会稽，走之前拜见谢安，谢安问他有无盘缠，不知这人是干嘛的，他说自己只有蒲葵扇五万把。于是谢安拿了一把扇子在京城转了一圈，随后这把扇子便成为了"网红"产品，很快销售一空，而且价格翻了几番。

这位老乡不仅解决了路费，想必一夜之间成为了百万富翁。

谢安到达了自己生命的最巅峰处，不过，看上去风光无限的他，却也有自己的烦恼。这份烦恼来源于自己的夫人刘氏。

谢安在外面呼风唤雨,在家里却被这位刘夫人治得服服帖帖,颇有些"妻管炎"的嫌疑,乌衣巷里的谢家经常会举办一些歌舞表演,如果谢安在家,刘夫人就让人把舞姿柔曼的歌女们围在帏帐中间,谢安只能闻其声,不能见其人,这让谢安颇感难受,于是央求老婆打开一角让他看一眼,刘夫人不同意,给出的理由非常冠冕堂皇——"恐伤盛德"。

功成名就的谢安,喜欢上一个女子,想纳为妾,但他实在没胆量和自己的老婆说,便将这个意思透露给子侄们,这些子侄心领神会,集体去拜访刘夫人,送上礼物后开始找话题聊天,故意提到《诗经》中"关关雎鸠,在河之洲;窈窕淑女,君子好逑"。说女人美德之一,就是:老公有"小妾",正房"不妒忌"。

刘夫人斗争经验异常丰富,一听这话就不太对劲,知道这些小辈此行的目的不纯,她不动声色地问:"这首诗是谁写的啊?"大家都说:"这是圣人周公写的",刘夫人一句话让这些子侄们哑口无言,她说:"怪不得,要是周公的老婆,就不会这样写了。"碰了一鼻子灰的子侄们悻悻而归,谢安纳妾的梦想就此破灭。

八

谢安私生活不如意的同时,仕途上也开始不顺,原因很简单——"功高盖主"。家族势力太昌盛,自然会引起当朝天子的猜忌,孝武帝司马曜很害怕谢安成为第二个桓温,于是便有意识开始疏远谢安,把朝廷大权一步步转移到自己兄弟司马道子手中。

"心寒",是此时谢安唯一的感受,不过就他而言,并非很看重这些,出来做官本来就是形势所迫,没有权力也无大碍,但情绪很怪,有时不以人的意志为转移。

史书记载,一日,孝武帝司马曜请谢安一起吃饭,他命手下桓伊吹笛,桓伊吹完后,说自己家奴吹得更棒,于是孝武帝允许他把家奴召来。家奴吹起笛子,桓伊则抚筝唱道:"为君既不易,为臣良独难。忠信事不显,乃有见疑患。周旦佐文武,《金滕》功不刊。推心辅王政,二叔反流言。"他的歌声慷慨激昂,其实是为谢安鸣不平。谢安听着不禁泪下。一曲终了,谢安来到桓伊的身边,捋着自己的胡须说:"使君在此表现得很不一般!"看到此景,孝武帝不由得面露愧色。

此处不留爷,自有留爷处,谢安觉得再这样干下去也没有太多意思,于是便请求离京到广陵,

"为官一任,造福一方",这是谢安的理念,他到广陵后,在城东北筑了一条坝,建了一个大的水库,让老百姓到这里捕鱼网虾。他死后,大家给坝起名叫"召伯埭",召伯名叫姬奭,是西周文王的庶子、周公的弟弟,封在召,就是今天陕西岐山西南一带。当地人把谢安比作召伯,表达对他的敬重和追念。

没过多久,谢安便生了一场大病,或许是"首都"的医疗条件比较好,谢安获准返回建康治病。他听说自己的车驾已进入建康的西州门,颇为感慨,对旁边的人怅然道:"从前桓温执政时,我常常担心不能保全自身。忽然有一天梦见自己乘坐桓温的车驾走了十六里地,看见一只白鸡后停了下来。梦中的十六里,从我执政到今天刚好十六年了。白鸡属酉,如今太岁星在酉,是凶兆,我这一病大概再也起不来了!"

谢安的预见果然不虚,没过几个月,谢安病逝于建康,享年六十六岁。东晋朝廷追赠他为"太傅",由此,历史称他为"谢太傅"。

谁对你真心好,其实不在生前,关键是在身后,听闻谢安病逝,朝野皆哀,前来悼念的有王珣,他是前朝宰相王导的孙子,素来和谢家不和,但得知谢安去世的消息,王珣跑去谢家,大家以为他是来闹事的,不肯让他靠近。但王珣不说话,强行闯了进去,失声痛哭很久,哭完以后也不和谢安的儿子谢琰握手,就离开了。

还有一位是羊昙,他是谢安的外甥,谢安去世前从西州门进建康,所以谢安死后,羊昙一年多不再听音乐,也从来不走西州路。有一天喝醉了酒,沿路唱歌,不觉到了西州门。左右提醒他,他一看大门,

悲痛不已,以马鞭敲门,大声朗诵曹植诗:"生存华屋处,零落归山丘",然后泪如雨下。

对他的尊敬,千年以来从未断绝,最出名的故事来源于北宋的王安石,谢安字安石,与王安石的名正好相同,没想到,两人不仅名字一样,还有不少的机缘巧合。当年王安石罢相退隐到金陵,买的院子正好是谢安的府邸旧址,宅子里面有个"谢公墩",王安石借景抒情,写过两首诗,其一是:"我名公字偶相同,我屋公墩在眼中。公去我来墩属我,不应墩姓尚随公。"意思是:我的名字跟谢安是一样的,现在谢公墩恰巧就在我家,既然是我的墩子了,应该改名叫王公墩了吧,听来蛮有意思。

还有一首是"谢公陈迹自难追,山月淮云祇往时。一去可怜终不返,暮年垂泪对桓伊"。这首诗王安石联系到自身的遭遇,看上去说的是谢安,实际上写的是自己,一如晚年的谢安一样,变法失败的王安石命运也很凄凉,两位安石,千古同悲。

谢安的死,还有一个重大标志,便是东晋创建以来,门阀士族控制朝政的局面一去不复返了。

"在官无当时誉,去后为人所思",这是谢安的理想,不过事实证明,他过于谦逊了,恰恰相反,他为官时广受赞誉,去世后被无数人追思,他的胸怀,他的淡定,他的潇洒,为后人所称颂,出仕则拯救社稷苍生,归隐则洒脱从容,一个人能在自己能力范围做到最好,这样的人可称为"完人"。

李白是谢安的一个铁粉,在抒写隐逸生活的自由适意时,他非常喜欢引用谢安隐逸东山的典故,"尝高谢太傅,携妓东山门。楚舞醉碧云,吴歌断清猿。暂因苍生起,谈笑安黎元。余亦爱此人,丹宵冀飞翻"。在欢乐聚会时,李白也会想到这位偶像,在《携妓登梁王栖霞也孟氏桃园中》一诗写道:"谢公自有东山妓,金屏笑坐如花人。"

李白一生为自己的偶像写了十几首诗,谢安配得起这位铁粉的赞誉,他一生不求名禄,潇洒自如,出山后扶大晋于大厦将倾,在为国建功之后，他毅然地选择功成身退，绝不留恋，最后终老而死，殊荣加身。

"旧时王谢堂前燕，飞入寻常百姓家"，千年以后，南京城里依然熙熙攘攘，秦淮河，夫子庙，乌衣巷，人来人往，燕子也飞来飞去，只是显赫一时的王家和谢家已不在，历史就是这样，不会为谁停驻，不管曾经多么牛。

只是，谢安，以他"唯大英雄能本色，是真名士自风流"的风采，让所有的人走到乌衣巷时都会想起他的名字和他传奇的一生。

苻坚：害人之心不可有，防人之心不可无

一

公元357年六月的一个深夜，长安城内白日的暑气渐渐消散，人们纷纷进入梦乡。前秦的皇宫看上去一如平常，这夜当朝皇帝苻生又是喝得大醉，被宫女和宦官搀扶着回到寝宫，很快便沉沉睡去，谁曾知，这是他作为皇帝的最后一夜，一场惊天的事变马上就要发生。

发动事变的带头大哥有两位——东海王苻坚和清河王苻法，这两位王爷是皇帝苻生的堂兄弟。他们哥俩儿采取行动并非是主动为之，也不是想谋逆篡位，而是迫于无奈，用现在的法律术语说，属于"正当防卫"，因为他们不杀苻生，天一亮就会被苻生所杀。

苻生在天黑前说了一句狠话："阿法兄弟（指苻法和苻坚）不可信任，明天要把他们杀掉"，这话本应属于宫中的机密，但宫中的侍婢偷偷地将此话带给了苻坚兄弟，不知道这位宫女是否是苻坚安插在宫中的眼线，还是她实在痛恨滥杀无辜的苻生，总之，她想办法把如此重要的情报告诉了直接利害人。

刀已经架到了脖子上，不是你死就是我活，容不得半点犹豫，但苻坚、苻法看看身边的人，不由得倒吸一口冷气，他们的力量实在有限，只有几百号人，以这样的实力去攻击戒备森严的皇宫，似乎有些以卵

击石的感觉，但此刻也顾不了那么多了，死马只能当活马医。

奇迹发生了。当苻坚等几百人冲到皇宫后，居然没有遇到任何抵抗。苻坚简直不敢相信自己的眼睛，目光所至之处，宫中的宿卫将士竟主动放下武器，有的还倒戈参加了苻坚的队伍。

正在熟睡的苻生，还没搞明白怎么回事，便被从床上拽起，五花大绑押到苻坚面前，苻坚当即宣布将苻生废为越王，并软禁起来，没过几日，这位因晚一步动手而肠子悔青的天子的脑袋宣告搬家了。

宫女告密，侍卫缴械，身为天子的苻生为何如此不得人心呢？

原因可以归结为两个字——"残暴"。

"残暴"从小便伴随着苻生，他天生是个独眼龙，孩提时他的祖父，也是前秦的奠基人苻洪和他开玩笑说："听说一只眼的人不会流泪，是真的吗？"让苻洪意想不到的是，自己的这个孙子竟然拔剑刺伤了眼睛，顿时血流如注，苻生指着流下的鲜血对自己爷爷说："这难道不是眼泪吗？"苻洪大吃一惊，用鞭子抽打苻生。苻生说："生来不怕刀刺，岂能受不了鞭打。"苻洪说："你如果这样下去不改，我把你贬作奴隶。"苻生说："难道如石勒不成？"

苻洪震惊之余对苻健说："你这儿子很残暴，要尽早除掉他，不然的话，成年以后必成祸患"，苻健决定听从父亲建议，及早除掉这个孽子，但他的弟弟，也是苻坚的父亲苻雄劝阻了他，说何必和一个小孩子一般见识呢，长大后就会变好的。"三岁看大，七岁看老"，苻雄的想法太过单纯，苻生长大后非但没有变好，反而变本加厉。

苻健死时对苻生交代："六夷酋帅和执政大臣，如果不听你的命令，可把他们杀掉。"苻健主要考虑到前秦政局不稳，怕苻生压不住阵，所以才有了这样的临终遗言。但是他没有想到，自己的这位接班人本来生性残暴，苻健这样一说，"暴虐"竟然变成了继承先皇遗志，这使得苻生在万劫不复的路上一直走到黑。他虽是一个皇帝，但感觉更像是一个"职业杀手"，杀人居然上了瘾，一天不见到血，心里就觉得空落落的。关键是，他杀人毫无规律可言，劝谏的杀，献媚的也杀，几乎所有人都在被杀的范围内。

没有标准的结果就是搞得人人自危，有次苻生让大臣说说自己在百姓心中的形象，臣子知道这位暴君这样问，一定是想听好话，难得有这样拍马屁的好机会，于是一些大臣站出来说苻生是一代明君，在他的治理下天下一片太平景象，谁料苻生听后大怒，斥责他们是谄君媚主，贻害社稷，下令拉出去砍了。以后再遇到这样的提问时，大臣们学乖了，横竖不能拍马屁，只好硬着头皮提些意见，没想到苻生又认为这是诽谤他，同样下令拖出去砍了。

活在苻生时代的前秦臣子们算是倒了大霉，就像"风箱里的老鼠"——两头都堵。

死在他手上的注定是各色人等，上至宗亲大臣，下至百姓奴隶。丞相雷弱儿为人刚直，因在朝堂上批评了苻生的亲信，带来的结果是其本人和九个儿子以及二十七个孙子全部被处决。

丞相说不得，宗亲也说不得，光禄大夫强平是苻生的亲舅舅，对他的所作所为实在看不过去，劝了他几句，谁知苻生根本不顾什么亲情，自己的舅舅还没有说完，就让人把他头骨凿穿杀掉，强太后因兄弟之死，忧郁成疾，绝食而亡。

当然，杀掉劝谏的大臣，对于历代皇帝而言算不得什么大事。但苻生不少杀人的由头却非常少见。譬如劝不动酒的要杀，这说的是苻生酷爱喝酒，所以经常让大臣和其一起痛饮，有次他让八大顾命大臣之一的辛牢担任酒监，结果喝了半天还没有人喝醉，苻生的暴脾气上来，痛斥因为辛牢没有尽责而使大家没有喝好，一怒之下竟然拉弓搭箭将辛牢射死。可怜这位辛牢为朝廷"辛劳"了一辈子，最后居然因为没有劝好酒而死于非命。

太医程延的死法更有些"无厘头"。苻生平时喜欢吃枣，或许因为吃得太多，所以造成了蛀牙。程太医查看之后，安慰苻生说没什么大事，就是因为吃枣太多了，以后还是要多加注意。这下不知为何又把苻生惹急了，他认为自己并没有和程延说吃枣的事情，程延怎么会知道，一怒之下将程太医砍死。

还有一位太医比程延死的更加莫名其妙，他奉诏配置安胎药，苻生认为药中加入的人参太细小，太医说："小小一点就够用了"，苻生听后突然大怒，命人将这个医生双眼剜掉，然后砍头。这位医生到死也没明白自己为何落到如此下场。最后的结论是，苻生认为太医说这样的话，是在讥笑自己只有一只小眼睛。

苻生对自己的生理缺陷非常在意，忌讳"不足""不具""少""无""缺""伤""残""毁""偏"等词，只要有人不小心说出有关残缺的词，苻生便以为是讥笑自己，都处以死刑，程太医就是犯了这样的忌讳。

更有些人则是因自己的姓氏而死，譬如太师鱼遵。苻生曾梦到大鱼食蒲，因为苻氏的本姓就是"蒲"，所以觉得这个梦很不吉利，又听说长安城里一首歌谣很红，其中两句是"东海有鱼化为龙，男皆为王女为公"，苻生认为这条"大鱼"暗示的是鱼遵，谁让他姓名里也有一个"鱼"，苻生下令将鱼遵和他的七子十孙一并杀掉。

苻生连皇后也不放过。他的首位皇后是梁氏，有次几个大臣想劝诫苻生，但又怕脑袋被咔嚓，所以就借着天象说事，他们说如今的天象不吉恐怕要有灾祸，希望苻生能修德以避灾。苻生对上天还是不敢放肆，但他并不愿意如大臣所说那样金盆洗手，他有自己的避灾高招，那便是将梁皇后和几个顾命大臣杀掉，用他们的血来抵御灾祸。

杀人不眨眼的苻生还是个"醋坛子"，一次他和宫中美人登楼远望，这位美人指着楼下一位帅哥问苻生他的姓名官职，苻生定睛一看这位美男子是尚书仆射贾玄石，此时他心中醋意涌动，便让身边卫士下楼砍了贾玄石的脑袋，然后将他的首级放到美人手里，意思是说你不是想看帅哥吗，让你一次看个够。这位美人吓得面如土色，匍匐在地不停谢罪，才逃过一劫。

只是这位贾帅哥，死得实在可怜，被看了一眼便脑袋搬家，估计至死都不知道自己为何见了阎王。

就这样，苻生觉得杀人的效率好像还有些低下，索性在朝堂上摆上各种武器刑具，以便随时可以处决，不知不觉已经杀了好几百人，但苻生却不以为然，觉得自己还算很客气，他下诏说："杀人不过千，能算残酷暴虐吗？"

苻生对王室宗亲，贵族大臣尚且如此，对百姓更为残忍。有天，苻生出游在路上看见有男女二人并行，容貌都很清秀，便让左右拉住二人，当面问："你二人真是佳偶，已结婚了么？"二人回答说："小民是兄妹，不是夫妻。"苻生笑着说："朕赐你们为夫妇，你们即可就在此地交欢，切不要推辞。"二人当然不听他的，苻生拔出佩剑将兄妹二人砍死。

当时潼关以西，长安以东，虎狼从荒野跑出来专以吃人为害。大白天横卧路上行人不能走路，夜里闯入民居吃人。自苻生即位一年，野兽吃了七百余人，百姓不敢下田耕作。不少大臣奏请苻生勤政避灾，苻生却说："野兽饿了自然要吃人，吃饱了就不再吃，这有什么好担心的。上天这样惩罚百姓，是因为他们有罪，特降虎狼替朕助威，只要不犯罪，何必怨天尤人！"这席话搞得群臣皆哑口无言。

苻生还有更变态的，他喜欢活生生地剥掉牛、羊、驴、马的皮，甚至包括人的脸皮，看它们剥皮后在宫殿上哀号痛叫，苻生却高兴得手舞足蹈。

苻生以自己精神病般的表现，使得人心尽失，从宫里到宫外，都恨不得他早死，所以就不难理解苻坚为什么那么容易得手。

二

除掉苻生后，苻坚建议自己的兄长苻法上位，但苻法坚辞不受，面对权力的诱惑，他的头脑还是比较冷静，他知道自己的才能不及苻坚，更重要的是苻坚是嫡出，他是庶出，他同时明白大部分朝臣都拥戴苻坚。

天将降大任于斯人，既然如此，苻坚也不再客气，坐上了最高的那把交椅，他并没有称皇帝，而是自称"大秦天王"，一位乱世中的杰出帝王终于走到了历史舞台的中央。

苻坚和这个王朝属于氐族，这是一个非常古老的民族。带着这个民族真正崛起的是苻坚的祖父蒲洪，这个家族之所以原来姓"蒲"，是因为一般的蒲草可以长到两丈，但他家的却可以长到四五丈，以植物得姓，是件蛮有意思的事情。

西晋内乱时，蒲洪先是归顺了刘曜，后又降附石虎。石虎死后，后赵乱成一团，蒲洪又归附了东晋，东晋朝廷授蒲洪为氐王、使持节、征北大将军、都督河北诸军事、冀州刺史、广川郡公。又任命他的儿子苻健为假节、右将军、监河北征讨前锋诸军事、襄国公。

蒲洪归顺东晋只是名义上的，随着后来实力越来越强，有人劝说蒲洪称王，蒲洪因谶文有"草付应称王"的话，而且他的孙子苻坚背上有"草付"字样，于是改姓为"苻"，自称大都督、大将军、大单于、三秦王。

苻家有个传统，便是"仁慈"。苻洪俘虏了石虎的部将麻秋，但没有杀他，反而任命为军师将军，对他信任有加，但不曾想，他的性命终结于这位麻军师。麻秋想吞并苻洪所部，利用酒宴的机会让苻洪喝下毒酒，苻健将麻秋杀掉，不过这并没有能挽救苻洪的性命，临死前他对苻健说："平定中原不是你们兄弟所能办到的事情，我死之后，你要迅速入关！"

苻健听从父亲之言，率军攻克潼关，进入关中。永和七年，苻健自称天王，大单于，过了一年，他自立为帝，建立了前秦政权，遗憾的是，这位前秦的开国皇帝选错了接班人，幸运的是，经过拨乱反正，前秦迎来一个伟大的君主——苻坚。

苻坚的才干从孩提时就显露无遗。在他八岁的时候，他向自己的爷爷苻洪提出一个请求——给他请一个家庭教师。这个请求太出乎苻洪的意料，因为其他子弟只知吃吃喝喝、打打杀杀，而这位孙子居然如此好学，苻洪欣然答应。苻坚提出这样的请求并非为了讨祖父欢心，老师请来后，他非常刻苦，树立了远大志向，也学到了经世济民的本事。

苻坚虽然有才干，但上台后他发现，这个差事并不好干，前秦能够建立，主要是靠了天下大乱关中空虚的机会，领土小且实力弱，苻生的暴虐统治更是雪上加霜，再加上持续遭遇旱灾和蝗灾等自然灾害，天灾人祸都赶到了一块儿，一切似乎都在昭示前秦又将是一个匆匆而过的王朝。

面对危局，苻坚并不慌，他相信自己，同时他更相信另外一个人，能够帮助他扶大厦于将倾，这个人叫作——王猛。

这是乱世之中的一个奇人，在苻坚看来，简直就是"诸葛再生"。

这位前秦的"诸葛亮"是一个汉人，他生逢乱世，从小颠沛流离，日子过得很苦。为了养家糊口，王猛很小就到处贩卖畚箕，就是用木、竹做成的撮垃圾、粮食等的器具，很像现在的簸箕，这和一百多年前刘备干的基本是一个行当。

苦难有时最能检验一个人的成色，有人在苦难中跌倒便再也无法爬起来，有人在苦难中自暴自弃随波逐流，有人则把苦难当作人生的一所大学，不忘初心并磨砺自己，王猛就属于这样的有志青年。

王猛不愿意一辈子卖畚箕，虽然兵荒马乱，贫困交加，但是并没有摧毁他的志向，他刻苦攻读，尤喜读兵书，日积月累，拥有了经世致用之学。随着年龄的增长，王猛决定丢掉畚箕，追求属于自己的人生。

王猛选择的第一站是后赵的都城邺城，但是当时是羯族人的天下，对于这位初来乍到的汉人，朝中的达官贵人都瞧不上，只有侍中徐统觉得他与众不同，想征召他做自己的功曹，不过王猛看到后赵已经病入膏肓，不想去当殉葬品，所以谢绝了徐统的好意，前往华山隐居，以退为进，静观其变。

再次让王猛心动的时刻，是东晋大将桓温的到来。公元354年，桓温北伐打败了前秦的苻健，驻军霸上，离长安只有咫尺之遥，这是关中百姓时隔许多年后又见到王师，激动之情可想而知，在华山隐居的王猛听到这个消息，也和百姓一样心潮荡漾，他毕竟是汉人，从骨子里还是向着晋王朝，如果能将自己的才学贡献给东晋，那是最好不过的事情。

于是，王猛下山来见桓温，桓温对这位不速之客比较客气，邀他谈谈天下时局，王猛在历史上留下的最著名形象出现了，他在大庭广众之下一边捉掐虱子，一边纵论天下大事，真正做到了"两不误两促进"，虱子没少抓，话也没少说，滔滔不绝，旁若无人，桓温的手下不少皱起眉头，但桓温却觉得他是个奇人。

桓温问了一句掏心窝子的话："我奉天子之命，统率大军北伐，为百姓除害，但为什么关中豪杰却没有人来效力呢"，既然桓温敢问，王猛觉得也没有隐晦的必要，直言道："您不远千里深入北境，长安城近在咫尺，而您却不渡过灞水去把它拿下，人们都摸不透您的心思，不知道您是来真的还是玩虚的，所以不肯前来"。王猛的话彻底扒出了桓温心底藏的"小九九"。

是的，桓温的北伐并非真心要救北方苍生于水火之中，他这样积极，不过是想借此提升自己名望和实力，他眼光始终望着东晋的都城建康，而不是眼前的长安，所以并没有想全力以赴去攻打坚固的长安城，怕折损自己的实力。桓温觉得这位不拘小节的"隐士"非同一般，沉默好一会儿，他对王猛感叹道："江东没有一个人能比得上你的见识。"

如王猛所料，桓温很快选择了退兵，他觉得王猛人才难得，所以邀请王猛和他一起南下。王猛的头脑很清楚，他仔细分析了一下形势，觉得南下并非上策，一是东晋门阀士族当道，自己去了估计也很难有作为，另外桓温虽然有才干，但野心也很大，追随他很可能让自己落下一个篡权谋逆的恶名，由此王猛谢绝了桓温的邀请，接着回华山隐居，就当什么事儿也没有发生一样。

王猛再次出山，从此决定自己一生的追随。经过前秦尚书吕婆楼的大力推荐，王猛见到了还是东海王的苻坚，两人的见面虽然没有"三顾茅庐"那般曲折，但却和当年刘备和诸葛亮一样，一见如故。两人纵论天下大势，畅谈甚欢，都觉得找对了人，苻坚为王猛的见识和才华所折服，王猛为苻坚的志向和抱负所吸引，最后的结果是，王猛答应结束隐居，出山辅佐苻坚。

三

苻坚上台后，迫不及待起用王猛，任命他为中书侍郎，不久后改任尚书左丞，君臣精诚合作，开启了一个全新时代。

百废待兴，该从哪里入手呢，苻坚和王猛都在思索这个问题，面对千疮百孔的前秦，似乎每个地方都需要着力，但全面出击，顾此失彼，反而得不偿失，此时最关键的是要抓住症结的"七寸"，牵一发而能动全身。

苻坚和王猛共同认为这个"七寸"就是"吏治"，因为一切政策措施都需要各级官吏去实施，因此吏治的清明和官员的能力就成为关键，而前秦权贵横行、吏治腐败，已经成为内部大患，不解决这个毒瘤，休谈对外发展，连自保都成问题。

怎么解决呢？王猛有两个基本判断：一是小打小闹已经解决不了问题，必须"治乱世用重典"；二是"拍苍蝇"已经无济于事，必须拿"大老虎"开刀。

氐族豪强樊世成为了"出头鸟"，这位樊豪强当年跟随苻健杀入关中，算是前秦的开国功勋，他看不惯苻坚重用一个汉人，曾当众抱怨说自己与先帝苻健共兴事业，却没得到什么，而王猛寸功未立，却大权在握，在他看来，这简直是自己种田却让王猛收了粮食。所以，樊世放下了一句狠话："不把王猛的脑袋挂在长安城门口，决不罢休。"

这还了得，苻坚听后很生气，他召樊世觐见。谁知樊世和王猛又在朝堂上发生冲突，樊世气不打一处来，撸起袖子要揍王猛，被左右阻止后，不停地破口大骂，不仅骂了王猛，顺带着连苻坚和他的先人也捎上了，苻坚实在看不下去，觉得不收拾樊世，无法在百官前树立权威，于是下令将樊世推出去斩了。

樊世的下场并没有完全吓住氐族贵族，还有些人去苻坚处给王猛告黑状，苻坚的态度很坚决，"用人不疑，疑人不用"，坚定地站在王猛一边，对这些告状者，轻者被苻坚斥责，重者被绑在大殿上鞭打，由此才刹住了这股歪风邪气。

但有人偏偏不信邪，此人是强太后的弟弟光禄大夫强德，他是长安城出了名的恶霸，恶贯满盈，经常喝高后带着爪牙掳掠百姓的财物、子女，人们都敢怒不敢言，公元359年，王猛兼任了京兆尹，成为了长安城的主官。王猛一上任，第一个收拾的就是强德，而且是先斩后奏，先砍了这个恶霸的头，然后再向苻坚禀报，等苻坚派人来赦免时，已经木已成舟。

强德的死是个信号，胆敢以身试法的，王猛断然不会手软，接着他和御史中丞邓羌合作，数十天，杀掉或逮捕权贵二十多人，一时间，看到这种高压态势，这些趾高气扬的豪强们学会了夹着尾巴做人，不再敢横行乡里，更不敢与朝廷作对，苻坚感到了明显的变化，不由感叹："我到现在才知道天下有法啊。"

树立权威的目的，是为了更顺利地推行改革措施。王猛推行的第一项改革是教育，氐族人虽然彪悍，但文化水平实在堪忧，即使身为高官的氐族人大字也认识不了几个，苻坚和王猛决定大兴教育，创办学校，收氐族子弟入学修业，实现了"教育从娃娃抓起"。

现任官员也不能只看热闹，苻坚下令俸禄百石以上的官员必须"学通一经，才能一艺"，就是说必须要有能拿得出手的东西，否则一律罢官为民，力度不可谓不大。这在少数民族政权里非常罕见，八王之乱以来，城头变幻大王旗，你方唱罢我登场，彼此打打杀杀，只顾抢夺地盘，在北方如此提倡教育的，前秦还真是独树一帜。

第二项重要举措是发展经济。苻坚知道农业是立国之本，现在的情况绝对不允许瞎折腾，最好的治国方略就是四个字——休养生息，他下令停止一切军事行动，征调了贵族豪强奴仆三万人去兴修水利，让关中地区良田得以灌溉。在这方面，苻坚以身作则，他亲自耕作，还让自己的皇后到郊区搞了一个"养蚕工作室"，以上率下，作用突出，百姓们更加积极从事农业生产和丝织。

效果如何呢？不想引用史书记载，用老百姓自己的话更能说明问题，当时有首歌谣唱彻在长安城的大街小巷："长安大街，杨槐葱茏；下驰华车，上栖鸾凤；英才云集，诲我百姓。"

王猛推行的改革之所以很顺利，除了苻坚的强力支持，政策本身比较对路外，他个人品行无瑕疵也是一个重要原因。打铁还需自身硬，改革说到底是对利益关系的调整，自己不干净却让别人把利益让出来，这样的改革很难推行下去，即使靠强权推行了，往往到最后也会新账旧账一起算。在这点上，王猛心里很清楚，所以他克己奉公，生活简朴，工作勤勉，算得上绝对的"廉洁勤政标兵"，在个人品行上让反对他的人找不到任何把柄。

四

苻坚雄才大略，绝不满足在国内搞搞改革。前秦国内形势好转，经济持续发展后，苻坚开始了对外扩张的步伐。他首先拿西边的前凉小试牛刀，这是北方为数不多的由汉人建立的政权，不过到了苻坚时代，已经过了鼎盛期。公元367年，西部的羌族叛乱，前凉皇帝张天赐想借机侵占一些地盘，他小算盘打得不错，但没想到遇到了苻坚和王猛这样厉害的人物。

说王猛是奇人，真不为过，不仅有才干善谋略，打仗更是一把好手，他当年最喜欢读的就是兵书，如今终于有了用武的舞台，王猛自然不会错过。苻坚命王猛挂帅出兵平叛，兵书不是白读的，王猛将叛乱的羌族和想浑水摸鱼的后梁军杀得大败，张天赐只好向前秦称臣，苻坚第一次对外的军事行动出乎意料地顺利。

正在苻坚心气很高，准备四处出击的时候，内部又乱了，这次出来捣乱的是苻生的四个弟弟——晋公苻柳、赵公苻双、魏公苻瘦和燕公苻武。他们四位镇守要冲，手握重兵，王猛早看出这四位是朝廷的大患，建议苻坚除掉他们，但苻坚这个人生性宽厚，迟迟下不了决心。

优柔寡断必有后患，没等苻坚动手，这四位先开始动手了。就在王猛在西边忙乱时，苻柳在今天的山西永济起兵，苻双、苻瘦、苻武纷纷响应，看上去声势很大，但雷声大雨点小，高调宣布造反后并没有积极进攻，这给了苻坚喘息之机。

转过年的春天，苻坚命王猛等多路兵马平叛，重压之下，苻瘦以割地为筹码，向前燕借兵。这本来对前燕是一个非常好的机会，对于苻坚来讲，也是他最担心的事情，因为前燕和叛军连起手来，会变得非常不好对付。但当时掌控前燕朝政的慕容评却只满足自己的一亩三分地，对苻瘦的提议不感兴趣。

没有了外援相助，四位只能自力更生了。在苻坚的军队攻击下，苻柳第一个倒下，接着苻双、苻武先后兵败被杀，坚持到最后是苻瘦，这一年的冬天，王猛等率军攻破苻瘦的老巢陕城，生擒了苻瘦。苻坚亲自审问苻瘦，问他为何要反，苻瘦表示这是没办法的事情，其他兄弟都反了，自己担心被连累，索性就一起反了。历朝历代，起兵谋反都是诛九族的大罪，但苻坚只是将苻瘦赐死，还给他留了个全尸，赦免了他的子女。

苻坚的宽厚非一般帝王所能比肩。

四位公爵的叛乱平息后，国内的不安定因素全部消除，苻坚和王猛可以放手实现他们的宏伟蓝图，第一个要收拾的就是"前燕"。

前燕是鲜卑人建立的政权，也是前秦在北方的主要对手，前燕的实力原本在前秦之上，毕竟它拥有的条件和基础更好，但到苻坚时代，双方的实力发生了逆转，这一方面是因苻坚和王猛治国有方，更关键的是统治前燕的慕容家自己不争气。

慕容家最大的问题是——内讧。

慕容家前几代是英才辈出，特别是第二代的慕容皝，可以称得上是一代名主，但他也难以逃脱兄弟相残的悲剧，他历史上最大的污点就是杀掉了同样出色的兄长慕容翰。

慕容皝临终前曾嘱托接班人慕容儁，让其处理好兄弟关系，要重用他的四弟慕容恪。慕容皝留下这样的遗言，想必也看出了慕容家最大的隐忧。

慕容儁继承王位后，听从父亲嘱托，让慕容恪总揽朝政。慕容皝的眼光确实独到，慕容恪的能力水平绝对对得起他的信任，特别是在打仗上，慕容恪可以称得上"一代战神"，他历经百战，战必胜，攻必克，从白山黑水打到中原大地，灭冉魏、平吕护、杀段龛，为前燕打下了万里河山。

更难能可贵的是，慕容恪不是传统意义上嗜血如命的猛将，而是一位"仁将"。他打仗不愿意多牺牲士卒，如果伤亡可能比较大，他宁愿围而不攻，对俘获的敌方将领，也不轻易杀害。有句古话叫"慈不掌兵"，如果用这个标准衡量，慕容恪不可能取得如此的战绩，但千万不要忘了还有另外一句古语"士为知己者死"。

慕容儁对这位弟弟很信任，放手让他领军征战。后来慕容儁病重，他觉得自己大限将到，或许是因为自己的接班人慕容暐年龄太小，也或许是慕容恪这位弟弟太过优秀，躺在病床上慕容儁心里变得非常不踏实，他决定学习当年白帝城的刘备，上演一出精彩的托孤大戏。

慕容儁对于来探视自己的慕容恪表示，太子年幼，自己死后要把皇位交给慕容恪。慕容恪当即表示这万万不可。既然演戏，慕容儁一定要将戏份做足了，假装生气地说："兄弟之间何必虚饰！"就是说想当皇帝要直说，兄弟之间没必要藏着掖着。话说到这个份上，慕容恪只好表明自己的心迹，他说："陛下如果觉得我有能力掌管天下，难道我就不能好好辅助少主吗？"听到这话，慕容儁悬着的心总算可以落地了。

这场宛若沙家浜中"智斗"的大戏落下了帷幕，结果是"双赢"的结局，慕容恪经受住了考验，慕容儁也可以安心地闭上双眼。

慕容恪把自己定位为"周公"，他一直按照这个标准来要求自己，在他主政期间，前燕统治还算平稳，但在公元 366 年，慕容恪去世。以他的死为标志，前燕的局势从此急转直下。

问题还是出在人事上。慕容恪早已选定继任自己的人，那便是时任吴王的五弟慕容垂，慕容恪非常看好自己的五弟，觉得他的能力水平一点不亚于自己。

慕容恪为了实现自己心愿，开始苦口婆心地做思想政治工作，他先找到皇帝慕容暐说："吴王将才在我十倍以上，我死之后，请让吴王继续辅政。"接着找到慕容暐的兄长慕容臧，语重心长叮嘱他说："我死之后，按照亲疏排位，应该轮到你和慕容冲主持朝政，你们兄弟虽然才能出众，但年纪还轻，吴王是人中豪杰，若能推举他为大司马，必能统一天下，你们千万不要贪恋职位，要以社稷为重"，这话他又向可能担任要职的慕容评说了。

慕容恪的最后一次努力，是在病重将死时，皇帝慕容暐去探望他，他再一次推荐慕容垂，几乎用尽最后气力和当朝天子说："吴王兼具文武之才，才能仅次于管、萧，陛下如果把政务交给他，国家就能获得片刻安定。不然，我怕二寇肯定会有窥窬之计。"就是说慕容垂是管仲、萧何一样的人物，如果不用他，前秦和东晋定会兴兵来犯。

按说慕容恪的思想工作算是做到家了，该打招呼的全部打过了招呼。但可惜的是，这些人当面频频点头，等慕容恪死了，一切都变成了耳旁风。慕容暐让兄弟慕容冲出任大司马，实际的朝政掌控者变成了慕容评，他们将慕容恪极力推荐的慕容垂晾到了一边，前燕就这样走上了下坡路。

五

是金子总要闪光，即使慕容暐不愿意让慕容垂掌握权力，但关键时刻，自己没有本事，还是需要有本领的人，这样的时刻很快就到来了。

公元369年，东晋的"北伐达人"桓温又跑到了前燕的地盘，慕容暐根本就没打过仗，面对来势汹汹的东晋军队，一方面以割虎牢关以西土地为条件，请求前秦出兵，另一方面让一直在旁边凉快的慕容垂统兵抵抗，此时只有这位吴王才能堪此大任。

两国精英的合作，当然非常成功。燕秦联军大败晋军，桓温非常狼狈地跑回南方。但胜利对慕容垂并非好事，本来慕容评等人就非常猜忌他，最看不得慕容垂功成名就，派他去抗击桓温，是没有办法的办法，外敌消失后，战功卓著的慕容垂就成为他们眼中最大的"敌人"，慕容评联合当朝皇太后可足浑氏想密谋杀掉慕容垂，慕容垂听到风声，被逼无奈只能带着自己儿子去投奔了前秦。

"自作孽，不可活"，最有才干的人跑到敌方阵营，慕容评接着还要"毁约"。本来他当初答应前秦击败桓温后，要割让一部分土地给前秦。但目的实现后，慕容评想赖账不给。苻坚和王猛正愁着找不到正当理由收拾前燕，这正好给了一个口实，王猛引军包围洛阳，兵不血刃，写了一封恐吓信，洛阳的前燕守军就献城投降。

前燕离覆灭只是时间问题了。慕容评无才无德，治国不行，但却是一个敛财高手，手中掌控的权力变成了印钞机，钱财足够几代子孙享用，还觉得自己像个"穷人"一样。慕容暐和太后可足浑氏也是奢靡不堪，面对励精图治的苻坚，他们的这种表现只能与"亡国"挂起钩来。

公元370年六月，苻坚任命王猛为统帅，向前燕展开了全面进攻。前秦军队进展顺利，攻克壶关，又克晋阳。慕容暐令慕容评领兵三十万抵抗前秦的进攻，慕容评根本就不是打仗的料，看到王猛的军队势头很猛，虽然自己率领的军队数量五倍于王猛，但是他还是有些被吓破了胆子，走到半路便裹足不前。

更为可笑的是，这位敛财高手，在前线都不忘大捞一笔。这次的生财之道是——"障固山泉、卖樵鬻水"，就是将驻地附近的山林、泉水统统划为私人禁区，打柴、汲水的军民都要向他缴税，这下发了横财，史书称"积钱绢如丘陵"。

慕容暐听说慕容评的所作所为，对这种"死了都要贪"的做法感到异常震怒,他派人去军营质问慕容评:"你是高祖的儿子,应该为宗庙社稷分忧,怎么不安抚战士反而去贩卖柴水,只是执迷于钱财呢!国家府库中收藏的珍贵财物,朕什么时候对你有所吝惜呢,你还担心穷困潦倒吗!如果国家都灭亡了,你聚敛那么多钱财又想放在哪里呢!"

概括起来一句话——皮之不存,毛将焉附。

慕容暐责令他拿出不法收入,犒劳士兵后全力出击,慕容评还为自己狡辩,表示王猛孤军深入,兵少将寡,粮草不足,自己的战略是打持久战。话音未落,传来了一个特大噩耗,王猛派了五千骑兵绕到慕容评大营背后,一把火把前燕军的粮草辎重全烧了,这下子,慕容评自己变得粮草不足了。

持久战是打不下去了,慕容评只好硬着头皮出击,虽然数量占优,但军心涣散,没有几个兵士真正愿意为这个"财主"卖命,结果可想而知,前秦军大胜,先俘虏斩杀五万多人,后乘胜追击,又消灭十万多人,慕容评单骑逃回邺城。

王猛不会给前燕喘息之机,仅仅三天后,他就率大军包围了邺城,效率实在是高。比他效率更高的是苻坚,苻坚听到包围邺城的消息,通知王猛等他赶到后再攻城,他率领十万大军,从长安出发,星夜兼程,十几天后便出现在邺城城下。

除了逃跑好像没有什么好办法,慕容暐、慕容评弃城出逃,慕容暐没跑多远,被秦兵追上被俘。慕容评跑的够远,居然跑出了国境,跑到了高句丽,但高句丽不愿意得罪前秦,将其绑了送给了前秦,这样前燕消失在中国历史的序列表中。

苻坚又一次表现了他的宽厚,他没有杀掉亡国之君慕容暐,而是封他为新兴侯,这为前秦后来的覆灭埋下了祸根。对于慕容评,早早归顺的慕容垂对苻坚说正是此人导致前燕灭亡,应该杀掉,这虽然有"公报私仇"的嫌疑,但对于这样一个千夫所指的败类,不杀确实不足以平民愤,但苻坚依然选择了赦免,下放慕容评为范阳太守,他最后终老于任上。

六

前燕覆灭，北方唯一的政权就剩下"前凉"了，公元376年，苻坚派遣十三万大军发起攻击，前凉末主张天锡出降，前凉灭亡。

只是王猛无法看到这一切了，在一年前，王猛病倒了。苻坚对于这位前秦的"孔明"礼遇有加，言听计从，两人携手开创了一个属于前秦的崭新时代。所以听说王猛病重，苻坚表现得比谁都焦急，他亲自为王猛祈祷，还派人到名山大川祈福，遇到王猛病势好转，苻坚欣喜若狂，居然下令特赦死囚。

不过，这一切的努力都未能挽回王猛的生命，王猛弥留之际，苻坚问询后事该如何，王猛告诉苻坚："晋朝虽然僻处江南，但为华夏正统，而且上下安和。臣死之后，陛下千万不可图灭晋朝。鲜卑、西羌等归降贵族贼心不死，是我国的仇敌，迟早要成为祸害，应逐渐铲除他们，以利于国家。"

王猛死后，苻坚悲痛欲绝，三次临棺祭奠，哭得死去活来，对于苻坚来说这不是装样子，确实是发自内心，他对太子苻宏说："老天爷是不想让我统一天下呀，怎么这么快就夺去了我的景略（王猛）啊"。

苻坚按照西汉安葬霍光的规格安葬了王猛，这是作为人臣能够享受到的最高标准。他给王猛的谥号为"武侯"，这也是当年蜀国给诸葛亮的谥号，这说明王猛在苻坚的心目中就如诸葛一般。在尚未完成统一大业前，王猛便陨落，无论对苻坚还是王猛，都留下了"出师未捷身先死，长使英雄泪满襟"的悲叹。

王猛的死是个分界点，划分了苻坚两个截然不同的时代。

苻坚从此开始走下坡路，除了自己有些志得意满外，主要是没有听从王猛的临终遗言，作为一辈子对王猛建议言听计从的苻坚，最关键的最后一席话却没有听，最终酿成了国破人亡的悲剧。

王猛的嘱托实际上包含两大内容，对内是清除归降的鲜卑族等贵族，以绝后患。但苻坚做的完全与之相反。他对这些归降的君主或贵族不是一般的好，好到什么程度，简单地说是好到不能再好，除了不让当皇帝外，其他的待遇全部保留。

羌族首领姚苌被前秦击败后投降，苻坚不仅让他继续带兵，竟然将"龙骧将军"的称号送给了这位降将，"龙骧将军"可不是一般的名号，因为苻坚在没当皇帝前，就是这个名号的拥有者，坐上第一把交椅后，这个名号一直没舍得送给别人，这次他居然破天荒地将此名号送出，既没有给宗亲，也没有给功臣，而是给了一个异族降将，这个安排出乎所有人的意料，可悲可叹的是苻坚这位前龙骧将军最后居然死在这位后龙骧将军之手。

对前燕的慕容家，苻坚更是恩宠有加，亡国之君慕容暐除了削去帝号，似乎其他方面没有太大变化，日子依然过得相当滋润。而因内部倾轧而被迫投降的慕容垂，王猛早看出他并非等闲之辈，说他是"蛟龙猛兽"，很难驯服，因此建议苻坚应早些除掉他，否则定是后患。但苻坚并没有听从，他认为慕容垂初来乍到，而且是受猜忌而来，本来就挺可怜，自己实在下不了手，他不仅没有听王猛的除掉慕容垂，还封他为冠军将军，宾都侯，视为股肱之臣。

更让人感到哭笑不得是，王猛还在和前凉打仗时，苻坚已经为前凉皇帝张天赐建好了府邸，只待张天赐投降入住。果然张天赐投降后，苻坚想都没想任命他为尚书，封归义侯。

如果历朝历代皇帝有个"仁义"排行榜，苻坚应该位居三甲之列，特别是在腥风血雨的乱世之中，显得更加突出，但革命终究不是请客吃饭，政治斗争注定与残酷连在一起，苻坚想必也深知此点，但他执意用"仁义"作为当家招牌，也有自己的考虑。

"我看青山多妩媚，料青山看我亦如是"，苻坚希望通过自己的所作所为，能够感化这些异族的皇亲贵族，使他们感恩戴德，从而死心塌地拥戴自己，但是苻坚无疑选错了对象，这些异族的皇亲贵族，都是不得已才投降苻坚，保命之余，只是暂时找了一个栖身之地，其实他们的复国之梦一直没有停息，时机不成熟时，安享苻坚给予的超豪华待遇，但一旦有了风吹草动，心里便蠢蠢欲动，另有他图。

"仁义"这两个字，在苻坚心目中的分量很重，因为这两个字在某种程度上也成就了苻坚，他推翻了苻生残暴的统治，挥动着仁义的大旗，聚拢了人心，也使得前秦逐步强盛，成为第一个统一北方的少数民族政权。

所以苻坚不滥杀无辜并不需要指责，但不采取任何的防范措施，就是他的不对了。更为奇怪的是，对王猛几乎言听计从的苻坚，在这个问题上，却表现出令人困惑的固执，王猛生前劝，死前劝，但苻坚却是油盐不进。

苻坚这样的表现，除了他一心想当仁义之君，建立最广泛的"统一战线"的心理作祟外，可能还和他的私生活有关。苻坚灭掉前燕后，见到亡国之君慕容暐的妹妹清河公主姿容美丽，便纳入后宫，宠爱有加。男欢女爱，倒也正常，但让人大跌眼镜的是，苻坚居然看上了慕容暐的弟弟慕容冲，当作男宠也纳入后宫，这样的场景不可细思，确实有些儿童不宜，当时在长安城一首名谣变得非常流行："一雌复一雄，双飞入紫宫"，苻坚对包括慕容家在内的亡君降将疏于防范，应该与慕容姐弟的枕边风不无关系。

属于这些异族王亲贵族的机会很快就来到了，因为苻坚决定要进攻东晋，这是王猛的临终遗言中首先劝谏不能干的事情，苻坚又一次将王猛的话当作了耳旁风。公元378年，苻坚下令兵分几路，开始试探性地进攻，其中襄阳保卫战打得相当激烈，进攻的是苻坚的儿子苻丕，防守的是晋将朱序，双方打了十个月，最后在内应的帮助下，前秦军队才攻破城池，俘获朱序。

苻坚的仁义之心又一次涌动，他下令杀了降秦的内应，但对拼死抵抗的朱序却高看一眼，封他为度支尚书，也就是现在的财政部长。苻坚的这个决定为后来淝水之战的大败埋下了伏笔。

七

公元382年，苻坚的伐晋大业进入了最后的准备期，但就在这个节骨眼上，关于是否伐晋却引发了巨大的争议，朝中皇亲大臣基本分为两个阵营，一个是以苻坚的弟弟阳平公苻融为首，包括太子苻宏、宠妃张夫人、小儿子苻铣等在内的反对派；一个是以慕容垂、姚苌等异族头领为首的主战派。

苻坚私底下征询苻融的意见，本来想让苻融投自己一票，但没想到苻融一开口就说千万不能伐晋，因为有"三难"：一是天道不顺，东晋毕竟是正朔；二是东晋内部团结，无隙可乘；三是前秦征战多年，兵马疲惫，老百姓普遍厌战。

苻坚认为弟弟的理由都站不住脚，他觉得自己有百万雄兵，物资储备充足，国家治理的也很不错，趁着连战连胜的阵势，攻打一个偏安南方的东晋，不是什么困难的事情。

在苻融眼里，自从王猛死后，感到哥哥变得越来越陌生，看到苻坚如此固执，苻融不禁流下泪来，他说出了自己最大担忧，那便是鲜卑、西羌等归降的异族，这些都是曾经的仇敌，不会轻易降服，很可能会趁前秦大军伐晋而在背后生事。为了增加说服力，他又把王猛搬出来，说不听自己的也就罢了，王猛的临终遗言总得听吧。

苻坚百思不得其解，在他看来，以前秦的实力收拾东晋，犹如秋风扫落叶一般，为何如此多的人反对呢。正在苻坚迷惑时，有一个人站出来给他吃了定心丸，此人便是慕容垂，他说强大吞并弱小，理所应当，当年西晋灭吴，反对的也大有人在，如果听从那些反对者的意见，哪里能有西晋一统天下的局面。所以别人反对并不重要，只要自己看准了，就要一鼓作气做下去。

终于遇到了一个知音。在一片反对声中，唯有慕容垂的话进入了苻坚的内心，苻坚龙心大悦，拍着这个与自己长相迥异的异族人的肩膀，说:"与我共定天下者,独卿而已!"

公元383年七月,下定决心的苻坚下诏大举攻晋,没出发前,他又开始提前为东晋君臣的归降做好准备工作,先是下诏提前封赏东晋君臣,然后非常贴心地为他们在长安城里建造府邸,看得出苻坚对此战信心满满,但他没有想到的是,东晋不似前凉那么羸弱,历史不可能都按照他的想法发展。

苻融决定做最后一次努力,他让自己的哥哥仔细想想,支持他出兵的都是一些什么人,鲜卑、羌族的贵族,他们本就想趁乱复国,所以极力主张伐晋。还有那些良家子弟,都出自高门富族,根本就不懂打仗,赞成出兵只是为了迎合圣上,听这两种人的话而贸然出兵,非但很难成功,风险很大,到时可能追悔莫及。

苻融也算仁至义尽,但"撼山易,撼苻坚决心难",一场决定东晋和前秦命运的大决战马上要上演了。

苻坚的信心是有基础的,这次他动员了九十七万人的大军,这个规模放眼中国古代史也实属少见,在苻坚看来,这样的大军把马鞭扔到江里,就能将长江断流,所谓"投鞭断流",一个人一口吐沫,估计也能把建康城给淹了。

苻坚下令从三个方向进攻,主攻方向在淮南,由苻融为前锋,率领二十五万人,苻坚率大军跟进。一如苻坚预料,刚开始前秦军队进展顺利,犹如无人之境,顺利渡过淮河,攻占重镇寿阳,秦军兵抵寿阳时,还有不少军队还在长安没有动身出发,可见规模之大,令人咋舌。

东晋丞相谢安奉诏作为总指挥,他令自己的侄子谢玄、弟弟谢石,儿子谢琰等率军到前线抵抗,谢玄抓住前秦军兵力分散的弱点,初战告捷,双方对峙淝水两岸。有一天,苻坚登上寿阳城楼,看到城外的晋军"部陈整齐,将士精锐",又北望八公山上,感到"草木皆类人形",这也是"草木皆兵"的由来,一路上感觉甚好的苻坚,心里开始泛起一丝隐忧。

但是人数在那里摆着,战场的优势还在苻坚这里,但他此时想不战而屈人之兵，企图说服谢玄、谢石等投降，这种考虑倒也正常，毕竟实力悬殊，利用东晋军队的恐慌，不费血刃就解决问题，应是上策，这也符合一直以来苻坚的"仁义"作风。

但是他派的使者实在是欠考虑，此人便是几年前兵败被俘的晋将朱序，朱序当年打完了最后一颗子弹而被前秦生擒，虽然苻坚对他不错，但他一直是身在曹营心在汉，没想到关键时刻，苻坚给了自己一个报效国家的机会。

朱序见到娘家人，把劝降之事抛在一边，先把前秦军队的兵力部署以及优缺点，统统告诉了谢玄、谢石，他认为前秦军队虽然看上去声势浩大，但真正死忠于苻坚的氐族军队人数并不多，况且现在可战的只是前锋，大部分军队还没有到达前线，只要抓住战机，定能一击制胜。朱序建议速战速决是上策，否则等秦军后续大军到达，恐怕就没有取胜机会。

机不可失失不再来，谢玄按照朱序建议，主动向前秦下战书，大意说你们来了这么多人，却临水对峙，根本就不想打仗嘛，不如你们稍微后撤，让我们渡过河，然后决一死战，一见高下。

前秦有些将领认为不能听从谢玄所言，但苻坚认为晋军这样做，简直就是送死，可以等他们渡河时或渡河后没摆好阵势，用铁骑突然杀过去，焉有不胜之理。在这点上，苻融赞成哥哥的意见。

只能说安全意识太过薄弱，稍微动动脑子，应该知道如此多的人后撤，很容易发生踩踏事件。

事实上，结果比踩踏事件严重得多，第二天晋军开始渡河，前秦军队按约后撤，二十多万的大军，后面的不知道前面的为何后撤，还以为是吃了败仗，况且军队鱼龙混杂，本身就不是一条心，关键时刻的关键人物朱序乘机大喊："秦兵败了，大家快跑"，这一下军心大乱，挤成一团，苻坚、苻融根本无力制止，谢玄抓住战机，率领精锐轻骑，过河冲杀，前秦大军一败涂地，苻融在乱军被杀，苻坚身中流矢，仓皇逃走。

原本以为能投鞭断流,如今秦兵的尸体早已将淝水阻断,短短几个时辰,无数秦兵魂归西天,侥幸活下来的玩了命地往回跑,苻坚的溃兵一路上听到呼呼的风声和鹤的鸣叫声,都以为晋军又追来了,于是不顾白天黑夜,拼命地奔逃。"风声鹤唳",这是这场大战奉献给后世的第三个成语。

八

苻坚带着千余残兵,跑到了慕容垂的营帐避难,慕容垂的三万兵马是此战唯一保留完整的军队,但是苻坚没有意识到,此时对慕容家族来讲,这是个千载难逢的复兴机会,所以不少前燕旧臣贵族劝慕容垂把握时机,诛杀苻坚而复国。

慕容垂并没有落井下石,他将指挥权交给苻坚,一路护驾让他顺利返回长安。慕容垂这样做,表明他不是一个卑鄙小人,而有帝王的气度,他感恩于苻坚对自己的恩德,当初苻坚不仅没有听王猛等人所言而杀掉自己,反而委以重任,所以此恩不可忘。一定意义上说,苻坚的仁义救了他自己一条命,但也仅仅是这一次,因为像慕容垂这样感恩戴德的实在是少之又少。

慕容垂护送苻坚到了长安边的渑池,他不想再回长安城,于是请求苻坚允许自己到华北去安抚"轻相煽动"的百姓,华北是前燕旧地,慕容垂的意图非常明显,苻坚又一次爽快答应了。手下谋士权翼力劝苻坚,说这是放虎归山万万不可,苻坚虽然觉得有理,但觉得已经答应慕容垂便不好食言。

权翼无奈,只好自己动手,在黄河渡口边设下埋伏,谁知慕容垂早有提防,在其他渡口安全渡过黄河。

蛟龙回到大海,慕容垂到了故地,开始招揽鲜卑旧部,势力发展很快。公元384年,慕容垂在荥阳称燕王,成功复国,两年后,他自立为帝,为了与前燕相区别,历史上把这个王朝称作"后燕",此时慕容垂已是六十岁的老人,一生历经磨难,最终实现了自己的梦想,创造又一个励志故事。

慕容家的另一支前燕末帝慕容暐的弟弟慕容泓和慕容冲,也趁前秦败退扯起了反旗,苻坚对此非常生气,把慕容暐叫来痛斥一顿,慕容暐磕头谢罪,直到头破血流,苻坚才原谅了他。但慕容暐只是在演戏,扭头他就派人出城找到慕容泓,让他好好干,将复国大业进行到底。

慕容家内讧的传统还在继续,在慕容冲的背后策划下,慕容泓被杀,慕容冲随后也建立了一个"燕"国,由于位置偏西,史称"西燕"。

听说慕容冲自立为帝,苻坚又把慕容暐叫到眼前大骂一顿,他非常激动地说:"你们家族兄弟子侄布列上将,当时虽称是灭国,其实我待你们像归家一样。现在慕容垂、慕容冲、慕容泓各个称兵,你们家族真是人面兽心,枉亏我以国士待你们。"慕容暐依然是泪流满面,靠在苻坚面前装孙子又一次蒙混过关。

没多久,慕容冲带着西燕军队直抵长安城下,苻坚在城墙上看到慕容冲,不由想起当年的同性之爱,试图以过去的情谊感化慕容冲,他派人将俩人盖过的一件锦袍送给慕容冲,希望慕容冲看在过往床笫之情就此退兵,但在慕容冲看来,这段经历耻辱的感觉远大于美好,慕容冲给苻坚回话:"孤家以天下为任,怎能看这一袍小惠。如果你束手来降,我们慕容家对待你也不会比你从前待我们家差。"

此时该苻坚吐血了,断臂之谊没有任何效果,反而受此侮辱,一种从未有过的悔意荡漾在心间,他说:"后悔不用王景略和阳平公之言,使白虏敢猖狂如此!"就是说后悔没听王猛和苻融的建议,才使鲜卑人如此猖狂。因为鲜卑族人皮肤白皙,所以苻坚呼之为白虏。

遗憾的是,世上没有卖后悔药的,觉得自己好傻好天真的苻坚,已经没有太多的回旋余地。而且此时城里的慕容暐也准备动手了,他以儿子成婚为名邀请苻坚参加婚宴,想在婚宴上动手,里应外合,推翻前秦统治,苻坚到此时还有些执迷不悟,竟然毫无疑心欣然答应。只因婚礼当夜,天降大雨,苻坚没有去成,才躲过一劫。后来苻坚察觉阴谋,将慕容暐和城里所有的鲜卑人,无论老少男女,全部杀光。

但这已经无关大局,被西燕军队围困的长安城,粮草几近断绝。苻坚倾最后家底设宴款待群臣,大臣将军虽然分不到几片肉吃,但都塞进嘴里不敢咽下,回到家"吐肉以饴妻子"。当年无比强大的大秦竟然沦落到如此地步。

双方在长安周边激战,互有胜负。但在关键时刻,苻坚居然听信谶言"帝出五将久长得"的鬼话,认为"天意"让他离开长安,所以自己带着几百名骑兵从长安出奔,只留太子苻宏守城。苻宏哪里能守得住长安,也弃城出逃,最后投降了东晋。慕容冲纵兵在长安烧杀抢掠,死者不可胜计。

苻坚按照谶言所示带人跑到了五将山,被同样受到优待但后自立为帝的姚苌派来的人捉住,面对自己的旧主,姚苌表现得比慕容垂差劲得多,他派人向苻坚索要传国玉玺,被苻坚拒绝,不但不给,苻坚痛斥这个眼中的小人,他曾经将无上荣光的"龙骧将军"授予姚苌,没想到姚苌会如此对自己。

过完了嘴瘾,这位帝王知道自己离死神已近在咫尺,他为了避免两个女儿受辱,先杀了她们。接着他被姚苌缢杀于新平佛寺内,结束了他四十八年的传奇人生。

苻坚是一个什么样的帝王呢?许多年来对此充满争议,历史学家陈登原认为苻坚有四大善事:文学优良,内政修明,大度容人,武功赫赫。历观中国古代君王,真正能做到这四点的寥寥无几。柏杨先生更是将"苻坚大帝"的称号送给他,认为"在中国数千年历史上,有资格称得上大帝的不过五人,他们是秦始皇、汉武帝、前秦王苻坚、唐太宗李世民和康熙"。

但更多的批评他的妇人之仁和好大喜功,王安石说:"苻坚好功,而不能忍,智大而不见机。猛知其不能除垂,故劝以勿伐晋耳。不然,以坚之强,而欲取晋,夫又何难之有。"王安石的老对手司马光认为:"对有功的人不奖赏,对有罪的人不诛杀,即便尧舜在位,国家也不能治理,何况其他君王?苻坚每次生擒叛徒都加以赦免,鼓励他的臣属乐意的去试一试叛变,勇于冒险,以求侥幸成功。即使被生擒活捉,仍然不必担心会死,则大乱怎么能够平息!"

"悲情",是送给这位帝王的总结陈词,他开明大度,谦恭仁慈,善于纳谏,雄才大略,在统治的前期,休养生息,爱护百姓、推行教化,发展教育,在他和王猛的治理下,前秦政治清明,法制严明,人才济济,经济繁荣。在很短时间内,使得一个小小的前秦谜一般地崛起成为北方的一个超级大国,只可惜疏于防范狼子野心的异族王亲贵族,再加上错误判断形势,在淝水"一失足而成千古恨",最终国灭人亡,令人唏嘘不已。

宽容是美德,但是没有原则的宽容,便是一种纵恶。所以,如果说苻坚大帝能给普通人什么样的启迪。

一句话——"害人之心不可有,但防人之心不可无"。

陶渊明：要隐就真隐，别玩虚的

一

公元405年一个冬夜，彭泽县衙，寒风吹着窗户噗噗直响，已经卸下官服的彭泽县令，此时正在烛光下奋笔疾书，从桌上倾倒的酒壶来看，他已经喝了不少，不过他的内心从未像今天一样清醒，他知道今夜过去，意味着过去四十余年所有内心的挣扎，都将随风而逝，一个真正意义的自己将隆重回归。

这位县令叫作陶渊明。

他写的不是文告，更不是上疏，而是一封辞职信，这或许是中国历史上最著名的一封辞职信，名字叫作《归去来兮辞》。一千多年后，有另外一个辞职理由火爆异常——"世界很大，我想去看看"，虽然同为毅然决然的离去，但方向却截然相反，与"想去看看世界"的激情和期盼相比，陶渊明显得更为从容安定，因为他要回归的是——田园。

这是他第五次辞职，但注定是最后的一次。

五仕五隐，是对他四十年人生的总概括，从这个数字就可看出，他在进退之间一直犹犹豫豫，如果用两个字形容，那就是——"纠结"。

站在这两个字背后的是陶渊明的两位先辈，两个人截然不同的人生态度，在很大程度左右着陶渊明。一位是他的曾祖陶侃，另一位是他的外公孟嘉。

陶侃，是东晋前期的大名人，在门阀士族当道的时代，作为寒门子弟，陶侃用他自己的努力，塑造了一个由寒门到显贵的杰出榜样。

母爱伟大，这话一点不虚。陶侃很小的时候，父亲就死了，他母亲靠纺线织布含辛茹苦地养育他。陶侃的母亲不仅育他成人，而且用言传身教将儿子培养成德智体美劳全面发展的"五好"子弟。

《世说新语》记载，陶侃年轻时曾任管理渔业的小官。一次，他把一坛腌鱼赠送给母亲。他母亲得知这是官府的，就将腌鱼封好并且回信，责备陶侃说："你身为官吏，把官府的物品赠送给我，这样做不仅没有好处，反而增添了我的忧愁啊！"

果然是廉洁自律教育的好教材。有一位这样的母亲，绝对是陶侃上辈子修来的福气，更为牛气的是，是她用一己之力将自己的儿子成功送上仕途。

鄱阳县有个孝廉叫范逵，有年冬天外出办事，途经浔阳。突遇天降大雪，他只好就近找人家借宿，刚好来到了陶侃家。大雪覆盖，找不到草料。陶侃母亲就把铺床的稻草铡碎，用来喂马。家里没有好酒好菜招待客人，她就把头发剪掉卖了，换回一桌酒菜。

范逵告别时，陶侃相送百余里。范逵问："你想到郡中去任职吗？"陶侃回答："想去，可苦于无人引荐。"范逵回去后拜见庐江太守张夔，极力赞美陶侃。张夔听了陶侃母亲剪发买酒的故事很感动，便召陶侃为督邮，领枞阳县令，迈开了陶侃仕途上极为重要的一步。

母亲的教诲，让善良和责任一直流淌在陶侃的血液里。有次张夔之妻生病，需要到几百里之外去接医生，当时天寒地冻，主簿等僚属们都不愿意去，所以皆不作声，只有陶侃站出来说："侍君侍父是为臣为子之义，郡守夫人，就同我们的母亲一样，哪有父母有病而子女不尽心的。"于是主动要求前往，张夔夫人由此捡回一条命，所有人都觉得陶侃绝对够意思，是个有情有义之人。

这样的人想不成功都难，陶侃后来升任荆州刺史，后改任广州刺史。

作为主政一方的地方大员，陶侃并没有陷入温柔乡，"自律"是他心目中最沉的两个字，由此诞生了"陶侃搬砖"的趣事，说的是陶侃在广州任上，总是在早上把一百块砖搬到书房的外边，傍晚又把它们运回书房里。身边人觉得摸不着头脑，觉得这位陶大人是吃饱了撑的，精力过于旺盛，陶侃说："我正在致力于收复中原失地，过分的悠闲安逸，唯恐难担大任。"

孟子说："故天将降大任于斯人也，必先苦其心志，劳其筋骨，饿其体肤，空乏其身，行拂乱其所为，所以动心忍性，曾益其所不能。"陶侃这样自虐型的"劳其筋骨"，就是为了有朝一日能担负起天下之大任。

时机很快就来了，不久后东晋发生了"苏峻之乱"，这场动乱把整个王朝搞得天翻地覆，京城建康也被叛军所占，在所有人感到无力回天的时候，陶侃又一次站出来，他率军攻入石头城，斩杀了苏峻，平定叛乱。战后，陶侃被封大司马、长沙郡公，掌管八州军权，威名之盛，到达顶点。

这位大英雄级别的曾祖，无疑给年轻的陶渊明树立了高大伟岸的标尺，他在《杂诗》中写道："忆我少壮时，无乐自欣豫。猛志逸四海，骞翮思远翥。"一位热血青年渴望建功立业的强烈意愿跃然纸上。

二

陶渊明的外祖父孟嘉，则给了他另外一种人生观感，这种生活态度从更大意义上影响了陶渊明。说来也有意思，孟嘉娶了陶侃的第十个女儿，而孟嘉又把第四个女儿，嫁给了陶侃的孙子陶逸，陶逸便是陶渊明的老爸。

孟嘉和他岳父陶侃不同，他是读书人，可以说手无缚鸡之力，无法像陶侃那样用军功赢得殊荣，但是他靠着学识和气度，同样赢得了朝野的尊重。

"孟嘉落帽"，是发生在他外祖父身上最出名的故事。有一年的重阳节。当朝权臣桓温携下属游龙山，登高赏菊。一阵山风袭来，吹落了孟嘉的帽子。但他竟然浑然不觉。不久，他去了趟厕所。桓温就此搞了个恶作剧，让孙盛写篇文章嘲讽孟嘉，连同帽子和文章都放到孟嘉座位上。孟嘉如厕归来，看到嘲讽文章。立即要来纸笔，写了一篇作为回应。孙盛的写作水平本来已属顶级，哪知孟嘉所写却胜他百倍，"文辞超卓，四座叹之"。众人本来想等着看孟嘉笑话，结果反被他震惊四座。

孟嘉的人生态度与陶侃不同，他对功名看得并不重，据史书记载，孟嘉好酒，"尝会神情独得，便超然命驾，迳之龙山，顾景酣宴，造夕乃归"，就是说内心有感悟时，就驾车直去龙山，顾影痛饮，至晚方归。看得出孟嘉是个典型的"性情中人"，一直以来他都以"旷达真率"闻名于东晋。

陶渊明年轻时，同样渴望像自己的外祖父那样潇洒不羁，活出本真的自我，所以他说自己"少无适俗韵，性本爱丘山。误落尘网中，一去三十年"。从内心来讲，他还是喜欢大自然，期盼过一种无拘无束的生活。

两种生活的理念在陶渊明心中不停地激荡，一会儿他觉得曾祖父陶侃的人生足以壮怀激烈，是男人就该如此，一会儿又觉得外祖父孟嘉"今朝有酒今朝醉"也挺好，人活一辈子不容易，何必搞得那么紧紧张张，苦苦哈哈呢？

二十九岁那年，陶渊明决心告别徘徊，出任江州祭酒。这个官称虽然有个"酒"字，但和喝酒一点关系也没有，最常听到是"国子监祭酒"，大致相当于国立中央大学校长，但"江州祭酒"显然和校长无关，至于这个官职到底管什么，现在说法不一，但一般认为是一个拥有实权的职位。

陶渊明正准备大干一场的时候，突然发现自己的顶头上司实在太不靠谱。这位领导便是江州刺史王凝之，王刺史的父亲是大名鼎鼎的王羲之，夫人则是以"咏絮"著称的才女谢道韫，但这老兄却迂腐才疏，以致谢才女非常无奈地说："不意天壤之间，乃有王郎。"没想到天底下竟有王凝之这样的窝囊废。

更为奇葩的是王凝之迷信上了"五斗米道"，成为一个狂热的教徒，每天炼丹画符，神神叨叨，搞着整个衙门乌烟瘴气，陶渊明感到失望之极，无奈之下，开启了他写辞职信的历史，陶渊明的辞职有自己的特色，那便是递交辞呈便走人，根本不等答复和批准。

王凝之对这位下属很重视，觉得陶渊明撂挑子，是因为他觉得官小。没过几天，他派人找到陶渊明，让他担任江州主簿，这个职位参与机要，总领府事，有"诸职之首"之誉，以为这样陶渊明就会很痛快回来上班。但陶渊明实在不愿意伺候这位王教徒，于是挥挥衣袖，不带着一片云彩，回家抱儿子去了。

陶渊明的这个决定，只能用英明来形容。几年后发生孙恩叛乱，王凝之不积极备战，反而天天求神保佑，结果城池被破，自己和子女被叛军所杀，陶渊明跑路算是及时，免去了血光之灾。

陶渊明再次出山，已经是几年以后，在这中间他的家庭发生了重大变故，刚过而立之年的陶渊明，经历了一次丧妻之痛，亡妻为他留下一子。不过很快另一个女人走进他的生活，这便是他的第二任夫人——翟氏。两人的家庭生活想必很幸福，这位夫人一口气给陶家生下四个儿子。

多子多福，但带来的另一个问题，如何养活这些嗷嗷待哺的孩子，成为摆在陶渊明面前的现实问题，过去是"一人吃饱，全家不饿"，现在首先要保证让这五个孩子吃饱。正当陶渊明一筹莫展的时候，大将军桓玄派人带着亲笔信，礼聘他到自己帐下任职。陶渊明也顾及不了那么多，于是欣然应召。

当时的形势是这样的，公元396年，晋孝武帝驾崩。司马德宗即位，军政大事任由太傅司马道子父子摆布。这父子俩，操控朝政，卖官鬻爵，引起了朝野不满。公元399年，江州刺史桓玄起兵，讨伐司马道子父子。

陶渊明投奔桓玄，虽然有养家糊口的考虑，但更多的应该是想为国家出力，毕竟桓玄打的是"清君侧"的牌子，是为了社稷除掉奸臣，充满了正义感。陶渊明来到桓玄帐下，很大程度上是被这种正义感所吸引。

时间久了，陶渊明感觉到不对劲，敢情这位桓玄不单纯是"清君侧"，而是想"清君"，既然如此，此地便不能久留，此时正好陶渊明的母亲去世，听到这个讯息，他第一时间递交了辞职信，还是不等批准便走人，径直回家奔丧去了。

这次又可以加十分。没过多久，桓玄除掉了司马道子父子。然后，又逼司马德宗将皇位"禅让"给了自己，陶渊明避免成为"乱臣贼子"篡位的帮凶。

三

丁忧三年期满，陶渊明又一次出仕，这次他显得比较主动，不排除有家庭生活困难的原因，但更多是壮志未酬，心有不甘，此时他已经将近四十岁，或许他觉得自己人近不惑，却没有什么功名，离当年的理想实在相差太远，内心也觉得愧对自己的曾祖陶侃，所以他怀着"四十无闻，斯不足畏"的观念再度出仕，想着努力去搏一把。

他这次投奔的是桓玄的死敌——刘裕，担任参军，也就是幕僚的角色。但他很快也感觉到刘裕也是一个狠角色，野心丝毫不亚于桓玄，没办法，他又转任建威将军刘敬宣的幕府，这段时间，陶渊明写了不少诗歌，在这些诗中他多写到自然风景，"晨夕看山川，事事悉如昔"，内心深处越来越向往宁静的田园生活。

很快刘敬宣辞官，陶渊明也只能跟着辞了，就此四次出仕，皆"无功"而返。

很快陶渊明迎来了自己仕途中的最后一站——彭泽县令。如果说前面出仕，是抱有为社稷分忧的壮志，这次当官完全是为了家庭生计考虑，本来陶渊明心里对出仕已经心灰意冷，但"五个小子，吃死老子"，好像没有太好的办法。在陶渊明犹豫之际，他的叔叔陶夔规劝他："你不为自己着想，也要为老婆孩子着想啊！"这让陶渊明下定决心第五次出山，在陶夔引荐下，陶渊明做了彭泽县令。

七品芝麻官，看上去官衔不大，但对陶渊明来讲，有两处让他感到些许满意。一是离家近了，只有百里左右，坐船不久就能到达，不像以往要远涉山水。二是过去所干的多是幕僚，说白了就是为人出出主意，听不听完全取决于桓玄、刘裕等人，自己说了根本不算数，彭泽县令虽然官不大，但可以主政一县，在这个区域内可以按照自己的想法行事。

陶渊明这次出来当官的初衷，是为了改善家人生活，这个目标很快就实现了。当时县官的待遇相当不错，有一百亩公田，种啥随便，收成全归自己，这点让陶渊明颇为满意。

看到如此大一片可以自由支配的土地，好酒的陶县令第一个想法是想种秫谷，因为秫谷可以酿酒，这个提议遭到了自己老婆的强烈反对，毕竟酒不能替代粮食，全家人还指望在公田里种些粮食填饱肚子，妥协的结果是，五十亩种秫，五十亩种粳，这样两者都得以兼顾。

遗憾的是，粮食还没成熟，陶渊明又决定不干了，表面上看有两个原因，一则是"不为五斗米折腰"，这个故事记录在萧统的《陶渊明传》中：岁终，会郡遣督邮至。县吏请曰："应束带见之。"渊明叹曰："我岂能为五斗米折腰向乡里小儿。"

陶渊明如此大的反应，和这位督邮有很大关系，此人名叫刘云，常以巡视之名索贿，凶狠贪婪远近闻名。当县吏提醒陶渊明说："我们当备好礼，穿盛装，恭敬迎之。"陶渊明一下子就怒了，本来就不太想干，这更是火上浇油，于是他决心宁肯挨冻受饿，也不再忍受官场的污浊。

另外一个由头，便是他的同父异母的妹妹去世了，陶渊明和这位妹妹从小一起长大，感情很深，他《归去来兮辞》序中所说："寻程氏妹丧于武昌，情在骏奔，自免去职。仲秋至冬，在官八十余日。"意思说他早有了归隐之心，但没有马上付诸行动。但是他听说妹妹去世的消息，立即便下定了决心。

但这一切似乎都只是"导火索"，引发陶渊明总爆发的原因并非那么简单，这次事件最终让他与官场彻底远离，背后的作用力一定是综合而强大的。

"官不好做"，恐怕是其中的外部原因，这和时局有很大关系，东晋王朝已经步入垂死的暮年，孙恩叛乱、桓玄篡国、刘裕专权，风雨飘摇，人人自危，陶渊明在《感士不遇赋》中写道："密网裁而鱼骇，宏罗制而鸟惊"，在"鱼骇鸟惊"的环境中，当官变成了一个高风险事业，跟不对人，不要说很难得到荣华富贵，反倒是很容易人头落地，从保全自身和家庭的考虑，陶渊明不愿意再掺和其中。他的朴素想法是，由他们争斗折腾去吧，眼见别人起高楼，然后楼塌了，而自己耕耕田，喝喝酒，教育一下孩子，在乱世之中，这无疑是最佳的选择。

"官做不好"，也是其中一个原因。体制内为官，需要察言观色，四面玲珑，有时候该放下身段时就必须放下，在这方面，陶渊明显得相当"不合时宜"，他是一个把尊严看得很重的人，让他去阿谀奉承，靠投机专营获得步步高升，断然不可能。所以他知道自己这种人，并不适合在官场里混，几次出仕遇到的挫折也一再教育他，"没有金刚钻，就不要揽瓷器活"，否则只能使自己内心越来越痛苦，最终无法自拔。

"听从内心声音"，似乎是他做出这样选择的源头所在。

仕与隐，像驻扎在他内心的两支军队，经常发生激烈的冲突，一会儿"仕"占据上风，一会儿"隐"又拔得头筹，这让陶渊明颇感痛苦和纠结，年届不惑后，他终于参透了所有的疑惑，内心的一个声音不停呼唤他，让他感知自己的本性所在，用《归去来兮辞》的话说："何则？质性自然，非矫厉所得。"就是说，为什么最终选择归隐呢，本性使然，这是勉强不得的。过去出来当官，很大程度是"皆口腹自役"，如今不愿意再过这样让自己身心俱累的日子，而要遵从内心由喧嚣的官场走向宁静的田园。

四

不过，彻底归隐是需要底气的，至少归乡后还要能够养活一家人。陶渊明有气节，但尚没有到不顾全家人死活而执意归隐的地步。虽然他在《归去来兮辞》中写道："余家贫，耕植不足以自给。幼稚盈室，瓶无储粟。"把自己说得像揭不开锅的贫民，但陶渊明显然过谦了，也不排除为自己出仕找些理由，事实上，他在《归园田居·其一》中交代的"方宅十余亩，草屋八九间"，应该更接近于真实状况。

似乎也因为如此，陶渊明扔掉乌纱帽后，老婆孩子并没有很在意。陶渊明归乡时，"僮仆欢迎，稚子候门"，孩子们早已等候在门口，陶渊明牵着孩子们的手走进家门，发现桌子上的酒壶已经温好了酒，这无疑是贴心的老婆为自己准备的，这个场面实在温馨得可以。

"采菊东篱下，悠然见南山"，回到自然之中的陶渊明，此刻心中涌动着两个字——惬意。"晨兴理荒秽，带月荷锄归"，每天在田地里忙会儿，回到家痛饮一番。这样的小日子无疑是他渴望已久的。

"羁鸟恋旧林，池鱼思故渊"，他终于找到了属于自己的旧林和故渊，这种感觉就好像是"久在樊笼里，复得返自然"，陶渊明终于走出了内心的牢笼，在自然中获得了内心的解放和释怀。

可惜的，这样的好日子只过了三年就到头了，一次不经意的失火，将陶渊明方宅草屋烧得一干二净。

"一夜回到了解放前"，本来衣食无忧的陶渊明生活顿时陷入困顿，一家人不得不暂时转移到船上，"夏日长抱饥，寒夜无被眠"，最为困难时，竟然要叩门去讨食，在一首名为《乞食》的诗中，陶渊明写道："饥来驱我去，不知竟何之。行行至斯里，叩门拙言辞。"翻译过来就是"饥饿驱我出门去，不知究竟去哪里。前行来到此村落，敲门却难致词语。"此情此景，实在让人感到同情和唏嘘。

讨食，这对于陶渊明来说，并不是件容易的事情，平日里能说会写的陶渊明，居然拙于言辞，实际上是因为根本不好意思开口，把面子看得很重的陶渊明，让他去讨食，确实有些勉为其难，但是在陶渊明看来，这种行为虽丢面子，但尚在可接受范围之内，至少比在官场讨好上司要好得多。

越是困顿越容易考验成色，面对如此困境，一个老问题又变得现实起来——是否要第六次出山？答案——NO。而恰好在此间朝廷征他为著作佐郎，陶渊明坚决予以谢绝。从他在彭泽县衙写了辞职信后，心中便断绝了继续出仕的想法，即使生活困顿，也丝毫不能动摇他的决绝之心。

"酒"成为此时陶渊明最好的朋友，事实上，这位"老朋友"一直伴随着他，只是这时候更显得亲密无间，陶渊明在《五柳先生传》写道："性嗜酒，家贫不能常得。亲旧知其如此，或置酒而招之。造饮辄尽，期在必醉；既醉而退，曾不吝情去留。"

"五柳先生"就是陶渊明，这段文字也是他生活的真实写照，说的是，他生性喜爱喝酒，家里穷经常没有酒喝。亲戚朋友知道他这种境况，有时摆了酒席叫他去喝。他去喝酒就喝个尽兴，希望一定喝醉，喝醉了就回家。

由此看上去，谁要想请陶渊明做客，家里一定要备足酒，这位老兄断不会有任何客气，一定会喝到"断片"后尽兴而归。

那是一个充溢着酒水的时代，竹林七贤为代表的名士们，把酒喝出了水平，喝出了名气，喝得感天动地，千古留名。陶渊明与他们不同，他喜欢独饮，即便和别人一起喝的时候，好像交流也不多，他只愿意沉浸在自己的世界中，对于别人感受则不管不顾。偶尔他也会请亲朋到自己家里喝酒，作为主人的他往往自己先喝高了，这时通常会说："我醉欲眠，卿可去"，意思是说，我已经喝醉，要先睡了，你们喝完自己走人吧。

陶渊明喜酒，但不完全是借酒消愁，或者借酒装疯，他是真正喜欢那种喝酒的感觉，在酒中他喝出了对生死的参透，喝出了生命的趣味，这点很像他的外祖父孟嘉,孟嘉也非常好酒,桓温对此不解,有次问他:"酒到底有什么好的,为何如此贪恋。"孟嘉答道:"你老兄实在是不懂酒中的趣味啊。"

"李白斗酒诗百篇",对文人而言,酒和诗文从来不分家,不过要论历史上大量写饮酒诗的第一人,非陶渊明莫属,没有之一,他一下子写了二十首以饮酒为主题的诗歌,组成了著名的《饮酒二十首》。

在这组诗前陶渊明写了一个小序,说明了这些诗句皆由酒而来:"我家居无事且少欢笑,加之秋夜已越来越长,偶尔有好酒,便没有一晚不喝。对着自己的影子独自干杯,瞬间又醉了。酒醉之后,总要挥毫题写几句以自娱。于是,诗句渐渐增多,所写之词没有加以选择,也无章法次序。姑且请旧友帮忙誊写并稍加编排,以此供欢笑罢了。"

但透着酒意的二十首诗,不简单的是"供欢笑"而已,它写尽陶渊明对生死、对仕途、对归隐的看法,从某种意义上说,陶渊明的人生态度在其中体现得淋漓尽致。

"有酒不肯饮,但顾世间名。所以贵我身,岂不在一生?"陶渊明在第三首中发出了这样的疑问,"为了世间的虚名,连美酒都不敢饮,那么爱惜自己的身体,难道能长生不死吗?"在他看来,人生就如闪电一样短暂,"鼎鼎百年内,持此欲何成!"短短不过一百年,你还想成就什么呢?

五

"一切趁早",这就是陶渊明亮出的人生态度。

在他看来,不要认为人生漫长,实际上蹦跶不了多少年,所以不要活得那么别别扭扭,喜欢什么就去做什么,换个角度说,如果不去做自己喜欢的事,活得那么长又有什么意义呢?对生命而言,长度很重要,但质量更重要,为了追求长度而牺牲质量,实在得不偿失。用现在流行的话说,"幸福和意外不知哪个更早到来",与其这样,不如做些自己觉得有意义的事情。

"结庐在人境，而无车马喧。问君何能尔？心远地自偏。"第五首的这几句回答了人们普遍关心的一个问题，在喧嚣的世俗社会里，如何能活得安静清澈。答案只有一个——"心远地自偏"。常常说环境造就人，但陶渊明认为，只要坚守住自己的内心，便可以不受外界的影响，所谓"以心转境"，只有这样，才能感受到生命的美好和纯真。

陶渊明就是这样一个实践者，他辞官归隐，并非躲进深山，从此不食人间烟火。他只是回到家里，与家人一道过着普通的农夫生活，从这个意义上说，他并不是传统意义上的"隐居"，而只是"回归"。

陶渊明没有逃避生活，而是更加热爱生活，在完全与外界没有隔离的环境中，如何抗拒光怪陆离的诱惑，陶渊明认为归根结底，是要坚守住自己的内心，这样才能体味到"采菊东篱下，悠然见南山。山气日夕佳，飞鸟相与还"的美好，体味到生命真正的趣味。

"清晨闻叩门，倒裳往自开。问子为谁与？田父有好怀。"第九首讲了一个故事，充分表达了陶渊明对于仕与隐的态度，说的是一大早就听到敲门声，他来不及整衣便去开门，来者是一个给他送酒的老农，两个人坐下来聊会儿天，老农劝解陶渊明，何必把自己搞得如此清苦呢，有时人需要一些妥协。陶渊明深感老农的好意，但他说自己天性如此，当官实在违背自己的本意，不如一直做一个快乐的穷光蛋。

元嘉三年，就是陶渊明去世前一年，又有人向他提出类似的问题，此人是江州刺史檀道济，他带着米和肉去看陶渊明，看到陶渊明贫困潦倒的样子，对他说："贤者处世，天下无道则隐，有道则至。今子生文明之世，奈何自苦若此？"他的意思是说：聪明人遇到世道好的时候当官，世道不好则退隐，现在的天下，是从未有过的盛世，先生何必为难自己呢。

陶渊明的答复是："潜也何敢望贤，志不及也。"就是说我哪里敢和那些聪明人相比啊，自己实在是没有能力做官。这显然是陶渊明的托词，但这个回答凸显了陶渊明"真隐士"的形象，也将他与那些大批量的"假隐士"区别开来。

　　学而优则仕的时代，"仕"和"隐"是读书人面临的重要抉择，但历史上像陶渊明一样，将"隐"作为一种真正归宿的并不多，大多数人将"隐"作为了一种手段，有的是因为无官可做，为了面子，只好隐起来，有的是以退为进，隐是为了等待时机，条件成熟便迫不及待出来，即使口出"安能摧眉折腰事权贵，使我不得开心颜"的李白也不能脱俗。

　　所以，陶渊明用自己的坚守告诉所有人，他所辞掉的不是一个官职，而是一种劣质的生活方式。人生苦短，他决心去寻找和创建一种自己喜欢的生活，既然如此决定，便在这条路上注定不会再回头。

　　这种生活方式的核心，如果用两个字概括，便是"率真"，而"酒"无疑是铸就这种生活方式的催化剂。

　　有酒就是朋友，江州刺史王弘很想结识陶渊明，但陶渊明并不感兴趣，于是便假装有病而不见。王弘知道陶渊明嗜酒如命，有一天，王弘得知陶渊明要去庐山，他托朋友庞通带上酒和酒具，在去往庐山必经的地方，邀请陶渊明来喝酒。陶渊明一听有人请喝酒，立马来了兴致，当时他正患脚疾，行走很不方便，竟然让两个门生用小轿子抬着他去，"既至，欣然便共饮酌"。不一会儿，王弘恰到好处地出现，这时候的陶渊明也顾不上讨厌王弘了，三人一起推杯换盏，喝得开怀尽兴。

　　陶渊明有个好哥们叫作颜延之，公差路过浔阳，造访陶渊明，两人是天天都喝，每喝"必酣饮致醉"。还有更令人叫绝的是，颜延之临别的时候，给陶渊明送了二万钱，陶渊明转身就去了酒家，把二万钱全放在那里当作"预付款"，以便随时可以买酒喝。

　　"不喝酒不足以谈人生"。陶渊明到死最牵挂放不下的，还是酒。在他为自己所作的挽歌中，写道："但恨在世时，饮酒不得足。"喝了一辈子酒的他，生平最大的遗憾居然是酒没喝够。

　　如果说陶渊明还有另外一个遗憾的话，便是孩子教育得实在一般。

　　陶渊明有五个儿子，没有一个成才。恨铁不成钢的他，曾经为此写过一首《责子》："白发被两鬓，肌肤不复实。虽有五男儿，总不好纸笔。阿舒已二八，懒惰故无匹。阿宣行志学，而不爱文术。雍端年十三，不识六与七。通子垂九龄，但觅梨与栗。天运苟如此，且进杯中物。"因为五个孩子小名分别叫舒、宣、雍、端、通，这首诗实则把每个孩子都数落一顿，一个都不能少。

陶渊明生气在于，老爸这样牛，这五个小子居然都"不好纸笔"，不仅如此，五子几乎都是"懒癌"患者，不求上进，甚至智商都有些问题，老大十六岁了，"懒惰故无匹"；老二更无心向学；老三和老四是双胞胎，十三岁了，连六和七都不认识；最小的儿子还一个劲儿地馋嘴，天生一个"吃货"。

作为这样五个孩子的家长，能不着急吗，但着急又有什么用呢，在陶渊明看来"天运苟如此"，一切皆是天意如此，怎么办呢，"且进杯中物"，不想了，继续喝酒吧。

但陶渊明并没有放弃他们，在自己年过五十，感觉身体状况越来越差时，他给五个孩子写了一封信，名为《与子俨等疏》，信中他回顾了自己五十余年的生涯，阐述了自己的人生理念，语重心长地告诫儿子们要互相友爱，要按照高尚的理想和做人的准则生活下去。

信的最后写道：《诗》曰："高山仰止，景行行止。虽不能尔，至心尚之"。就是说《诗经》上说："对古人崇高的道德则敬仰若高山，对古人的高尚行为则效法和遵行。虽然我们达不到那样高的境界，但应当以至诚之心崇尚他们的美德。"这算是陶渊明留给孩子们最后的嘱托。

可怜天下父母心！

六

很快就到了公元 421 年，这年发生了两件颇有关联的大事，政治上，篡位成功的刘裕用棉被闷死晋恭帝。文学上，为此激愤的陶渊明写出了千古名篇《桃花源记》。

"桃花源",是在残酷时代里,陶渊明为自己也为世人编织的一个理想世界。"土地平旷,屋舍俨然,有良田美池桑竹之属。阡陌交通,鸡犬相闻。其中往来种作,男女衣着,悉如外人。黄发垂髫,并怡然自乐。"这种生活无疑是陶渊明最为向往的,都被他浓缩到了"桃花源"之中。

没有战争、没有杀戮、没有饥荒、没有纷争,充溢安详和谐,满是幸福美好,自从陶渊明写出这些文字,"世外桃源"就成为千百年来备受战乱、饥荒、瘟疫折磨的中国人的终极向往。而一旦提到陶渊明,人们也一定会想起桃花源,两者已经变得密不可分,成就了中国文学史上的一座丰碑。

"烈士暮年壮心不已",恬淡一生的陶渊明没有壮心,早已参透了生死。已经年近黄昏的他,给自己写了三首《挽歌诗》,从容地述说了他的生死观:"有生必有死,早终非命促。昨暮同为人,今旦在鬼录。魂气散何之,枯形寄空木。娇儿索父啼,良友抚我哭。得失不复知,是非安能觉!千秋万岁后,谁知荣与辱?但恨在世时,饮酒不得足。"

公元427年3月,感觉到大限将到的陶渊明,写下了最后一篇文章——《自祭文》,虽然一生过得不易,但陶渊明用了两个字为自己的人生盖棺定论,那便是"满意"。"身居陋室,意气傲然,饮酒赋诗。我识运知命,所以能无所顾念。今日我这样死去,可说是没有遗恨了。我已至老年,仍依恋着退隐的生活,既以年老而得善终,还又有什么值得留恋!"

"人生实难,死如之何",陶渊明发出了人生最后的一声叹息,人生实在艰难,死又能把我怎样呢?所有的艰难困苦都已经闯荡过来,到最后只剩对死亡的蔑视。

自古以来,让无数人感到恐惧而不可解的问题——死亡,在陶渊明那里获得了最终的释然。

三个月后,陶渊明在茅屋中离开这个世界。想必临死之前,他一定神情平静,嘴里喃喃念着:"纵浪大化中,不喜亦不惧,纵浪大化中,不喜亦不惧……"

"匪贵前誉，孰重后歌？"既不以生前的美誉为贵，谁还会看重那死后的歌颂呢？《自祭文》中这一句，冥冥之中映射了他的生前死后。

是金子总是要闪光，陶渊明生前，他的文学上成就并没有得到认可，后来在南朝时期开始引起了世人的重视，钟嵘在《诗品》中评论了他的作品，接下来的萧统在编《文选》时，对他的作品给予了较高的评价。

陶渊明真正被人重视和推崇，是在几百年后的唐朝。到了宋代，对陶渊明的赞誉达到了一个前所未有的高度。苏东坡无疑是陶渊明的铁粉，他如此评论道："吾于诗人无所甚好，独好渊明之诗。渊明作诗不多，然其诗质而实绮，癯而实腴，自曹、刘、鲍、谢、李、杜诸人，皆莫过也。"

木心先生说："人生真不如一句陶渊明"，千年以后，陶渊明和他的作品成为一种文化现象，与其说人们喜欢他所写的诗文，不如说更欣赏和推崇这些文字背后的精神和气质。

叶嘉莹先生说："在中国所有的诗人里面，真正能够不雕琢、不修饰、不逞才、不使气，以最真诚的态度来写诗的，也就要数陶渊明了"，这份真诚背后，叶先生认为是"任真"的自得和"固穷"的持守，"他挣脱出了人生的种种困惑与矛盾，在精神与生活两方面都找到了足可以托身不移的止泊之所"。

"人生的爱好者"，是林语堂给陶渊明的评价，"他的生活是简朴的，风格也是简朴的，这种简朴的特质是令人敬畏的，是会使那些较聪明较熟悉世故的人自惭形秽的。他今日是人生的真爱好者的模范，因为他心中反抗尘世欲望的念头，并没有驱使他去做一个彻底的遁世者，反而使他和感官的生活调和起来"。在林语堂看来，"这种和谐的生活已经达到完全自然的境地，没有一个人能超越过"。

"梦想还是要有的，万一实现了呢"，这句网红语言，着实给许多人打了鸡血，似乎整个社会进入了"做梦"的时代，不少人都在梦想着一夜暴富或成名，梦想着彻底改变自己的命运，而陶渊明则告诉我们，还是要冷静冷静，比追逐梦想更重要的是"活在当下"。

　　陶渊明很喜欢孔子一个叫作曾点的弟子，为此在《时运》中他记载了一个典故，有一次，孔子问几个弟子的理想是什么，子路说："我要用三年时间，让一个千乘小国变得强大。"冉求说："我要用三年时间，让一个贫寒小国变得富足。"公西赤说："我要致力于宗庙祭祀，为诸侯会盟搞庆典。"只有曾点沉默不语。在孔子的追问下，曾点说："我没想这么多，我只是想着天气暖了，就呼朋引伴，到沂河里游泳，去舞雩台吹风，然后唱着歌走回家。"

　　夫子喟然叹曰："吾与点也！"在这点上，孔子和陶渊明是相通的。事业即使再宏伟，也需要一个个当下作为支撑，在追梦的过程中，尤其不能忘记生活本身。

　　陶渊明的伟大之处也在于此，用一句现在很流行的话说，他走了很远，但从没有忘记自己为什么出发。他从找寻到内心真正之爱后，就从来没有动摇过，始终恪守自己的价值观，抵御一切困苦和诱惑，从而最终获得了生命的从容与淡定。

　　无论出身、长相、智力、家庭、环境如何不同，每个人心中都会有一个"桃花源"，只是许多人忘记了开门的密码。

　　其实，密码只有三个字——做自己！

司马元显：没复习好，就不要参加"高考"

一

公元396年一个深秋的清晨，天还只是蒙蒙亮，建康城尚未完全苏醒，几个人从皇宫中急匆匆跑出，脸上带着无限的惊恐，他们跑去的方向是当朝第一权臣的府邸，前去禀报的则是一个惊天的消息——皇帝死了。

这位权臣就是刚刚死去的孝武帝司马曜的亲弟弟司马道子，他当时的官衔有一大堆，掰着手指头才能数得过来：领徐州、扬州刺史，录尚书、太子太傅、都督中外诸军事。

什么情况？睡意蒙眬的司马道子，简直不敢相信自己的耳朵，昨天还和自己一起喝酒的皇帝哥哥，怎么一夜之间命归西天了呢，他急忙问前来通报的宫廷内人，陛下为何而崩，他们答复说听一直在皇帝身边服侍的张贵人说，陛下是"因魇暴崩"，就是说做噩梦死了。

实在太过蹊跷，没听说司马曜有高血压和心血管疾病啊。

司马道子的疑惑确实有道理，原本这就是一起凶杀案，而不是所谓的自然死亡。

现在还原一下凶杀现场。就在头一天的夜里，一场宴会正在皇宫上演，曼妙的舞姿，动人的丝竹，让天天无酒不欢的司马曜感到很是舒坦，这几乎成为了他生活的常态，不是在喝酒，就在喝酒的路上。他身边坐着的是最宠幸的张贵人，这既是他的嫔妃，更是他的酒友，一直以来都恩宠有加。

不知为何，张贵人今天有些提不起精神，司马曜看她那样子，心里感觉有些不快，借着酒劲儿对张贵人说："你都快三十岁了，如此大年龄，按说早应该被废了，朕还是喜欢更年轻漂亮的女孩。"说罢，狂饮一顿，很快便不胜酒力，被扶回寝宫休息。

不知是司马曜故意开玩笑，还是酒后吐真言，但是让他做梦也没想到的是，自己居然因为这句话而丢掉了性命。

说者无心，听者有意，这位张贵人平日里恃宠生骄，从来就没有受到过这样的羞辱和威胁，她越想越生气，越想越为自己的将来担忧，在宫中呼风唤雨的她，很难想象自己失宠后孤苦伶仃的生活，由怕生恨，她的心头突然生出阵阵杀气，这种感觉让她自己也深感恐惧，但这股气焰像魔咒一样，使她无法自控。

张贵人就此开始了弑君之旅，她先是向值班的宦官道声辛苦，亲自给他们赐酒，这帮宦官觉得今儿太阳是从西边出来了，这位张贵人平日以高冷著称，不知此时为何变得如此"接地气"，于是这些太监喝得颇为开心，不久便烂醉如泥。

所有障碍已经消除，剩下的只是最后一击了。看着眼前酣睡的孝武帝司马曜，张贵人脑海里满是刚刚听到的话，她觉得自己正处"芳华"，但司马曜却要废黜自己，如此喜新厌旧，这让她的心中除了仇恨，便再无其他东西，她找来贴身婢女，一起用被子蒙住了司马曜的口鼻，这位东晋王朝在位时间最长的皇帝居然就这样被活活闷死。

司马曜就此成为中国历史上死得最窝囊的皇帝之一。

二

一国之君意外暴亡，按理说是天下最大的事情，没有之一，但司马道子却大事化小，小事化了，并没有深究下去，杀了皇帝的张贵人居然没有受到任何处罚，司马道子这样做，并非如史书所说"昏荒"，而是这样的结果，本来就是他乐见的。

原因要从他和这位皇帝哥哥的关系说起。

孝武帝司马曜能成为东晋时在位最长的皇帝，最应感谢的人是名臣谢安，他十岁登上帝位时，正值桓温当权，此人对皇位虎视眈眈，亏得谢安用拖延之计没让这位权臣得逞。接着苻坚率九十多万大军南下，东晋王朝危在旦夕，又是谢安后方运筹帷幄，谢家子弟前方拼杀，最终取得淝水大捷，否则司马曜早已成为氐族人的俘虏。

功高震主，在谢安生前，司马曜便开始有意识地牵制陈郡谢家，重用自己的胞弟司马道子，谢安看到这个情形，便主动远离政治中心。谢安一死，朝中的大权便掌控在司马道子手中。

司马道子素来有"清澹"之名，但徒有虚名，实际上就是一个纨绔王爷，天天以吃喝玩乐为主，经常陪着自己的皇帝哥哥喝高，此人还有一个癖好，喜欢和僧尼交往，那时候出家人好像戒律也没有那么严格，一时间，美尼淫僧遍布其左右。

围拢在他身边的还有奸佞小人，为首的一位叫作王国宝。此人是谢安的女婿，他的父亲是当年的中书令王坦之，出身不错，但人品很差，谢安死活看不上自己的这个女婿，所以从来没有为他当官说过话，王国宝对自己的岳父很有意见，觉得不仅非但没有沾上岳父的光，反而成为自己仕途上的拦路虎。

王国宝决定改换门庭，他最擅长的就是投机钻营，看到司马道子掌控权力，恰好自己的堂妹嫁给了这位会稽王爷，两人很快就在酒桌上找到共同语言，互相嗅到对方身上的小人气息，王国宝把对自己岳父的不满一股脑发泄出来，彻底投靠到司马道子门下。

司马道子的爪牙还有两位——赵牙和茹千秋，赵牙是优伶出身，这在非常看重出身的东晋，原本是上不了台面的人物，但因为对司马道子极为顺从，被委任为魏郡太守。

这个戏子极会来事，他用搜刮来的钱财为自己的主子建了一个大宅子，"筑山穿池，列树竹木，功用巨万"。或许是这个宅子建得太过豪华，名声在外，居然引得皇帝司马曜亲自来调研考察一番，看过后惊叹之余对自己皇弟说："府内有山，因得游瞩，甚善也。然修饰太过，非示天下以俭。"这话里显然有不满之意，司马曜前脚走，司马道子对跟在屁股后面的赵牙说："如果皇上知道这座山是靠人工堆砌的，你难逃一死。"这位赵戏子非但没有惊恐之意，反而献媚道："公在，我赵牙怎敢死呢？"结果他不仅没有收敛，还把司马道子的宅子又增扩了一倍。

乌烟瘴气，是对当时朝政最形象的概括，司马道子和他身边这些小人卖官贩爵，横行无道，聚敛钱财，搞得朝野怨声载道，于是不断有人在司马曜面前打小报告，司马道子做得实在有些过分，这逐步引起了司马曜的反感。

司马道子这时候怂恿一些朝臣给自己假黄钺，加殊礼，这让司马曜更加感到不满，他为此和司马道子生气说道："假黄钺，加殊礼，是当年周成王年幼时，给辅政的周公的礼仪，现在我正当壮年，你还想当周公吗？"

兄弟俩不断出现的裂缝，终于在一次酒宴中得到了爆发，不知道是否是因为喝高了，司马道子对皇帝哥哥言语上有不敬，司马曜一怒之下想罢黜司马道子，但遭到自己母亲强烈反对，她不愿意看到自己两个儿子相残，同时中书郎谢遹又拿西晋开国皇帝晋武帝司马炎和弟弟司马攸相残的故事劝说，司马曜最终放了自己弟弟一马。

虽然没有彻底撕破脸皮，但关系不可能恢复如初，司马曜任命自己的大舅哥王恭为兖、青州刺史，镇守京口，统领战斗力最强的北府兵，又令殷仲堪为荆州刺史，镇守位居上游的江陵，在朝中重用王珣等人，从而形成了对司马道子的牵制。

面对这样的局势，比司马道子更着急的是王国宝，他本来就是一个墙头草，当初背叛自己岳父谢安，投靠司马道子后着实得到了不少好处，"后房妾以百数，天下珍玩充满其间"。看到风向有变，这位国宝同志马上来了个乾坤大挪移，开始找机会天天陪着司马曜吃喝玩乐，把司马道子晾在一边，司马曜对他的改旗易帜很高兴，打算让自己儿子纳王国宝的女儿为王妃。司马道子看到王国宝的所为，极为愤怒，在宫中当面责骂王国宝，更以剑掷地，表示就此恩断义绝。

正当司马道子感到司马曜对自己处处限制的时候，没想到，这个皇帝哥哥却以这样的方式一命呜呼，不排除司马道子心中略有些哀怜，但更多的应该是暗喜，谁让皇兄对自己充满猜忌呢，这应该也算是一种报应吧。

三

国不可一日无君，当务之急是尽早确立新君，于是晋朝迎来了历史上第二位白痴皇帝，头一位是西晋王朝的晋惠帝司马衷，他曾傻傻地问大臣饥民何不食肉糜，后来引发了八王之乱。

第二位就是刚刚登上皇位的这位——安帝司马德宗。说实话，他还不如自己的那位弱智先祖，司马衷充其量是低能，只是经常说些令人啼笑皆非的傻话。而司马德宗呢，据史书记载，他从小到大连完整的话都不会说，更是无法分辨四季变化和冷暖饥饱，完全就是一个傻子。

亏得是司马德宗有一个神志清楚的弟弟——琅琊王司马德文，自打懂事起，他就跟着服侍自己的傻哥哥，成为最贴身的保姆。有人说因为司马德宗的老爸司马曜嗜酒成性，才生下这样的傻儿子，这话也不科学，毕竟司马德文不就好好的嘛。而司马曜立痴呆儿子为太子，没有立聪慧恭谨的司马德文，恐怕是"立长不立幼"的传统观念作怪。

最大的赢家，无疑是司马道子。面对只有十三岁的傻皇帝，朝中的大权悉数掌握在他这位皇叔手中。

国宝同志肠子都悔青了，刚刚和司马曜攀上关系，本来很快就要成为皇帝的亲家，但没想到司马曜如此快就撒手人寰。没办法，只能低头向司马道子做深刻检讨，史书没有记载当时的场景，想必国宝同志一定是声泪俱下，说不好还狂扇了自己一顿耳光，以求司马道子大人不计小人过。

知错就改就是好同志，司马道子最终原谅了王国宝。物以类聚，人以群分，司马道子执掌朝政，正是用人之时，但不少名士并不理睬他，在他看来，王国宝这样的小人用起来更为顺手，于是司马道子委任王国宝和其弟王绪担任要职，但这样的做法引发了不少人的不满。

反应最强烈的是青兖二州刺史王恭，这位王刺史，是东晋著名的名士，出身名门，颇有才学，心气也很高，刚刚出仕便被任命为著作郎，但他仍感不足，感叹道："不当宰相，才志不足以施展。"他凭借着孝武帝大舅哥的身份，得到重用，被封为前将军，统领了战力最强的北府兵。他对王国宝相当不感冒，在入朝祭拜孝武帝时，就劝说司马道子不要重用王国宝兄弟，亲贤臣而远小人。

司马道子是安帝的叔叔，王恭则是舅舅，起初皇叔对皇舅还比较客气，但王恭每次说话言语都比较严厉，一点面子都不给，搞得司马道子非常不舒服，渐渐地两人便开始疏远，司马道子将王恭所说当作耳旁风，不仅没有罢黜王家兄弟，反而将王宝国视为心腹，将东宫兵士全交给他掌管。

王家兄弟对王恭这个刺头非常痛恨，王绪曾经劝自己哥哥，趁王恭入朝觐见皇帝时，干脆将其诛杀。但王国宝是个怂蛋，他根本没有这个胆量。王恭那边，也有人劝他带兵入朝，清除王家兄弟，但王恭认为时机尚不成熟，故暂时隐着不发。

两股势力都视彼此为"眼中刺，肉中钉"，双方鱼死网破已经不可避免。先开始动手的是王国宝兄弟，他们向司马道子提出一个大胆的建议——"削藩"，理由很充分，当时东晋王朝东边由扬州刺史控制，西边由荆州刺史掌握，朝廷说了算的实际就是建康城周围的一些地区，司马道子听后觉得有理，便让王家兄弟积极准备。

没有不透风的墙，王恭决定先发制人。他派人联络荆州刺史殷仲堪，商议一起起兵。这位殷刺史出身名门望族，气度不凡，但可惜是个"独眼龙"，这是因为他是大孝子，为了给父亲治病，他半路出家学医，因经常熬药导致视力受损，最终瞎了一只眼睛。

殷仲堪对此犹豫不决，但此时有个人在他身边不停撺掇他应该起兵，此人便是桓玄，他的老爸是前朝不可一世的权臣桓温，不过他倒霉也倒霉在老爸身上，因为桓温曾觊觎皇位，所以朝廷对桓玄怀有戒心而不敢重用，年近而立之年，才获任义兴太守，桓玄颇感怀才不遇，悲叹道："父为九州伯，儿为五湖长"，后来索性辞官不干。

桓玄如此积极，和一件事情有关。在一次司马道子召集的酒宴上，桓玄也在其中，司马道子酒喝多了，当着众人面对桓玄说："你父亲桓温晚年想当谋逆之贼，你怎么看？"这话说得实在有些过，毕竟桓温当时或许心里有这样的想法，但实际上并没有篡位之举，况且如果不是当初桓温废掉司马奕，改立司马道子的父亲司马昱，司马道子根本不会有今天的位置，听他这样一说，桓玄吓得跪地不起，亏得长史谢重出来打了一个圆场，才使得场面缓和下来，但从此桓玄从心底里恨透了司马道子。

桓玄的劝说果然见效，殷仲堪答应一起起兵，不过只是"通电易帜"，并没有出动兵马。但这对于王恭已经足够，他要的就是殷仲堪这句话。

又该国宝同志犯难了，王绪比他哥哥更狠更有主意，他劝王国宝先杀掉朝中的反对派王珣和车胤，以免他们里应外合。王国宝只是一个见风使舵的小人，关键时候最擅长的就是掉链子。

本来说好要杀人的，结果见了王珣和车胤，他却忘记了这回事，而是问计王珣，眼下该如何是好。王珣认为这只是内部权力斗争，没有什么大不了的。王国宝居然天真地继续探讨如果王恭得势后，自己会不会像当年的曹爽被诛灭三族。这说的是当年高平陵之变，手握兵权的曹爽主动投降司马懿后遭此厄运。还没有交手，国宝同志问出这样的话来，说明他心里已经认怂了。

王珣借题发挥，说道："即使大人您有曹爽的罪过，可是王恭能有司马宣王(司马懿)的威望吗？"王国宝心里还不踏实，转头问车胤，车胤送给他一个反问句，便让他彻底投降，这句话是："如果荆州之兵顺流而下直捣建康，那该怎么办呢？"

手握禁军调动大权的王国宝，就这样被几句话吓破了胆，居然上疏请求辞职，并且带着全家跪到了皇宫门口，愿意接受一切处罚。事实证明，他一辈子只会钻营阿谀，关键时候却是软蛋一个。

正在为王恭起兵而焦躁不安的司马道子，看到王国宝这副德行，感到失望之极，本来还希望他能为自己分忧，没想到他居然先认怂了，不过转念一想，王恭起兵名义是"清君侧"，说得很清楚，只是要清除王家兄弟，此时此刻，只能丢车保帅了，于是他下令赐死王国宝，诛杀王绪。

两颗人头终于止住了局面，王恭本意就是诛杀王家兄弟，现在目的达到，便罢兵回到京口。

四

危机暂时消除，司马道子长出了一口气，但这时候有人站出来说，不能掉以轻心，王恭和殷仲堪随时有可能卷土重来，司马道子定睛一看，原来是自己的儿子司马元显，这个儿子只有十六岁，司马道子看到他如此有见识，心里颇感高兴，封他为征虏将军，司马元显就此走上了历史舞台。

吃一堑长一智，通过这起事变，司马道子深感手中掌握的几千禁军关键时刻根本就指望不上，要想掌控朝政，必须要用枪杆子说话，因此为了防备王、殷再次起兵，司马道子做了相应安排，他起用司马尚之、司马休之，同时派王愉出任江州刺史，并将豫州的四个郡划归王愉管辖。

正是这道命令，又给司马道子惹来了新的祸端，豫州刺史庾楷很生气，凭什么把自己的地盘让给王愉，他派人联络王恭，准备再次兴兵问罪。王恭似乎感到上次起兵没过瘾，同意再来一次，同时又拉上了自己的好伙伴殷仲堪和桓玄。

司马道子的酒无法好好喝了，他派人送信给庾楷，追忆过去两人相处的美好时光，劝他有话好好说，不要动不动就起兵，同时表示王恭不是什么好东西，投靠他不会有什么好果子。

庾楷回信毫不客气，对司马道子予以了狠狠痛斥。这样看来已经没有什么商量余地，但这次没有王国宝这样的替罪羊可杀，该如何是好，正在焦头烂额时，自己那位少年老成的儿子又站出来，主动要求为父亲分忧，司马道子对这位十七岁的儿子并不是很信任，他说："北府兵战力天下闻名，况且还有刘牢之这样的名将，你只是个孩子，如何迎敌制胜？"

没想到司马元显早有准备，对此成竹在胸。他说："王恭这个人素来恃才傲物，而且不重用刘牢之。两人之间别看和和气气，实则早有矛盾。只需给刘牢之写封信，告诉他如除去王恭，则王恭的官职爵位都给他，不信刘牢之不反，只要他反了，王恭必败。"

"上阵父子兵"，虽然司马道子对儿子所言将信将疑，但如今也没有太好的办法，可以放手让他试试。他命司马元显为征讨都督，带着王珣和谢安的儿子谢琰去讨伐王恭，派司马尚之去攻打庾楷。

殷仲堪上次按兵不动，这次却显得积极，他令手下将领杨佺期为先锋，和桓玄一起顺江而下，司马道子新任命的江州刺史王愉，也是草包一个，一枪未放便仓皇出逃。

司马元显所言确实独到，王恭手下的名将刘牢之成名于淝水之战，是东晋最能打的将领之一，不过王恭身为名士，自居高门出身，对刘牢之这些武将基本不拿正眼看，所以，刘牢之在北府军里过得并不开心，这也给了司马元显可乘之机。

司马元显派人暗中与刘牢之联系，希望他能反戈一击，答应事成之后将王恭的官职和地盘全部交给刘牢之，诱惑不可谓不大，为了加大力度，司马元显还让他老爸给刘牢之写亲笔信，司马道子放下架子，极为谦恭地表达了欢迎刘牢之归顺朝廷之意。

何去何从？刘牢之一时拿不定主意，便找自己的儿子刘敬宣商量，刘敬宣的态度很明确——"此处不留爷，自有留爷处"，既然和王恭相处的不融洽，反戈应该成为第一选项，刘牢之自此主意已定。

隔墙有耳，王恭的手下参军何澹探知此事，急忙向王恭汇报，因为何澹和刘牢之素有不和，王恭以为他是告黑状，就这样他错失了最后一次拯救自身命运的机会。他不仅没有相信何澹，还设酒宴款待刘牢之，当众拜其为兄，并将手下精兵都交给刘牢之。

刘牢之本来心虚，怕自己的密谋被王恭发现，所以王恭越热情，他越感到不安。夜长梦多，不能再等了，没过几日，王恭派他和颜延一起出征，没走多远，刘牢之便杀了颜延，宣布改旗易帜。他派刘敬宣和女婿高雅之反戈攻击王恭。

王恭压根没想到刘牢之会反，正兴高采烈地在城外检阅部队，忽然间一阵大乱，只见身穿一样军服的兵士掩杀过来，好不容易反应过来，匆忙想返回城里，只见城门紧闭，高雅之已经站立在城头。

王恭走投无路，只好和自己弟弟王履逃往曲阿，但这位名士天天坐着清谈，很长时间没有骑过马，结果没骑多久大腿两侧便磨得鲜血淋漓，很幸运遇到一个老部下，将他藏在船中，准备走水路逃往桓玄处，结果被告发，王恭被活捉后送往建康，还没进城就被司马道子下令在郊外处死。

一代名士这样身首异处，令人唏嘘不已。据史书记载，这位王恭"美姿仪，人多爱悦"，是个不折不扣的美男子，当时用"濯濯如春月柳"来形容他，让如此玉树临风的王名士骑马打仗，确实有些勉为其难，他能坐到这个位置，完全是因为他是孝武帝司马曜的大舅哥，在任上，崇尚佛道，滥用民力，乏善可陈，后又不恤下情，用人不当，遭此厄运也在意料之中。

不过，名士毕竟还是名士，王恭临刑前还是展现了应有风范，他坦然自若，毫无恐惧，一直吟诵着佛经，死前对监刑者说道："我暗于信人，所以致此，原其本心，岂不忠于社稷！但令百代之下知有王恭耳。"

就是说"我过于相信他人,以致有今日败局,但我的内心,岂是不忠于国家社稷!百代之后人们是知道我王恭这个人的"。

王恭虽死,但殷仲堪、桓玄、杨佺期并没有停止进军的步伐,这时候,司马道子的手下桓修献策,建议分而治之,委以桓玄、杨佺期高官厚禄,孤立殷仲堪,然后借机消灭之。

这招离间计稳准狠,看清了三人并非铁板一块,也看清了人性的弱点,司马道子依计而行,以朝廷名义,封桓玄为江州刺史,杨佺期为雍州刺史,出主意的桓修为荆州刺史,却贬殷仲堪为广州刺史。

这下该殷仲堪着急了,听到这个消息,勃然大怒,所有人都得到了好处,独独自己吃了亏,他下令桓玄、杨佺期加快进军。但这两位此行受益多多,所以自然按兵不前。殷仲堪一看这仗无法打下去了,率先拔军南归,临走前放下一句狠话:"如果不归顺我,大军到江陵,当杀掉所有存活的人。"

狠话还是起到作用,先是杨佺期手下两千人叛逃,后是桓玄担心军心不稳,追上殷仲堪表达自己没有二心。既然如此,三人歃血为盟,一起向朝廷上书,为殷仲堪讨公道。司马道子怕再生乱,将为自己出主意的桓修罢官,恢复殷仲堪的荆州刺史职务,这场危机得以化解。

不知是为了压压惊还是危机过去心情畅快,司马道子更加纵情酒色,天天喝得不省人事,司马元显看到自己老爸这个样子,觉得照此下去不是个办法,但他采取的方式并不是力劝父亲保持清醒,而是趁老爸酒醉时抢班夺权。

一日,司马道子大醉,司马元显让白痴皇帝司马德宗下诏解除他老爸司徒、扬州刺史的职务,自己接替了扬州刺史。司马道子酒醒之后,听到这个消息,气得浑身发抖,但生米已经煮成熟饭,况且这个儿子确实有两把刷子,他虽不甘但还是接受了这样的事实,自己则全身心地投入酒色之中,朝政转由自己的儿子掌控。

属于司马道子的风光日子一去不复返,不久,司马元显加录尚书,当时人以司马道子为东录,司马元显为西录。人走茶凉,司马元显的西府有很多人拜访，而东府则门可罗雀。

五

司马元显当时只有十七岁，也就是一个高中生的年龄，但少年得志的他，却想有一番大作为。两次危机让他深刻感受到"枪杆子"的重要性，相比于殷仲堪、桓玄等，朝廷直接能掌控的只有倒戈而来的北府兵，所以当务之急是建立一个实力强大的嫡系军队。

兵源何来呢？朝廷控制的地盘和人口有限，司马元显把眼光盯上了世族大家控制的人口。他下令征调已免除奴隶身份的依附大族的民户移置京师，以充兵役，称为"乐属"。

一石激起千层浪，大地主、大士族感到非常不满，他们门下的大量佃户被征调，利益受到了巨大冲击。这些佃户更不满意，本来好不容易免除了奴隶身份，娶妻生子，小日子过得还不错，一纸命令被征调从军，况且当时"兵籍"社会地位非常低下，宛若一夜回到了解放前。

司马元显的举措让刚刚消停了几个月的东晋朝廷又开始忙乱起来，因为不久后发生了孙恩之乱。

这场动乱因"乐属"之策而起，但其中却充满宗教色彩，这个宗教就是当时江南非常盛行的"五斗米教"，信徒众多，其中有个头领叫孙泰，当年王恭起兵，他认为东晋气数将尽，秘密聚众准备造反，但被告发，司马道子下令杀掉孙泰和他的六个儿子，他侄子孙恩逃到一个海岛藏了起来。

孙恩虽然躲在海岛，但耳朵还挺灵，听说朝廷征兵令搞得民怨沸腾，觉得机会终于来了。他带百余人从海岛杀出，攻克上虞县城，接着占领会稽，杀了同为五斗米教教徒的会稽内史王凝之，对征兵令不满的民众纷纷响应，同时也得到了一些地主势力的支持，一时间气势很盛，威震朝野。

"残忍"，是这支由狂热宗教信仰组织起来的军队的最大特征，占据了会稽后，孙恩自称征东将军，教徒被称为"长生人"，百姓中如果有不跟随他的人，就连婴孩一起杀掉。他甚至把一些县令的尸体剁成肉酱，命令他们自己的妻子儿女吃下去，如果拒绝吃，便被直接分尸。

会稽由此成为了五斗米教徒心中的圣城，史载："诸妖乱之家，妇女尤盛，未得去者，皆盛饰婴儿投之于水而告之曰：贺汝先登仙堂，我寻复就汝也。"就是说许多妇女教徒，在赶往会稽城路上，因小孩在身边不方便，竟然将亲生骨肉扔入水中淹死，嘴里还念叨着："祝贺你先升入仙堂，我见教主后随即就与你相见"，能让一个母亲做出如此残忍之事而毫无痛心之感，这个宗教与邪教已无两样。

司马元显终于坐不住了，他派刘牢之和谢安之子谢琰率兵讨伐孙恩。宗教起义有个很大特点，刚开始用狂热聚拢教徒，所以显得声势浩大，但说到底是一群乌合之众，遇到镇压很容易顿作鸟兽散，所以政府军一到，孙恩的叛军没怎么抵抗便溃败了。

这个孙教主，早把大话说到了前面，结果连打自己的嘴巴。在开始连战连捷时，他对信徒们信誓旦旦地说马上要到建康坐天下了，听说朝廷派兵前来，他降低了标准："就算割据浙东，也能做勾践第二。"政府军渡江后，他留下一句"我并不觉得逃跑是件丢人的事情"后便开溜，劫掠二十余万人逃往海岛。

朝廷任命谢琰为会稽太守，监视孙恩，以防其东山再起。谢琰曾经在淝水之战中立下大功，根本不把孙恩放在眼里，结果很快付出代价。孙恩趁会稽守备松弛，又一次登陆突袭，连破余姚、上虞等县，直接向会稽杀来。

谢琰此时正准备吃午饭，听孙恩率兵前来，连午饭也不吃了，说道："先灭此寇而后食也"，颇有些关羽"温酒斩华雄"的意思。结果，这顿午饭再也没有吃上，谢琰兵败后被信仰五斗米教的部下所杀。关键时刻，刘牢之率北府兵赶到，孙恩觉得没有把握战胜，又一次退回海岛。

"打不死的小强"，应该是孙恩最好的写照，一年以后，他三出海岛，这次虽然初战被北府兵的刘裕击败，但孙恩转而攻克今天的上海，然后沿长江进击到离建康很近的丹徒，此时拥有楼船上千艘，兵士十多万，极大震动了朝廷，搞得建康城人心惶惶。

坏就坏在这些楼船上，这些楼船有几层楼高，非常笨重，又是逆流而上，行进十分缓慢，孙恩只是一个被宗教武装的海盗，不知兵贵神速的道理。这给了司马元显喘息之机，他一面宣布建康城戒严，一面急调浙江的北府兵西进保卫京师。

孙恩为他的缓慢付出了代价，先是被刘裕率领的几千人击败，死伤不少。接着等他带着大军花了不少时间到达建康城郊外时，听说刘牢之等率领大军已经赶回建康，孙恩心里顿时胆怯，不敢进攻建康，转而攻击郁州，在海盐等地被政府军接连击败，没办法，再次逃回海岛。不过，这次回去就再没有出来，不久孙恩登陆劫掠失败，对前途丧失信心，自己投海自杀。

六

就在朝廷全力对付孙恩时，东边那三位刺史又闹起来了，不过这次是内斗。

当初三人在浔阳结为兄弟，桓玄因家族声望被推为盟主，但结盟不过是为了和朝廷赢得更多的话语权，三人其实各怀心思，谁也不服谁。尤其是桓玄压根看不上杨佺期，虽然杨佺期为人强悍，打仗是一把好手，靠着对前秦战斗的军功而不断提升，但桓玄觉得他就是莽夫一个，一点面子都不给，当面称呼其为"寒士"。

因此就在刚刚结盟后，杨佺期便咽不下这口气，计划联合殷仲堪收拾桓玄，但殷仲堪有他的小算盘，害怕干掉桓玄后，自己无法控制凶悍的杨佺期，所以劝说杨佺期不要鲁莽行事。

后来三人各得一州，回到各自辖区，表面上看相安无事，但下面却暗流涌动，彼此互相提防，生怕对方吞并了自己。

司马元显似乎觉得太安静了，有些不适应，他决定在三人间已经开裂的伤口上撒把盐，下令将杨佺期管辖的四个郡划拨给桓玄。这样让本来就非常不忿的杨佺期更加忍无可忍，他又一次联络殷仲堪，想联合一起发兵讨伐桓玄。

殷仲堪，这位独眼孝子，为人没得说，据说每次吃饭，饭粒掉落席子上，都自己捡起来吃掉。但他的大局观实在够差，用《晋书》的话是"素无戎略""多疑少决"。对于杨佺期的请求，他又一次陷入沉思，他既怕桓玄，又怕杨佺期，在他看来，最好的局面是维持现状，所以对杨佺期的请求再次置之不理。

当断不断，反受其乱。不久后荆州发大水，殷仲堪不得不开仓济民，造成仓廪空竭，军粮都成了问题。桓玄听到这个消息，觉得时机终于来到了，他写信给在江陵的哥哥桓伟，告诉他自己将要起兵攻击荆州，让他做好内应。桓伟收到信后深感惶恐，便向殷仲堪自首坦白。

殷仲堪这时候的表现让人大跌眼镜，也注定了毁灭的结局，他既没有请求杨佺期前来支援，也没有积极整军备战，而是让桓伟给桓玄写了一封信，苦苦请求桓玄罢兵，看上去显得可怜巴巴的。

桓玄哪里理会这些，率大军向荆州而来，殷仲堪看到桓玄这次是来真的，只能仓促应战，派自己堂弟谢睎领兵抵抗，但被桓玄击败。桓玄占领了尚有些军粮的巴陵，这让困守江陵的殷仲堪彻底陷入了危局，没有粮食，只能以胡麻充饥，但这东西本来是用来榨油的，人吃了只能是频繁上厕所。

殷仲堪这时候才想起了"革命战友"杨佺期，他急召杨佺期来救援。说到对付桓玄，杨佺期一百个愿意，但他知道荆州无粮，所以建议殷仲堪率军来襄阳，合兵一处再收拾桓玄。

殷刺史实在舍不得山青水美的荆州，他撒了一个谎，告诉杨佺期，经过四处征粮，已经搞到了足够的军粮。这个玩笑开得实在太大，不仅让自己丢了性命，还搭上了杨佺期。

杨佺期信以为真，带领八千人赶来救援，到了江陵城下，一看殷仲堪送来的饭，简直无法下咽，就这样的饭也只能提供一顿，杨佺期才知道这位"革命战友"是在忽悠自己，心里不禁咯噔一下，有种不祥的感觉涌上心头。

既来之，只能硬着头皮出战，不过杨佺期确实很能打，吓得桓玄只能暂时避其锋芒，但是毕竟桓玄兵多将广，况且杨佺期的部队饿着肚子作战，最后被桓玄军队击败，杨佺期单骑想逃回自己的地盘，但在半路被追上，结果人头落地。

殷仲堪看到杨军兵败，三十六计走为上计，弃城出逃，但在半路被桓玄部将冯该俘虏，冯该扔给他一把刀，一代名士殷大孝子就这样以自刎的方式结束了自己的性命。

七

原本无官无职插科打诨的桓玄，最后居然消灭了两位强大的盟友，成为东晋最具实力的人物，朝廷对他也没有办法，在他的请求下，任命他为都督荆、司、雍、秦、梁、益、宁、江八州及扬、豫八郡诸军事，后将军，荆州刺史。本来朝廷任命桓伟为江州刺史，但桓玄坚持要由自己领江州刺史，朝廷也只好同意。

另一个桓温已经呼之欲出了。

桓玄在孙恩之乱时，屡次请求要前去勤王，司马元显知道他葫芦里卖的什么药，对他的请求予以拒绝。在孙恩之乱基本平息后，司马元显要认真想想如何对付这位朝廷最大的内患。

桓玄也没有闲着，在荆州任用心腹，训练兵马，并且大造舆论，屡屡有人献上符瑞，意为桓玄有成为帝王的潜质，同时，他还写信给司马道子，斥责他误国误民。

长痛不如短痛。照此发展下去，桓玄迟早要走上和他父亲一样的道路，甚至会有过之而无不及，血气方刚的司马元显决定要先发制人，他让安帝下诏，宣示桓玄的罪状，以自己为征讨大都督，都督十八州诸军事，作为讨伐军主帅。令刘牢之位先锋，司马尚之为后援，宣布要讨伐桓玄。

这对司马元显来说，就像是一场决定未来命运的"高考"。

桓玄的反应使人大跌眼镜，他在平时里闹得很凶，但听说朝廷出兵讨伐自己，却大惊失色，想退守江陵。或许是因为压根没想到司马元显会如此快动手，自己还没有完全准备好。这时候他的手下长史卞范之力劝桓玄："您英武之名振于天下，司马元显只是个乳臭未干的小儿，刘牢之是一个反复无常的小人，您如果兵临建康城下，示以威赏，敌人必然土崩瓦解，如今为什么引敌入境主动示弱呢？"

桓玄是个聪明人，过去只是信心有些不足，经卞长史这样一说，顿时觉得信心满满，他令自己的哥哥桓伟留守江陵，自己率大军进驻浔阳，然后也一样发布檄文，公布司马元显的罪状，反过来宣布要讨伐司马元宣。

这下子该司马元宣担心害怕了，他高调宣布讨伐桓玄，更多的是有吓唬的成分在其中，没想到桓玄针尖对麦芒，一点儿都不退让，反过来率大军来讨伐自己，他虽然经历过一些事情，但毕竟只有二十岁不到，在决定自己命运的决战时刻难免会显得紧张和胆怯。

开弓没有回头箭，既然搞出如此大动静，也只能硬着头皮上，喝完壮行酒，说了几句漂亮话，司马元显挥剑登船，不过战船迟迟没有启动，司马元显还没有下定最后的决心。

桓玄此时颇感纳闷，走了半天没遇到一个朝廷兵马，按说刘牢之作为先锋，早已开拔，按照正常行军计划，两军应该已经交上了火。

又一次成为关键先生的刘牢之，此刻心里的小算盘打得响亮，他看到桓玄来势汹汹，害怕自己打不过。转念一想，即使消灭桓玄，自己功高盖主，恐怕司马元显很难容他，犹犹豫豫中军队行进得磨磨蹭蹭。

桓玄似乎看透了刘牢之的内心，他看刘牢之止步不前，结合刘牢之的一贯表现。桓玄觉得争取刘牢之反水希望很大，所以派其族舅何穆来当说客，劝说刘牢之反戈一击。

这位何穆是能将死人说活的主，他一上来便单刀直入，击中了刘牢之内心最柔软的部分，他说："高鸟尽，良弓藏；狡兔死，猎狗烹；敌国破，谋臣亡。所以勾践杀文种，嬴则除白起，汉高祖斩韩信。他们都是英雄霸王之主，尚且不相信手下的功臣大将，更何况那些凶残愚昧、平庸无能之辈呢！自盘古开天地以来，拥有足以使君主震动的声威，建立无法封赏的大功，而能被昏暴君王所宽容的又有谁呢？"意思是说，刘牢之无论如何最后都不会被司马元显所容。

那跟了桓玄呢？何穆说："相反，管仲箭射齐桓公衣钩反被他重用，雍齿多次威逼汉高祖反而受到汉高祖的厚封，这一类事是常有的，何况足下与桓公之间无射钩之仇呢？如今足下与桓公为敌，战败了将会遭到灭族之灾，战胜了同样会遭到灭族之灾，出路在哪里呢？与其头足异地，身败名裂，为天下俗人所耻笑，不如调转戈矛，保住自己的富贵，这样就可以使自身高位固若金石，英雄美名如天长地久。何去何从，请足下三思。"

刘牢之被这席话彻底说动了，反正也不是第一次临阵倒戈，再来一次又何妨，但这次与上回不同，几乎没有人同意他归顺桓玄，外甥何无忌和部将刘裕觉得桓玄不可靠，上次坚定站在自己一边的儿子刘敬宣认为桓玄简直就是董卓在世，投靠他恐怕凶多吉少。但刘牢之一概听不进去，派人向桓玄请降。

司马元显的末日来到了，还在是否下令开船中纠结的他，突然听说刘牢之叛变，桓玄的兵锋已经到达建康城外的新亭，司马元显急忙弃船登岸，匆忙组织排兵布阵，但一切都晚了，朝廷军队军心涣散，桓玄军队只喊了一声"放下武器，缴枪不杀"，司马元显的兵马便一触即溃，转眼间司马元显发现自己成为了光杆司令。

这时候，他想起了老爸司马道子，跑到府上，问计于老爸该怎么办，天天在酒里找寻自己的司马道子哪里会有主意，父子俩只能相对而泣，等待命运最后的审判。

公布一下"高考"成绩，"高考"失利的司马元显和他的六个儿子全部被杀，此时他正好二十周岁，一起被杀的孩子最小的只有二三岁，他老爹司马道子先被流放，然后被桓玄派人毒死，司马道子，这个名字听上去似乎很老成，实际死时才三十九岁。

再看看关键先生刘牢之的结局，桓玄收拾了司马元显父子后，将矛头很快对准刘牢之，桓玄任命他为会稽内史，剥夺了他的军权。这时候刘牢之才恍然大悟，看出了桓玄的险恶用心，但此时已没有太多办法，他的儿子刘敬宣劝他趁军权还没有交出去，对桓玄发动突然袭击，刘牢之犹豫之中，错失了最后的机会。

刘牢之的手下看到他这个样子，都大失所望，他召集大家商量下一步怎么办，参军刘袭站出来直言不讳地说："事之不可为者，莫大于反。将军您往年反王兖州（王恭），近日反司马郎君（司马元显），今复反桓公（桓玄），一人三反，何以自立！"说完，拂袖而去。

众叛亲离后的刘牢之没有太多想法，只求自保了，他安排儿子刘敬宣到京口迎接家眷，本来约好了时间，但迟迟未见儿子带家眷而来，觉得家人可能被桓玄全部诛杀，心灰意冷，自缢而亡。

一个二十岁的年轻人，如在今天，初入大学，怀着对人生无限的憧憬，而一千多年前，同样只有二十岁，司马元显和六个孩子，在闹市街头，被刽子手一个个将项上人头砍掉，鲜血四溅，悲惨之景令人难以想象。

这就是历史的残忍吧。

刘裕：我是猛男我怕谁

一

公元399年一天，暮色之下，一场血战正在上演，看上去两边的力量非常悬殊，一边只有十几个人，另一边则是黑压压一片，看上去足有上千人，寡不敌众，很快这十几人便被砍杀殆尽，唯一一个幸存的则被从高坡赶到河岸之下，十几个人随后纷纷跳下，想将这最后一人斩尽杀绝，情况非常危急。

只见这人大吼一声，手执长矛，向身边围拢过来的敌人急刺过去，很快，他面前倒下了几个敌手，随后更惊人的一幕出现了，此人一跃而上，重新跳上了河岸，在一群敌人之中，左右冲杀，又有一些被他的长矛挑死，其他的则面露惧色，不敢近前。

这位英雄便是后来南朝第一个皇帝宋武帝刘裕，他当时是东晋北府兵的参军，大概相当于排长的级别。时值孙恩之乱，他带着十几人外出侦察，没想到遇到了上千人的叛军，于是便出现了一人单挑千人的场景。

刘裕靠自己的铁血表现，赢得了宝贵的时间，当时北府兵统帅刘牢之的儿子刘敬宣突然发现这一小队人马久出未归，便率军出来找寻，于是看到如此的奇景，一时间他被眼前所见惊呆了，竟然忘记了前去助战,过了一会儿才反应过来,率军冲杀过去,叛军们一哄而散,又丢了不少尸体。

一代战神横空出世,刘裕从此出现在历史的名册之中。

在此之前,刘裕的生活可以用"不堪"这两个字概括。他是彭城人,也就是今天江苏的徐州,出生在一个无产阶级家庭,不过《宋书》却为这位开国皇帝费尽心思地追寻家族世谱,经过一系列眼花缭乱的联系,得出一个结论,刘裕是汉高祖刘邦弟弟楚王刘交的后代。

这根本就是八竿子打不到的关系,唯一相同的就是都姓"刘",这样做,不过是为这位平民皇帝的脸上贴金罢了。

"穷",是刘裕孩提时代的唯一感受,穷到什么份上呢,他出生时母亲难产而死,父亲刘翘因贫寒无法养育他,想要将他抛弃。幸亏遇到了另外一位伟大的母亲,便是同郡同族刘怀敬的母亲,也是刘裕的姨妈。她听说刘翘要扔掉自己的儿子,一股同情心油然而生,她找到刘翘表示自己可以养这个孩子,说到做到,当时她的儿子刘怀敬尚未断奶,她毅然断了自己儿子的奶,哺育并非亲生的刘裕,刘裕由此也捡回一条命。

这是一种什么样的精神?无须做过多高大上的解读,她并不知道,自己哺育的这个孩子,后来会成为一位皇帝,她只是一个不愿意眼睁睁看着一个孩子死去的母亲。

"寄奴",是刘裕的小名,这也似乎是中国历史上最出名的皇帝小名之一,因为宋代的大诗人辛弃疾给他做了大力宣传推广,他写道:"斜阳草树,寻常巷陌,人道寄奴曾住。想当年,金戈铁马,气吞万里如虎",这里的"寄奴",指的就是刘裕。

这个小名,初听上去有些不雅,但并非是贬义词,关于他的来历,众说纷纭,最不靠谱的说法是《宋书·符瑞志上》里的记载,刘裕出生时,正好是深夜,有道神光笼罩了刘家,又有甘露降在刘家祖坟的树上,他老爸见到如此奇异景象,就给他起了个小名叫奇奴,后来被他人抚养,小名改成了"寄奴"。

这有些打自己嘴巴，同一本《宋书》，前后说法却不一，倘若刘裕的老爸看到如此的符瑞，恐怕家里再穷也不会想着将亲骨肉扔掉，所以对皇帝出生时出现的这些奇异现象，不必太认真，"呵呵"一下就可以。

还有一种说法，刘寄奴是一种草药，这在《本草纲目》里有明确记载，同时还记载了一个关于刘裕的传奇故事，传说有一次他去伐木砍柴，射伤了一条大蛇。再去时却听见有杵臼捣药的声音，发现有几个小童正在制药。刘裕于是问他们为何要制药，小童则答："我们的王被射伤，所以要制药医治。"刘裕不解地问："你们的王既有神通，为何不杀了他？"小童却答："射他之人是王者，不可以杀。"刘裕赶跑了小童，拿走他们的药。以后手部有伤患，用那些药都能医好。

这个故事好像也很离奇，唯一靠谱的是，史书记载，刘裕还真写过一本医书叫作《杂戎狄方》，看来在四处征战之余，刘裕还抽出时间跨界深入研究了一下医术，皇帝写医书，中国历史上应该非常少见，刘裕一辈子留下不少历史之最，这算其中之一。

最靠谱的说法，应该是著名历史学家周一良的研究考证，"奴"来源于"阿奴"一词，以示亲昵之意，多用于长辈对晚辈称呼，它还有另外一个含义，奴同时意为生来命贱，禁得起磨难。刘老爸给他起这样的小名，不排除希望他能够经历磨难，健康长大。

二

"穷人家的孩子早当家"，这样励志的话，并不适用刘裕。他的青葱岁月，过得相当不堪回首。碰巧的是，他与两位刘姓开国皇帝的年轻岁月颇有相似之处，从职业上讲，他和蜀汉的创始人刘备从事的是一个行当——编织草鞋草席。更有意思的是，刘备自称是中山靖王之后，刘裕后来也被追根溯源到楚王刘交之后，两个流着大汉皇家血液的"穷光蛋"，都是从编草鞋开启了通往皇帝的道路。

刘裕的做派更像汉高祖刘邦的当初，家徒四壁，但却不愿意踏踏实实过日子，整日游手好闲，不务正业。刘邦好酒和美色，刘裕则好赌。不过他和东晋另外一位权臣桓温年轻时一样，赌技一般，手气更差，经常输得一无所有。

刘裕不甘心，觉得运气不可能一直这样差，所以赌输了就去借钱接着赌，总是梦想着能有翻身的一天，结果债务越欠越多，最大的一笔债务是欠有钱有势的大户刁逵三万钱。刘裕到期没钱可还，债主刁逵派人将他抓来，绑在马桩上，恐吓加侮辱，逼着他尽早还钱。想必这让血气方刚的刘裕感到相当不爽，但"欠债还钱"是天经地义，要怪也只能怪自己赌技太差。

第一个赏识刘裕的人就在此时出现了，他叫王谧，此人不简单，他是东晋开国元勋王导的孙子，他正好去刁逵家拜访，看到了被五花大绑的刘裕。这位王谧似乎会识人面相，他看到刘裕气度不俗，便替他还了债。刁逵拿到钱，就将刘裕放了，王谧对刚刚被松绑的刘裕说："卿可当一代英雄"。

这话刘裕从来没有听到过，打小他一直活在别人的讥讽和白眼中，史书没有记载刘裕当时的反应，想必很可能激动得热泪盈眶。这对刘裕来讲，无疑是改变命运的一句话，让他觉得自己不能再这样破罐子破摔了。

该干什么好呢？想想似乎又没什么可以做的，刘裕大字不识几个，仕途基本无望，总不能卖一辈子草鞋吧。生活对他来讲，不是量体裁衣而是削足适履，但就凭自己的条件，即使下决心削了足，也不一定能找到合适的鞋，选择余地实在有限。

最后的抉择是当兵。

这个选择最适合穷人，既不需要门第出身，也不需要学历证书，更重要的是，刘裕"身长七尺六寸"，长得高大伟岸，是一块当兵的好材料。

"女怕嫁错郎，男怕入错行"，刘裕的选择无疑是正确的，更正确的是，他加入了当时战力最强的北府军，如果加入其他军队，恐怕早已成为炮灰，估计无法等到黄袍加身的一天。

不过，想要在藏龙卧虎的北府军中脱颖而出，也并非易事。除了自己给力外，刘裕必须感谢一位敌人——孙恩。这位五斗米教的大头目，搞了一场轰轰烈烈的"起义"，从后来的结局来看，他的造反似乎有一个很重要的目的，就是为了让刘裕出人头地。

此话怎讲？一人单挑千人，让刘裕一战成名。海盐一战，刘裕率军大破孙恩所部。后来孙恩进逼建康，又是刘裕以八九百人的疲惫之师，星夜兼程然后发动突然袭击，使得叛军跌落山中或落水淹死不计其数。在孙恩败退后，刘裕奉命率军追击，让孙恩退回海岛，最后绝望自尽。

孙恩也算倒霉，碰到刘裕这样一位凶神恶煞，如果九泉之下，还能做噩梦，想必他梦中出现的一定是这位刘寄奴。

没有人能轻易成功，刘裕提着自己的脑袋，一刀一刀地拼出了属于自己的天地，屡立战功的他被封为建武将军，成为北府军中重要的将领。

一波还未平息，一波又来侵袭。孙恩之乱的余波还未完全散去，权臣桓玄又准备对东晋朝廷发起冲击。在建康主持朝政的司马元显想先下手，但不料手下的北府军统帅刘牢之不听刘裕等人劝说，临阵倒戈向桓玄投降，实力的天平迅速倾斜。桓玄进入建康城后，杀掉司马元显等人，剥夺刘牢之兵权，最终使其自缢而亡。

桓玄掌控最高权力后，迅速启动了篡位流程，先是让朝廷给了自己"剑履上殿，入朝不趋，赞奏不名"的礼遇。接着大封桓氏家族，完成人事布局，以其兄桓伟出任荆州刺史，堂兄桓修为徐、兖二州刺史，另一个堂兄桓石生为江州刺史，手下谋臣卞范之为丹阳尹，桓谦为尚书左仆射，从中央到地方都被桓家操控。

按照固定步骤，下步该是清除异己，桓玄先后杀害高素、竺谦之、竺朗之、刘袭、刘季武等北府军旧将，逼得刘敬宣等逃亡南燕，消灭了刘牢之在北府军的势力。但刘裕并不在桓玄的屠杀名单中，可能是因为刘裕军功卓著，当时局势并不稳，还要依仗一些能够上战场拼杀的将领。

果不其然，孙恩的妹夫卢循很快再次起事，桓玄派刘裕讨伐，刘裕继续着对五斗米教起义克星的神勇表现，斩杀叛军大帅张士道，使得卢循渡海南逃，刘裕因功被加封为彭城内史。

桓玄的下一个步骤非常具有东晋特色，那便是要北伐，他先是上表要北伐后秦，然后暗示朝廷下诏阻拦，反正都是他说了算，演出这样一段双簧把戏，为的是树立他忠君为国，志在收复故土的光辉形象。

不久后，桓玄的兄长桓伟病死。看到世事无常的桓玄，在篡位的路上更加快马加鞭，他让朝廷先封他为大将军，然后加授相国，封楚王，加九锡，基本完成了篡位的准备工作。

这个时候桓玄想起了刘裕，因为他不放心北府军的残余力量，于是派桓谦去打探刘裕的态度，刘裕对桓玄篡位心里一万个不同意，但此时没有实力与之撕破脸皮，只能暂时屈从，走一步看一步。听完桓谦所言，刘裕当即表示一万个拥护，他说楚王本身是大英雄桓温的亲儿子，现在晋室微弱，民心不在，桓玄简直就是量身定做的皇帝好苗子，众望所归，这还有什么疑问吗？

桓玄听了堂兄的汇报，彻底打消了顾虑，然后布置开展了最后一项工作——大造舆论，一时间，各地频繁出现各种符瑞，感觉桓玄不上位恐怕连老天都不答应了。

三

公元403年12月，一场"禅让"大戏终于隆重上演，桓玄从白痴皇帝司马德宗手中接过玺绶，改国号为"楚"，历史把这个短命政权称为"桓楚"。

这个政权从诞生伊始，就被凶兆所笼罩。先说年号，桓玄最先下诏确定的是"建始"，右丞王悠之站出来说万万不可，因为这是当年八王之乱时,赵王司马伦篡位后用过的年号。桓玄随即改年号为"永始",谁曾想到,这个年号又是王莽篡位时西汉的年号,冥冥中充满一种不祥之意。

更为让人匪夷所思的是,刚刚登基,桓玄一屁股就将龙椅坐得散了架,面对此种场面,群臣们面面相觑,不知道该说什么好,幸亏拍马屁功夫极高的殷仲文,站出来说道:"陛下圣德,地不能载也",总算是化解了尴尬局面。

桓玄实在不是一个当皇帝的料。他特别像历史上另外一个篡位名人——王莽,这二位在通往皇位的路上都没有遇到太多阻力,如此顺利,是因为无论当年的西汉,还是如今的东晋,都已步入暮年,百姓贫苦,朝政混乱,呼唤着一位能人出来收拾局面,重振朝纲,但王莽和桓玄用他们拙劣的表现让天下人倍感失望。

"大格局",是对皇帝最基本的要求,毕竟治理的是整个天下,但桓玄上台后只会做些沽名钓誉的小事,他经常在大殿上审犯人,其实更多是走形式,因为无论罪行轻重,最后的判决结果都一样——释放。对于当街拦御驾喊冤叫屈的,桓玄都会散一些金银给他们,如此这般,想必一夜之间建康城涌现出不少"职业上访户"。桓玄这样做,无非是想塑造自己"仁君"的形象,施以小惠笼络人心。

桓玄把另外一个工作重点放到了查找大臣上奏的错别字上,官员的每一次笔误,桓玄都"明察秋毫",通常还会把所有经办官员全部撤职。他如此"认真负责",搞得大臣们都非常紧张,看上去是严格要求,好像是追求"精益管理",实际上是为炫耀自己的学问大。

桓玄出身富贵之家,喜欢珠玉古董,对此好像非常上瘾,知道谁家有古玩字画,都想方设法据为己有,先是索要,如果不给,便招来与之赌博,再不行就威逼强夺。更为可笑的是,他把搜罗来的这些宝贝,居然藏到几只小船上,理由是:兵荒马乱,如果遇到紧急情况可以方便运走。

对此,只有两个字——无语!

这位桓楚的开国皇帝，还有一个爱好和其他昏庸之君基本一致，便是喜欢日夜笙歌，游猎无度。在没当皇帝之前，兄长桓伟下葬那天，他早晨痛哭，下午就又去游猎，似乎什么情况都无法阻止他游乐的兴致。

失望，是所有人对桓玄的反应。他似乎也能感到这样的情绪。为此他加大笼络力度，特别对北府军的头领刘裕。

桓玄对刘裕似乎有种天生的好感，刚当上皇帝不久，刘裕入朝觐见，桓玄对非常赏识刘裕的王谧说："此人风骨不凡，是天下之杰啊。"但既然已经看出刘裕是"天下之杰"，桓玄为何不除去以消除后患呢，这似乎是个谜案，唯一的解释是桓玄是想"以情动人"，让刘裕死心塌地效忠自己，但他的算盘实在打错了方向。

在这点上，桓玄的老婆要比他强得多，这位夫人号称有识人之术，经常在帷帐后替老公观察这些大臣，别人都一扫而过，见到刘裕时，她眼前一亮，立即对皇帝老公报告说："刘裕龙行虎步，视瞻不凡，恐终不为人下，不如早除之。"桓玄还是没有听从，他的理由是："我正要平定中原，必须要用刘裕这样的勇将，等关陇平定以后，再说如何处置他。"

桓玄能等，刘裕已经等不及了。

刘裕看到桓玄称帝后，民心渐失，他决定动手。公元404年二月，刘裕和刘牢之的外甥何无忌密谋起兵讨伐桓玄，还有叫作刘毅的也参与了密谋，他的哥哥是竟陵太守刘迈。

刘裕最早的盘算是让在建康的刘迈做内应，刘迈开始满口答应，但收到刘裕的密信后，在造反前夜对前途产生了动摇，他找到桓玄，主动将密信献上，桓玄看到大惊，斩杀了建康城中与刘裕联系紧密之人，封告密的刘迈为重安侯。谁知过了一夜，桓玄又反悔了，他下令杀掉刘迈，刘迈应该是中国历史上时间最短的侯爷了，仅仅高兴了不到十二小时。

四

二月二十七日，刘裕打响了第一枪。他和何无忌带了一百多人，清晨时分来到京口城，何无忌穿着朝服，假称是朝廷派来传令的，骗开城门后直接到府衙，守城的桓修还没有搞清楚怎么回事，便人头落地。与此同时，在江对岸的广陵，同样的剧情也在上演，刘毅、孟昶以及刘裕的弟弟刘道规带着几十个壮士冲进府衙，将正在吃粥的守将桓弘一刀砍死。

第一枪出人意料顺利，比这更重要的是，刘裕遇到了一个对于他极为重要的人物，重要到什么程度，就如刘邦邂逅张良，刘备遇到诸葛亮一样。此人叫刘穆之，他读的书多，颇有谋略，刘裕起事后，急需一个主簿，替自己打理日常事务，刘毅推荐了刘穆之，刘裕与之交谈后，心里只涌动四个字——相见恨晚，从此开启了无比成功的"二刘合作"的模式。

刘裕虽然出其不意地占据了两城，但他手下的人马不过一千多人，不过在刘裕看来，这似乎已经足够了。此时犯难的反倒是龙椅还未坐热的桓玄，左右大臣看到皇帝面露难色，为他宽心说："刘裕兵少将寡，完全是乌合之众，何惧之有？"桓玄倒有些自知之明，他说："刘裕足为一世之雄，刘毅家里存粮不满一石，赌起钱来却敢掷百万，何无忌酷似他舅舅刘牢之。"总而言之，这几位都是亡命之徒，他们一旦豁出性命会非常不好对付。

不好对付也必须要对付。本来桓玄的战术是稳固防守，他认为虽然刘裕兵少，但却是非常善战的北府兵，如果贸然出击，后果不好评估，但一旦失败，则大势将去，不如集中兵力收缩据险防守，刘裕军队久攻不下，军心自然会动摇，如此会有比较大的胜机。

但此时出来一个搅局者，此人便是桓谦，他闯入大营，在桓玄面前大哭，请求桓玄一定要出兵主动攻击刘裕，为自己的二弟桓弘报仇，桓玄原本主意已定，但被这位桓修哭哭啼啼搞得没办法，只得派出两位大将皇甫敷和吴甫之率兵前去攻击刘裕。

吴甫之率三万兵马与刘裕的部队相遇,"裕手执长刀,大呼以冲之,众皆披靡,即斩甫之",刘裕亲自上阵在今天江苏句容斩杀吴甫之,接着一鼓作气击败皇甫敷,这位皇甫将军同样落了个身首异处的下场,失去主将的楚军纷纷溃退,刘裕趁势掩杀,一路招降降兵,很快便组成一支三万人的大军。

桓玄听到战况非常惊恐,急派桓谦和卞范之带两万精锐前往建康城外的覆舟山阻击。此时形势依然对刘裕极度不利,因为他的部队本来人数有限,与吴甫之、皇甫敷血战后,并没有得到补充,长途奔袭二百多里后,兵士极度疲倦,更为关键的是粮草也很难供应上。

战争的胜败因素不能简单到数人头,关键在于:士气 + 智慧。

覆舟山一战,刘寄奴同志将他的军事智慧发挥到了极致。他首先让士兵饱餐一顿,将余粮全部吃完,颇有些破釜沉舟的意味。然后让老弱病残的在山上张满旗帜作疑兵,并击鼓助威,搞得桓谦不知道来了多少敌人。

刘裕则亲自率军向桓谦突击,在两军僵持之时,突然东北风大起,刘裕果断采取火攻,火随风势不可遏制,桓谦军队瞬时崩溃。由于桓谦手下大部是北府军,很多是刘裕的旧部。刚开始看到刘裕势力太弱,所以采取观望态度。现在见刘裕势不可当,便选择纷纷投降。

要论忧患意识,桓玄排名绝对靠前,这位仁兄早为自己找好后路,桓谦出征前,他便派人准备好了舟船,一接到桓谦败讯,带着儿子桓升和侄子桓浚两个小孩,跑到码头登船出逃。

船开了许久,桓玄的肚子咕咕直叫,这才反应过来,由于跑得太匆忙,已经快一天没有吃饭了。左右献上一碗糙米饭,吃惯了山珍海味的桓玄,哪里能咽得下,想想刚才的惊魂一刻,看看自己如今狼狈的样子,不禁悲从心来。他只有六岁的儿子桓升很懂事,抱着自己的父亲抚慰他,这令桓玄更悲不自胜。

桓玄一路向西,到了浔阳,挟持被废的白痴皇帝司马德宗,回到自己的老巢江陵，开始重新积蓄力量。倘若桓玄此时能痛定思痛，还有逆转的机会。他到江陵后也的确反思了失败的原因，但却把所有责任推到了手下的大臣将领身上，并为此进行了严肃问责，由此搞得人心尽失，败亡已经不可避免。

双方最后决战发生在峥嵘州，桓玄带着二万多兵马，对面刘裕兵马只有几千人。老掉牙的剧情又一次上演，没开战前，桓玄又下令在自己指挥舰旁边停靠两艘小船，主要功能还是"逃跑"，手下将士看到主子这副德行，再加上刘裕军队一如往常勇猛无比，桓玄军很快溃败，果不其然这两条小船又派上了用场。

桓玄退回江陵，部下请他整军再战，但他已经被吓破了胆子，扭头坐船接着向西逃窜，结果路上被益州刺史毛璩的侄孙毛祐之所带兵马杀掉，令人唏嘘的是，桓玄每次开战前都要预先准备逃跑的舟船，他最后的归宿也是在船上。

桓玄死后，他的侄孙桓振据守江陵，继续抗衡了一些日子，但只能是最后的挣扎，后来桓振死得很惨烈，史载桓振与部下痛饮绝命酒后，杀入晋军阵中，身中数箭后被乱刀砍死。

谯国桓氏，这个曾在东晋影响力极大的名门望族，就此烟消云散。

五

平定桓玄，刘裕是当之不愧的头号功臣，毫不夸张地说，他对东晋有"再造"之功，论功行赏，自然有一大堆头衔给了刘裕，他被授侍中、车骑将军、徐青二州刺史，刘裕一举成为朝臣中第一人。他威名大振，就连盘踞北方的后秦也很给面子，他向后秦皇帝姚兴讨要被侵占的土地，姚兴一句废话没有，乖乖地将土地交还回来。

正当所有人觉得刘裕要掌控朝政的时候，他做了一个出人意料的决定，离开建康，回镇丹徒。他把最重要的扬州刺史让给了救过自己的王谧，把和自己一同起兵的刘毅、孟昶等留在朝中，自己则远离政治中心。

共患难易,同富贵难,王谧死后,刘裕当年的盟友刘毅有了自己的想法,他想独揽大权,不希望刘裕成为扬州刺史从而入朝辅政,但刘裕毕竟很有实力,刘毅开动脑子,煞费苦心想了两套方案,方案一是让谢安的孙子,也是自己的好友谢混出任扬州刺史;方案二是刘裕可以兼任扬州刺史,但不能进建康。他派尚书右丞带着这两个方案,去丹徒征求刘裕的意见。

刘穆之该发挥作用了。他听到这个消息,急忙写了小纸条给刘裕,让他对两个方案都不能答应,然后掰开来揉碎了给刘裕分析了一下形势,核心意思只有一个,在当前情况下,决不能继续退让,否则有可能受制于刘毅等人,将现在的优势拱手让出。

刘裕听从了刘穆之的建议,自己整了第三套方案,既接受扬州刺史的任命,又敲锣打鼓地前往建康就任。刘毅对此也毫无办法,朝廷任命刘裕任侍中、车骑将军、开府仪同三司、扬州刺史、录尚书事,仍兼任徐青二州刺史,由此刘裕彻底控制了朝政大权。

刘裕上台干的第一件大事,是出兵攻打南燕。

新官上任三把火,看上去好像是刘裕要拿南燕树立权威,但实则不然,南燕完全是咎由自取,因为他们挑衅在先,在此之前,南燕皇帝慕容超发兵进攻东晋的宿豫城,掳去大量人口。

说来可笑,南燕这次攻击行为,既不是为了钱财,也不是想要开疆拓土,而是为了组建宫廷乐队,爱好音乐的慕容超觉得宫中乐手太少,从掳掠的人口中挑选了二千五百名少男少女送入太乐坊,让他们学习音乐技能,意图组织一支规模庞大的管弦乐队。

慕容超最终为自己的愚蠢付出了巨大的代价。而他这样做,好像也挺无辜,因为他自己的宫廷乐队被后秦皇帝姚兴勒索去了。

这到底是怎么回事,说来有些话长,可以简单地描述一下:慕容超是南燕开国君主慕容德的侄子,慕容德当年被前秦皇帝苻坚任命为张掖太守,在这个岗位上干了不少年。后来他跟随兄长慕容垂脱离前秦,但生母公孙氏和另一个兄长慕容纳都留在了张掖，慕容德走前将一把祖传的金刀留给母亲。

慕容德建立南燕后，非常挂念自己的兄长和母亲的安危。山高水长，他根本就不知道在自己反叛前秦后，当地官员就将他的妻儿、兄长全部处死，因为他母亲公孙氏年过七旬，兄长慕容纳的妻子段氏因有孕在身，所以得到赦免，不久段氏生下了一个遗腹子，这个孩子就是慕容超。

真爱恒久远，金刀永流传。公孙氏临终前将金刀交给慕容超，告诉他这把刀的来历，并希望他将来如能找到叔叔，就将这把金刀交还给慕容德。后来慕容超辗转千里，好不容易见到了自己的皇帝叔叔。

看到当年留给母亲的金刀，听着慕容超讲述全家被害的经过，慕容德悲痛不已。擦干眼泪后，慕容德发现眼前的这个侄子长得风度翩翩，一表人才，下令封慕容超为北海王。慕容德没有儿子，打算把慕容超作为继嗣，他给慕容超建造宅邸，整天观察。慕容超也非常聪明，在家里认真侍奉慕容德，在外边谦恭对待贤士，于是内外都夸赞他。不久以后，慕容超被立为太子。

公元 405 年秋，慕容德病逝，慕容超顺利即位，按说慕容超是苦出身，一直以来颠沛流离，应该能深刻体会到民间的疾苦，况且他天赋聪慧，具备成为一个好皇帝的充分条件，但他登上帝位之后，却信任奸佞，不恤政事，狂迷游猎，杀戮宗室，让南燕国势一天不如一天。

从一个落难少年到一国之君，对于慕容超来讲，好像天上掉了一块大馅饼，但兴奋之余，却有个烦心事，当年他只身来到南燕，将自己的母亲段氏和妻子呼延氏留在了后秦，后来她们被后秦皇帝姚兴软禁起来。听说慕容超当了皇帝，姚兴便派使者到了南燕都城广固，提了两项要求，一则南燕要向后秦称臣，二则送后秦一支宫廷乐队。

原来姚兴也是一位音乐爱好者，他虽然是个少数民族君王，但却非常喜好儒学，经常在内宫召见学者，和他们一起讲论道艺，因此这位皇帝对诗书礼乐非常内行，可能觉得本国的宫廷乐队达不到他的要求，故提出了这样一个别人看来非常奇怪的条件。

慕容超一时没有了主意，召集群臣们商议，议来议去，最后的结论是"认怂"。一则因为母亲和老婆在姚兴手上，更重要的是没有足够实力与后秦动粗。于是，慕容超派尚书张华等人亲率太乐诸伎一百二十人，同时携不少财宝到长安，换回了慕容超一家人团聚。

公元409年元旦，慕容超在东阳殿接受群臣朝贺，乐队在旁边奏乐，慕容超听后一脸不高兴，新招募的乐师无论是技艺和外表，都与送到后秦那支太乐诸伎相差甚远。但是，既然送走就不可能要回来，于是慕容超就动了从东晋抢人的念头。

"自作孽，不可活"，手下大臣说这样做非常危险，慕容超却不以为然，他迫切想听到那美妙的丝竹之音，于是派兵南下抢人，在宿豫城抢了一次还不过瘾，不久又派兵马从济南城抢了不少男女回来。

"枪打出头鸟"，原本刘裕并没有把南燕作为头号目标，他掌控朝政时间不长，权威还没有完全树立，况且四边都不安分，西边蜀地的谯纵不服，岭南的卢循经常捣乱，慕容超如果收敛一些，恐怕刘裕暂时还想不到他。

六

既然你不仁，休怪我不义，刘裕上书朝廷要求征伐南燕，对此绝大多数朝臣表示反对，但刘裕决心已定。公元409年四月，他率军从建康出发，先走水路，由淮水入泗水北上，一个月后到达下邳城。

按照以往北伐惯例，还应该接着沿水路北上，但刘裕却不按常理出牌，他下令弃舟船改步行，这意味着需要跃进千里才能达到南燕的都城广固，更何况前面还有地形险峻的大岘山，看上去这是一次艰难而危险的远征。

好赌，是刘裕年轻时的脾性，在后来的征战中，他经常会拿出一种赌命的劲头，与少时逢赌必输不同，以后战场上的每次赌博，刘裕都成为了赢家。面对手下将领的疑虑，刘裕赌定了慕容超不会主动出击，他说："慕容超心贪，既想掳获，又爱惜禾苗，以为我孤军深入，不能持久，他既不会守险，也不会清野。我敢为诸君担保，不会有什么危险。"

刘裕就是慕容超肚子的蛔虫。

这位年轻皇帝听说刘裕引兵前来，觉得来者不善，急忙召集大臣商议退敌之策，手下宠臣公孙五楼提出上中下三策，上策是抢先占据大岘山，拒敌人于国门之外，等晋军粮草断绝，派兵绕到后方，前后夹击定会大胜。中策是严令各地守军，据城坚守，抢收庄稼，坚壁清野，让晋军不战而退。下策是让晋军过大岘山，在广固城附近决一死战。

慕容超此刻的脑子似乎被大水漫灌，他最后拍板决定用下策，理由是晋军远道而来，越过大岘山，到了平原地区，正好发挥南燕骑兵的长处，用铁甲精骑一冲，晋军定会大败。

慕容镇站出来表示明确反对，他说："我们如果在大砚山迎战，即使打败了，还有余地退守，本来有险关为何不用呢？"他举了历史上成安君放弃井陉关隘被韩信击败，诸葛瞻不在束马守险被邓艾生擒的故事，告诉慕容超关键时候不能犯糊涂。

但慕容超并没有听进去，搞得慕容镇非常生气，他怒斥慕容超像极了当年的刘璋，刘璋是三国时期引狼入室让刘备占据自己地盘的蠢蛋，慕容超一听非常生气，下令将慕容镇关进监狱。

刘裕虽然口上说得很轻松，但心里实际一直在打鼓，直到全军顺利过了大岘山，没有发现南燕的一兵一卒，刘裕才长出一口气，以手指天，高兴地说："大军已过天险，人人都有决一死战之心，庄稼遍野，不用担心粮草问题，我军已经胜券在握了。"

尽管刘裕越来越有信心，但饭还是需要一口口吃，更何况南燕大军以逸待劳。果然，慕容超带着万余铁骑集结在广固东南的临朐，准备给刘裕致命一击。

不打无准备之仗，这是刘裕的作战信条。虽然他常常会冒险而为，但在具体战法上却做足了准备。出兵之前，他就知道南燕的骑兵相当了得，所以提前做了有针对性的部署。晋军带了四千辆兵车，分为左右两翼，结阵而行，使得南燕的骑兵无法发挥优势，两军陷入胶着状态。

此时参军胡藩向刘裕献计，南燕军队悉数出动，临朐守备空虚，可以派兵袭取临朐城。刘裕采纳建议，派胡藩率小队人马绕至敌后，一举攻克临朐，消息传到阵前，南燕军心大乱，刘裕趁势攻击，慕容超仓皇逃回广固。

刘裕接着攻陷广固外城，然后将内城团团围住，但并没有急于攻城，而是安抚百姓，就地筹集军粮。转眼间两个月过去了，慕容超觉得很难继续坚持下去，想到的唯一出路是向后秦求救。

后秦皇帝姚兴此时自顾不暇，他正在和匈奴的刘勃勃激战，但是他也深知唇亡齿寒的道理，想来想去决定采用"恫吓"的战术，姚兴派使者到刘裕那里，说后秦已派十万精兵到洛阳，如果晋军不撤退，将长驱东进。

刘裕早已看清姚兴的把戏，他对使者说："我本来想在灭燕后休整一下，然后再收拾秦，既然你们自己送上门来，再好不过，你回去告诉姚兴，让他速速过来，好让我一锅烩。"这话说得太过霸气，后秦使者听后吓得面如土色，灰溜溜地走了。倒是刘穆之有些担心，他觉得刘裕把话说得太绝，万一姚兴出兵该如何是好，刘裕对此解释："兵贵神速，姚兴如果真想救慕容超，早已率大军而来，而不会先派遣使者来通知，一看就是无力出兵，恐吓而已。"

高！实在是高！

让慕容超更雪上加霜的是，求援队伍中的一位回来时被晋军抓住，此人叫作张纲，他为什么如此重要呢，因为他很擅长制造各种攻城器具，刘裕充分发挥他的才干，一批非常实用的攻城神器就此诞生，慕容超闻讯后暴怒，将张纲的老母带到城头，用极其残忍的方法处死。

但这都已经无济于事，在坚守四个多月后，一些对前途彻底丧失信心的大臣，打开城门迎接晋军，慕容超闻讯仓皇出逃，但没跑多远，就被晋军追兵擒获。此时慕容超倒表现得很有气节，一言不发，绝不求饶，只是请求自己死后让东晋将领刘敬宣照顾自己的母亲，刘敬宣是刘牢之的儿子，当年刘牢之被桓玄迫害致死，刘敬宣曾经逃至南燕，所以与慕容超认识。

这或许就是历史的多米诺效应，当年慕容超为了救母亲，送宫廷乐队给后秦，为了组建新的乐团，又去劫掠东晋的人口，结果惹火烧身，最终社稷覆灭，到最后又将母亲交给东晋大将照料，令人颇感唏嘘，早知如此，何必当初呢。

慕容超被押送到建康，在街市被斩首，死时候只有二十六岁。

七

刘裕平灭南燕后，正琢磨下一步打算时，朝廷传来十万火急的命令，让他速速率军南归，因为卢循、徐道覆又反了。

这是卢循第二次造反了，当年孙恩死后，作为接班人，卢循继续树起反旗，但被刘裕击败。后来卢循逃到岭南，驱逐广州刺史吴隐之，自己主持广州事务，当时朝廷刚平灭桓玄，为了保证安稳，便暂时任命卢循为征虏将军、广州刺史、平越中郎将，任命他的姐夫徐道覆为始兴相。

按说卢循应心怀感恩，安分守己，但架不住身边有个徐道覆，他这位姐夫看到刘裕远征南燕，觉得机会来了，在卢循身边天天劝说他再次造反，大概意思是说人要活得有些志向，不能总待在这鸟不拉屎的荒僻之地。卢循开始并不愿意，徐道覆就故意吓唬他，说如果现在不动手，等刘裕班师回朝后，一定会翻山越岭而来，到时候只能束手就擒，还表示，如果卢循不入伙，他就要单干。

卢循在徐道覆的忽悠下，最终答应起兵，由于事出突然，东晋军队毫无准备，他们连战连捷，特别是在豫章，就是今天南昌，大败东晋镇南将军何无忌，这位何将军是刘牢之的外甥，也是当年和刘裕起兵反抗桓玄的"三人组"成员，在此战中壮烈牺牲。

何无忌之死震动了朝廷，刘裕走到今天江苏淮安时，听到"革命战友"的噩耗，他顿时感到情况危急，害怕建康有失，先带了十几个人，轻装前行，赶回建康，朝廷和百姓看到刘裕赶回来，惶恐之心得以缓解，但是形势非但没有好转，反而进一步恶化。

这要怪一个人——刘毅。

这位本来也是"三人组"成员，他在推翻桓玄的过程中，立下大功，几场仗打得很有血性，成为仅次于刘裕的人物。但"革命成功"后，刘毅的心态起了变化，自己想当老大，在排挤刘裕失败后，刘毅离开建康，出任豫州刺史。

但他一直不甘心，觉得卢循来犯，正好给了自己正名的机会。本来刘裕写信告诉他，此时北伐军队刚刚南归，非常疲劳，所以劝阻刘毅不要冒进。刘裕对此还不放心，派刘毅的堂兄弟刘藩亲自去劝阻他暂缓出兵，等自己准备就绪，再一起联合行动。

刘毅觉得刘裕这样做，完全是出于私心，是怕自己立大功，他对刘藩说："以往我不过把功劳让给刘裕，你们还真以为我不如他，我要让天下人看看我的本事。"由此，刘裕越不让他出兵，他就越积极，结果迎来了桑洛洲惨败，人员辎重损失殆尽，刘毅好不容易灰头土脸地逃回建康。

形势对东晋朝廷更加不利，不少从前线跑回来的败军，都绘声绘色地说叛军如何强大，建康城里弥漫着恐慌的情绪，刘裕的北伐军虽然回来，但伤兵颇多，能战的也只有几千人，而卢、徐的叛军则有十多万之众。

三十六计走为上计，和刘裕一同起兵的另一位战友孟昶同志，便是坚决的主逃派。更让刘裕头疼的是，孟昶是一个成功的预言家，曾经预料刘裕征南燕会成功，也预料何无忌、刘毅必然打不过卢循，每件事情都被他说中了，所以人们都觉得他料事如神，他最新的预测是即使刘裕出战也无法战胜叛军，所以要求迁都。

影响实在太坏，其他人说说倒也无妨，孟昶的"乌鸦嘴"一说，影响就大了去了，对此，刘裕坚决反对，他说："今重镇外倾，强寇内逼，人情惶骇，莫有固志。若一旦迁动，必致瓦解。今兵士虽少，尚足一战，我能胜贼，臣主同休，万一不胜，我当横尸庙门，以身殉国，难道好窜伏草间，偷生苟活吗？"

这位孟昶同志显然对自己的预见非常有信心，他看到刘裕坚决不听自己的，竟然要自杀寻死，这样做就有些过了，刘裕对这位昔日"革命战友"的表现非常生气，近乎嘶吼地说："你先看我一战如何，到时再死不迟。"

孟昶实在是一根筋，他看到刘裕心意已决，回到府上写了一份上奏，意思是说当年刘裕北伐，虽然朝中大多反对，自己却极力支持，但却导致今天卢、徐乘机叛乱，危害社稷安危，这是他的罪过。在把所有责任揽到身上之后，当晚孟昶同志喝药自尽。

刘裕感到"亚历山大"，坚决反对迁都的他，深刻意识到此时只能置之死地而后生，否则后果不堪设想。刘裕在石头城招募兵勇，积极设防，很快卢循、徐道覆大军顺流而下，兵锋直指建康城。此时卢循和徐道覆在战法上产生分歧，徐道覆比较激进，他建议烧毁舟船，分路进攻，以破釜沉舟之势一举攻克建康。卢循则想求稳，他寄希望东晋朝廷发生内乱，然后乘虚而入。

命中注定刘裕又逃过一劫，如果按照徐道覆孤注一掷的战法，结局真的不好说。所以徐道覆看到卢循不听自己的，气得直跺脚，但也无可奈何，悲叹道："我必为卢公所误，大事注定无成，如果我能为真正英雄效劳，夺得天下易如反掌。"

刘裕心里最害怕叛军不要命地掩杀过来，当看到叛军暂时按兵不动，心里顿时有些胜算，他利用喘息之机，集结兵力，增筑营垒。准备得差不多了，叛军才开始进攻，刘裕下令一律不得出战，违者杀无赦。面对坚守不出的晋军，卢循、徐道覆也没有太多办法，多次进攻未果，相持几个月，兵困马乏，只得退兵到浔阳。

叛军不攻了，刘裕反而来了劲儿，他立即转入反攻模式，率军紧紧追赶，另派沈田子等率水军经海路攻击卢循的老巢番禺。形势一夜间发生逆转，卢循心中应该充满恨意，如果当初采纳徐道覆的建议，或许现在自己早已坐在了金銮宝殿之上。

命运的天平彻底倒向刘裕，卢循、徐道覆的军队处处失利，更没想到的是自己在岭南的老巢也被端掉，没办法，只能硬着头皮与刘裕决战，公元410年底，这场决定性的战役如期上演，刘裕看到对方舟船高大，审时度势，采用自己最擅长的"火攻"，让小船载着兵士向敌舰齐投火炬，结果叛军大败，烧死淹死无数。

卢、徐二人逃回浔阳，接着想逃往豫章，在左口筑栅阻止追兵，这时候已经没有人能挡得住刘裕，更何况是些栅栏，刘裕率军毁栅进攻，又一次大败叛军，卢、徐带着几千残兵退回岭南，两人分道扬镳，徐道覆回到始兴，卢循则意图重新夺取自己的老巢番禺。很快晋军在刘藩率领下，攻克始兴城，徐道覆被诛灭。

属于卢循的末日就此来临，在晋军里外夹击下，卢循在番禺城下遭到致命打击，只能跑到交州，又被东晋交州刺史杜慧度击败，此时已经是无路可走，坐在船上指挥的卢循，意识到自己的大限就要到了，他先把自己的妻子和十几个子女毒死，然后把众姬妾找来，开始一场"致命考试"，考题是："如果我自杀，谁会陪我一起死？"大多数人的答案是：麻雀老鼠还贪生，自杀实在是人情所难。只有三位说："官人欲死，我们也不愿意活着"。

这场关于生死的考试结果揭晓，那三位想死的反倒没死成，卢循让他们出舱下船，放她们一条生路。反倒是那些想活着的，全部被卢循下令用毒酒毒杀。用了几十条性命为自己陪葬后，卢循跳水自尽。

卢循、徐道覆折腾了一年多，最终又回到了原点，这次作乱和早先的孙恩造反一样，没有任何进步意义，带来的只有破坏，如果说其中有受益者，那便无疑是刘裕。孙恩作乱，使得他脱颖而出，而灭掉卢循，更让他的名望如日中天。

八

刘裕的大权独揽，使得那位"革命战友"刘毅非常不爽，他觉得命运似乎太过垂青于刘裕，而在关键时刻却处处与自己作对，特别是桑落洲一战，搞得自己灰头土脸，一时都不好意思见人，但尽管如此，他并不死心，想方设法谋求权力，意图重新回到当年和刘裕平起平坐的地步。

刘裕对自己这位战友起初还算客气，公元412年，荆州刺史刘道规因身体原因卸任，刘毅又看到了机会，他自告奋勇要求离京外放，刘裕看在昔日情分上予以准许，朝廷下诏任命刘毅为荆州刺史，都督荆宁秦雍四州诸军事。刘毅到任后，找了个理由要求将广州纳入其管辖范围，刘裕不仅同意，还把交州也给了他。

刘裕的慷慨大方，让刘毅产生了错觉，心中不死的梦想又开始蠢蠢欲动，头脑一发热，办了几件蠢事，先是没有请示朝廷，将原来自己在江州的士卒及豫州西府文武将佐一万余人，搞到荆州归自己指挥。接着以身体经常不适为由，请求朝廷让他的堂弟刘藩到荆州做他的副手。

刘毅想要搞"独立王国"的心思已经昭然若揭，刘裕决定不再退让，他上书晋安帝司马德宗宣示刘毅的罪行，说得非常严重，要求将刘毅绳之以法。安帝就是一个摆设，于是朝廷同意刘裕的意见，并以安帝名义招刘藩进京，然后秘密处死了刘藩以及和刘毅打得火热的谢安的孙子谢混。

可惜了这位谢安之孙。谢混号称风华江左第一，活生生的一个美男子，而且文采也出众，被晋孝武帝看中，选他做了驸马爷。刘裕起初也非常欣赏这位才貌双全的俊才，他第一次见到谢混与他侄子谢晦时曾叹道："一时顿有两玉人耳。"孙恩之乱时，谢混的父亲谢琰和兄弟谢肇、谢峻都被叛将张猛杀害。后来刘裕生擒张猛，将其送给谢混。

谢混为给父兄报仇，竟剖开张猛胸膛，生食其肝脏，这便是典故"刳仇食肝"的由来。

这样的场面实在有些"少儿不宜"，特别发生在玉树临风的谢混身上，令人有些大跌眼镜，能够看出他心中复仇的烈焰多么旺盛。

谢混的死，关键在于他与刘毅走得太近。当初刘毅为排挤刘裕，极力推荐谢混出任扬州刺史，但后来没有成功。作为刘毅小圈子里面的核心人物，"二刘"之间争斗的结局，必然要将祸端引向谢混，作为失败方，他也只能接受被宰割的命运。

刘裕对杀掉谢混也有些悔意，后来他登基做皇帝时，谢晦对刘裕说："陛下应天受命，只可惜登基之时不能让谢混为您奉玺绶。"刘裕也叹息不已道："我也觉得很遗憾，谢混早死，不能让后辈见其风流。"

可惜归可惜，但该杀还是要杀，你死我活的政治斗争，对敌人的宽仁，往往意味着对自己的伤害，对于经常在血雨腥风中拼杀的刘裕，想必对这个道理的理解更为深刻。

刘裕让豫州刺史诸葛长民和心腹刘穆之留守建康，自己亲率大军出征，他派手下大将王镇恶为先锋，一路打着刘藩的旗号向江陵而来。刘毅对这一切还蒙在鼓里，一直等待着刘藩来荆州赴任。没想到等来的却是刘裕的讨伐大军。

一切好像没开始就已经结束，这场决定刘毅命运的战斗，似乎就是如此。等刘毅军队觉得其中有诈，王镇恶已经率军冲进了江陵城，刘毅惊慌之下，只能拼死守卫内城，大势已去，无可挽回。刘毅的兵士听说刘裕率大军将至，军心顿时崩溃。刘毅见状，江陵是待不下去了，奋力突围而出。

千年之后，第二个"商鞅亡命"的故事就这样重演。

当年秦孝公死后，秦国国君和贵族对商鞅进行全面清算，商鞅在逃亡路上想住店，旅店老板要求他出示身份证件，表示弄不清楚身份，如果出了事情要连坐，并说这是商鞅的法令。商鞅当然不敢承认自己的身份，走出旅店，仰天长叹："嗟乎！为法之敝一至此哉！"这是成语"作法自毙"的由来。

刘毅好不容易突围出城，只身跑到江陵城北的牛牧寺，想要投宿避难，僧人不知他是刘毅，对他说："前些年寺里的一个僧人收容了逃亡的桓蔚，被刘毅下令杀掉，所以寺院不再敢收留陌生人。"刘毅被拒绝后，发出了和商鞅一模一样的感叹，然后走投无路的他，在寺门前的一棵树上，自缢而亡。

刘毅刚刚落马，又一位内部的敌人浮出水面，此人便是留守建康的豫州刺史诸葛长民，史书上说这位诸葛先生有文武才干，但品行不端，他是反抗桓玄起义的早期参与者，在推翻桓玄和抗击卢循的过程中立下功劳，被封为督豫州及扬州之六郡军事、豫州刺史、领淮南太守。

刘裕带兵西征刘毅后，诸葛长民暂时成为建康城的主角，没有人约束，他的老毛病又犯了，四处聚敛珍宝美女、营建府邸屋宅，搞得朝野对他都感不满。听闻刘毅兵败而死的消息，一种危机感顿时充溢着诸葛长民的内心，他此时意识刘裕像极了当年的高祖刘邦，刘毅和自己如韩信、彭越一般，最后的结局想必非常惨烈。

诸葛长民担心刘裕班师回朝后，会因这段时间自己的腐败行为而被追究责任，正在担忧焦虑的时候，他的弟弟司马黎民劝他起来造反，告诉他机不可失失不再来，如果等刘裕回来一切都晚了。诸葛长民搞起腐败来一心一意，但遇到大事却犹豫不决，他感叹道："贫贱时常思富贵，富贵后却总遇到危机。今日想当一个布衣百姓，怎么如此难啊！"

诸葛长民自己不敢动手，但又不甘心，所以他写信给冀州刺史刘敬宣，说想与他"共图富贵"，实际上是想探探刘敬宣是否有一起起兵的想法，这件事情做得足够愚蠢，只能用"画蛇添足"来形容，结果刘敬宣不仅没有同意与他联合起兵，反而将此消息告知刘裕。

刘裕很生气，后果很严重，不过刘裕很聪明，他并没有声张此事，而是急忙带兵回到建康，早听说刘裕要回来，诸葛长民和百官多日在新亭守候刘裕到来，但刘裕留了心眼，他害怕城中有变，并没有着急进城，等所有部署妥当，才悄悄回到府中。

诸葛长民听说刘裕已经回朝，感到又惊又怕，但刘裕好像没有什么反应，他摆了宴席，请诸葛长民来赴宴，共同庆祝西征成功。席间刘裕和诸葛长民谈笑风生，开怀畅饮，直到将诸葛长民喝趴下了，刘裕使了一个眼色，早已埋伏左右的兵士将喝高的诸葛长民用绳子活活勒死，看着眼前诸葛战友惨死的景象，刘裕毫无表情，端坐原处继续饮酒，在对待政敌上，刘裕显得足够铁血冷酷。

刘裕消灭了刘毅和诸葛长民后，下一个准备收拾的是西蜀的谯纵。本来西蜀原来是东晋的地盘，一直由益州刺史毛璩管辖，但后来当地人大族谯纵发动叛乱，杀死了毛璩，自己成为首领，建立了成汉政权之后建立了又一个割据政权。

搞"独立"也就罢了，谯纵一边向后秦称臣，一边经常骚扰东晋的荆州地区，搞得刘裕很不爽，公元412年，他决定解决这个问题。在决定出征统帅时，他力排众议，选择了只有三十出头的朱龄石为元帅，这位年轻的统帅不负众望，很顺利地攻破成都，谯纵无路可走，同样自缢而死，巴蜀从此又重归东晋所有。

收拾西蜀，对刘裕来讲，只是小菜一碟，他的志向是扫清一切内外部敌人，除掉刘毅和诸葛长民，内部的敌手只剩下占据荆州的宗室司马休之，他在荆州地区颇得民心，而荆州又位于建康的上游，在刘裕看来，不除掉迟早是个祸患。

刘裕决定先拿司马休之的长子司马文思开刀，这位司马公子平时里喜欢和一些侠士厮混在一起，经常搞些事情出来，刘裕很讨厌他，有时让他吃些官司，司马公子心怀不满，"遂与群小谋逆"，就是暗中与手下人谋划作乱，但被人向刘裕告发，刘裕把他同党抓来杀掉，将司马文思交由他老爸处置。

刘裕这招可谓"狠毒"，如果司马休之杀掉自己的儿子，便可看到"父子相残"的好戏，如果司马休之下不了手，那则为自己讨伐司马休之提供了一个合适的理由。

虎毒不食子，司马休之实在不忍心处死自己的儿子，于是采取了折中方案，上表建议废除司马文思谯王的爵位，并向刘裕写亲笔信表示道歉。

这样的处置方式应该在刘裕的意料之中，既然司马休之不忍心动手，那只好自己动手了。公元 415 年初，刘裕在杀掉司马休之的次子司马文宝、侄子司马文祖后，公开讨伐司马休之。司马休之不会坐以待毙，他立刻起兵抵抗，雍州刺史鲁宗之不是刘裕嫡系，他担心刘裕灭掉司马休之后会收拾自己，所以也起兵响应。

一直以来在战场上顺风顺水的刘裕，此次却出师不利，他派的先锋部队被击败，统兵的几个将领非死即伤。没办法，刘裕只好亲率大军渡江来战，迎头碰上沿着江边悬崖布防的四万荆州兵，此战打得极为惨烈，江岸十分陡峭，司马休之军沿着高岸布阵，令渡江的刘裕军一时无法登岸。

沧海横流方显英雄本色，刘裕见状，只能孤注一掷，他命令建武将军胡藩率军攀爬上去，胡藩面露难色，刘裕对此极为恼怒，准备阵前处斩。反正都是一死，胡藩大叫："藩宁前死耳！"随后带兵以刀柄凿石，在崖上凿出了一些勉强能容纳手脚放上去的位置，并由此攀登至崖顶。胡藩等登顶后发起拼死攻击，荆州军难以挡住刘裕军的攻势，稍稍后退。胡藩眼见敌军后退，趁势发起再一次的进攻，荆州军一时间纷纷溃散。

此战也是决定一役，刘裕军趁势攻占江陵。司马休之父子和鲁宗之等被迫逃亡后秦。

至此，放眼东晋朝内，已经没有人可以站出来与刘裕抗衡了，一直以来，各大门阀势力你方唱罢我登场，如今都已烟消云散，大权牢牢掌握在一个他们非常看不上的"贫下中农"手上。朝廷下诏，给予刘裕剑履上殿、入朝不趋、赞拜不名的极高待遇，并让其都督二十二州之军事。

一句话，刘裕从此成为了东晋王朝最说了算的那位。

九

刘裕并不满足偏安南方,上次北伐南燕的成功,给了他很大信心。当时北方主要的势力是后秦和北魏。就在刘裕完全掌控朝政后,从北边传来一个"好消息",后秦皇帝姚兴死了,即位的新主姚泓软弱,内外交困,国势不稳,刘裕终于等来了再次北伐的最好时机。

刚刚死去的姚兴是后秦的第二位皇帝,他老爸姚苌是开国之君。不过,这位姚苌在历史上以"忘恩负义"著称,他背信弃义的对象是苻坚,想当年,前秦军俘获姚苌后准备斩杀,幸亏苻坚为他求情,才留了姚苌一命。苻坚当了皇帝后,封姚苌为龙骧将军,姚兴长大后获封太子舍人,苻坚待姚家可谓仁至义尽。

但姚苌并没有投桃报李,反而是落井下石,苻坚淝水大败后,姚苌趁乱起兵反叛,建立后秦。在五将山俘获苻坚后,姚苌索要传国玉玺,又希望苻坚把帝位禅让给他,被苻坚痛斥一顿,姚苌恼羞成怒,把苻坚缢死于新平佛寺。

痛快是痛快,但从此苻坚成为姚苌的梦魇,姚苌常常梦见苻坚率鬼兵来抓他,梦游的他大半夜满宫殿乱跑,被卫士当成刺客,挺矛刺中阴部,流血不止,感染病死。死前的姚苌一直跪伏于床,不停向半空叩首,请求苻坚宽恕道:"杀陛下的是我哥哥姚襄,非臣之罪,愿陛下饶臣一命。"

姚兴一度让后秦臣民看到了无限的希望。他上台后,以儒兴国,劝课农桑,收用贤士,广纳善言。特别难能可贵的是在兵荒马乱的时代,他却高度重视教育,兴办不少学校,吸引着四面八方的学子前来,长安、洛阳一时成为"学习圣地",姚兴特别指示各地关卡,对来往的儒生,一律放行,不许刁难。读书人变得很吃香,只要"刷脸"便能畅行无阻。

后秦国势蒸蒸日上,姚兴一手抓文治,一手抓武功,他四面出击,很快便拥有今天陕西、甘肃、宁夏及山西、河南的一部分,疆域达到了前秦的大半。

天不遂人愿，姚兴和后秦的中兴之路在公元402年戛然而止。这一年发生了柴壁之战，对手是正在崛起的北魏，这一仗后秦损失四万余人，让姚兴更为难受的是他虽然率援兵而至，但被挡在外围，攻不进去。最后他站在高处，眼睁睁地看着里面自己的军士被绞杀。

这场惨败彻底改变了姚兴，先前的他积极进取，身上充满阳光气息，此后像换了一个人，变得看破红尘，一心向佛，于是后秦疆域寺院佛塔林立，仅长安一地的僧人就有五千多人，各地事佛的人达到"十室而九"的地步，佞佛之风，耗费大量物质财富，弄得国力衰竭，人力疲弊，后秦走上了下坡路。

雄心不再，身体也跟着垮了，选立继承人成为重中之重，在这个问题上，姚兴犯了大错，他坚持立嫡子姚泓为太子，但姚泓生性柔弱，姚兴又想培养姚弼做两手打算，放任姚弼发展势力。这场立储之争造成了政治倾轧和内讧，激化了后秦上层矛盾，最终酿成大祸。

姚弼搞了几次阴谋都没有成功了，但姚兴始终舍不得杀他。公元416年2月，姚兴病重休克，姚弼认定老爸不会醒过来了，带兵攻入皇宫。结果姚兴再次上演"还魂记"，勉强从床上爬了起来，站到城楼上。叛军看到皇帝，都吓得跑了，姚兴这才把姚弼抓起来处死。经过此番折腾，第二天姚兴终于合上双眼，就再也没有睁开过。

姚泓虽然顺利即位，如果在和平年代，一身文人气息的他或许会成为明君，但在乱世之中，"皇帝"这个担子对他而言，显得有些不堪重负。后秦从此内忧外患接踵而来，先是哥哥姚愔图谋作乱，后是他弟弟姚懿、姚恢想杀他自代，大夏的赫连勃勃也乘机杀掠数郡满载而归。

刘裕像一只捕猎的猛兽一样，敏锐地感觉到绝好的机会来到了。

公元416年8月，刘裕留刘穆之在建康，总摄内外，自己亲率大军出征北伐。此次伐秦大军共有四路，东线由王仲德率领，西线由大将檀道济、王镇恶统领，中线的领军之将是沈林子、刘遵考，刘裕则率主力从建康出发，这几位都是久经沙场的猛将，这次出征的堪称超豪华阵容。

刘裕的作战计划是"两步走"，先让前锋部队攻克洛阳，然后四路大军在洛阳集结，一起向关中进发，夺取后秦都城长安。第一步很顺利，王镇恶、檀道济率军所向披靡，后秦洛阳守将姚洸无法抵抗，只能献城投降。

第二步却困难重重，主要原因是航道不通，导致刘裕主力舰队无法赶到。就在其他几路焦急等待刘裕大军时，后秦内部发生动荡，王镇恶觉得这是难得良机，所以便顾不得刘裕先前的部署，擅自西进，准备一举攻进关中。檀道济、沈林子看到王镇恶先行开拔，生怕灭秦之功被王镇恶独占，也纷纷率部西进。

刘裕只能干着急，几个月后，他统帅的舰队好不容易才进入黄河，但行军速度依旧缓慢，靠着士兵拉纤在黄河中逆流而上，比这更危险的是，北魏大军在岸上一直跟随着这支舰队，这可不是"妹妹你坐船头，哥哥在岸上走"的"纤夫的爱"，而是暗藏着一种扑面而来的杀机。

北魏，此时成为一个关键棋子，后秦向他求救，希望他能"路见不平一声吼，该出手时就出手"，刘裕也向北魏明确表示，此次北伐唯一的对象是后秦，和北魏没什么关系，希望北魏能借道行个方便。

北魏皇帝拓跋嗣对此犹豫不定，下面的朝臣也分成截然两派，有的说唇亡齿寒，刘裕灭秦后一定会图谋北魏，不如现在联合后秦，截断晋军西进之路。另外一派说晋军本来无意犯魏，如果主动出击，无疑是引火上身，况且此时正在与北方的柔然作战，年景不好，庄稼歉收，不具备开仗条件。

左一言右一句，搞得拓跋嗣更没了主意，他最后决定采取折中之术，派出十万大军在北岸跟随着刘裕的船队，你走我也走，你停我也停，北魏军队虽然不主动进攻，但对于晋军一些小船因大风漂流到岸边的，一律杀无赦。

刘裕决定给这些"跟踪者"颜色看看，否则很难摆脱这块"牛皮癣"，这次刘裕在战法上又有创新，他先是让手下将领带领七百兵士和一百辆车登上北岸，摆出了一个奇怪的阵型，两边的车子紧靠河岸，而中间的却离岸有一百多步，布置成一个半月形的阵势，这个阵势有个学术名字，叫作"却月阵"。

北魏兵从来没见过这样的阵势，心里想晋军这是要唱哪出，正在犯嘀咕时，两千晋军在大将朱超石的率领下渡河而来，并且携带大弩一百张，北魏军此时才反应过来，开始大举进攻却月阵。

晋军早有准备，先用弓弩射杀，看魏军越来越多，索性将长矛截断，只剩三四尺长，一人手执，另一人在后面用大锤击之，这样短矛瞬间变成了"大规模杀伤性武器"，由于北魏军人员密集，这样发射出去的一支矛就可以刺穿三四个人，似乎比子弹的威力还大，北魏军队死伤惨重，朱超石趁势转入追击，又杀伤不少。

从此，北魏军队在河岸上消失了。

刘裕这边不顺利，不听指挥而擅自西进那几位，进展更不顺利，大军被挡在潼关之外，久攻不下，军粮遇到很大问题。没办法，只好派人向刘裕求援，当时北魏兵还如影相随，刘裕对他们不听指挥一肚子气，他打开船窗，指着岸边的北魏军没有好气对使者说："我叫你们不要轻易冒进，偏偏不听，看看岸上如此多的魏军，我又怎么能派出救兵。"

自力更生，是这几位此时唯一的选择，他们一边到处筹粮，一边费尽脑筋想办法攻入关中，潼关这个天险看来很难突破，但活人不能让尿憋死，于是王镇恶决心放弃正面攻击，改由黄河入渭水，绕过潼关进入关中。另一路由沈田子带领少数人马绕道武关进入关中大地。

树挪死人挪活，战略上的果断调整，立即收到了奇效。听说一股晋军过了武关，出现在蓝田，姚泓亲率大军来抵抗，面对数万敌人，只有千把人的沈田子横下一条心，将此仗作为人生最后一战，结果趁姚泓立足未稳，率部主动出击，一战杀敌一万多，姚泓则狼狈不堪地逃回长安，从此不再敢出击。

堂堂的后秦皇帝，带着几万兵马，被一个只有千人的偏师，搞得如此不堪，一切都在预示后秦的气数将尽。

另一支奇兵发挥了更为关键的作用，王镇恶经渭水进抵长安郊外，弃船登陆前，王镇恶做了一个战前动员，大意是说如今已经离家万里，什么保障都没有了，如果能获胜，则功名皆得，不然则尸骨无存。总之一句话，是生是死都在此役。

打了鸡血的军队就是不一样，登岸后，王镇恶身先士卒，后面的军士以一当十。秦兵自然抵挡不过，很快便攻入长安城。

姚泓眼见大势已去，召集家里人商量是投降还是自杀，他只有十一岁的儿子姚佛念认为刘裕一定不会放过姚氏家族，与其受辱被杀，不如自行了断。但姚泓下不了决心，结果是姚佛念从城墙上坠亡，而姚泓出降，后秦就此灭亡。

一如姚佛念所料，刘裕下令除姚泓以外的宗亲、嫔妃全部杀掉，姚泓本人也被押送至建康，在闹市中被咔嚓。早知如此，还不如和自己儿子一起从城墙上一跃而下，国破身灭，一了百了。

十

姚泓是刘裕杀掉的第四个国君，作为臣子，此时刘裕的声望到达了顶点。东晋建朝以来，在刘裕之前，历次北伐均以失败告终，而刘裕两次北伐，居然将两位敌国的皇帝送回建康在闹市处斩，在东晋朝野看来，堪称奇迹，前无古人，后可能也没有来者。

就当所有人期待刘裕在北方站稳脚跟，然后一鼓作气实现天下一统时，刘裕却选择匆匆回师，上回灭了南燕后回师，是因为卢循、徐道覆造反，这次为何回去呢，对此众说纷纭，多数人认为刘裕并无统一天下之志，他的眼睛一直盯着建康城金銮宝殿中那把龙椅，所以见好就收，回建康城后伺机篡位。

史书上给了两个理由，一是说众将思归，这个说法有些勉强；第二理由似乎更加靠谱儿，就是刘穆之的死。就在刘裕进入长安不久，传来了刘穆之病逝的噩耗，刘裕闻之悲恸欲绝，觉得朝廷无人，害怕由此生乱，于是"决意东返"。

刘穆之是刘裕最亲密、最信任的"革命战友"，从他最早起兵反抗桓玄起就一直跟着他，不仅忠心耿耿，而且办事牢靠，所以深得刘裕信任，刘裕每次带兵出征，都让刘穆之坐镇建康，似乎只有这样，他自己才能在前线安心作战。

刘穆之对得起刘裕的信任，他对内总理朝政，对外供应军队需求，每天府上都是宾客盈门、络绎不绝，大量的事情等着他处理。刘穆之一边眼睛看着呈报上来的文书，一边手里写着批阅的文案，一边嘴里还和见面汇报的人谈着话，一心三用，互不影响，都处理得妥妥帖帖。事务如此繁忙，他还能够忙里偷闲，自己写书，还花时间自己校订直到定稿。

刘裕对刘穆之更深层次的情感，是把他视作心灵的朋友。这是因为刘穆之打心眼里尊重刘裕，真心实意地想帮助他，这与那些因为他的权势而投到他门下的世家大族完全不同，这些人的内心根本看不上大字不识几个的刘裕，曾被刘裕诛杀的谢混，在刘裕官拜太尉的大喜日子，不仅迟到，而且衣冠不整，表达了一份轻蔑之意。即使投靠的刘裕的谢晦，有次宴会上，刘裕打算赋诗一首，想附庸风雅自我表现一番，谢晦急忙起身劝阻，并代替刘裕作了一首，表面上看是想为自己主子解围，实则是怕刘裕丢人现眼，心里仍充满着一种轻视。

刘裕心里像明镜一样，他知道自己这个"乡巴佬儿"虽然可以用武力和权力，让这些大家贵族对自己表面上服服帖帖，但世家大族对庶民阶层的鄙视，冰冻三尺非一日之寒，一时难以化解。所以刘裕看上去威风凛凛，但内心却是孤独异常，而刘穆之则是治愈他孤独症的良药。

刘穆之总是在私下提醒刘裕，应该注意什么，刘裕从小没有念过什么书，字写得极差，这在当时名士遍地的东晋朝廷，暗地里经常被嘲笑，严重影响他的形象。刘穆之认为这不是小事，应该引起足够的注意。可刘裕生性不喜读书，军中事务又忙，自然不可能去整天练字。

刘穆之于是给他出主意说："既然没有时间练字，那就把字写大一些，字写得越大越好。字写得大，不但能够藏拙，而且有气势。"从此以后，东晋臣民经常会见到一张纸只写六七个字的文告。

刘穆之堪称完人，如果鸡蛋里挑骨头，非要找出个毛病，那便是吃的有些奢靡。他喜欢美食，更喜欢热闹，每顿饭都是山珍海味，开席都不会少于十个人，从不自己一个人吃饭。这点他曾如实和刘裕汇报过："我出身于贫穷的家庭，从小受了不少苦难。自从跟随您以来，虽然经常注重节俭，但每天的日常花费稍微多了点，除此以外没有一丝一毫有负于您的。"

如此重要的革命战友意外离去，对刘裕的打击可想而知，但令他没想到的是，自己居然是刘穆之过早死去的罪魁祸首。

这是怎么回事呢？刘穆之所有的事情都办得很好，但有件重要的事情却没有办好，这便是刘裕北伐攻占西晋旧都洛阳后，本来应该给予大功臣刘裕奖赏和待遇，但刘穆之主持工作的东晋朝廷却迟迟没有动静。

刘裕对此很不高兴，派自己秘书王弘回到建康，不知是否对刘穆之有意见，刘裕没有让王弘去找刘穆之，而是直接向白痴皇帝司马德宗暗示要给刘裕加九锡，刘穆之听说后，为之一惊，很快就病倒了。不知是担忧刘裕不再信任自己，还是觉得自己多年来原来是助纣为虐，总之是一病不起，支撑了一些日子，最后不治而亡。

刘裕留下自己十二岁的儿子刘义真以及王修、王镇恶、沈田子等文武共守长安，自己则带兵东归，不久后留守长安的晋朝文武发生内讧，长安城被夏国的赫连勃勃所占，好不容易占领的关中地区得而复失。

灭南燕、平卢循、定蜀地、灭刘毅、诛诸葛长民、驱司马休之、覆后秦，过去的岁月对于刘裕来讲简直太过成功，下一步除了篡位当皇帝，似乎没有其他更有意义的事情可做了。

十一

公元 419 年年初，白痴皇帝司马德宗突然驾崩，虽然当了一辈子傀儡皇帝，但死得却是非常的蹊跷，不用多想，当朝敢杀皇帝的大概只剩了刘裕了，没错，就是刘裕干的。其实对于一个白痴皇帝，刘裕本没有必要这样痛下杀手，他这样做是和一则"谶语"有关。

"谶语"，简单地说，就是将要应验的预言、预兆。据传简文帝司马昱见过一条谶语，说的是："晋祚尽昌明，昌明之后有二帝。"昌明是孝武帝司马曜的字，意思是说东晋到司马曜就名存实亡了，后面还能有两个皇帝。

天意不可违，刘裕很信这一套，他转念一想，如果按照谶语，安帝司马德宗以后还要有一个皇帝，才能轮得上自己。司马德宗虽是白痴，但身体倍儿棒，吃什么都香，一时半会儿看不出驾崩的可能性，而自己年岁渐大，不一定能等到黄袍加身那天。于是刘裕密令中书侍郎王韶之找机会将司马德宗干掉，很快王韶之找到一个良机，将司马德宗活活勒死。

刘裕扶立的下一位皇帝注定是东晋的末代皇帝，他选择了司马德宗的弟弟司马德文，这位皇弟照顾了自己傻子哥哥一辈子，他登基后，很快便加封刘裕为宋王，礼仪待遇和天子已无两样。

接下来注定是一场"禅让"大戏，但两个主角还是要先比划一下，不能搞得过于简单粗暴。刘裕还是老一套——以退为进，他突然提出要告老还乡，搞得群臣不知这位"宋王"葫芦里卖的什么药，只有一位叫作傅亮的大臣明白他心思，刘裕就派他操办禅让相关事宜。

司马德文作为另一个主角，他是个明白人，知道自己只是一个摆设，早就做好了随时下台的准备，所以傅亮将草拟好的让位诏书递给他，让他誊抄时，他二话没说欣然执笔抄写诏书，并对左右说："桓玄篡位时，晋室已经失去天下了，因为有刘公（刘裕），才延长了将近二十年。今天做这件事，非常心甘情愿。"

一切准备就绪后，公元420年农历六月，刘裕设坛于建康城的南郊，举行禅让大礼，继皇帝位。由于在此之前，他被封为"宋王"，所以新王朝国号定为"宋"，这个新王朝和后来的齐、梁、陈都统治南方，故这几个政权并称为"南朝"，与北方的"北朝"相对应，从此开启了中国历史的"南北朝"时期，因为后来又出现了北宋、南宋，所以历史把这个王朝一般叫作"刘宋"。

这场禅让大戏进行的还算顺利，美中不足的另一个男主角没有出席，本来需要两个人配合出演的一出戏，一下变成了刘裕的独角戏。原因应该是司马德文使性子，他把让位诏书抄完，连同玉玺一起上交，然后就回到琅琊王府，潜心修佛，不问政事，对刘裕送来的邀请函也是置之不理。

司马德文没想到，这为自己惹来了杀身之祸，刘裕即位，下诏封司马德文为零陵王，搬到了建康南郊的秣陵，由重兵看管。司马德文对前途命运比较乐观，他认为自己非常配合地把皇位让给刘裕，这位新皇帝会放自己一马。褚皇后没有老公那么乐观，所以她和司马德文寸步不离。凡是司马德文吃的东西，全部由她自己买、自己做，刘裕一时难以下手。

一年后，刘裕动手了，他让投靠自己的褚皇后的弟弟褚淡之带着几个士兵过去。褚淡之说有事和姐姐商议，把她骗到另一个房间。几个士兵跟着翻墙进去，把毒酒放到司马德文面前，逼他喝下。身为资深佛教徒的司马德文起初不肯喝，理由是："佛教说人如果自杀，转世不得再投人胎。"士兵哪里管这套，一齐动手把他按到床上，用被子蒙住他的脸，活活闷死。事后，刘裕把戏份做足，为这位东晋末帝举行了隆重的追悼会。

就此，刘裕创造了一个历史记录，他杀掉了六位皇帝，分别是：楚国桓玄、南燕慕容超、蜀国谯纵（对外称王、对内称皇帝）、后秦姚泓、东晋司马德宗、司马德文，这项纪录至今没有人能打破。

刘裕作为门阀政治的"掘墓人"，对东晋皇帝和大族可谓冷血无情，但对百姓还是很不错，这或许和他出身寒门有关，这使他比那些名门大族更能体会到民间的疾苦，登上帝位后，他多次下令减免赋税，并对东晋以来苛刻的刑法进行了改革，多次赦免囚徒。只会写几个大字的刘裕，对教育格外重视，兴办了许多"希望小学"，营造了浓郁的尊师重教的氛围。

作为一个寒门弟子，当了皇帝后很容易从一个极端走向另一个极端，穷奢极欲，贪图享受，想着努力把失去的时光弥补回来。但刘裕同志却"永葆革命本色"，简朴的让人觉得他不像一个皇帝。

翻开刘裕同志的阅历，可以看出他"拒腐蚀永不沾"的革命信念由来已久，"不爱财，不好色"似乎就是他人生信条，在没当皇帝之前，宁州进献了一个精美的琥珀枕头，价格不菲，但刘裕听说琥珀能治刀伤，二话没说让人将琥珀砸碎，送给了受伤的众将士。北伐灭掉后秦后，刘裕得到了姚兴的一位侄女，此女长得相当可人，刘裕也非常动心，但谢晦劝他不要因此而荒废大事，刘裕当即将此女打发走。

"艰苦朴素"，刘裕一直将这四个字牢记心间。当了皇帝后的刘裕经常衣着简朴，拖着连齿木屐，在神虎门散步，左右从者不过十余人。他睡的床头是土坯做的，床头挂的是土布做成的帐子，墙壁上挂着布做的灯笼。并且他命人将年轻时耕田用过的农具收藏起来，作为"革命传统"教育素材，让后人知稼穑之艰难。

刘裕用他的所作所为，表明他不仅在战场上所向披靡，治理国家同样能够得心应手。王夫之对此评价道："汉之后，唐之前，唯宋氏犹可以为中国主也。"遗憾的是，这位雄才大略的刘宋开国之君只坐了不到两年龙椅，便因病驾崩。

鲜红，是伴随着刘裕一生的颜色，大小无数次征战，许多时候生死只在一瞬间，鲜红的血肉溅在身上，无数的生命倒在眼前，在那个乱世之中，似乎只有这种颜色才能染出一条通往成功的道路，刘裕双手沾满鲜血，这鲜红成就了他，但同样让他在历史留下了阴影，特别是他将拱手让权的司马德文杀掉，形成了一个恶性的连锁反应，以后的每次改朝换代，无不以前朝皇族的鲜血来献祭，连自己的后代也不能幸免。

"风流总被雨打风吹去。"一千多年后，一位叫作辛弃疾的知府，登临京口北固亭，看着眼前滚滚东去的长江水，望着江对岸落入敌手的故土，他想起了刘裕，心中颇多感怀，写下了那首流传千古的《永遇乐·京口北固亭怀古》。

刘裕，从此在这首词中重新复活，一直到今天！

谢灵运：一个被自己毒死的时尚先生

一

公元422年九月，永嘉郡的群山中，一群"驴友"装扮的人在山间穿行，为首的一位拿着一根登山拐杖，头顶着一个带曲柄的斗笠，最抓人眼球的是他脚上那双鞋，这双鞋构造很精巧，它的鞋跟可以前后任意移动，上山取掉前掌的齿钉，下山取掉后掌的齿钉，如此这般，无论上山下山都能保持身体的平衡。

这种鞋子叫作"谢公屐"，穿着它的正是此鞋的专利权所有人——谢灵运，此时他的身份是永嘉郡守。

身为一郡之主，上班时间不在府衙办公，而是到处游山玩水，这种严重违反工作纪律的行为，对谢灵运而言，简直就是家常便饭，事实上，他几乎就没有正正经经上过班，哪怕只有一天。酷爱登山的这位仁兄，不是在爬山，就是在去爬山的路上。

谢灵运不是一般人，在东晋王朝，他的姓本身就是一种身份的象征，他出生在相当显赫的陈郡谢氏，当时只有琅琊王氏可以与之比肩。作为如此大豪门的子弟，谢灵运根本就不把郡守这个职务放在心上，所以不好好上班，经常擅离职守，便很容易理解。

谢灵运此时已经三十八岁，作为豪门子弟，这个年龄至少应该是部级干部，他怎么会越混越惨，只担任一个滨海小郡的郡守呢。

说来话长，还是从谢灵运的出生说起。谢灵运的祖父是大名鼎鼎的谢玄，他是谢家中仅次于谢安的二号人物，此人文武双全，在淝水之战中立下大功，和谢安联手救东晋于危难之中，同时他能言善辩会写，活脱脱的一个文艺青年。

功成名就的谢玄最大的烦心事，在于自己的独子谢奂身上，这个儿子一点都没有继承自己基因，生性愚钝，谢玄每当看到自己儿子的样子，再好的情绪也会被阴影覆盖，唯一可以宽慰的是，在讲究门当户对的当时，他为儿子讨来了王羲之的外孙女作为儿媳，此女是大家闺秀，颇有才学。

哀莫大于心死，谢玄对自己的后代似乎不抱太大的希望，但孙子谢灵运一出生，便显出不同常人的聪明伶俐，这让谢玄感到喜出望外，优质的基因终于实现了隔代遗传，兴奋的他也不顾儿子的感受，逢人便说："想不到，我会生下谢奂这样的儿子，而谢奂又怎么能生下灵运这样的孩子呢！"

谢玄心里或许觉得"生活就像巧克力，你永远不知道下一秒会得到什么"。当然，这话是一千多年后，大洋彼岸的阿甘的老妈说的。

谢玄只高兴了四年，在谢灵运四周岁时，他病死于会稽任所，仅仅活了四十六岁。五年之后，谢奂病死，他活得更短，只有二十五岁。似乎一种不祥的气息笼罩着谢家，为了让谢灵运这支独苗免于夭折，家人将他送到钱塘一个叫作杜明师的道师家里，通过寄养来求得到庇护。

谢灵运再一次回到谢家，已经出落为一个十五岁的少年，由于打小就在外生活，所以家人都唤他为"客儿"，这便成为他的小名。如果各位看官，在文学史中看到"谢客"二字，不用皱眉头，讲的就是谢灵运。

由"客"到"主"，谢奂去世得早，谢灵运少年时代便袭承祖父的康乐公，世称谢康乐，食邑二千户。过了十几年清雅素净生活的谢灵运，面对富丽堂皇的豪门生活，顿时找不到北，很快就变成了一个充溢着奢靡之风的"时尚青年"。他的衣服色泽艳丽,而且经常别出心裁地设计,绝对不允许与其他王亲贵族子弟"撞衫"。他所乘坐的马车和所用器物,也是刻意装饰,显得与众不同。

谢灵运由此成为流行的风向标,走到哪里都有不少粉丝跟随,他的任何一项创新,都会引发跟随效应。更为招摇的是他出行时前呼后拥的派头,"四人挈衣裙,三人捉坐席",每次上街走路,为他提衣袖的就有四个仆从,后面拿着坐席的有三个仆从,一副生活不能自理的样子。

相比生活上的"高端大气上档次",谢灵运出众的文采成为更为强烈的吸粉机,"文章之美,江左莫逮",只要他的文章一出炉,大量粉丝疯狂点赞拼命打赏,谢灵运似乎生活在云雾之中,感觉相当得良好!

出名要趁早,张爱玲对此念念不忘,但年少得志,也不一定都是好事情。

谢灵运就是一个反面典型。高贵的家世+优越的条件+自身的聪慧,让他信心爆棚,伴随而来却是一堆坏毛病,目空一切+唯我独尊+任性傲慢,可怕的是,这些公子哥时期落下的缺陷,一辈子都跟随着他,最终也决定了谢灵运的命运。

二

玩乐应有时,作为谢玄门下的独苗,他成功的标志显然不是拥有多少粉丝,而是能当上多大的官。过了几年挥霍无度的黄金岁月,谢灵运终于要开始自己的官宦之路。

此一时彼一时,谢灵运出仕的时候,谢家的鼎盛时代已经过去,朝中说了算的不再是门阀士族,而是布衣出身的刘裕,他靠着军功一步步上位,逐步将朝政掌控在自己手中。

人生漫长,但关键的只有几步,遗憾的是谢灵运仕途路上刚起步便跟错了人。在叔叔谢混的推荐下,他到了抚军将军刘毅阵营中做了记室参军,大概相当于秘书的角色。刘毅是当年刘裕起兵反抗桓玄的"三人组"成员,算是刘裕的"革命战友",但随着刘裕权势越来越大,刘毅心理失衡,两个"革命战友"离心离德,越走越远。

谢混作为谢家族长级的人物,不甘心门阀大族的衰落,也害怕刘裕大权独揽后对自己和家族不利,于是他找到与刘裕心生芥蒂的刘毅,两人结成同盟想联手来制衡刘裕,所以谢混将谢灵运送到了刘毅账中。

胳臂终究拗不过大腿,"二刘"相争的结果,使得谢灵运的两座靠山都轰然倒塌,谢混被杀,刘毅也被逼自杀,他们朋友圈的核心成员都受到牵连,谢灵运还算幸运,不仅保住了脑袋,还被刘裕任命为太尉参军,不过仕途之路好像就此停摆,不觉几个寒暑过去,他在这样级别的位置上换来换去,始终得不到提升的机会。

人倒霉喝凉水都塞牙,官运受阻的谢灵运,居然被一个女人结结实实地扣了一顶"绿帽子",他府中的一位爱妾,与一个年轻仆役发生恋情,两个的关系似乎跨越了界线,这对自信爆棚的谢灵运来说简直是奇耻大辱,他觉得以自己的条件应该是其他女子投怀送抱,谁曾想到自己的女人竟然红杏出墙,愤怒之下,谢灵运派下人将这位奴仆杀死,并抛尸江中,意图毁尸灭迹,但此件凶杀案很快就被"重案组"破获。

一个门阀贵族将违反家法的奴仆处死,在当时算不上什么骇人听闻的事情,但这起事件的主角是大名人谢灵运,而且是略带颜色的三角恋情引发的情杀案,自然成为京城百姓茶余饭后的谈资,而且说得绘声绘色,一时间搞得路人皆知。此时与谢灵运素有仇怨的王弘站出来,落井下石,上书弹劾他,说谢灵运违反律法,随意杀人,"宜加重劾,肃正朝风",结果谢灵运处级干部的职务被一撸到底。

很快便发生惊天的大事,刘裕代晋称帝,建立了刘宋政权。这对谢灵运讲,有得有失,失去的是公爵的头衔,他被降为侯爵,食邑减至五百户,得到的是重新被起用,官职改任太子左卫率,平时教太子弹弹琴、读读书,说白了就是整天陪太子玩玩的角色,总体分析是"失大于得"。

谢灵运心里不甘，他总觉得作为一个拥有众多粉丝的"超级明星"，理应受到重用，能够参与到军国大事。天真得过分就是愚蠢，作为多年追随刘毅的老部下，刘裕没有杀他就已经很给面子，断然不会再加以信任，所有人都能看清楚这点，唯独谢灵运不开窍，这显然不是"旁观者清当局者迷"，而是他与生俱来的优越感在作怪。

急病乱投医，刘裕的路子走不通，谢灵运将目光投向了刘裕的次子刘义真，所谓"物以类聚，人以群分"，这位皇子和铁血老爸很不同，他浪漫放纵，喜欢结交文人，于是乎，一个以刘义真为核心的四人小集团宣告诞生，另外两位是颜延之和慧琳，这四人都有文才且对现实不满，更重要的一个共同特征都自我感觉相当良好，从而有时会显得很傻很天真，刘义真就曾当着三人面封官许愿："得志之日，以灵运、延之为宰相，慧琳为西豫州都督。"

这样的承诺完全是自娱自乐，关起门来穷开心。公元422年五月，刘裕驾崩，长子刘义符即位，但这位少帝只图享乐，不理政事，大权旁落到徐羡之、傅亮等人手中，他们早对"四人组"有所警惕，上台后采取分而化之的方式，将四人逐一调离京城，从此"四人组"天各一方，分崩离析。

谢灵运的去处便是遥远的滨海小郡——永嘉。

三

谢灵运就这样被踢出了京城"朋友圈"，曾经锦衣玉食的他，离开政治经济文化中心的建康城，孤身去永嘉那个穷乡僻壤的小地方，无异于"上山下乡去接受贫下中农再教育"，这对养尊处优且喜欢热闹的谢灵运的打击可想而知。于是，他磨磨蹭蹭就是不愿意离开，但皇令难违，虽从夏天拖到秋天，谢灵运还是极不情愿地向建康挥挥衣袖，准备赴永嘉上任。

谢灵运到永嘉做的是郡守，这是他第一次主持全面工作，以前官级虽高，但基本上都是做参谋助手，自己说了话根本不算数，无法体现治世的才能，但这次给他提供了一个展示自己从政能力的舞台，如果能以"抓铁有痕"的精神干出一些政绩，说不定将来还真可以成为治世贤臣。

但谢灵运在永嘉只做了两件事情，一是登山，二是写诗，前者使其成为一代登山神器"谢公屐"的专利权人，后者让其被后人奉为山水诗的开山鼻祖，这也是谢灵运阴暗的一生留下的难得光鲜。

《登池上楼》是其中的代表作，这是谢灵运久病初愈后登楼观景，看到一片春光，有感而发写出的经典之作。诗中既有"池塘生春草，园柳变鸣禽"的景物佳句，也有"进德智所拙，退耕力不任"的人生感悟，当然，最后还是浓缩为"持操岂独古，无闷征在今"的落寞之情。

谢灵运的忍耐力的上限只有一年，估计此时永嘉的山已经爬得差不多了。去意坚决的他，不顾堂兄谢晦等人的劝阻，写了一封辞职信：世界那么大，我却生病了。没等朝廷批复，便头也不回离开了永嘉。

这是谢灵运的第一次退隐，他并没有像陶渊明一样隐到乡间，"晨兴理荒秽，带月荷锄归"，对于"四体不勤，五谷不分"的谢灵运，这种自给自足的隐居生活，实在难以想象。他隐居的场所是谢家在会稽的别墅——始宁墅，这片别墅群四面有水，东西有山，既有水景房，又有山景房，经过谢家几代的经营，已经初具规模。

如果陶渊明是"穷隐"，谢灵运完完全全算得上"豪隐"。

既然仕途不顺，不如索性享受生活。面对已经堪称"世外桃源"的始宁墅，谢灵运依然觉得不尽如人意。他自封为总策划、总设计、总监工，开始大兴土木，对始宁墅进行大规模扩建，倚山筑屋，临江起楼，把始宁墅整成了"天下第一墅"。

网红终究还是网红，谢灵运虽然隐居会稽，但广大粉丝并没有忘记他，他们眼巴巴地等着谢偶像的新作，每当有谢灵运的诗文传到建康，依然是疯狂点赞，竞相转发，反复抄写，有钱的、没钱的，都要一睹为快，搞得远近钦慕，名动京师。

就在谢灵运忙于整修别墅，在会稽游山玩水、吟诗作赋时，刘宋朝廷又发生了巨变，宋文帝刘义隆登上皇位，他上台后杀掉徐羡之、傅亮等权臣，将大权重新掌控在自己手中。

谢灵运总算熬到了出头之日，这位新皇帝是个喜好文学之人，看到谢灵运的诗文搞得"洛阳纸贵"，便动了召他回朝做官的念头，同时刘宋政局的变化，也让谢灵运作为士族阶层代表成为了争取对象，于是刘义隆下令征谢灵运为秘书监。

现在该谢灵运"装"了，朝廷连续下诏两次，他睬都不睬。文帝没有办法，请大学者左光禄大夫范泰写信，把谢灵运大大奉承了一番，再三谦恭邀请，算是给足了面子，谢灵运这才"勉强答应"。

谢灵运要的就是这种感觉，从此他算是真正走上了"作死"的道路。

文帝给他的这个职位，相当于国家图书馆馆长，掌管皇家图书和文献。文帝见晋朝自始至终没有一本像样的历史，就下令让谢灵运撰写《晋史》。按说这样的工作，挺适合谢灵运，但在这位谢才子看来，简直就是"浪费人才"，一种"怀才不遇"的情绪又一次涌上了他的心头，面对皇帝布置的工作，他也是敷衍了事，匆匆交差。

文帝看到他老大不情愿，并没有怪罪于他，而是给谢灵运调了岗位，谁让刘义隆爱才呢。谢灵运被改封为侍中，这个职位经常能和皇帝在一起，算是天子旁边的近臣。

谢灵运开始感觉甚好，时不常地被皇帝邀请参加宴会，文帝和大臣喝得高兴时，便让他当场写诗，这对谢灵运来讲，算不得什么难事，关键他还有衍生产品，每次写完诗后，他都会认认真真地抄写一遍，书法一点不亚于诗作，不要忘记他的母亲是王羲之的外孙女，文帝对他的诗和字都喜欢得不得了，称之为"二宝"。

怀才不遇的感觉顿时一扫而光，谢灵运很满足这样的生活，本来消失殆尽的自信，又重新开始爆棚，有次他和几个朋友喝酒，说：魏晋以来，天下的"才"总共有一石（相当于十斗），曹植独占八斗，我得一斗，其他人共分一斗。听上去好像是表达自己对曹植的敬仰犹如滔滔江水，但实际上更多是在夸自己，听到的人都懂得。

这话说得实在太占地方，搞得所有人都不爽，但不爽归不爽，挡不住诞生一个著名的成语——才高八斗。

好景不长，谢灵运渐渐觉得不太对劲，"花瓶"的感觉越来越强烈，虽然文帝对他看上去颇为赏识，但加官进爵好像没自己什么事，反而一些在他看来，远不如自己的人受到重用，文帝身边的宠臣王华、王昙首、殷景仁等人，谢灵运一个都看不上，觉得他们和自己实在相差太远。

一股挫败感又一次涌上了谢灵运的心头。

他的应对之策是——"装病"，当然这只是托辞，不过这次这位仁兄连装都懒得装，经常带着手下招摇出城，四处闲逛，有时一走上百里，十多天下落不明。事先既没有履行请假手续，回来也不补假。

谢灵运这样"没头脑"的做法，搞得文帝很没面子，朝堂不是车马大店，谁想来谁来，谁想走谁走，如果都如谢灵运一样，皇帝的权威便会荡然无存。但文帝还是爱惜谢灵运的才华，所以并没有处罚他，只是让人暗示谢灵运自己主动辞官，这样双方都有台阶可下。

谢灵运对这个像歌伎、舞女一样为人助兴的官职，早已不感兴趣，不做也罢。按照文帝的意思，他上表朝廷，以身体健康不佳为由，提出辞呈。文帝一句挽留的话都没有说，马上批准，让他归乡休养。

谢灵运再次回到会稽豪宅，此时已是第二年的春天，不觉中谢灵运已经四十五岁。已过"不惑之年"的他，似乎对许多事还颇感困惑，这次朝廷让他回乡休养，实际上是给他一次居家反省的机会，但谢灵运哪里能闲得住，回到始宁墅后，依然故我，游乐无度，夜以继日，御史中丞得知此消息，觉得谢灵运有些放纵过度，便向朝廷上奏弹劾，结果谢灵运第二次被一撸到底。

四

"进德智所拙"，或许此时谢灵运意识到自己真的不是当官的料，所以对于这次罢官没有太激烈的反应,更重要的是,他不需要以当官的俸禄为生,家族留下的偌大产业,足够让他去过一种奢华的生活。

无官一身轻,谢灵运又可以穿上"谢公屐",去和大自然进行亲密接触。他的出游始终贯彻一个重要的原则——"路是人走出来的",那些被人登过的山,谢灵运不屑一顾,只有尚未有人登顶的"野山",才能满足他的征服欲。

谢灵运看上去是一位"攀岩"高手,不过前提条件是众多下人为他先行开路,否则养尊处优的他,也只能望山兴叹,所以谢灵运的登山活动,往往是兴师动众,动辄百人,规模令人咋舌,反正谢家有的是奴仆。

有一次,谢灵运心血来潮,要开发一条新的旅游线路,率领几百个手下,从始宁县启程一路操着刀砍树,不小心砍到了临海的地盘。有人看到山中突然出现如此多的"绿林好汉",急忙禀告临海太守王琇,王太守以为山贼来袭,立马拉响警报、严阵以待。后来得知来的是谢灵运领衔的"旅游团",这才长长地松了一口气。

谢灵运的任性很快给他惹来了麻烦,游山玩水的同时,他还一直琢磨着扩充谢家产业,这次他看上了会稽郡东城外的回踵湖,谢灵运向宋文帝打报告,要求把这片湖泊占为己有,然后泄去湖水变为农田,文帝也同意了。但因附近的百姓都要在湖里打鱼维持生计,而且每年为当地贡献不少利税,事关百姓生计和当地 GDP,会稽太守孟顗坚决不答应,谢灵运见要不到回踵湖,又转而请求始宁县内的呋蝗湖,孟顗还是不肯点头,感到颜面尽失的谢灵运对孟顗恨得牙痒痒。

这不是两人的第一次冲突,作为会稽当地的大佬,谢灵运一直看不上这位父母官,找个机会就要羞辱刺激一下孟太守。

早在之前谢灵运罢官回会稽,两人就较上了劲,有次谢灵运约了一些朋友在外喝酒,喝到兴头上,竟将身上衣服脱光,赤身裸体,大呼小叫。孟顗听说后,或许觉得这样有伤风化,派人去阻止。谁知这一下激怒了谢灵运,他怒斥来者:"我自己叫唤,关那白痴太守鸟事!"

两人虽然不对付，但有一个共同爱好，那便是"修佛"，但修法不一样，谢灵运经常与名僧来往，他觉得修佛成功需要靠个人刹那间的顿悟，而孟𫖮则认为修佛需要渐渐感悟，所以平日应该精心事佛。

一个主张顿悟，一个崇尚渐悟，各有各的修法，本来是井水不犯河水，但谢灵运却死活认为孟𫖮的修法有问题，有一回他对孟𫖮说："得道应须慧业，丈人升天当在灵运前，成佛必在灵运后。"就是说成佛需要慧业，没有慧根再怎么吃素念经也没用，所以年长一些的孟𫖮会死在自己前面，但成佛注定在自己屁股后面。

这话说得实在气人，充满着一股尖酸刻薄的味道。

谢灵运算是把孟太守彻底得罪了，但他却毫不放在心间，在占湖的问题上，他试图以大族的势力，从朝廷给地方施加压力，但没想到孟𫖮完全不吃这套，极度不爽的谢灵运找机会又将孟太守羞辱痛斥了一顿。

是可忍孰不可忍，这下彻底把孟𫖮惹急了，他决心新仇旧恨一起向谢灵运招呼。孟𫖮把谢灵运种种不法的事情搜集起来，加以渲染夸张，最后竟然将一顶"谋反"的大帽子扣在了谢灵运头上。

"谋反"是灭九族的重罪，谢灵运虽然放荡不羁，似乎什么事情都不放到心上，但听到这个消息，只觉冷汗嗖嗖地往下掉，说什么也不能再等闲视之，否则将大祸临头。于是他连夜进京，亲自向文帝上表，表明自己是清白之身。

谢灵运在上表中写道："仰凭陛下天鉴曲临，则死之日，犹生之年也。"意思是说，只期盼陛下有一个公正的评判，那么臣下也就心满意足、虽死犹生了。什么都不畏的谢灵运在生死关头，还是低下了高昂的头颅。

文帝第三次原谅了他，他知道手无缚鸡之力的谢灵运，根本没有胆子造反，但刘义隆也很清楚谢孟二人已经水火不容，再回去恐怕还会搞得鸡飞狗跳，所以他让谢灵运暂时留在京城。

就这样消停了两年，谢灵运后被任命为临川内史，这个地方是今天江西临川县，远离繁华的建康城和奢靡的始宁墅，这还不算，这个官职只有五品，而当年文帝给他的第一个官职秘书监就已经位居三品，虽然这次还是给他保留正部级待遇，但一下子官降了两级，让人感觉真是越活越抽抽了。

五

人在屋檐下不得不低头，谢灵运知道这次已经别无选择，他从建康旁边的石首城出发，沿着水路，边游边写，晃晃悠悠几个月后才到达任上。

历史又一次重演，只是地点由永嘉换到了临川，谢灵运压根就没有准备来当个好官，他天天不理政事，遨游山水，纵情作乐，于是一封封举报信从临川飞向建康，谢灵运平时恃才自傲，树敌不少，这些人纷纷要求追究他的渎职之过。当时的司徒刘义康早就对这位公子哥看不顺眼，觉得自己的皇帝哥哥太过纵容，于是派遣郑望生为使者，前去追查，并要将他逮回京城问罪。

已经四十八岁的谢灵运，表现得还不如几年前成熟，这次他没有积极主动向朝廷解释，反而做了两件让人觉得匪夷所思的事情，一则领兵将郑望生拘押起来，拒不进京；二则写了一首生平最豪迈的诗："韩亡子房奋，秦帝鲁连耻。本自江海人，忠义感君子。"诗中出现的这两位历史名人，都是忠于旧主而不肯屈服强权的。

这分明是"反诗"啊，因为刘宋政权就是从东晋篡来的，谢灵运是什么意思，莫非他想反宋复晋？非也，他的胆量和实力远远没有到达造反的地步，况且如果真的忠心于故国旧主，当初就不应该出来做官，已经是二姓家奴，不可能会成为一个不事二主的耿耿忠臣，所以说来说去，只是一句气话而已，是由于心中愤懑与失望导致的鲁莽和冲动。

"大义凛然"的谢灵运，这股浩然之气宛若昙花一现，朝廷的军队一到，立刻便土崩瓦解，谢灵运被擒获押往建康，由于涉嫌谋反，被送到廷尉治罪，最后的裁决是："灵运率部众反叛，论正斩刑。"

这次不同于孟顗上表那次，那次属于诬告，这次却是人赃俱获，证据确凿，朝中那些素来痛恨谢灵运傲慢的王亲大臣，感觉这是难得的落井下石的机会，纷纷要求对他严惩不贷，一定要谢灵运人头落地。但文帝最后决定第四次原谅他，下诏将谢灵运减死罪一等，流放到广州去。

但谢灵运似乎注定难以逃过此劫。

说的是有位秦郡府将宗齐受有事到涂口，途经桃墟村时，看见七个形迹可疑的人，便禀报郡县衙门带兵将七人拿下。经审问，其中一个名叫赵钦供认说他们收了谢灵运的钱，本来准备在半路上劫持囚车，可惜没有成功，只能流落为劫匪。

这供词并非无懈可击，但对于谢灵运来讲，却是跳进黄河也洗不清，已经四次原谅他的文帝，这次决定不再动恻隐之心，他下诏：于广州行弃市刑。

这次是万劫不复了，四十九岁的谢灵运就这样走到生命的尽头，写了一辈子山水诗的他，为自己留下了最后一首《临终诗》，其中写道："恨我君子志，不获岩上泯。"他是在悔恨自己不能够彻底归隐，做个超尘绝俗的君子老死山林岩壑，却混迹官场，落得个刀下枉死的结局。

这个世界上什么药都有，但唯独没有"后悔药"。

行刑前饱餐之后，监斩官问谢灵运还有什么嘱托的，谢灵运说出生平最后一个愿望，便是将珍爱了一生的胡须舍予祗洹寺，用以装饰维摩诘菩萨像。

谢灵运的这把胡须，是他留在这个世上唯一有形物，祗洹寺僧人对维摩诘菩萨像上的美须异常爱惜，不允许外人染指，一直保存完好。唐朝初年，有盗贼企图盗割胡须，结果摔断了腿，一传十，十传百，搞得神乎其神，以为是谢公显灵，这把胡须就此笼罩在一种神秘的色彩之中。

但偏有人不信邪，她是唐中宗李显的女儿安乐公主李裹儿，这个小孩喜爱玩斗草游戏，所谓"斗草"，就是儿童互相以花草的茎勾在一起角力，折断者为败。这个游戏好像是个中国孩子都玩过。有些聪明的孩子会把一些人或动物的毛发掺在草茎中，确保百战百胜。

当时宫中正准备举行"斗百草"盛会，志在夺冠的安乐公主，想起了这把著名的胡须，被公主盯上了，注定在劫难逃，公主派遣的侍卫将佛像的胡须剪掉一半。这位小公主留了一个心眼，她害怕剩下一半被对手拿到，索性令人把剩余的胡须全部毁掉。

谢灵运万没有想到，杀头前自己异常庄重剪下的这把美须髯，竟然在三百年后，沦为唐代公主们斗草使性的玩具。

谢灵运还有一个没想到，也是在三百年后，自己拥有了一个超级大粉丝——李白，这位圈粉无数的大腕儿，最崇拜的便是谢灵运。崇拜到什么程度呢，穿着偶像发明的鞋，走着偶像走过的路，写着怀念偶像的诗。

"脚着谢公屐，身登青云梯"，李白穿着谢公屐，在天姥山进行攀岩，看到了当年偶像歇息过的地方，不禁感叹："谢公宿处今尚在，渌水荡漾清猿啼"。世不同，情相契，在一首首向自己偶像表达敬意的诗中，李白的目光穿越千年，找到了一片属于自己的精神家园。

谢灵运登山时，喜欢戴有曲柄的斗笠，斗笠是隐士的打扮，但曲柄又是高官的象征，这个自相矛盾的斗笠成为他一生的写照。

作为妥妥的官二代，自身才华横溢，通往成功的道路不止一条，但谢灵运却独独选择了一条死胡同，他既向往"淡泊去物扰，适己养天年"的老庄式的生活，又不想舍弃功名利禄，所以当官时不好好理政，天天忘情于山水，退隐时又想着如何能重新入仕，如何能得到天子的重用。这样长期矛盾的心理，搞得谢灵运有些人格分裂，大幅拉低了他的智商，使其不断挑战朝廷的容忍度，最终将自己送上了断头台。

谢灵运对自己的两难境界，有时会有间歇性的清醒，诚如他在经典之作《登池上楼》中所写的："进德智所拙，退耕力不任。"想博取功名、修养德行，可惜智力不够；想退隐山林，耕种田地，可惜力气又不够，关键在于面对这样的问题，他实在拿不出解决的勇气，只能在一些诗中时常提醒自己，就像一个疲劳驾驶的司机，不断扇自己耳光，想保持清醒状态，但最终还是闭上了眼睛，结果车毁人亡。

一个人的优点，似乎都具有两面性，譬如男人的才华和女人的美貌，用得好能够成就一生的辉煌和幸福，要是用不恰当，则会成为一剂毒药，不同是女人往往是毒害别人，而男人却只能毒自己。

"穷得只剩下才华"的谢灵运就是那个被自己毒死的男人。